高职高专公共基础课系列教材

劳动教育

王开淮　主　编

郭杨波　李文晋　严光玉　杜宏伟　副主编

清华大学出版社

北京

内 容 简 介

本书着眼于马克思主义劳动观塑造和基本劳动能力、劳动习惯培养,从认知深化、文化熏染、精神培育、技能实践四个方面,分四篇十四个模块,讲授了劳动及劳动教育、劳动分工与劳动组织、劳动权益保护的基本知识,中国劳动文化发展及其主要内容,以及劳动精神、工匠精神、劳模精神的深刻内涵与培育途径,从家庭劳动、学校劳动、社会劳动、职场劳动四个维度设计了劳动实践项目。本书特点是遵循高职学生成长规律和高职教育规律,各单元采用案例导入、知识讲授、活动与训练、探索与思考的结构,插入必要的案例和阅读材料,形成触发思考,强化认知,实践内化,巩固提升的内容逻辑,达到可教、可读、可学、可练的目标。本书体系完整,内容新颖。

本书既可作为高等职业院校劳动教育的教材,也可作为日常生产生活劳动实践的指导用书,还可作为劳动知识与劳动技能训练的参考资料。

图书在版编目(CIP)数据

劳动教育/王开淮主编. —北京:清华大学出版社,2021.10(2024.9重印)
高职高专公共基础课系列教材
ISBN 978-7-302-59227-3

Ⅰ. ①劳… Ⅱ. ①王… Ⅲ. ①劳动教育-高等学校-教材 Ⅳ. ①G40-015

中国版本图书馆 CIP 数据核字(2021)第 189586 号

责任编辑:张龙卿
封面设计:范春燕
责任校对:赵琳爽
责任印制:刘海龙

出版发行:清华大学出版社
  网 址:https://www.tup.com.cn,https://www.wqxuetang.com
  地 址:北京清华大学学研大厦 A 座   邮 编:100084
  社 总 机:010-83470000   邮 购:010-62786544
  投稿与读者服务:010-62776969,c-service@tup.tsinghua.edu.cn
  质量反馈:010-62772015,zhiliang@tup.tsinghua.edu.cn
印 装 者:小森印刷霸州有限公司
经 销:全国新华书店
开 本:185mm×260mm   印 张:19.5   字 数:447 千字
版 次:2021 年 10 月第 1 版   印 次:2024 年 9 月第 8 次印刷
定 价:59.00 元

产品编号:094416-03

编 委 会

前　言

2020 年 3 月，中共中央、国务院颁发《关于全面加强新时代大中小学劳动教育的意见》（以下简称《意见》），提出把劳动教育纳入人才培养全过程，贯通大中小学各学段。诚然，由于人们物质生活水平的提高及家庭教育观念、学校教育观念的滞后，一些青年学生不想劳动，不会劳动，不珍惜劳动成果的现象还存在，因此，加强青年学生劳动态度、劳动习惯、劳动能力的培养已经成为时代所需。《意见》的颁布适逢我国即将建成全面小康社会，开启社会主义现代化建设新征程之际，对于进一步转变教育观念，提升劳动在综合育人方面的价值，从而培养大批能担当民族复兴大任的时代新人，具有重大而深远的意义。

高等职业教育作为一种教育类型，既要发挥实习实训在劳动教育中的独特作用，强化劳动精神、劳模精神、工匠精神的教育，也要遵循劳动教育和青年学生的成长规律，在提高学生劳动认知的基础上，向他们授予必要的劳动知识，组织一定的劳动实践，实现知识与技能的内化，从而使学生提升劳动意识、劳动能力，并养成良好的劳动习惯。为此，高职学段的劳动教育教材不仅要可教可学，还需可读可思，可用可练。

正是基于这样一种背景和认识，我们试图提供一本高质量的高职劳动教育教材，既可作为劳动课程的教学用书，也可作为师生课余阅读和劳动实践的指导用书；既注重劳动知识的传授，也注重劳动文化的熏陶；既注重劳动技能的训练，也注重劳动习惯的养成。为此，本书分四篇构建内容，即认识篇、意蕴篇、精神篇、实践篇，各篇下设相应的模块和单元。各单元采用案例导入、知识讲授、活动与训练、探索与思考的大体结构，插入必要的案例和阅读材料，让学生由案例引发思考，探究劳动的基本知识，再通过一定的活动与训练项目，巩固所学并内化提升。全书无论是整体结构还是各单元的结构安排，都注重触发思考，形成认知，实践内化，巩固提升的内容逻辑，同时通过案例增强教材的可读性和吸引力，推动学生自主学习提高。

本书比其他劳动教育教材更有特色的是单设了"意蕴篇"，其中介绍了中国传统文化有关劳动和劳动教育的优秀著述，以培养学生勤俭、奋斗、创新、奉献的劳动精神，并引领青年学生树立远大的志向，积极进取，勤俭诚信。本篇与工匠精神、劳模精神的培养形成互补与促进关系。

全书分为四篇十四个模块，由具有较高理论水平和实践造诣的教师组成编写团队，并在四川工商职业技术学院王开淮教授的主持下编写。其中，认识篇的模块一由四川工商职业技术学院的张健、王开淮编写，模块二由天津轻工职业技术学院的李云梅、王妍编写，模块三和模块四分别由四川工商职业技术学院的曾钊、李文晋编写，全篇由李文晋统稿；意蕴篇的模块五由四川工商职业技术学院的郭杨波、王开淮编写，模块六由四川工商职业技术学院的夏仁娟编写，模块七由郭杨波、夏仁娟、龚贵尧编写，全篇由郭杨波统稿；精神篇的模块八由成都职业技术学院严光玉和北京信息职业技术学院的侯志荣编写，模块九由四川工商职业技术学院的刘晓编写，模块十由北京信息职业技术学院的李文龙编写，全篇由严光玉统稿；实践篇的模块十一和模块十二分别由四川工商职业技术学院的梁胜、李倩编写，模块十三由成都职业技术学院的李丹、王颖编写，模块十四由重庆工信职业学院杜宏伟、唐凯娥编写，全篇由杜宏伟统稿。全书由王开淮统稿、审定。

由于编者水平有限，书中难免有疏漏与不足之处，欢迎广大读者批评指正。

另外，教材编写过程中，四川剑南春（集团）有限责任公司总工程师徐占成、成都天衡电科科技有限公司董事长李冉等参与了编写论证，同时从企业用人的角度对教材的案例及理论体系进行了指导和把关，在此表示感谢！

本书以电子活页的形式扩展了部分案例的阅读内容，可以通过扫描二维码阅读。

案例一　　　　　　案例二　　　　　　案例三　　　　　　案例四　　　　　　案例五

编　者

2021 年 6 月

目　录

精 神 篇

实　践　篇

认

识

篇

模块一 劳动与劳动观

模块导读

本模块主要包括劳动的基本概念和劳动的意义、马克思主义劳动观、中国劳动教育的历史发展等。大学生通过学习,可以树立科学的劳动观,充分认识劳动是创造价值的唯一源泉及一切成功的必由之路。另外,大学生应积极培养吃苦耐劳、勤劳勇敢、爱岗敬业、诚实守信、埋头实干的劳动精神,形成在劳动实践中发现问题,研究问题,解决问题,变单一的体力劳动为创造性劳动的意识,让劳动教育落地生根,凸显实效,从而为学生的终身发展和人生幸福奠定基础。

单元一 劳动概述

名人名言

任何一个民族,如果停止劳动,不用说一年,就是几个星期,也要灭亡,这是每一个小孩都知道的。

——[德]马克思

劳动与个人自由全面发展

学习目标

1. 全面了解劳动的含义、特征和分类。
2. 正确认识劳动之于个人和国家的意义和价值。
3. 培养尊重劳动、热爱劳动的意识和习惯,树立正确的劳动观。

案例导入

宁肯一人脏,换来万家净

在中华人民共和国的英模榜上,铭刻着一位普通掏粪工人的名字——时传祥。他以"宁肯一人脏, 换来万家净"的精神,为首都北京的干净美丽做出了贡献。时任国家主席的刘少奇曾握着他的手说:"你当清洁工是人民的勤务员,我当主席也是人民的勤务员。"1966年国庆节前,毛泽东同志特意把他接进中南海小住。国庆节当天,他被当作贵宾请上了天安门,参加国庆观礼活动。在城楼上,毛泽东同志握着他的手,亲切地问候了他。(摘自:《"宁肯一人脏,换来万家净"(最美奋斗者)》,作者赵展慧,《人民日报》,2019年9月23日)

【分析】掏粪工人时传祥因为辛勤劳动,努力工作,成为众人称赞的楷模。用心工作,首先就是勤奋劳动。劳动无贵贱,只有分工不同。未来无论我们做什么工作,都应踏踏实实,勤奋忘我。通过辛勤劳动,才能成就美好的人生梦想。

一、劳动的含义和分类

劳动是人区别于动物的本质特征,是人类存在及发展的基础和动力。人类历史就是一部劳动史,人的一生就是劳动的一生,是开展劳动活动,提高劳动能力,丰富劳动成果的一生。青年学生必须正确认识劳动,正确理解劳动的含义及其对自己和社会发展的重要意义。

(一)劳动的含义

从"坎坎伐檀"到"锄禾日当午",从"伐薪烧炭南山中"到"种豆南山下",从"大禹治水"到"愚公移山",从"朱德的扁担"到"毛岸英上劳动大学"等,上演了许多动人的劳动故事。同样,世界各民族都对劳动推崇有加。比如,法国思想家卢梭认为,"劳动是社会中每个人不可避免的义务";共产主义理论奠基人马克思提出,"体力劳动是防止一切社会病毒的伟大的消毒剂";文学巨匠高尔基认为,"劳动是世界上一切欢乐和一切美好事情的源泉"。可以说,有人类存在就有劳动的产生。那么,什么是劳动呢?不同的人从不同的角度出发,有着不同的认识,可谓仁者见仁,智者见智。

(1)从经济学角度看,劳动是指具有一定劳动知识和技能的人或人群,运用一定的生产工具,作用于劳动对象,创造物质财富和精神财富的活动。马克思曾说:劳动是人和自然之间的物质交换,即人类生活得以实现永恒性的自然必然性。通过劳动,人自身的自然与外部自然之间实现了物质、能量变换,使人的生命得以维持和延续,也使人自身的自然得以改善和改变。一般我们说的劳动,就是这种生产和生活中的劳动,包括日常生活劳动和生产劳动,例如洗衣做饭,种植农作物,修建楼房,道路施工等。

(2)从哲学角度看,劳动是主体对于客体的目的性改造活动,强调劳动是人的本质性活动,是人区别于动物的目的性物质活动。恩格斯指出:动物仅利用外部自然界,单纯地以自己的存在来使自然界改变。而人则通过他所做出的改变来使自然界为自己服务,并支配自然界。这便是人同其他动物最本质的区别,而造成这一区别的还是劳动。因此,劳动是人之所以成为人,人区别于动物的本质特征。

(3)从物理学角度看,劳动是一种复杂的特殊物质运动形式,包含最简单、最基础的机械运动形式和最复杂、最高级的思维运动形式,强调劳动是劳动力(包括体力和脑力)的使用或消费。凡是通过人的有关器官来认识和改造客观实体以适合生活需要的各种形式的运动,都可以称作劳动。

此外,还有诸如人类学意义、社会学意义等多种角度的劳动概念。

毋庸置疑,无论是哪种意义上的"劳动",都有着共同的三要素:有目的的活动(即劳动本身)、劳动对象和以劳动工具为主的劳动资料。也就是说,所有的劳动,都是人们以劳动资料为凭借并作用于劳动对象的有目的的活动。因此,人们改造自然与社会以及一切科学活动都是劳动,是不以任何社会形式为转移的人类生存和发展的基础。

(二)劳动的特征

无论是人与自然之间的物质交换还是劳动力的支出,抑或是主体对客体的目的性改造,劳动都有着共同的特征。

（1）客观性。劳动是主体凭借物质手段改造客观对象的过程。劳动者、劳动手段和劳动对象都是在一定历史条件下的客观存在,劳动的结果即所造成的"事实",也是处于人们意识之外的客观存在,人的劳动必须遵循客观世界自身固有的规律,这便昭示了劳动的客观性。

【案例1-1】

李冰父子治水的六字诀和八字真言

李冰是我国战国时期杰出的水利工程学家,都江堰的设计者和兴建工程的组织者。都江堰整个工程是由分水堰、飞沙堰和宝瓶口三个主要工程组成的。它规模宏大,地点适宜,布局合理,兼有防洪、灌溉、航行三种作用,在世界水利工程史上也是罕见的奇迹。

两千多年来,都江堰水利工程一直发挥着巨大的排灌作用,确保了当地的农业生产。"深淘滩,低作堰"是李冰父子治水的三字经;"逢正抽心,遇弯截角"是治水的八字真言。"深淘滩"是指淘挖淤积在江底的泥沙要深些,以免内江水量过小,不敷灌溉用;"低作堰"是指飞沙堰堰顶不可修筑太高,以免洪水季节泄洪不畅,危害成都平原。"遇弯截角"是指岁修时遇河流弯段,在凸岸截去沙滩角,在凹岸设挑流护岸工程,改变主流方向,使其顺直一些,减轻主流对凸岸的冲刷。"逢正抽心"是指遇到顺直淤塞的河道,应当深挖清淤河床的中间部位,达到主流集中的目的,使江水"安流顺轨",避免冲毁河岸,毁坏农田。

【点评】李冰父子在治水的劳动实践中正是对治水规律的科学认识和利用,才成功地修建了都江堰,使成都平原成为天府之国。劳动实践必须尊重客观规律,才能事半功倍。这真实反映了劳动的客观性。

（2）能动性。劳动是人主观的、感性的活动。通过劳动过程,人不仅使自然物发生形式上的变化,而且在自然物上实现了自己的目的。劳动的自觉目的性和能动性表明人不是消极地适应自然界,而是能动地支配自然界,这是人和动物的本质区别。马克思在《资本论》里曾说过:"最蹩脚的建筑师一开始就比最灵巧的蜜蜂高明的地方,是他在用蜂蜡建筑蜂房以前,已经在自己的头脑中把它建成了。"这说明动物虽然也能改变环境,但这只是一种自然本能,不是有意识、有目的的活动;而人能用意识指导自己的行动,从而有计划、有目的、能动地改造世界,也就是说,人的劳动具有主观能动性。

（3）社会性。劳动是人们的社会化的共同活动,任何劳动都是社会的人在一定社会关系中的活动,一定的社会条件和社会关系是劳动的前提。鲁滨孙并不能证伪人的劳动的社会性,相反,鲁滨孙头脑中拥有人类社会传承下来的知识,他刚漂到荒岛时,浑身上下都在消耗人类社会生产出的能量,他利用大量来源于人类社会的工具和物资,与原始形态的人类社会（指食人族）接触并斗智斗勇,最后回归了人类社会,这一切更加充分地证明了劳动的社会性。

（4）历史性。劳动不是一成不变的,而是历史地变化着和发展着的,是人们世代连续的历史活动。在这种连续性的活动中,人们不断增强认识世界和改造世界的能力,从而使劳动的内容和形式不断丰富和发展。在原始社会,人们的劳动活动（主要是采猎）往往局限于氏族、部落等狭小的范围。现在,它已超出了民族、国家的范围而建立了全球性的社会联系。人类劳动的发展同人类历史的发展一样,是一个客观的、不断进步的历史过程。从茫茫宇宙到浩瀚海洋,从量子科学到基因工程,劳动对象的范围日益拓展;从古代"丝绸之路""郑和下西洋"到现在的"一带一路"倡议和实践;从古代中国的"四大发明"到新时代中国的"新四大发明"等,都充分证明了这一点。

(三)劳动的分类和形态

根据不同的划分标准,劳动有着不同的分类和形态。根据劳动力的支出形式,可以分为体力劳动和脑力劳动;根据劳动的复杂程度,可以分为简单劳动和复杂劳动,或重复性劳动与创造性劳动;根据劳动主体的数量,可以分为群体劳动与个体劳动;根据劳动报酬的有无,可以分为有偿劳动和公益劳动;根据劳动成果形态的不同,可分为物质生产劳动与非物质生产劳动;根据劳动的内容和领域不同,可分为生产性劳动、生活性劳动、艺术性劳动和服务性劳动等。

今天的信息化时代,随着新产业、新业态和新技术的发展,人类的劳动形态已经沧海桑田。比如:在劳动的领域和内容上,由物质生产领域逐渐延展到精神生产和服务领域,精神产品的生产和服务性劳动成为劳动的重要形态;在劳动的支出形式上,由体力劳动为主转向脑力劳动为主;在劳动的复杂程度上,由简单劳动为主转向复杂劳动为主,创造性劳动和复合型劳动已成为最为日常的劳动形态,科技劳动成为第一生产劳动,经营管理也已成为一种重要的劳动形态。

【拓展阅读】

新就业形态脱颖而出

什么是新就业形态?从生产力的角度看,新就业形态是指新一轮工业革命带动的智能化、数字化、信息化的工作模式;从生产关系角度看,新就业形态是指伴随着互联网技术进步与大众消费升级出现的去雇主化、平台化的就业模式。新冠肺炎疫情中脱颖而出的新就业形态,主要是从生产关系角度定义的,即由互联网平台凭借移动互联网、大数据、人工智能等信息技术,进行劳动者与服务消费需求大规模及大范围的组织、调配、任务分派等活动,从而实现劳动者和消费者直接对接的就业形态。例如,疫情期间外卖骑手解决老百姓买菜、吃饭的难题,网约车平台组织了医护人员接送车队等。

目前,我国的新就业形态已经脱颖而出,在就业人数规模、服务类型多样化、渗透率方面都处于世界前列。近年来我国城镇新增就业规模保持较高水平,新就业形态发挥了较大的支持作用。《中国共享经济发展报告(2020)》显示,2019年,共享经济提供服务者人数约7800万人。随着需求增加,新就业形态可以短时间内创造大量岗位。2020年1月20日至2月20日,美团平台已新招聘7.5万个外卖骑手。新就业形态可以为此次疫情中受影响的灵活就业者、个体工商户、小微企业创业者及从业者提供临时性、过渡性就业,保障其个人收入得以延续。此外,平台通过大数据等技术,可以精准掌握从业者的工作动向,以便实现对就业困难群体的精准就业服务。

二、劳动与人类社会发展

人类之所以能从茹毛饮血、刀耕火种发展到今天的机械化和信息化,劳动起着决定性作用。正如马克思所言,全部人的活动都是劳动,劳动决定了社会生活的全部。

(一)劳动创造了人和人类社会

劳动在人类社会的产生和形成中起了决定作用。恩格斯在《劳动在从猿到人转变过程中的作用》一文中,详细描述了劳动在人类从猿进化为人的过程中的作用。首先,劳动创造了生产工具,并通过制造工具使猿"手"变成了人手。其次,劳动推动了语言的产生,在劳动和语言的推动下,使猿脑转化为人脑,促进了人类意识的产生和发展。最后,在劳动中创立和发展了人和人的社会关系,把猿群改造成为人类社会。因此,劳动在人类社会的产生和形成中起了决定性作用,劳动创造了人和人类社会。

(二)劳动是人类社会存在和发展的基础和动力

(1)劳动是人类社会存在和发展的基础。劳动提供人类社会存在和发展所必需的生活资料和生产资料,为一切实践活动提供物质工具和手段。恩格斯在马克思墓前的讲话中说,马克思发现了人类历史的发展规律……人们首先必须吃、喝、住、穿,然后才能从事政治、科学、艺术、宗教等。人类要生存和发展,首先必须要有赖以存在的生活资料,即物质资料的生产是人类社会存在和发展的基础,而正是因为劳动才生产出了人类赖以存在和发展的物质资料。

(2)生产劳动是人类全部社会关系的物质根源。劳动过程必然结成人与人之间的生产关系。劳动状况不同,人们的社会关系也不同。劳动发展决定着最基本的社会关系即生产关系的发展,而生产关系又是其他一切社会关系的基础。社会的一切现象,归根到底都受劳动发展程度的制约。

(3)劳动是社会发展的不竭动力。物质资料的生产方式是社会发展的决定力量,而物质资料的生产必须具备人的劳动、劳动资料和劳动对象三个基本因素。因此,物质资料的生产方式是由劳动决定的。例如,随着劳动的发展也就是生产力的发展,带来了私有制的产生和剥削制度下劳动的异化,而随着劳动的高度发展,又必然最终导致私有制的消灭和异化劳动的扬弃,并实现劳动的解放,即人类的解放。因此,可以说劳动是社会发展的不竭动力。

【拓展阅读】

名人论劳动

卢梭:在人的生活中最主要的是劳动训练,没有劳动就不可能有正常的人的生活。

李大钊:我觉得人生求乐的方法,最好莫过于尊重劳动。一切乐境,都可由劳动得来;一切苦境,都可由劳动解脱。

巴尔扎克:生活的花朵只有付出了劳动才会绽开。

宋庆龄:知识是从刻苦学习中得来的,任何成就都是刻苦劳动的结果。

(三)劳动创造了人类文明

人类文明的轨迹是随着人类劳动创造的价值而发展的。纵观中国历史,从传说中的女娲造人,盘古开天,大禹治水,神农尝百草,到蔡伦造纸,毕昇改进印刷术,再到中国载人航天事业的发展、蛟龙号深水探测的成功、中国天眼的应用,每一项都凝结着人类的智慧与劳动。人类的劳动成果越来越丰富,劳动的技术越来越高端,人类文明的程度也越来越高。

【案例1-2】

珍 妮 机

18世纪中期，英国商品越来越多地销往海外，手工场的生产技术供应不足。为了提高产量，人们想方设法改进生产技术。在棉纺织部门，人们先是发明了一种叫飞梭的织布工具，大幅加快了织布的速度，也刺激了对棉纱的需求。18世纪60年代，织布工哈格里夫斯发明了"珍妮机"的手摇纺纱机。"珍妮机"一次可以纺出许多根棉线，极大地提高了生产率，使织布厂得以大规模的建立。珍妮机的发明是第一次工业革命的开端。珍妮机比旧式纺车的纺纱能力提高了8倍，开启了影响世界历史进程的英国工业革命。

【点评】在劳动过程中，人们为了提高劳动效率，改进劳动方式，通过自己的科学研究，不断发明、改进劳动工具和生产技术，极大促进了物质文明的发展，从而改善了生活条件。

三、劳动与个人自由全面发展

马克思在《哥达纲领批判》里谈到：在未来共产主义社会中，劳动已经不仅是谋生的手段，而且本身成了生活的第一需要。所以说，谋生这一外在目的虽仍存在，但只是次要的，人们通过劳动丰富了整个社会财富，完成了这种外在目的。在马克思眼中，比谋生更重要的是人们在劳动过程中不断发展的力量，是人的自我实现、自我创造与自我升华。可见，人的自由全面发展，是劳动的根本目的。

（一）劳动是个体发展的重要条件

劳动虽然辛苦、枯燥，但它是个体健康成长并走向成熟的重要条件。研究发现，做家务的孩子比不做家务的孩子成绩优秀的比例高27倍，原因就在于他们更具有独立精神。近代思想家们普遍重视劳动对人发展的价值，认为参加劳动有利于促进人的身心和谐发展。我国著名教育家陶行知先生说："人有两个宝，双手和大脑，双手会做工，大脑会思考，用手又用脑，才能又创造。"他要求每位学生都拥有"科学的头脑，健壮的双手，农夫的身体，艺术的情趣，改造社会的精神"。只有手脑并用的人，才能更好地协调发展，成为健全的人。

（二）劳动促进人的全面自由发展

劳动是一切价值的创造者。劳动是人维持自我生存和自我发展的唯一手段。

（1）劳动创造知识。劳动是人除通过教育获得知识以外重要的知识获得途径。劳动帮助我们学到大量书本上没法学到的实用知识，而且只有在劳动中，我们才能深刻地理解知识，学会运用知识，成为具有真才实学的人才。正所谓实践出真知，要获得有用的知识，发展做事的能力就要勇于投入劳动实践中。

（2）劳动开发思维。人类的思维活动离不开实践，而智力的核心是思维能力。实践活动既有学习活动，又有创造活动，而劳动正是兼有学习与创造这两个功能。比如，在劳动中，往往会遇到我们在课堂上、书本里没有的问题，会需要用大脑思考问题。当我们克服劳动中的困难，解决了劳动中的问题，看到了自己的劳动成果，便会获得成功的喜悦，这将进一步激发我们的求知欲，增进学习兴趣，促进智力发展，而这一过程在其他活动中是难以实现的。

（3）劳动丰富精神世界。劳动还可以促进人的成长与发展，丰富人的精神世界。比如，劳动培养爱国精神，劳动使人们认识到脚下土地的美好，祖国河山的壮丽，在情感上建立喜爱之情，在实践中感受到党和国家的深切关怀，体会党和国家给我们提供的便民、利民措施，自然生起热爱祖国及报效国家的情感。劳动可以培养敬业精神，劳动者在劳动中感受实践的愉悦情感，深化对职业的执着与热爱，在劳动实践中培养劳模精神，从而爱岗敬业，勤勤恳恳、踏踏实实地干好每一份工作。

（4）劳动培养优秀品格。在劳动过程中，人们用亲身的实践学会敬业、责任、勇敢、勤奋、坚韧、团结等优良品德。因此，劳动是一个人在体格、智慧和道德上臻于完善的源泉。

劳动是生存和生活的需要，也是生命的需要，更是人类发展、成长和存在的需要。人们通过劳动改变自己，改善生活，改造世界。可以说，人是通过劳动来实现自己全面、自由的发展。

【案例1-3】

习近平的劳动故事

1969年，15岁的少年习近平到陕北插队，在梁家河这个黄土高原上封闭的小山村一待就是7年。在采访梁家河村民王宪平的时候，他回忆道：习近平干活很卖力气，肯吃苦。他虽然在劳动技巧上和我们农民有差距，但他一点儿都不惜力，甚至比我们干活还拼命。比如打坝，当时没有大型机械，挖掘机、打夯机全都没有，都靠人力把一层层的土铺好，再用很沉重的夯石把松软的土砸得紧密起来，这是强度非常高的体力劳动。那时候基本没有什么劳动保护措施，习近平也没有手套，他直接用手抓住夯石的绳子，再用全身力气往下砸黄土，一天的工夫，他的手掌上磨的全都是水泡。第二天再干活，水泡就磨破了，开始流血。但是不管多累多苦，习近平能一直拼命干，从来不"撒尖儿"（延川方言，本意是"耍奸儿"，即偷奸耍滑，偷懒）。

1989年，时任福建宁德地委书记的习近平带领地直机关千余名干部到水利工地参加修整水渠劳动。

1995年，时任福建省委副书记、福州市委书记的习近平在闽侯参加闽江下游防洪堤加固工程的劳动。他两手拿着铁锹，带头铲土，现场一片热火朝天的景象。

2019年8月21日，正在甘肃考察的习近平总书记来到古浪县八步沙林场。考察中，他拿起一把开沟犁，参与到治沙劳动中。旁边的村民问："总书记的体力还好啊？"习近平总书记说："这点体力还得有！"

【点评】从梁家河到古浪县林场，从15岁青葱少年到党和国家最高领导人，劳动始终伴随着习近平的生活足迹，也见证了他的成长和发展，彰显其劳动本色，也佐证了劳动对于人自由全面发展的重要意义。

（三）劳动是人生幸福的源泉

鲁迅先生说过："伟大的成绩与辛勤的劳动总是成正比例的，付出的劳动越多，创造的幸福就越多。"劳动不仅关系着人的健康和智慧，也关系着人的快乐和美好。劳动使我们生活丰富多彩，没有劳动的人生是毫无意义的，劳动的生活是充满幸福的。

中华民族悠悠历史中,从半坡聚落、河姆渡,到夏、商、周文化,再到先秦、两汉和唐、宋、元、明、清,一项项文明成果无不向我们昭示劳动创造幸福这一理念。李时珍不畏艰辛,跋山涉水,走遍大半个中国,终成《本草纲目》。司马迁忍辱负重,历经十三年艰苦创作,终成"史家之绝唱,无韵之《离骚》"的《史记》等;从"路漫漫其修远兮,吾将上下而求索"的屈大夫到"苟利国家生死以,岂因祸福避趋之"的林则徐,从铁人王进喜到"杂交水稻之父"袁隆平,从"两弹元勋"邓稼先等到"共和国勋章"获得者钟南山,从快递小哥到抗疫中的最美"逆行者",从普通劳动者到大国工匠等,一代代华夏儿女,无不以劳动和奋斗作为最大的幸福。

幸福是个人由于理想的实现或接近而引起的一种内心满足。幸福不仅包括物质生活,也包括精神生活;幸福不仅在于享受,而主要在于劳动和创造。在科学技术日新月异的未来社会,我们必须具备多方面、多层次的劳动能力和勤奋工作的态度。无论将来从事什么工作,都需要有动手的技能和技巧,这与知识的掌握有联系但又有区别。如果我们在成长过程中就珍惜动手机会,有意识地培养训练自己的动手动脑能力来解决自己生活中的问题,久而久之,就会使我们形成动手动脑的好习惯,在未来社会中便能很好地适应生活和工作的需要。

【案例1-4】

寒风之中有暖流,大疫之前有大义

2020年新冠肺炎疫情期间,武汉快递员汪勇用善良和担当汇聚起无数人的热情和爱心,和一呼百应的志愿者团队协同努力,为医护人员提供了及时周到的后勤保障,以非凡之勇守护着冬日里"逆行"的白衣天使。顺丰小哥汪勇连升3级,从一个快递员被火线提拔为分公司经理。除了顺丰,国家邮政局和《人民日报》对他也是赞赏有加。2020年2月26日,邮政局发出嘉奖通知:授予汪勇"最美快递员"特别奖,号召全行业向他学习。《人民日报》则将汪勇比喻成"生命摆渡人"。这对一个基层快递员来说,无疑是职业的高光时刻。

【点评】 奋斗的人生最美丽,奋斗的人生最幸福。辛勤劳动和诚实劳动是人生幸福的源泉。

四、劳动与中国梦

劳动创造了中华民族,造就了中华民族昨天的辉煌和今天的成就,也必将铸就中华民族的光明未来。我们相信,只要我们勤于劳动、善于创造,民族复兴的伟大中国梦一定会在我们手中实现!

(一)劳动与中国特色社会主义事业

马克思主义认为,整个所谓世界历史不外是人通过人的劳动而诞生的过程。一部人类发展史就是劳动发展的历史。几十年改革开放的伟大实践中,党和人民在不断探索、不断改革创新中通过辛勤劳动换来伟大事业。实践证明,社会主义是干出来的,新时代也是干出来的。要把新时代坚持和发展中国特色社会主义这场伟大社会革命进行好,根本上靠劳动,靠劳动者创造。一切不劳而获、投机取巧、贪图享乐的思想都是错误的,任何时候任何人都不能看不起普通劳动者。劳动不仅是一种谋生手段,更是人的自我创造与自我实现的主要方式,一切劳动都值得被尊重和鼓励。

党的十九大对 2020 年到 21 世纪中叶的社会主义现代化建设做出了全面谋划,提出分两个阶段来安排:第一个阶段是从 2020 年到 2035 年,在全面建成小康社会的基础上,再奋斗 15 年,基本实现社会主义现代化;第二个阶段是从 2035 年到 21 世纪中叶,在基本实现现代化的基础上,再奋斗 15 年,把我国建成富强、民主、文明、和谐、美丽的社会主义现代化强国。青年是国家的未来、民族的希望,社会主义现代化强国目标终将在一代一代青年的接力奋斗中实现。我们作为强国一代的当代青年要实干、奋斗,通过我们的辛勤劳动和诚实劳动为实现强国梦想增砖添瓦。

(二)劳动与中华民族伟大复兴

劳动造就了中华民族的辉煌历史,也必将创造出中华民族的光明未来。劳动最核心的底蕴就是实干和奋斗,只有脚踏实地诚实劳动,才能实现人世间的美好梦想,破解发展中的各种难题,铸就生命里的一切辉煌。回望我党百年奋斗历程和共和国 70 余载的过往,从站起来、富起来到强起来,无论多么辉煌,背后都是普通劳动者的艰辛付出。正是在筚路蓝缕与挥汗如雨的劳作中,我们托起了一个充满活力的现代中国,使中华民族迎来了伟大复兴这一光明前景。现在,我们比历史上任何时期都更接近实现中华民族复兴的中国梦的光明前景。越是接近目标,越要依靠劳动,在新时代坚持和发展中国特色社会主义的伟大实践中不断进行艰辛而富有创造性的劳动,不断把中华民族伟大复兴事业推向前进。

【案例 1-5】

2018 年"大国工匠年度人物"之李万君

中车长春轨道客车股份有限公司电焊工李万君,先后参与了我国几十种城铁车、动车组转向架的首件试制焊接工作,总结并制定了 30 多种转向架焊接规范及操作方法,技术攻关 150 多项,其中 27 项获得国家专利。他的"拽枪式右焊法"等 30 余项转向架焊接操作方法,累计为企业节约资金和创造价值 8000 余万元。先后获得全国劳模、全国优秀共产党员、全国五一劳动奖章、全国技术能手、中华技能大奖、2016 年年度"感动中国"十大人物、吉林省特等劳模等荣誉。

【点评】大国工匠李万君一把焊枪、一双妙手,以柔情呵护复兴号的筋骨,千度烈焰,万次攻关,用坚固为民族复兴中国梦提速。民族复兴的中国梦正是由一个又一个李万君这样的大国工匠共同铸就的。

活动与训练

关于"大学生快递脏衣服回家"现象的调研

一、活动目标

通过调研,让学生充分认识到劳动的意义和价值,使其爱上劳动,崇尚劳动,积极参加劳动。

二、活动时间

建议 1 周。

三、活动流程

(1)教师阅读材料,向学生说明调研背景。

"大学生快递脏衣服回家"的现象

2014年3月9日全国两会新闻中心举行的网络访谈中,国家邮政局市场监管司副司长刘良一爆料说,目前高校的快递业务有很大一部分是来自学生把积攒一段时间的脏衣服寄回家去,家里洗完之后再通过快递寄回来。

"大学生将脏衣服快递回家洗"的现象折射出家庭教育与社会教育的偏失。大学生寄脏衣服回家洗,虽不是普遍现象,但一些家长、教师和学校越俎代庖,往往从孩子小时候就对他们的衣食住行全部代为操办,从而造成许多大学生独立生活能力较差。

由于父母过度溺爱造就的"小皇帝""小公主"越来越多,甚至出现了很多没有"断奶"的大学生。除了邮寄脏衣服的,甚至还有父母买张机票将自己"邮寄"到孩子宿舍,给孩子洗完衣服后,再把自己"邮寄"回家的。

(2)教师将学生按照4～6人划分小组,以小组为单位进行调研。

(3)调研结束后,每个小组形成一份调研报告。

(4)每组推选一人陈述本组调研报告,其他小组可以对其提问,小组内其他成员也可以回答提出的问题。通过问答交流,把思考和讨论引向深入。

(5)教师进行归纳、分析,总结发生这种现象的原因,引导学生如何从自身做起,避免此类行为的发生。

(6)教师结合调研报告和整个活动过程中各组表现,对每个小组打分。

探索与思考

1. 如何理解劳动促进了人的自由全面发展?
2. 结合实际,谈谈如何理解劳动托起中国梦。

单元二　马克思主义劳动观

名人名言

劳动创造世界。

——[德]马克思

学习目标

1. 掌握马克思主义劳动观和新时代劳动观的基本内容。
2. 正确认识树立科学的劳动观对于个人、社会和国家的重要意义。
3. 在工作和生活中自觉以实际行动践行科学的劳动观。

新时代马克思主义劳动观

案例导入

城市高楼上的"蜘蛛人"

2019年5月2日,在河南省郑州东站附近,"蜘蛛人"正在进行高楼外墙清洁。两根绳,一块吊板,手持刮子、铲刀,在大楼外墙"飞檐走壁",这是城市高楼外墙清洁工的日常工作。"城市的楼越盖越多,越盖越高,加上高铁站、机场等大型设施,风吹日晒雨淋,日子久了,外表脏了,就要'美容'。我们就是城市大楼的'美容师',也就是大家常说的'蜘蛛人。'"31岁的郭永旭是河南郑州一家城市大楼外墙高空清洗公司的负责人。和郭永旭一样,一批从事高空清洗的"蜘蛛人"常年忙碌于河南省各地的高层楼宇间。

【分析】这些"蜘蛛人"是我们城市中不可缺少的劳动者,他们用辛勤的双手美化着城市。而这样的高空作业,要求他们不仅有专业技术,还要有健康的身体和良好稳定的心理素质。我们要明白,各种劳动的地位都是平等的,只有分工的不同,没有地位的高低。大街上没有环卫工人辛勤劳动的付出,我们能天天行走于干净整洁的街道上吗?工厂里如果没有工人的废寝忘食,我们吃什么?穿什么?用什么?我们应该树立正确的劳动观,尊重劳动者,懂得劳动最光荣、劳动最崇高、劳动最伟大、劳动最美丽的道理。

劳动观是人们对劳动的根本看法和观点,包括劳动的目的、劳动的价值、劳动的意义以及对待劳动的态度等。劳动观决定着劳动者在劳动过程中的行为。一个人只有树立正确的劳动观,才能自觉强化劳动意识,让自己更好地懂得尊重劳动人民,更好地珍惜自己的劳动成果,并以积极的劳动态度投入到社会劳动生产过程中,不断提高劳动生产率,用双手和智慧为社会创造出更加丰富的社会财富,同时能够促进个人的全面发展,实现自己的理想。

一、马克思主义劳动观概述

劳动是马克思思想体系中的核心观念,马克思把劳动比喻成整个社会为之旋转的太阳。马克思、恩格斯关于劳动的解读构成马克思主义劳动观,其主要内容包括劳动历史观、劳动幸福观、劳动解放思想等。

(一)劳动历史观

马克思主义劳动历史观也就是马克思主义的劳动本质论,主要有以下三个基本观点。

(1)人是劳动的产物,劳动创造了人类生存所必需的全部物质条件和精神条件。劳动是人的生命存在和全部社会活动的前提,作为生命存在的人要解决吃、穿、住的生活问题,就必须从事生产劳动,通过劳动改造自然,从大自然中获取生活资料。

(2)劳动是人类全部社会关系形成和发展的基础。人们在劳动过程中,一方面同自然界发生关系,另一方面在人与人之间又结成了生产关系。

(3)劳动是促使社会历史发展的根本推动力量。社会发展的最终决定力量不是精神、意志、神灵,而是人的劳动实践。

马克思认为,人不仅凭借劳动满足最基本的生存需要,实现社会财富的创造和积累,而且人最终也要通过劳动来实现人之为人的自由本质。劳动不但创造了人的物质生活,也充盈着人的精神世界,使人得以成长。劳动是社会历史的起点和人类基本的历史活动。劳动对于人和人类产生和发展的根本作用,正是劳动神圣、伟大的根本。

(二)劳动幸福观

"我的劳动是自由的生命表现,因此是生活的乐趣。"这是马克思的劳动幸福观。马克思认为,幸福是物质追求和精神追求的统一、享受和创造的统一、个人幸福和社会幸福的统一。劳动不仅能为个人创造美好生活,也能给社会创造更多财富和价值。马克思主义的劳动幸福观表明,劳动是幸福的源泉,幸福来自现实劳动生活中的满足感、愉悦感和收获感,人们对幸福的追求只能在人的劳动实践中展开。因此,每个人只有把个人幸福与国家兴旺、人民幸福紧密结合起来,摒弃个人主义、拜金主义、享乐主义幸福观,树立马克思主义幸福观,辛勤劳动、诚实劳动、创造性劳动,才是真正意义上的幸福。

【案例1-6】

最美清洁工20年未在家过春节

新春佳节家家户户燃放烟花爆竹,欢度春节,却给环卫工人增加了繁重的工作量,使他们的工作量比平常至少增加了两三倍。李萍叶是七里河城管局清扫所清扫二站的环卫工人,她当环卫工人20多年来,每年春节,基本上都是在马路上清扫垃圾。

凌晨3点起床清扫垃圾

李萍叶所在的清扫二站负责敦煌路的清扫工作,从西站到十里店黄河大桥,由于此路段属于兰州市商业中心和交通枢纽站,所以每天产生的垃圾也特别多。

春节期间她们分三班清扫,早班从凌晨3点清扫到6点半,有时垃圾多会延长至早晨七八点钟,这时大多数烟花爆竹燃放后产生的垃圾就清扫完毕。第二班从早晨9点至中午1点,开始来回巡逻做路面保洁工作。第三班从中午1点至下午6点。由于早班的工作量最大,全站的80%人员常会被派去做早班的清洁工作。

春节期间,李萍叶每天都把闹铃调到凌晨3点钟,从安西路的家骑车10余分钟,就抵达负责的清扫路段。大年三十由于燃放的烟花爆竹比较多,她和同事们早晨2点钟就开始出动了。

上班20年春节从未放过假

李萍叶在七里河城管局清扫所当环卫工人以来,春节从未放过假,并且比平时忙很多。以往上最早班时一天能清扫两三车垃圾,春节期间经常一天就能扫五六车垃圾,除夕和元宵节还要更多。

每年的除夕夜和正月十五这两个团圆的日子,她基本上都是在马路上做清扫工作,没有和家人一起团聚过。她告诉记者,春节期间工作量是平常的两三倍,而且非常难扫,烟花爆竹遍地开花,纸屑和残渣随风乱飘,有些还刮到了绿化带里,清扫难度也增大了。经常还会有前脚刚扫完,后面又燃放鞭炮的情况发生,她只好回过头去再扫,从早到晚要来来回回扫好多遍。

【点评】平凡的工作更需要坚守。美好的城市环境,正是来自一位位普通清洁工的辛苦劳动。一份工作坚守20多年,春节仍然坚守工作岗位,工作虽然辛苦,但内心是快乐的。所以说,劳动者最美丽,劳动者最幸福!

(三)劳动解放思想

马克思认为,劳动过程是人的本质实现的过程,自由自觉的劳动是人的本质的体现,也是自由全面发展的需要。但私有制基础上的异化劳动导致劳动成为令人厌恶的强制性劳动,导致人的个性不能全面发展,只能片面甚至畸形发展。因此,必须通过劳动解放,消灭异化劳动,不断消除一切有悖于实现人的本质的物质的、精神的羁绊。而劳动解放是一个历史过程,它的前提是生产力的高度发达和建立在其上的生产资料公有制,到了那时,生产劳动就不再是奴役人的手段,而成了解放人的手段。因此,劳动解放是全人类的使命,与每个时代的每一个人都息息相关,任何个人都不能把自己在生产劳动这个人类生存的自然条件中所应参加的部分推到别人身上。

二、马克思主义劳动观在新时代的发展

党的十八大以来,在继承和发展马克思劳动观的基础上,习近平总书记结合新时代历史特点,对马克思劳动观进行了创新性解读,丰富和发展了马克思劳动观。

(一)丰富了劳动的内涵

习近平总书记指出劳动是推动人类社会进步的根本力量,因此我们要崇尚劳动、尊重劳动者。并认为劳动者不仅可以自由劳动,而且可以通过劳动追逐个人人生梦想,实现人生价值,创造更加美好的生活。习近平总书记强调:"劳动是最光荣的、最崇高的、最伟大的,也是最美丽的,劳动模范身上所体现的崇高的劳动精神,是伟大时代精神的生动体现,劳模精神应在全社会得到大力弘扬。"为此,我们党制定了新时代评价劳动价值的社会标准,主张任何职业没有高低贵贱之分,不能差别、歧视地对待体力劳动和体力劳动者,并要求通过价值塑造、劳动实践、制度建设等几个方面,引导人们树立正确的劳动观,营造崇尚劳动及尊重劳动的浓厚氛围。

(二)对劳动者的劳动态度提出了新要求

习近平总书记要求树立辛勤劳动、诚实劳动、创造性劳动的理念。劳动者要克服不劳而获的错误价值理念,树立勤劳致富的劳动观,要敬业、奉献、诚信、实干,积极进取,脚踏实地干事创业,创造性地开展各项劳动,要求大力弘扬劳动精神、工匠精神和劳模精神。

(三)关爱劳动者,强调构建和谐劳动关系

习近平总书记要求坚持人民当家做主的地位,坚持公平正义原则,构建合理的利益协调机制,不断提升劳动者的经济、政治、社会地位,实现好、维护好、发展好广大劳动者的根本利益,让他们拥有更加体面的工作。要求树立正确的益利观,依法处理劳动关系纠纷,构建起以人为本、互助共赢的和谐劳动关系。

(四)重视劳动教育,提高劳动者素质

习近平总书记非常重视劳动教育,强调提高广大劳动者的综合素质。2014年,习近平总书记就加快职业教育发展做出重要指示,要求职业教育要树立正确人才观,培育和践行社会主义核心价值观,着力提高人才培养质量,弘扬劳动光荣、技能宝贵、创造伟大的时代风尚,营造人人皆可成才、人人尽展其才的良好环境,努力培养数以亿计的高素质劳动者和技术技能人才。2018年9月10日,习近平总书记在全国教育大会上首次提出党的教育方针是培养德、智、体、美、劳全面发展的社会主义建设者和接班人,系统阐述了新时代中国特色社会主义劳动教育思想,指出"要在学生中弘扬劳动精神,教育引导学生崇尚劳动、尊重劳动,懂得劳动最光荣、劳动最崇高、劳动最伟大、

劳动最美丽的道理,长大后能够辛勤劳动、诚实劳动、创造性劳动",明确了新时代中国特色社会主义劳动教育的价值遵循。

【拓展阅读】

习近平劳动观的 12 个金句

近年来,习近平在纪念"五一"国际劳动节关于弘扬劳模精神的重要讲话、谈话中集中阐发了马克思主义的劳动观和幸福观,其中有 12 个金句值得高度重视。①劳动是人类的本质活动。劳动光荣、创造伟大,是对人类文明进步规律的重要诠释。②社会是劳动创造的。人民创造历史,劳动开创未来,劳动是推动人类社会进步的根本力量。③劳动是财富的源泉,也是幸福的源泉。好日子是通过辛勤劳动得到的。④劳动没有高低贵贱之分,任何一份职业都很光荣。一切劳动,无论是体力劳动还是脑力劳动,都值得尊重和鼓励;一切创造,无论是个人创造还是集体创造,也都值得尊重和鼓励。⑤中华民族是勤于劳动、善于创造的民族。正是因为劳动创造,我们拥有了历史的辉煌;也正是因为劳动创造,我们拥有了今天的成就。⑥劳动是一切成功的必经之路。"空谈误国,实干兴邦",实干首先就要脚踏实地劳动。⑦幸福不会从天而降,梦想不会自动成真。我们必须依靠辛勤劳动、诚实劳动、创造性劳动,实现中国梦,创造幸福美好的生活。⑧为人民谋幸福,为民族谋复兴是中国共产党人的初心和使命。我们要坚持执政为民、造福于民,通过发展使人民有获得感、幸福感和安全感。⑨劳动是共产党人保持政治本色的重要途径,是保持政治肌体健康的重要手段,也是发扬优良作风的重要保障。⑩构建和谐劳动关系。在改革开放和市场经济条件下,要正确处理资本与劳动的关系,解决好劳动者的就业问题、薪酬问题和自身素质提高等问题。⑪大国工匠是职工队伍中的高技能人才。工会要协同各个方面为劳动模范、大国工匠发挥作用搭建平台、提供舞台,培养造就更多劳动模范、大国工匠。⑫我们要让劳动光荣、创造伟大成为铿锵的时代强音。特别要在学生中弘扬劳动精神,教育引导学生崇尚劳动、尊重劳动,懂得劳动最光荣、劳动最崇高、劳动最伟大、劳动最美丽的道理,长大后能够辛勤劳动、诚实劳动、创造性劳动。

三、 树立科学劳动观的重要意义

(一)有助于弘扬热爱劳动的传统美德

马克思说过,体力劳动是防止一切社会病毒的伟大的消毒剂。脑力劳动者参加一些体力劳动,有利于身心健康。向社会提供劳动,获得自己生活的权利,是光荣的生存方式。热爱劳动一直是中华民族的传统美德。大禹治水,愚公移山,精卫填海等,都是我国古代劳动人民崇尚劳动,热爱劳动,拼搏奋斗的证明。作为大学生,树立正确的劳动观,有助于弘扬热爱劳动的光荣美德。

(二)有助于形成积极向上的就业创业观

不少青年学生在毕业就业过程中容易形成眼高手低的择业观念、不能胜任工作等问题,只有树立正确的劳动观,才能形成积极向上的就业观和创业观。正确的劳动观能够培养我们优良的品质,实现我们的积极就业。正确的劳动观能够帮助我们正确认识社会劳动分工的本质,消除劳动差别观,建立劳动平等观,促进我们到基层就业,加强实践锻炼,为以后发展奠定良好基础。

(三) 有助于使生活丰富而充实

"劳动是世界上一切欢乐和一切美好事情的源泉。"这是高尔基对劳动的诠释,也是劳动的真谛。生活中,劳动是一笔难得的资源和财富。人生的绚丽和精彩都是在不断地劳动中,在勇于创造过程中写出来的。劳动使我们消除不必要的忧虑和摆脱过分的自我注意,使生活内容丰富而充实。劳动的成功与成果,可使我们认识到自己生存的价值,因而对生活充满信心。

(四) 有助于促进自我完善、自身发展

作为社会主义建设者和接班人,我们的自我完善、自身发展对实现中华民族伟大复兴中国梦有着重要作用。合格的建设者和接班人本质上是"以劳动实现中国梦"的劳动者,既是辛勤的劳动者,也是敬业的劳动者,更是创造性的劳动者。树立正确的劳动观,有利于我们在劳动中增强体魄,磨炼意志,提升人格品质,实现以劳树德、以劳增智、以劳健体、以劳育美的目标。

【案例 1-7】

农民工劳模

王钦峰,山东豪迈机械科技公司的一名农民工。只有初中学历的他,18 年来,凭着自己的勤奋和努力,先后完成 40 多项工艺革新,设计了十几种专用设备,获得一项省科技进步奖、三项国家专利。先后获得山东省劳动模范、全国五一劳动奖章等荣誉称号,2016 年又被授予全国劳动模范称号。

【点评】 从初中毕业的农民工到研发工程师,了不起! 梦想属于每一个人,青年学生要敢想敢干、敢于追梦。只要有志气,有闯劲,所有普通劳动者都可以通过辛勤劳动和创造性劳动促进自我完善、自我发展,在宽广舞台上实现自己的人生价值。

(五) 有助于实现中华民族伟大复兴的中国梦

青年大学生是中国特色社会主义事业的接班人,是实现中华民族伟大复兴中国梦最强大的主力军。实现中华民族伟大复兴的中国梦,必须依靠知识,必须依靠劳动,必须依靠广大青年、广大知识分子、广大劳动群众。因此,青年学生树立科学的劳动观,有助于民族复兴中国梦的早日实现。

四、如何树立正确的劳动观

青年学生树立正确的劳动观,既要在"知"的层面,正确认识劳动的价值和意义,尊重劳动,崇尚实干,更要在"行"的层面,养成热爱劳动的习惯,将正确的劳动观内化于心,外化于行。

(一) 树立"劳动无贵贱"的理念,善待自己劳动的岗位

不管是从事体力劳动还是从事脑力劳动,不管是从事简单工作还是从事复杂工作,也不管是从事重要工作还是从事一般性工作,性质都是一样的,其地位也都是平等的,都是用自己的双手和大脑,为人类和社会进步做出自己的贡献。只有理解了这一

点,才能客观地看待自己劳动的岗位,愉快地服从组织分配的任何工作,爱岗敬业,在本职岗位上建功立业,用辛勤劳动实现"我的梦"进而助推"中国梦"的早日实现。

(二)正确认识劳动与财富之间的关系,自觉辛勤劳动

劳动不但创造着有形的物质财富,也在创造着无形的精神财富,劳动在丰富物质生活的同时,也在塑造着劳动者的精神世界。正确的劳动观,是既重视物质财富的产出,又重视精神财富的产出,既重视物质上的回报,又重视精神上的满足。树立正确的劳动观,就应该把国家利益和人民利益放在首位,以集体利益为重,自觉强化奉献意识,用辛勤劳动报效祖国,服务人民。

【案例1-8】

除险英雄任羊成与红旗渠精神

20世纪60年代,在"十年九旱、水贵如油"的河南林县(今林州市),坚强的林县人民越过天险,用了近10年时间,硬是凭借不怕苦、不怕险的一股狠劲,在万仞壁立、千峰如削的太行山上削平了1250座山头,架设151座渡槽,开凿211个隧洞,修建各种建筑物12408座,挖砌土石达2225万立方米,建成了总干渠全长70.6千米的"人工天河"——红旗渠。它的干渠支渠分布全市乡镇,自建成之日起就从根本上改变了林州人民的生产生活条件。

在修建红旗渠的人群中,有一支专门负责除险的队伍。这支队伍每个人身上都系着几十斤的绳索,手上拿着特制的铁钩,像荡秋千一样在悬崖上荡来荡去,除去崖上的险石。有人比喻这就是在老虎嘴里拔牙,如果稍有闪失,身体与悬崖撞击,后果不堪设想。除险人员除下来的石头往往又是顺着手中的铁钩往头上走的,所以,一不留神就很容易砸到自己,随时都有生命危险。有一次,在虎口崖施工时,很多碎石头从上面不停地往下掉,除险队长任羊成躲避不及,有一块拳头大小的石头不偏不倚正砸在他的嘴上。他感到脑袋"嗡"的一声,就失去了知觉。随即,他便在空中旋转起来。停了一会儿,他才清醒过来,心想:你砸你的,只要砸不死,我就干我的。他仰起头准备向崖上喊话,但是连做张口动作几次,怎么也张不开,觉得嘴是麻木的,似有东西压在舌头上,难以出声。他用手一摸,原来一排门牙竟被落石砸倒,舌头也被砸伤了。情急之下,任羊成从腰间抽出一把手钳,将三颗牙硬生生地连根拔了下来,忍着巨大的疼痛,他又在悬崖上坚持工作了6个小时,直到下工时,才从悬崖上下来。当任羊成完成任务平安落地的时候,他露出了胜利的笑容,虽然笑起来很痛,但他却为自己圆满完成任务而感动由衷的高兴。

【点评】20世纪60年代,物资、技术等极其匮乏,面对艰巨的工作任务、恶劣的生存环境,我们的除险英雄们埋头苦干,甘于牺牲和奉献,正是因为他们有着坚定的理想信念,有着以国家和人民利益为重的正确的劳动观,所以才铸就了"自力更生、艰苦创业、团结协作、无私奉献"的红旗渠精神!劳动既创造物质财富,也创造精神财富,而精神财富可以激励人们拼搏进取,为人们的前行不断赋能,提供不竭动力。

(三)身体力行,养成热爱劳动的良好习惯

树立正确的劳动观,不是一时之功,需要在长久的实践中经受千锤百炼,战胜各种

诱惑,克服各种困难,经过长期积淀才能逐渐形成。青年作为我国社会主义事业建设的希望和栋梁,要从我做起,从现在做起,身体力行,逐渐养成热爱劳动的良好习惯。只有在工作中保持一如既往的热情和干劲,将对劳动的满腔热爱化为脚踏实地的辛勤工作,诚信劳动和创造性劳动,才能永葆奋斗品质,为祖国建设添砖加瓦,为实现中华民族的伟大复兴和现代化强国贡献力量。

训练与活动

让青春在劳动中闪光

一、活动目标

帮助学生们体会到劳动创造美好生活,体会劳动不分贵贱,养成热爱劳动的良好习惯。

二、活动时间

建议 60 分钟。

三、活动准备

教师将学生按照 4～6 人划分为一个小组,各个组根据活动内容准备:

(1)关于劳动的诗词,不少于 5 首。

(2)领袖人物的劳动故事,不低于 3 个

(3)劳动最光荣视频,不低于 2 个。

四、活动流程

(1)分享诗词并结合诗词讲述劳动与生活和社会的关系。

(2)讲述领袖人物的劳动故事。

(3)播放劳动最光荣视频。

(4)各小组按照"劳动的概念→树立正确的劳动观→劳动的青春最出彩"展开探究和讨论,小组内分工合作,写一篇 1500 字左右的感想。每小组推荐一名代表分享小组感想。

(5)教师分析、归纳和总结,引导学生树立劳动最光荣、劳动最崇高、劳动最伟大、劳动最美丽的观念,并根据各组在活动中的表现予以打分。

探索与思考

1. 针对当前一些青少年"不爱劳动、不会劳动、不珍惜劳动成果"的现象,你觉得应该如何纠正?

2. 新时代的蓝领和白领同样重要,为什么?

单元三　新中国的劳动教育

名人名言

劳动教育是对年轻一代参加社会生产的实际训练,同时也是德育、智育和美育的重要因素。

——[苏联]苏霍姆林斯基

学习目标

1. 了解劳动教育的内涵和新中国劳动教育的历史发展。

2. 理解开展劳动教育的必要性和意义。

3. 树立科学的劳动观,养成尊重劳动,热爱劳动的良好习惯,不断提高劳动能力。

案例导入

杜威的"教育即生活"和陶行知的"生活即教育"

约翰·杜威是美国著名的实用主义哲学家、教育学家,杜威作为美国进步主义运动的代表,首次提出了实用主义教育思想,并倡导"教育即生活",在他的《民主主义与教育》著作中,杜威提出:"教育是生活的必需。"教育是一种培养人的社会活动,是一种特殊的生活方式,从一开始就源于生活,在生活中发展,并以促进生活水平的提高为目标。杜威的"教育即生活"认为教育必须依赖于生活并改善现实生活,通过教育来使儿童获得更好的发展,具备构建美好生活的知识和能力。

陶行知在经过多年的教育实践探索中继承了杜威的"教育生活理论"并对其进行了革新和创造。陶行知把杜威的"教育生活理论""翻了半个跟头",创造了具有中国特色的"生活教育理论"。他主张"生活即教育""社会即学校""教学做合一"。这一生活教育理论在他所创办的晓庄乡村师范学校中得以实践。陶行知说,要先能做到"社会即学校",然后才能讲"学校即社会";要先能做到"生活即教育",然后才能讲道"教育即生活"。要这样时学校才是学校,要这样的教育才是教育。

【分析】杜威的"教育即生活",以及陶行知的"生活即教育"思想,对我国当前劳动教育发展具有一定的启发意义。生活中有教育,寓教育于生活。"教育即生活"和"生活即教育"思想都强调了教育与生活之间的关系,主张把二者统一起来。这给我们的劳动教育以很大的启发。

一、劳动教育概述

(一)劳动教育定义

(1)劳动教育的定义见仁见智,概括起来有德育说、智育说、德智并育说、全面发展说等几种观点。

"德育说"认为,劳动教育是德育的内容之一,是对学生进行热爱劳动和劳动人民,珍惜劳动成果,树立正确的劳动观点和劳动态度,通过日常生活培养劳动习惯和技能的教育活动。该定义强调了劳动教育的德育属性而忽略了劳动教育的智育价值。

"智育说"则认为,劳动教育就是向受教育者传播现代生产的基本知识和技能,培养他们具有正确的劳动观点、劳动习惯和热爱劳动人民、劳动成果的感情。劳动教育十分重视劳动过程中的智力因素,把平凡的劳动同创造性劳动结合起来,把简单的劳动与富有知识的劳动结合起来,突出了劳动教育的智育属性。

"德智并育说"将劳动教育定义为,以劳动实践为主,结合进行思想教育,以培养学生的劳动观点、劳动技能和劳动习惯,为普通教育和职业教育打下基础。"全面发展说"则认为,劳动教育是指通过参加劳动实践活动所进行的一种融德育、智育、体育、美育为一体的全面培养受教育者多种素质的综合性教育活动。

(2)高校劳动教育是顺应新时代劳动发展趋势,对大学生进行系统的劳动思想教育、劳动技能培育与劳动实践锻炼,全面提高大学生劳动素养的过程。其目的是引导新时代大学生在劳动创造中追求幸福感,获得创新创造灵感,培养具有社会责任感、创新精神和实践能力的高级专业人才。

(二)新时代劳动教育的特征

社会在发展,教育在进步,劳动教育必然在与社会的互动中保持时代性,呈现出自己的鲜明特色。

(1)劳动教育理念的科学化。劳动教育具有树德、增智、强体、育美的综合育人价值,劳动教育必须坚持综合育人理念,成为与德智体美并行的教育。习近平总书记强调德智体美劳的高标准、全素质,凡是不利于实现这个目标的做法都要坚决改过来。因而,劳动教育需要得到重视而不能在学校中被弱化,在家庭中被软化,在社会中被淡化,它事关个人发展、民族复兴和国家富强。我们要从培养自身良好的劳动价值观和促进自身全面发展的角度出发并积极参与各种形式的劳动教育,而不能仅满足于简单的劳动技能、劳动知识的教育。

(2)劳动教育内容的时代化。劳动在不同的时代具有不同的特质。在农业文明时代,生产劳动主要是以经验或技术的方式进行;在工业文明时代,生产劳动是以技术加科学的方式进行,强调制造;而在信息时代,科技制胜,生产劳动演变成以科学技术的方式进行,人才成为第一资源,创新成为发展的第一动力,劳动更在于"智造"而非"制造"。不同时代劳动特质的变化,要求劳动教育的内容与时俱进并具有鲜明的时代特征。大学生在适应时代发展特点的同时尚进尚新,以"有本领"的面貌实现自己的时代担当。

(3)劳动教育形式的多样化。新时代劳动教育强调教育与劳动相结合,强调兼顾传统劳动和新型劳动,注重劳动素养的培养。因此,劳动教育的实施要拓宽实施渠道,强化家庭、学校、社会综合实施,要因地制宜,深化产教融合,创新劳动教育模式,丰富劳动教育形式和载体。既要重视传统体力劳动,更要重视创造性的非体力劳动形式,如科学技术的发明创造、公益活动、志愿服务,以及其他非物质劳动形式,如数字劳动、体育劳动等。

【拓展阅读】

新时代劳动方式

随着社会的发展,传统意义上单一的体力劳动已经远不能满足现代社会的进步需要,智力劳动的比重逐渐增大。在人工智能发展的新时代,大数据化是服务社会的基础,数字劳动成为新时代主要的劳动形式。数字劳动是一种生产性劳动,是涉及数字媒体生产和生产性消费文化劳动的具体形式,包括硬件生产、内容生产、软件生产者的劳动和生产性使用者的劳动。每个人都是数字劳动者,是数据信息的生产者、传播者和接收者。数字劳动改变了人们传统的劳动形式,使劳动形式不再是简单的劳动力的付出,而是更多地需要具有创造性思维的参与。

数字劳动主要体现在两个方面:一种是技术型劳动,是指从事人工智能的程序编程、应用软件的开发与设计,以及对人工智能产品进行管理与维护等专业劳动,属于生产性劳动;另一种是应用型劳动,是指以应用智能软件为主,共享个人或集体价值的劳动,属于服务性劳动。这种形式的劳动不仅体现在工作中,也体现在娱乐活动中,比如聊天软件的应用。

信息化时代,随着科技的进步和社会生产力的发展,新产业、新业态和新的劳动形式日新月异,这也要求劳动教育要与时俱进,不断丰富完善劳动教育的形式和内容。

二、新中国劳动教育的历史发展

(一)社会主义革命和社会主义建设时期

新中国建立之后,中国共产党对马克思主义的教劳结合思想做了创造性实践和发展。20 世纪 50 年代,"教育与生产劳动相结合"写进了党的教育方针,并把爱劳动定为"五爱"国民公德之一,学校把学生参加生产劳动作为一项主课,劳动教育以个人与国家的生存与发展为主要目的进行初塑。1958 年的《工作方法六十条》,又对各级各类学校有关工农业生产劳动活动的安排做了明确的规定。在"开门办学"思想指导下,学生要参加五七干校或到农村插队,进行劳动锻炼和思想改造。劳动教育在我国的教育方针中有了一席之地,但此后也因过度政治化而走向了异化。

(二)改革开放新时期

1981 年,《关于建国以来党的若干历史问题的决议》提出,要坚持德智体全面发展、又红又专、知识分子与工人农民相结合、脑力劳动与体力劳动相结合的教育方针。1986 年又提出了德、智、体、美、劳五育全面发展的教育思想。1993 年,中共中央发布的《教育改革和发展规划纲要》中指出:"坚持教育与生产劳动、社会实践相结合……鼓励学生积极参与志愿服务和公益事业。"1999 年,《深化教育改革全面推进素质教育的决定》强调,要加强劳动技术教育和社会实践,使学生接触自然、了解社会,培养热爱劳动的习惯和艰苦奋斗的精神,强调使诸方面教育相互渗透、协调发展,促进学生的全面发展和健康成长,"教育与生产劳动和社会实践相结合"成为新时期的教育方针。2001 年《国务院关于基础教育改革与发展的决定》颁布,赋予劳动教育更加丰富的内涵与要求,推动劳动教育迈入整合发展的时代。2010 年《国家中长期教育改革和发展规划纲要(2010—2020 年)》进一步强调坚持教育、教学与生产劳动、社会实践相结合,加强劳动教育,培养学生热爱劳动人民的情感,对教育与生产劳动相结合的方针进行了更加深入的阐述,并融入了新时期教育改革的思想。

(三)中国特色社会主义新时代

党的十八大以来,中国特色社会主义进入新时代,劳动教育也进入了一个全新的时期。针对劳动教育在学校中被弱化,在家庭中被软化,在社会中被淡化,在研究中被虚化的现象,特别是针对当前一些青少年中出现的"不爱劳动、不会劳动、不珍惜劳动成果"的现象,2018 年 9 月 10 日,习近平总书记在全国教育大会上特别强调了劳动教育的重要性,把"劳"与"德智体美"相并列,明确将育人目标从"德智体美"拓展为"德智体美劳";并强调"要在学生中弘扬劳动精神,教育引导学生崇尚劳动,尊重劳动,懂得劳动最光荣,劳动最崇高,劳动最伟大,劳动最美丽的道理,长大后能够辛勤劳动,诚实劳动,创造性劳动。"2020 年 3 月 20 日,中共中央、国务院颁布《关于全面加强新时代大中小学劳动教育的意见》,就全面贯彻党的教育方针,加强大中小学劳动教育进行了系统设计和全面部署,为全面加强新时代劳动教育提供了根本遵循和政策支持,劳动教育正日益成为德、智、体、美、劳全面发展教育的有力助推器。

【案例1-9】

上海中侨职业技术大学:探索"五维四驱"劳动教育模式

上海中侨职业技术大学将劳动教育与"思政教育、就业能力、生活技能、公益志愿、创新创业"等"五维"融合,探索"课程、实训、生活和活动"四个驱动,切实加强青年大学生劳动教育。

(1)劳动教育进入思政课堂。在思想政治理论课程中突出马克思主义劳动观的教学内容,引导学生树立劳动观念,养成劳动习惯,具备劳动能力。同时,学校在校内建立劳模(工匠)育人工作室,开设"劳模大讲堂"主题讲座,开展"劳模进班级"面对面等活动,引导学生正确认识劳动的重要作用,鼓励学生通过"出力流汗,接受锻炼、磨炼意志"来形成正确的劳动价值观和良好的劳动品质。

(2)劳动育人为学生就业"加码"。发挥专业实习实训的劳动育人功能,为学生就业"加码"。结合实践教学、顶岗实习实训、毕业设计等,学校开设以提高学生专业劳动素质、专业技术能力和职业胜任能力为核心的实习实训。

(3)劳动教育使学生养成良好生活习惯。以"每周二集体劳动日"为载体,加强学生日常生活劳动教育。结合校园生活,组织学生参加校园绿化、教室清洁、实验室维护、文明寝室创建等劳动锻炼,定期进行劳动最美主题实践和评比,培养学生掌握日常生活劳动技能和养成良好行为习惯。

(4)劳动实践服务志愿公益事业。积极开展志愿服务劳动育人实践,以校、院两级青年志愿者服务队为主体,开设"专业+"志愿服务劳动项目,年度志愿者人数达1万余人次。

(5)不断完善劳动教育体系。学校通过"课程、实训、生活、活动"四个驱动,丰富劳动教育的实施途径和渠道。结合思想政治教育、职业生涯教育、创新创业教育等,打造劳动教育主要依托课程,并挖掘专业课程蕴含的劳动教育元素,推动人才培养模式改革。

【点评】职业教育始于劳动实践。职业院校自身有着丰富的劳动资源,因此,职业院校有着劳动教育的独特优势。但一些职业院校将劳动教育简单理解为扫地清洁和志愿服务等,忽略了劳动教育还应该培养学生对劳动价值的认同和劳动态度的达成等核心内容,也就很难发挥劳动教育综合育人的功能。上海中侨职业技术大学将劳动教育与"思政教育、就业能力、生活技能、公益志愿、创新创业""五维"融合,探索"课程、实训、生活和活动"四个驱动,创新载体,丰富内容,为新时代加强大学生劳动教育树立了榜样。

三、开展劳动教育的意义

(一)劳动教育是马克思主义教育思想的必然要求

马克思认为,劳动推动社会历史进步,是人作为人之最本质最显著的特征。劳动是推动人类社会进步的根本力量,是人民幸福和美好生活的源泉。重视劳动,强调教育与劳动相结合,是马克思主义重要的主张。构建德智体美劳全面培养的教育体系,加强劳动教育,是回归人之本质,回归学生自身的主体性教育方式,能够帮助我们在自主实践中发现自我,通过双手改变和创造自己的生活。

(二)劳动教育是立德树人的重要途径

立德树人是教育的根本任务,劳动教育则是立德树人的重要内容。首先,劳动教育丰富了教育工作的内涵,促使我们能够端正劳动态度并树立正确的劳动观念,能够培养我们对于劳动和劳动人民的思想感情,逐步养成热爱劳动、善于劳动以及勤于劳动的素质。其次,劳动教育和道德教育紧密联系,劳动教育也是加强德育的过程。因此,只有重视劳动教育,才能将职业技能内化为职业能力,成为具备一定职业素养的技术技能型人才。只有重视劳动教育,学生才能树立正确的择业观念,脚踏实地地做好自身的职业生涯规划,并促进自身努力成长为社会发展的有用人才。

(三)劳动教育的实际作用和现实需要

劳动关乎国家富强、人民幸福和民族复兴。但现实生活中,劳动教育存在着被弱化、软化和淡化的现象,导致部分大学生连起码的洗衣、扫地、整理物品、料理个人的日常生活等小事都不会做,大学生对劳动的现实认知和劳动技能状况迫切要求加强劳动教育。劳动可以树德、增智、强体、育美,可以培养一个人吃苦耐劳、克服困难、敢于拼搏的意志,可以教会一个人学会尊重和热爱劳动人民,劳动还有助于提高一个人的生活常识和生存智慧。

当前,中华民族伟大复兴的宏伟蓝图已经绘就,每一个中国人积极投身到时代的大潮之中,用劳动创造美好未来,用劳动实现人生幸福,美好而伟大的中国梦就一定会实现!只有重视劳动教育才能让青年学生成为一大批勤于劳动和善于劳动的人才,才能符合新时代教育发展的根本要求,也是实现个人梦想和国家梦想的一个重要选择。

【案例1-10】

"躺平学"出圈

据一位网友分享,他近两年没有固定工作,不劳动,一天两餐,一个月花销200元左右,没事就去钓鱼、游泳、锻炼,心情好的时候就去横店当群众演员,角色同样是"躺平"。

【点评】幸福都是奋斗出来的,奋斗的青春最美丽。"躺平"应该只是奋斗征程中的短暂休息,而不能成为生活的常态。"躺平"的青春是无聊的青春,也是没有价值的青春。

活动与训练

反思劳动创造意识

一、活动目标

引导学生深刻理解劳动教育、提高对创新意识的认识。

二、活动时间

建议15分钟。

三、活动流程

（1）教师出示以下阅读材料，并让学生结合实际谈一谈造成以下现象的原因及对策。

就业力报告

2021年4月22日，中国人民大学中国就业研究所联合智联招聘发布《2020年大学生就业力报告》，全景分析疫情影响下的大学生就业形势。报告显示，75.8%的人首选单位就业，选择自由择业和升学分别为7.7%和7.5%，选择创业的仅为2.8%，6.2%的人选择暂不就业等慢就业类。这组数据说明了大学毕业生的劳动创造意识不容乐观。

（2）教师将学生按照6～8人划分为一个小组，小组通过讨论形成观点。

（3）每一个小组推选一名代表陈述本组观点，其他小组可以对其进行提问，小组内其他成员也可以回答提出的问题。

（4）教师进行归纳、分析和总结，引导学生深刻认识开展劳动教育的重要性，提前做好就业准备。

（5）教师根据各组在活动过程中的表现予以打分。

探索与思考

1．简要介绍你所在学校的劳动教育开展情况。

2．你认为开展大学生劳动教育有何意义？

模块二　劳动分工与劳动组织

模块导读

本模块包括劳动者和人力资本开发、社会分工和劳动组织、劳动基本制度三个部分,为同学们多维度了解社会分工、劳动组织、劳动就业、劳动保障、收入分配等相关问题提供参考。

单元一　劳动者、人力资源与人力资本

名人名言

劳动是人类存在的基础和手段,是一个人在体格、智慧和道德上臻于完善的源泉。

——[俄]乌申斯基

学习目标

1．了解劳动者、人力资源与人力资本的基本含义。

2．理解劳动者与人力资源、人力资本开发之间的关系。

3．熟悉劳动者所需具备的素养与品质。

案例导入

用奉献演绎精彩的"采油人生"

南疆和田县的偏僻村庄里走出了一个"小巴郎"(小伙子),如今已成为中石油的技能专家,他就是新疆油田公司重油开发公司采油五区采油六班班长肉孜买买提·巴克。在克拉玛依技术学校学了 3 年采油专业并顺利毕业后,肉孜买买提被分配到新疆油田公司重油公司,成为一名采油工。

初到油田,肉孜买买提汉语不通,特别紧张。除了语言上的障碍,技术上的不熟练还差点要了他的命。一次,肉孜买买提外出巡井准备关闸拉电时,被一道高压电流击倒在泥潭里。

于是,肉孜买买提勤学苦练语言与专业技术,慢慢地汉语水平和技术水平均有了十足进步。一年后,他参加作业区技术工人操作大赛,取得了维修工第一名的成绩,被任命为 924 站队班长。

"只要努力,就一定有回报;只要坚持,就能从'坎土曼'(锄地挖土农具)变成'拖拉机'!"2003 年以来,熟练掌握采油技术的肉孜买买提,把更多心思花在了技术革新上。他获得了 16 项国家专利成果,有 8 项在生产中推广应用。

2002 年,肉孜买买提主动找到采油五区区长,当采油五区业务技能培训老师,不要

报酬。担任兼职教师以来,肉孜买买提培训员工超过 1 万人次,帮助 100 多名初级工顺利考核晋级为中级工,50 多名中级工晋升为高级工。还整理出了采油岗位可能出现的 100 多项问题和导致问题的 600 多种原因,挤出时间编写了 50 多万字的民汉对译培训教材。

一天晚上,肉孜买买提看着自己编写的培训教材,心想:"这些课件是我需要的,其他人也应该需要。"他决定通过网络,与感兴趣的网友一起分享,"要把所学的知识传播给更多的人"。

2006 年年初,肉孜买买提的"红柳石油网"正式上线,免费服务五湖四海的石油人。如今,网站收录石油生产专业文章 4000 余篇,石油百科名词解释上万条,注册用户达 13000 多人,年访问量超过 60 万人次。

【分析】中国梦是民族的梦,也是每个中国人的梦,发自亿万中国人的肺腑,也起始于每个人的点滴之愿。肉孜买买提·巴克就是其中一颗闪耀的明星。通过刻苦钻研、爱岗敬业、热爱奉献,从一个南疆农民的孩子成长为技能专家,从采油门外汉到全国技术能手,肉孜买买提·巴克通过劳动奋斗,成为最美职工,荣获全国劳动模范、第六届"全国民族团结进步模范个人"、全国技术能手等荣誉称号,在平凡的岗位上写下了不平凡的故事,为我们树立了榜样。

一、劳动者与人力资源

(一)劳动者的定义

(1)社会定义。劳动者在一定的社会分工体系下,具有一定的劳动能力,处于一定的劳动岗位,遵循一定的劳动规范,有目的地、相对持续地从事或向他人提供有价值物品与服务活动的社会人。其劳动既受到社会分工体系的制约,又是社会分工体系中的有机构成部分。

(2)哲学定义。劳动者是指参加劳动并以自己的劳动收入为生活资料主要来源的人。它包括两个方面:其一,劳动者指的是参加劳动的人,包括体力劳动者和脑力劳动者;其二,劳动者指的是以自己的劳动收入作为生活资料主要来源的人。

(3)法律定义。劳动者是指达到法定年龄,具有劳动能力,以从事某种社会劳动获得收入为主要生活来源,依据法律或合同的规定,在用人单位的管理下从事劳动并获得劳动报酬的自然人。只有具备一定的条件并取得劳动权利能力和劳动行为能力,自然人才能成为合法劳动者。

(4)马克思主义定义。劳动者是生产力三个基本要素之一,是生产力诸要素中最为活跃和最富有创造性的要素,是人民群众的主体部分,为推动历史进步,创造人类世界的物质财富和精神财富提供了条件。

(二)人力资源的定义

经济学把为了创造物质财富而投入于生产活动中的一切要素通称为资源,包括人力资源、物力资源、财力资源、信息资源、时间资源等。其中人力资源(human resources,HR)又称劳动力。是一切资源中最宝贵的资源,是第一资源。

广义的人力资源是指在一个国家或地区中,处于劳动年龄、未到劳动年龄和超过劳动年龄但具有劳动能力的人口之和;或一个国家或地区的总人口中减去丧失劳动能力的人口之后,能够推动整个经济和社会发展、具有劳动能力的人口总和。

狭义的人力资源指一定时期内组织中的人所拥有的能够被企业所用,且对价值创造起贡献作用的教育、能力、技能、经验、体力等的总称。换言之,即企事业单位独立的经营团体所需人员具备的用以制造产品和提供服务的能力(资源)。

就当今社会而言,人力资源包括数量和质量两个方面。人力资源的数量为具有劳动能力的人口数量,其质量指经济活动人口具有的体质、文化知识和劳动技能水平。一定数量的人力资源是社会生产的必要的先决条件。充足的、与物质资料生产相适应的人力资源有利于社会生产的发展,若不足或超过一定社会需求,会对社会发展造成不良影响。其最基本方面,包括体力和智力;从现实应用的状态,包括体质、智力、知识、技能四个方面。

人力资源与其他资源一样具有特质性、可用性和有限性。

(三)劳动适龄人口

劳动适龄人口指的是人口中处于劳动年龄的那部分人口。国际上劳动人口年龄分组是以满 15 周岁为下限,15 周岁及以下为青少年,15 ~ 64 周岁为劳动适龄人口,65 周岁为退休年龄。因社会经济发展水平的不同,不同国家对劳动年龄的规定不同。

在我国,劳动力人口主要是指有劳动能力和就业要求的劳动适龄人口,包括从事社会劳动并取得劳动报酬或经营收入的在业人口和要求工作而尚未获得工作职位的失业人口。当前,我国处于劳动力市场的供给变化转型期,劳动人口结构正在出现较大变化。

【案例2-1】

啃下就业结构性矛盾"硬骨头"

就业结构性矛盾是指人力资源供给与岗位需求之间的不匹配。就业的结构性矛盾在全世界都普遍存在。从劳动力年龄结构看,目前我国劳动力平均年龄已接近 38 岁。而制造业、建筑业等又是用工的大头,招工难与就业难并存,技术技能人才短缺,大龄低技能劳动者就业面临挑战,这些都是结构性矛盾的具体体现。

根据人力资源和社会保障部对 100 个中心城市的监测统计显示,2018 年求人倍率(即招聘岗位的数量和求职人数比)始终保持在 1 以上。2018 年第四季度的求人倍率为 1.27,这意味着平均一个求职者对应 1.27 个就业岗位。

就业岗位虽然数量比较充分,但市场供求匹配度却出现越来越大的差距。当前,无论是在沿海还是在中西部,部分企业都发生了技工短缺、熟练工短缺、新型人才短缺的现象。随着经济结构调整和产业转型升级速度不断加快,部分地区、部分行业的高素质人力资本储备不足。一些传统的制造业大省,去产能和智能化升级改造对中低端产业的就业产生的挤出效应越发明显。

出现"有人无岗"和"有岗无人"这样的结构性矛盾,一个重要原因是教育、培训的结构调整尚未与劳动力市场需求结合,导致劳动者的技能水平和岗位需求不匹配的矛盾越来越突出。

由于适应产业转型升级需要的高层次研发人员、高技能工人和创新型、复合型人才不足,部分新成长劳动力的实践能力还难以跟上市场变化,大龄低技能劳动者就业难题仍将持续存在。

对外经贸大学公共管理学院教授李长安认为,当前,我国就业的主要矛盾已从总量矛盾转向结构性矛盾。化解过剩产能、僵尸企业出清等结构调整深入推进,以及人工智能等新技术的发展,还将对就业带来新的挑战。要实现更高质量和更充分就业,需要多措并举着力破解就业结构性矛盾,以确保经济发展朝着实现比较充分就业的目标前行。

【点评】就业是民生之本。就业结构性矛盾是一个世界性难题。我国当前的情况是教育资源错配引发劳动力资源错配,致使教育培训结构与劳动力市场需求不匹配,劳动者的技能水平与岗位需求不匹配。中国劳动和社会保障科学研究院副院长莫荣认为,大规模开展职业技能培训,是化解结构性就业矛盾的基础工程。有必要扩大培训规模,提高培训的针对性和时效性,以提升劳动力素质,使其更好地适应经济社会发展。

二、劳动者必备素质

高素质劳动者保有量对一个国家的国际竞争力具有重要影响,合格劳动者应具备一定的劳动素质。

劳动者素质是指从事劳动或者能够从事劳动的人的体力因素、脑力因素和主观劳动意识因素。劳动者素质的构成如下。

(1) 体力。体力是劳动者从事劳动的基础条件,是人体活动时所能付出的力量,表现为人的筋骨肌肉力量、灵敏度和感官能力。

(2) 脑力。脑力是人认识客观事物并运用知识解决实际问题的能力。通常表现为人的生产经验、思维能力、文化知识、专业知识、劳动技能等。一定时期劳动者的智力,既是生产力发展的结果,又是生产力进一步发展最强大的推动力量。

(3) 劳动意识。劳动意识赋予劳动者如何运用体力和脑力的主观能动性,影响劳动者的劳动积极性和劳动热情。

三、人力资本开发

(一)人力资本的含义

人力资本是一种与物质资本相对应的资本形式,它表现为能为任何个人带来永久性经济收入的能力和知识等。人力资本有数量和质量上的规定。我们通常可以根据社会或一个组织中的劳动力人数来确定其人力资本的数量,也可以根据劳动者个人能力和素质确定每一个劳动者所具有的人力资本的质量。

(二)人力资本的特点

(1) 人力资本是寓寄在劳动者身上的一种生产能力。以劳动者所具有的知识、技能、资历和工作经验与熟练程度表现出来的。

(2) 人力资本的所有权不具有转让或继承的属性。人力资本与其所有者具有不可分性,劳动者会因为人力资本情况不同而拥有并表现出不同的生产能力,这些生产能力永远寓寄在所有者身上,会在不断投资的基础上得到积累,无法转让和让他人继承。

（三）人力资本投资的主要形式

一些有利于形成与增强劳动力素质结构或提高人力资本利用率的行为、费用与时间均属于人力资本投资的范畴，主要包括以下形式。

（1）教育投资。教育投资是人力资本投资中最重要的形式，它包括学前教育和小学、中学、大学等正规教育的费用支出。无论是政府还是社会团体、劳动者个人及其家庭，其投资主体用于普通教育的费用均属于人力资本投资。这种形式的投资形成和增加了人力资本的知识存量，表现为人力资本构成中的普通教育程度，即用学历来反映人力资本存量。

（2）技能培训投资。职业技术培训投资是人们为获得与发展从事某种职业所需要的知识、技能与技巧所发生的投资支出。这类投资方式主要侧重于人力资本构成中的职业、专业知识与技能存量。其表现是人力资本构成中的"专业技术等级"。同样，通过了解职业技术培训规模、人力资源的各类专业技术等级结构状况，可以方便地比较和鉴别一个国家或地区在某一特定时期人力资本的现有规模。

（3）健康保健投资。用于健康保健、增强体质的费用也是人力资本投资的主要形式，主要包括劳动者营养、服装、住房、医疗保健和自我照管、锻炼、娱乐等所需的费用，它可以由"健康时间"，或者可以用工作、消费和闲暇活动的"无病时间"组成。这方面的投资效果主要表现为人口预期寿命提高、死亡率的降低。

一个国家全体国民的健康保健水平直接影响该国家劳动力数量和质量，对社会经济发展具有不可估量的作用，因此各国政府及社会都高度重视。许多国家开始把医疗保健投资定为一项基本国策。同时，随着人们生活水平的不断提高，来自家庭个人方面的保健投资也将成为消费支出的一个重要组成部分。

（4）劳动力流动。劳动力流动费用本身并不能直接形成或增加人力资本存量，但是，劳动力的合理流动，宏观上，可以实现人力资本的优化配置，调整人力资本分布的稀缺程度；微观上，可以使个人的人力资本实现最有效率和最合理的使用。所以，它是实现人力资本价值和增值的必要条件。

目前，劳动力在国家间的流动越来越频繁。跨国流动者大多是受过较高教育者，他们身上凝聚着较高的资本存量，对移出国来说，是人力资本的损失；对移入国来说，则是人力资本的增加。因此，怎样减少人才外流并吸收境外人才，是发展中国家面临的一个现实问题。

（四）人力资本投资的特点

人力资本投资不同于物力资本投资，其主要特点如下。

（1）投资收益的广泛性。人力资本投资主体可以是国家（或社会）、企业或家庭（或个人）三方中的某一方，也可以是其中的两方或三方。但在收益获得方面，有时三方同时获益，有时两方或一方获益。比如，小学初中教育所需要的费用是由国家支付的，但受教育者能力的提高、知识的获取所带来的收益却是三方分享的。再如，企业对劳动者进行职业培训，使劳动者生产能力得以提高，对国家来说，可以促进国民生产总值的增长；对企业来说，可使利润增加；对劳动者个人来说，则可带来收入的增加。

（2）投资收益取得的迟效性与长期性。所谓迟效性，是指人力资本投资并非当时投资当时就获益。物力资本投资往往很快见效，如新的投资设备调试安装完毕，即可发挥其生产效能，而人力资本投资在其投资过程中，并不会产生"通电即转"的效果。只有通过一定时期的学习，劳动者的知识、技能以及工作经验得到不断积累和提高，达到一定的水平和标准后，投资才能发挥生产性作用。

所谓长期性，是指人力资本投资一旦发挥效用，就会在相当长的期间内不断取得收益，形成一个收益流，对劳动者个人来说，这种收益流甚至是延续终生的。物力资本经过一定时期的使用，将会出现有形或无形的磨损而失去效能，而通过人力资本投资形成和积累的人力资本，在劳动者劳动的全过程中都在发挥作用，虽然某些具体的知识可能会随着社会文化的发展出现"老化"现象而失效，但通过教育和培训所提高和增加的人力资本存量，如认识问题、分析问题、解决问题等综合能力不会老化、失效，它会长久地在劳动者的整个职业生涯和社会生活中发挥作用。

（3）投资收益的多方面性。人力资本投资所带来的不仅是经济效益的提高，还会带来社会、文化等多方面的收益。比如公共教育水平的提高对于减少贫困，维护社会秩序，提高社会道德水平，增进社会平等以及增强人的自主性都有深刻的意义。再如，高等教育不仅使大学毕业生获得一份通常高于中学毕业生的收入，而且也增加了他们进入比较体面的职业以及提高社会地位的机会，并且不同程度地提高了他们在娱乐活动中的鉴赏能力。

【案例 2-2】

特殊就业季，政策性岗位吸纳 280 多万毕业生就业

高校毕业生就业是"稳就业"的重中之重。

面对复杂严峻的就业形势，国家为帮助高校毕业生就业打出政策"组合拳"，扩岗位、搭平台、拓渠道，引导毕业生到基层就业，鼓励创新创业带动就业……一系列政策举措促进高校毕业生实现更充分、更高质量的就业。

教育部高校学生司司长王辉在教育部新闻发布会上介绍，据统计，截至 2020 年 9 月 1 日，政策性岗位已吸纳 280 多万毕业生就业，比去年同期增加 70 多万。为促进就业，相关部门出台了近 40 项政策：针对升学，出台了硕士研究生、专升本、第二学士学位面向国家战略和民生发展急需专业扩招的政策；针对基层就业，出台了扩大"特岗计划""三支一扶"招录规模，扩大城乡社区和基层医疗就业岗位，开发科研助理岗位吸纳就业等政策；针对参军入伍，出台了加大升学优惠力度，优化体检标准，直招士官入伍等政策；针对职业资格条件，出台了教师等职业资格"先上岗、再考证"等政策……

"今年，教育部扩大了中小学、幼儿园教师及特岗教师的招聘规模，推出了'先上岗、再考证'的重要举措，起到了'稳就业''保就业'的重要作用，也有助于基层教育系统师资队伍的发展和壮大。"陕西师范大学校长游旭群介绍，截至 2020 年 8 月 31 日，陕西师范大学 2020 届各类毕业生在教育行业就业的占比超过 80%，在基层教育系统就业的占比达到 70% 以上。

同时，各地各高校也因地制宜，出台政策措施，保障和促进毕业生就业。以湖北为例，2020 届湖北高校毕业生共 44.9 万人，湖北籍的高校毕业生共 37.1 万人。结合湖北

的实际情况,教育部会同有关部门出台了中央加地方"十个一批"的帮扶政策。截至2020 年 9 月初,湖北高校和湖北籍毕业生的就业总体保持稳定。

【点评】国家多措并举、各地各高校因地制宜推动高校毕业生就业,为青年人提供走向工作岗位、独立走向社会的机会。从个体而言,抓住契机努力提高自身劳动技能水平和劳动素养,提高自身的社会劳动基础能力同样十分必要。

活动与训练
关于各国劳动年龄人口界定的调研
一、活动目标
了解各国劳动年龄的界定现在,了解终身劳动的意义。
二、活动时间
建议 15 分钟。
三、活动流程
(1)教师将学生按 4 ~ 6 人划分为一个小组,通过查阅资料了解各国法定劳动年龄的规定并进行梳理。

(2)以小组为单位检索各国关于劳动年龄界定的观点与依据支撑。

(3)小组内讨论:为何劳动年龄延迟成为世界范围的趋势?其影响与意义有哪些?弊端又有哪些?应该如何应对?

(4)每小组推选发言代表进行课堂汇报,教师作点评。

探索与思考
1．你怎样看待劳动者的素质?
2．人力资本投资的主要形式有哪些?

单元二　社会劳动分工

名人名言

搬运夫和哲学家的原始差别比家犬和猎犬之间的差别小得多,他们之间的鸿沟是由分工造成的。

——[德]马克思

学习目标
1．明确劳动社会化和产业分工含义。
2．了解职业变迁及职业发展。
3．知道劳动组织的概念及作用。

案例导入

深化劳动分工　推进科技创新

人类文明发展到今天,离不开社会劳动分工不断深化的贡献。社会劳动分工的基本逻辑主要有三条:一是让劳动者做他们擅长的工作;二是让劳动者固定做一种工作，成为熟练工；三是一个领域对劳动者能力素质要求的差异性越大，就越需要社会分工，分工后效率提升也就越明显。

工业革命以来，社会分工不断深化细化，极大地推动了经济社会发展。但长期以来，人们忽视了一个重要领域的分工——科技创新劳动的社会分工，致使当今世界科技创新领域基本处于各种劳动被无差别对待的状态。究其原因，主要有两点：一是在历史上，科技创新主要是个体或少数群体所从事的活动，一直处于缺少分工的状态；二是科技创新具有封闭性、未知性和专业性，在社会分工中容易被忽视。

事实上，科技创新劳动可分为创造性劳动、智力性劳动和体力性劳动三大类。其中，创造性劳动是指依托人类创造力、超越甚至颠覆现有知识的思想性劳动；智力性劳动是指创造性劳动以外的脑力劳动；体力性劳动是指耗费人类体力的劳动。这三类科技创新劳动性质各不相同，要求不同特质的劳动者或人才来完成。因此，科技创新是可以分工、分工后效率提升将非常明显的领域。

社会分工是工作量化和责任具体化的过程，也是提高效率的过程，在这一过程中必然会遇到由于人们不适应而产生的阻力。深化科技创新领域分工的阻力，可能会比其他领域更大。但是，深化分工是解决科技创新供给不足问题，更好地实施创新驱动发展战略的有效途径，值得深入研究并务实推行。当然，人类在现行科技创新体系下已经取得了重大科技进步，但这并不代表现行科技创新体系下社会劳动组织形式就是完全科学合理的。在科技进步日新月异的今天，无差别地对待科技创新的三类劳动是不科学的。如果对科技创新领域的社会劳动进行科学分工，让更多的发明家和创造者专攻他们擅长的工作，就会推动科技实现更快、更大的进步。

在科技创新三类劳动社会分工过程中，首要的是创造性劳动的社会划分及其独立化与专业化。因为创造性劳动与其他劳动的差异性最大，对劳动者能力的要求也最高。创造性劳动的社会划分及其独立化与专业化将形成创造性劳动主体和创造性劳动企业、创造性劳动产业。创造性劳动企业可以被定义为技术逻辑企业，是专门从事从无到有的创造性工作的企业，要有高效和高超的创造力；创造性劳动产业可以被定义为第零产业，其培育形成后，社会将形成第零产业、第一产业、第二产业和第三产业并存的产业格局。

【分析】科技创新要摆在国家发展全局的核心位置，并把实施创新驱动发展战略提升到"决定着中华民族前途命运"的高度。这是基于对人类社会发展规律的深刻把握而做出的重大抉择。大力推进科技创新，深入实施创新驱动发展战略，关键是要牵住科技创新的"牛鼻子"。为此，需要研究深化科技创新劳动的社会分工。

一、劳动社会化和产业分工

（一）劳动社会化的概念

劳动社会化主要是指孤立、狭小的劳动转变为由紧密的、大规模的分工和协作联系起来的共同劳动的过程，主要包括生产资料使用的社会化、劳动操作过程的社会化、劳动分工与合作社会化、劳动成果的社会化。

（二）劳动分工的意义

（1）积极作用。劳动分工有助于推动生产专业化，提高劳动者专一技能熟练程度,提高劳动效率,提高劳动成果质量;有助于减少劳动培训、监督成本。

(2)消极作用。过于高度的劳动分工容易对劳动者身心健康产生不良影响,枯燥单一的劳动环境容易使人产生抑郁情绪并降低人的应变能力;高度分工容易造成工人和企业主之间的对立矛盾,使企业内部产生不稳定因素。

(三)劳动的产业分工

(1)产业。世界各国的产业划分标准不一,但基本认同按照人类生产发展的历史顺序进行划分,分为第一产业、第二产业、第三产业三大类。我国认同并执行该划分标准。

第一产业是指农、林、牧、渔业(不含农、林、牧、渔专业及辅助性活动),是指靠人类自身的体力劳动直接从自然界取得初级产品的生产部门。

第二产业是指采矿业(不含开采专业及辅助性活动),制造业(不含金属制品、机械和设备修理业),电力、热力、燃气及水生产和供应业,建筑业。通常是指把第一产业获得的原料加工成各种物品,使其形态发生显著的变化,一般不再保留原来的自然物质形态,对工农业产品进行再加工的生产部门。

第三产业即服务业,是指除第一产业、第二产业以外的其他行业。其门类比较多,行业较广。

三大产业相互依赖,相互制约。第一产业奠定基础;第二产业是三大产业的核心;第一、二产业为第三产业创造条件,第三产业发展促进第一、二产业的进步。知识与科技创新、科技革命、新产业形成、人口结构变化、自然条件等均可在一定时代背景下对一国产业结构产生重要影响。

(2)行业。行业是指从事国民经济中同性质的生产、服务或其他经济社会的经营单位或者个体的组织结构体系,指其按生产同类产品或具有相同工艺过程或提供同类劳动服务划分的企业或组织群体的集合,如汽车行业、船舶行业、电商行业等。一个产业一般可以包括多个行业。

我国《国民经济行业分类》国家标准于 1984 年首次发布,1994 年、2002 年、2011 年、2017 年先后四次进行修订。《国民经济行业分类》国家标准第 1 号修改单(以下简称第 1 号修改单)已经国家标准化管理委员会于 2019 年 3 月 25 日批准,自 2019 年 3 月 29 日起实施。当前我国新行业分类共有 20 个门类、97 个大类、473 个中类、1380 个小类。

二、职业变迁

职业的种类随着社会生产力的发展而发展。1999 年我国首部《中华人民共和国职业分类大典》(以下简称《大典》)颁布,2015 进行修订,2021 年再次启动修订程序。2015 版《大典》职业分类结构为 8 个大类、75 个中类、434 个小类、1481 个职业。

(一)我国职业发展的态势

影响职业发展的因素包括社会及管理的变革、技术变革、经济发展、产业及行业的演变等。我国职业发展的态势主要有以下六种表现。

(1) 由单一、基础型向跨专业、复合型转化。

(2) 由封闭型向信息化、开放型转化。

(3) 由传统工艺型向智能型转化。

(4) 由继承型向创新创造型转化。

(5) 服务型职业由普通低端向个性化、知识型转化。

(6) 职业活动趋向绿色、可持续、低碳。

互联网等新经济行业的快速发展，既对就业市场中传统职业造成一定冲击，同时也为新兴职业的产生提供了良好的市场环境，创造了新的生机和活力。未来职业发展的新趋势，主要表现在以下三个方面。

(1) 高新技术行业优势领先，知识型劳动者比例直线攀升。

(2) 传统职业逐渐更替，新兴职业技术含量不断提高。

(3) 职业更新速度逐步加快，职业发展边界逐渐趋于模糊。

（二）新职业

社会分工日益精细，产业划分逐渐细致，同时随着互联网技术、大数据技术等新兴科技的迅猛发展，电子商务、直播领域的进一步扩大，我国职业变迁表现出随时代、科技发展而更新的态势，一是对职业标准化程度要求日趋提高；二是职业分类愈发精细；三是职业种类更新和新增速度加快。

新职业的产生具有三个特点，即产业结构的升级催生高端专业技术类新职业；科技提升引发传统职业变迁；信息化的广泛应用衍生新职业。新职业主要集中在高新技术和社会服务领域。

例如，2019 年，发布的 13 个新职业包括：数字化管理师、人工智能工程技术人员、物联网工程技术人员、大数据工程技术人员、云计算工程技术人员、建筑信息模型技术员、电子竞技运营师、电子竞技员、无人机驾驶员、农业经理人、物联网安装调试员、工业机器人系统操作员、工业机器人系统运维员等。

2020 年发布的 16 个新职业包括智能制造工程技术人员、工业互联网工程技术人员、虚拟现实工程技术人员、连锁经营管理师、供应链管理师、网约配送员、人工智能训练师、电气电子产品环保检测员、全媒体运营师、健康照护师、呼吸治疗师、出生缺陷防控咨询师、康复辅助技术咨询师、无人机装调检修工、铁路综合维修工和装配式建筑施工员等。

【案例 2-3】

新形态的就业也是"正式就业"

国内某电商平台零售生态 2017 年创造了逾 3600 万个就业机会的报道引发业内关注。电子商务的普及、新零售的发展带来了就业岗位的增量，更改变了就业形态。比如，与传统餐饮、零售人员以码货、促销、收钱等能力不同，互联网改造后的零售、餐饮等行业，员工更重视"互动能力"及操作各种设备的"数字化"能力；比如，很多人不再是以受雇的方式就业，而是"自雇"地开网店或做兼职。

电子商务、新零售是互联网对传统销售业态的改造。技术本就是破坏性创新，它会毁掉一些就业岗位，同时也会提供一些新的就业岗位。但新工作不一定会马上出现在原来的位置,劳动力的岗位转化并不是无摩擦的,这种摩擦越大,从旧业态、旧工作岗位中淘汰下的人,就越难适应新技术、新业态。本来的摩擦性失业就可能转变为结构性失业。

所以,以新零售为代表的新业态创造的新就业形态,需要新的教育培训方式,也需法律政策与时俱进地变革。

首先,教育系统应与时俱进。电子商务领域的专业,一般来说,是融合计算机科学、营销学、管理学、法学和现代物流于一体的新型交叉学科。与此同时,电子商务的技术发展非常之快,市场需求变化也因此非常迅速。

这就要求学校的教育,在专业设置、课程内容和技能传授上,必须跨学科教授综合性技能;同时,面向新技术、面向市场需求,调整自身的教育方式,主动与互联网公司、与新业态结合。

除了教育,国家政策、法律等配套机制也非常关键。对于主播、淘宝店主、创意性的自由职业这类就业形式,在国家法律以及社保上,还存在诸多问题。

以上海为例,灵活就业方式在上海缴纳社保,必须有亲属是上海户口。但诸如直播电商等就业形式,又离不开一线城市的诸多资源,如果没有上海户籍亲属,他们的社保要么是回老家交,要么是不交,所以都不能被上海的医疗服务覆盖。更重要的是,在居住证、购房、子女读书、出国护照等方面,这种新就业形态不被认可是正式的就业,会受到各种歧视。

【点评】新动能是新增就业最大的容纳器。2018年政府工作报告提出:"着力促进就业创业。加强全方位公共就业服务,大规模开展职业技能培训,运用'互联网+'发展新就业形态。今年高校毕业生820多万人,再创历史新高,要促进多渠道就业,支持以创业带动就业。"由此角度看,学校、政府相关部门都必须正视问题、积极行动起来,为新业态下新的就业形态保驾护航。

三、劳动组织

(一)劳动组织概念

劳动组织有广义和狭义之分,本书只讨论狭义的劳动组织概念。狭义的劳动组织属于生产力概念范畴。劳动者是劳动主体,劳动资料和劳动对象是劳动客体,劳动组织旨在探究如何将劳动主体与劳动客体有机结合,最大化提高劳动生产效率,最大化发挥劳动主体与劳动客体的作用。人具有主观能动性,作为主体的劳动者是劳动组织所重点考虑的因素,也就是说劳动组织探究的重点是人,是劳动主体——劳动者。

(二)我国劳动组织

现代的劳动组织更强调组织性,强调在劳动分工基础上通过有机的生产、管理,在安全、环保、文明生产的基础上,最大限度高效利用劳动主体和客体,既达成高效生产和高经济收益目标,又保护人的身心健康和环保要求。

当前我国劳动组织的内容主要包括七个方面,具体如下。

(1)设置企业、车间、班组等合理、精简的组织结构。

(2)定量制定劳动组织和劳动者劳动定额。

(3)合理优化企业和各级各类人员结构与配比。

（4）制定合理的劳动时间和周期，组织轮班制。

（5）合理组织工作场所，使劳动主体和客体达到有机统一。

（6）制定合理的劳动方法，消除无效劳动。

（7）制定合理、合规的劳动准则。

【拓展阅读】

新职业是时代发展的一面镜子

李佳琦们有了正式工种称谓——"直播销售员"。近日，人社部等三部门发布 9 个新职业信息，包括"区块链工程技术人员""城市管理网格员""互联网营销师""在线学习服务师""老年人能力评估师"等，以及 5 个新工种，如"直播销售员""互联网信息审核员"等。此外，还有 3 个工种升为职业，分别是"防疫员""消毒员"和"公共场所卫生管理员"。

自《中华人民共和国职业分类大典》（2015 年版）颁布以来，这是其第三次更新发布新职业。2015 年，话务员、BP 机寻呼员等职业被移除，而快递员等新兴职业被请进目录。2019 年，人工智能工程技术人员、电子竞技运营师、工业机器人系统操作员等 13 个新职业应运而生。新职业是时代发展的一面镜子，结合其最近三次变化，我们可以总结出以下几个特点。

一是反映出时代性。"芳林新叶催陈叶"，曾经吃香的岗位逐渐没落，新的服务业岗位不断增加，显示了社会分工不断细化，中国经济迈向高质量发展；从私人旅行线路定制师到游戏架构师，泥版画创作员到小微信贷员，我们不难感知到时代一往无前，人们对美好生活有了更多向往；疫情之下，"防疫员"等工种也被上升为职业，何尝不是时代变化的注脚？

二是强调技术性。随着人工智能、物联网、大数据和云计算等技术得以广泛运用，越来越多的技术性职业冒出水面。在新兴行业，区块链工程技术人员、信息安全测试员等一系列跟新经济、新业态相关的行业正在涌现；在传统行业，无人机驾驶员等让农民融入"互联网＋"，物联网安装调试员正让"中国质造"成为现实……技术变迁的推动力量从中可见一斑。

三是越来越个性化。一系列新职业中，不少采用非全时制、灵活就业的方式，更注重热爱、有趣、自由。电子竞技曾经被认为"不务正业"，但现在电子竞技运营师和电子竞技员位列新职业目录；随着直播带货越来越火，也有很多人选择自主创业，成为一名直播销售员；教育部最新通知说，互联网营销工作者、公众号博主以及自由撰稿人等都是"自由职业"。

在新冠肺炎疫情的背景下，新职业的快速发展，更具有了稳增长、稳就业的意义。就业是最大的民生，解决好城乡居民就业问题，是保障社会公平的关键举措。疫情之下，一些岗位的从业人员发挥了积极作用，也让我们看到了社会治理的一些短板和不足。通过把一些新职业纳入目录，可以有力证明他们的价值，为经济社会发展大局稳定提供更有力的支撑。

面向求职者，这几次的新增职业也应该形成启示：虽然形势不断变化，但对应聘者来说，接受专业教育和技能培训仍是最主要的一条启示。这提醒我们，面对新兴职业，必须要保持终身学习习惯，不断提升自己的核心竞争力，在拥抱变化中证明自身的价值。

活动与训练

寻找新职业

一、活动目标

了解职业变迁,当今社会下产生了哪些新职业。

二、活动时间

建议 15 分钟。

三、活动流程

(1) 教师将学生按 4～6 人划分为一个小组,通过查阅资料了解我国新职业种类并进行梳理。

(2) 以小组为单位检索各方对新职业的看法。

(3) 小组内讨论:新职业产生的原因及未来发展趋势。

(4) 每小组推选发言代表进行课堂汇报交流,教师作归纳总结。

探索与思考

1. 劳动社会化的概念及主要内容有哪些?

2. 谈谈你对劳动组织的理解。

单元三　劳动基本制度

名人名言

法律和制度必须跟上人类思想进步。

——[美]托马斯·杰弗逊

学习目标

1. 了解制度与劳动制度的含义。

2. 了解就业、劳动工资、劳动保障制度的含义及作用。

3. 熟悉并运用劳动制度。

案例导入

切实实现好、维护好、发展好劳动者合法权益

——论学习贯彻习近平总书记在全国劳动模范和先进工作者表彰大会上的重要讲话

全心全意为工人阶级和广大劳动群众谋利益,是我国社会主义制度的根本要求,是党和国家的神圣职责,也是发挥我国工人阶级和广大劳动群众主力军作用最重要最基础的工作。党的十八大以来,以习近平同志为核心的党中央高度重视保障劳动者权益。从着力深化收入分配制度改革,提高劳动报酬在初次分配中的比重,到健全劳动关系协调机制,构建和发展和谐劳动关系,再到将就业列为"六稳"工作、"六保"任务之首,一系列重大举措有力维护和发展了劳动者各方面利益,捍卫了劳动者尊严,也让勤奋做事、勤勉为人、勤劳致富在全社会蔚然成风。实践充分证明,实现好、维护好、发展好劳

动者合法权益,努力让劳动者实现体面劳动、全面发展,我国工人阶级和广大劳动群众就一定能进一步焕发劳动热情,释放创造潜能,在实现中国梦的伟大进程中继续拼搏奋斗,争创一流,勇攀高峰。

开启新征程,扬帆再出发,我们尤须解决好职工群众最关心、最直接、最现实的利益问题,让改革发展成果更多、更公平地惠及人民。要坚持以人民为中心的发展思想,维护好工人阶级和广大劳动群众合法权益,解决好就业、教育、社保、医疗、住房、养老、食品安全、生产安全、生态环境、社会治安等问题,不断提升工人阶级和广大劳动群众的获得感、幸福感、安全感。要把稳就业工作摆在更加突出的位置,不断提高劳动者收入水平,构建多层次社会保障体系,改善劳动安全卫生条件,使广大劳动者共建共享改革发展成果,以更有效的举措不断推进共同富裕。要适应新技术新业态新模式的迅猛发展,采取多种手段,维护好快递员、网约工、货车司机等就业群体的合法权益。要建立健全困难群众帮扶工作机制,把党和政府的关怀送到困难群众心坎上,让他们感受到社会主义大家庭的温暖。要坚持从群众多样化需求出发开展工作,打通服务群众的新途径,使服务更直接、更深入、更贴近工人阶级和广大劳动群众,以服务群众实效打动人心、温暖人心、影响人心、赢得人心。

保护劳动者,激发创造力,离不开制度机制保障。不断完善相关制度,坚持社会公平正义,排除阻碍劳动者参与发展,分享发展成果的障碍,依法保障职工基本权益,必定能更好地激发我国工人阶级和广大劳动群众劳动创造的智慧和力量。

【分析】让劳动者得实惠、享荣光,是激发劳动创造力的必由之路。让人民群众过上更加幸福的好日子是我们党始终不渝的奋斗目标,实现共同富裕是中国共产党领导和我国社会主义制度的本质要求,强调要切实实现好、维护好、发展好劳动者合法权益。国家建设是全体人民共同的事业,国家发展过程也是全体人民共享成果的过程。前进道路上,实现好、维护好、发展好最广大人民根本利益,让劳动者更有保障,更有尊严,我们就一定能更好地激发全社会创新创造活力,乘势而上开启全面建设社会主义现代化国家新征程,向第二个百年奋斗目标进军!

一、制度与劳动制度

(一)制度

对人类社会而言,制度一般指社会制度,有两层含义:一为系统,二为准则。也就是指在一定时代背景和历史条件下的政治、经济、文化、科技、行政等方面约定俗成的体系,包括法令、礼仪规范等。制度包括成文的规则和约定俗成的不成文准则,是人类社会和谐发展的保障。

(二)劳动制度

劳动制度属于社会制度范畴,是人类在一定社会生活中为满足劳动关系发展的需要而建立的有系统且有组织,并为社会所公认的劳动行为规范体系。劳动制度有正式与非正式之分,正式的劳动制度是支配劳动关系的互为关联的规则,包括广义和狭义两方面。

(1)广义的劳动制度。指国家或有关权力机构制定的,约束人们劳动行为及其劳动关系的法律、法令或其他相应的形式,表现为与人们参加社会劳动,建立劳动关系直接有关的一系列办事程序、规章和规定。这一层次的制度也就是政府的行政性制度，主要是劳动就业、劳动工资、劳动保障等制度。

（2）狭义的劳动制度。指与劳动就业直接有关的办事程序、规章和规定的统称，包括劳动者的招收、录用、培训、调动、考核、奖惩、辞退、工资、劳动保险、劳动保护等制度。这一层次的制度通常表现为工作组织内的劳动制度。非正式的劳动制度主要是指依靠非正式监控机制而体现的规则。

（三）劳动制度的特征

劳动制度主要有以下四个特征。

（1）普遍性。劳动制度的普遍性是由劳动的普遍性决定的，生产劳动是人类社会生存和发展的基础与动力，任何社会、任何时代都离不开劳动。

（2）组织强制性。劳动制度是一种组织化的社会规范，它作为制约劳动关系和劳动者行为的一种规范体系，对劳动者具有强制作用。如正式的劳动制度往往是由国家或有关权力机构制定的，以确定的规则或法令等形式表现出来的劳动规范体系，劳动制度对从事劳动的所有社会成员都具有强制作用。

（3）相对稳定性。劳动制度一旦形成，就具有相对的稳定性，没有巨大社会变革的冲击，一般不会轻易发生改变。但是劳动制度的稳定性只是相对的，随着社会和时代的变迁，劳动的形式、条件、内容及彼此合作的方式会发生变化，劳动制度也要做相应的变更。

（4）系统性。劳动制度的运行必须有相应的制度配合，形成一套行之有效的制度体系，才能对人们的劳动关系与劳动行为进行有效的规范与约束。

二、就业制度

（一）就业制度

就业制度也有广义与狭义之分。广义的就业制度是指直接或间接规范劳动者就业行为的制度总称，包括雇佣解雇制度、用工制度、就业培训制度、就业服务制度、辞职退休制度和劳动计划管理制度等；狭义的就业制度仅指雇佣解雇制度及用工制度。雇佣解雇制度是指劳动者进入或退出企业的方式，它反映的是社会劳动者如何被安置到成千上万个不同职业岗位的方式；用工制度则是对劳动者进入企业之后将与企业保持什么样关系的规定。

组织中的就业制度是指组织根据国家的劳动就业制度和有关法规，结合本组织的状况而制定的与劳动就业直接有关的办事程序、规章和规定的统称，包括劳动者的招收、录用、用工、培训、晋升、考核等方面的制度。

（二）就业

（1）就业的概念。就业既是重大的经济问题，也是重要的社会和政治问题。扩大就业，减少失业，是经济社会发展的基本目标。对就业概念的理解可以从理论和实际两个角度把握。从理论上讲，就业是指具有劳动能力的人，运用生产资料从事合法社会活动，并获得相应劳动报酬或经营收入的经济活动。具体而言，就是指在法定年龄内，具有劳动能力的人在一定的工作岗位上从事有报酬或有经营收入的合法劳动。

根据这一定义，一个人同时满足以下三个条件，就可以被认为实现就业：在法定劳动年龄内，并且具有劳动能力；以提供满足社会需要的商品或服务为目的，从事某种合法的经济活动；从事这种社会劳动可以获得相应的收入。童工、不以获得收入或营利为目的的公益劳动、家务劳动等不属于就业范畴。

（2）就业的意义。就业是民生之本，是经济社会持续发展和生活水平提高的关键。就业不仅是劳动者谋生的手段，也是融入社会，给个人和家庭带来希望的重要途径。

第一，就业是人们获得收入得以谋生的基本手段。当前，通过工作获得劳动报酬依旧是人们获得收入的最主要来源，按劳分配依旧占社会分配的主体地位，按生产要素获得租金、利息等的分配方式起辅助作用。

第二，就业是使人社会化发展、全面发展的主要途径。人类社会中，个体作为社会化的人而存在，具有极强的社会化属性。就业是人参与社会生产生活的最主要途径，一方面人在就业活动中强化与其他个体的联系，另一方面人在就业活动中强化社会技能并得到社会化的满足。

第三，就业是社会发展的重要途径。就业使劳动主体和劳动客体有机统一，将劳动力与生产、生活资料相结合，形成社会生产力，创造劳动成果与收益，更新知识与技能，推动社会生产效率的整体提升和科技变革的更新换代，最终通过就业的方式，实现生产资料和劳动者的结合，形成现实的生产力，推动社会经济、文化进一步发展。

第四，就业是推动社会公平和谐的有力手段。就业是激发劳动人口活力的重要途径，是减少社会贫富差距，消除贫困的重要抓手。创造就业岗位，为困难群体创造就业机会，将有效推动社会效率的提高，促进社会公平，维护社会稳定。

（3）绿色就业。2007年，国际劳工组织与联合国环境规划署发出《绿色工作全球倡议》，提出绿色就业理念。根据该倡议，绿色就业是指在从事可以减少企业和经济部门对环境的影响最终实现经济、社会、环境可持续发展，又保持"体面劳动"的工作。绿色就业直接、间接或衍生出许多就业机会，包括环保工作、节能工作、减排工作岗位等。

立足中国国情，我国绿色就业分为以下三种类型。

一是"纯绿"就业，即直接性绿色就业，如直接从事植树造林、低碳环保职业等。

二是"泛绿"就业，即间接性绿色就业，指通过改变生产、生活方式实现绿色发展的就业，如从事太阳能光伏制造职业等。

三是"绿化"就业，即和污染治理转化相关的就业，如在生产前端、后端、产品终端实现绿色转化的就业等。

【案例2-4】
特殊就业季，这874万人的就业能否解决

高校毕业生就业是"稳就业"的重中之重。2020年全国高校毕业生达874万人，就业形势复杂严峻，为此，各地各部门采取了多项举措促高校毕业生就业。

"云宣讲""云招聘""云管理"……在新冠肺炎疫情防控的特殊背景下，有关部门和地方政府、行业协会、社会招聘机构、平台企业等加强合作，创新服务，帮助大学生"云上找工作"。

教育部与9大社会招聘机构联合推出"24365校园网络招聘服务",目前已提供岗位信息1522万条,累计注册毕业生669万人次,投递简历3736万人次。"互联网＋就业指导"直播课围绕就业形势分析、职业发展指导、大学生征兵、创新创业、求职心理调适等主题,已推出23场直播课。"全国高校毕业生网上签约平台"推动11个省近900所高校开展网签工作,2020年已有64.5万毕业生完成网上签约。

另外,教育部举办"贫困毕业生专场招聘活动",直接提供岗位近20万个,向贫困生手机发送岗位信息28万多条。高校建立重点帮扶台账,实行"一人一档""一人一策",有针对性地开展就业服务。

高校毕业生就业,一头连着国家社会,一头连着万千家庭。

对于目前离校未就业的毕业生,教育部将与人力资源和社会保障部等部门密切配合,一方面指导地方和高校积极为毕业生提供不断线就业服务;另一方面确保有就业意愿的毕业生纳入公共就业服务体系,努力帮助未就业毕业生尽早实现就业。

【点评】促进高校毕业生就业创业,既是民生,也是国计,事关广大群众切身利益,事关社会和谐稳定,事关社会主义现代化建设,事关高等教育健康发展。在疫情防控常态化背景下,更需要乘风破浪,迎难而上,多措并举,转"危"为"机",统筹疫情防控和就业工作,助力毕业生实现更高质量和更充分就业。

三、劳动工资制度

（一）工资制度

工资制度是一国法律、政策所规定的有关工资支付、形式、标准、水平、定级、升级等的制度体系。工资问题是现代社会分配问题的关键所在,涉及社会中的每一个个体,关乎社会公平、劳动权益保护、社会问题等诸多方面,是民生问题、社会稳定问题必须重视的问题。合理的工资制度将有效激发劳动者的劳动积极性,促进社会生产效率的发展;不合理的工资制度会打消劳动者工作积极性,阻碍社会生产生活的有效进行。

不同社会的工资制度有不同的分类方式,大体可分为以下四点。

（1）按特征分,工资制度分为工资升级制度、工资定级制度。

（2）按地位分,工资制度分为基本工资制度、辅助工资制度。

（3）按对象分,工资制度分为机关单位工资制度、事业单位工资制度、企业单位工资制度等。

（4）按特点分,工资制度分为绩效工资制度、能力工资制度、资历工资制度、岗位工资制度和结构工资制度。

在现实社会中,不同组织可执行不同的工资制度,但基本遵循按劳分配、同工同酬、外部平衡、合法保障四个原则。我国实行以按劳分配为主体、多种分配方式并存的分配制度,工资制度以此为基础。

（二）工资的组成

根据国家统计局发布的《关于工资总额组成的规定》,工资总额指企业在一定时期内直接支付给本企业全部职工的劳动报酬的总额,工资总额的计算应以直接支付给职工的全部劳动报酬为根据,共包括六个部分,分别为计时工资、计件工资、奖金、津贴和补贴、加班加点工资、特殊情况下支付的工资。

四、劳动保障制度

劳动保障制度是劳动制度的重要组成部分,它是国家根据有关法律规定,通过国民收入分配和再分配的形式,对劳动者因年老、疾病、伤残和失业等原因而出现困难时向其提供物质帮助以保障其基本生活的一系列制度。

劳动保障制度的主要功能是保证劳动者的职业安全,从而保证劳动者及其家庭生活稳定、社会安定,保证整个社会经济发展和社会进步。劳动保障制度所涉及的内容非常广泛,职工的生育保障、疾病保障、失业保障、伤残保障、退休保障、死亡保障、工资保障等都是劳动保障制度的内容。其中失业保障制度和退休保障制度是劳动保障制度中最主要的制度。

(一)失业保障制度

失业是现代经济运行中不可避免的一种社会现象,失业保障制度是当劳动者一旦失去工作之后为其提供基本物质帮助的一种制度。失业保障制度的建立有助于劳动者维持基本生活,从而保护劳动力资源的生产和再生产;同时,它也可以起到缩小收入差距,保证和维护社会安定的作用。

失业保障制度有三个最主要的特征:第一,普遍性。它为保障有工资收入的劳动者失业后的基本生活而建立。第二,强制性。制度范围内的单位及其职工均须按照法律法规参加失业保险,并履行缴费义务。第三,互济性。收缴的失业保障金在统筹地区统一安排使用。

对我国而言,国务院于1999年颁布了《失业保险条例》,失业保障制度框架得以初步形成。

(二)退休保障制度

从当今社会来看,退休保障制度依赖退休基金完成,基金的筹措方式主要有三种,即投保资助型退休保障制度、强制储蓄型退休保障制度和统筹型退休保障制度。我国主要实行统筹型退休保障制度。

【案例2-5】

江西省扩大失业保险的保障范围

为进一步做好困难群众民生兜底保障,省人社厅、财政厅联合下发通知,扩大我省失业保险保障范围,阶段性实施失业补助金政策和扩大失业农民工保障范围。对参保缴费满1年,非因本人意愿中断就业,已办理失业登记并有求职要求的失业人员,应及时足额发放失业保险金,代缴基本医疗保险费,按规定发放价格临时补贴、丧葬补助金和抚恤金。

自2019年12月起,延长大龄失业人员领取失业保险金期限,对领取失业保险金期满仍未就业且距法定退休年龄不足1年的失业人员,可继续发放失业保险金至法定退休年龄。失业人员申领失业保险金时,经办机构审核时不得增加失业人员义务,不得附加和捆绑培训等其他条件,不得以超过60日申领期限为由拒发失业保险金,不得要求失业人员转移档案。

阶段性实施失业补助金政策。2020 年 3 月至 12 月，领取失业保险金期满仍未就业的失业人员、不符合领取失业保险金条件的参保失业人员，由参保地按照每人每月 1000 元发放失业补助金，申领期限不得超过 6 个月，申领时间不得超过 2020 年 12 月。失业补助金只能申领享受一次，不得跨统筹地区重复申领享受，不得办理异地转迁申领。

阶段性扩大失业农民工保障范围。对参保单位招用、个人不缴费且连续工作满 1 年的失业农民工，按规定及时发放一次性生活补助；2020 年 5 月至 12 月，对 2019 年 1 月 1 日之后参保不满 1 年的失业农民工，参照参保地城市低保标准，按月发放不超过 3 个月的临时生活补助；与城镇职工同等参保缴费的失业农民工，按参保地规定发放失业保险金或失业补助金。

【点评】扩大失业保险保障范围是党中央、国务院为应对新冠肺炎疫情，保障基本民生的一项重要决策部署，对于做好困难群众兜底保障及维护社会稳定具有重要意义。地方政府增强责任感和紧迫感，充分发挥失业保险保生活基础功能，抓紧抓实抓细政策落地见效，努力扩大受益面，切实保障参保失业人员基本生活十分必要。

【拓展阅读】

"五一"国际劳动节的起源及其意义

19 世纪 80 年代，随着资本主义进入垄断阶段，美国无产阶级的队伍迅速壮大，出现了波澜壮阔的工人运动。当时美国资产阶级为了进行资本积累，对工人阶级进行残酷的剥削压榨，用各种手段迫使工人每天从事长达 12～16 小时的劳动。美国广大工人逐渐认识到，为了保障自己的权利，必须起来进行斗争。

从 1884 年开始，美国先进的工人组织通过决议，要为实现"每天工作八小时"而战斗，并且决定展开广泛的斗争，争取在 1886 年 5 月 1 日实行八小时工作制。八小时工作制的口号提出后，立即得到美国全国工人阶级的热烈支持和响应，许多城市数以千计的工人投入这场斗争。罢工工人遭到美国当局的血腥镇压，很多工人被杀害和逮捕。

1886 年 5 月 1 日，美国芝加哥等城市 35 万工人举行大罢工，要求改善劳动条件。这场斗争震撼了整个美国。工人阶级团结战斗的强大力量，迫使资本家接受了工人的要求。

1889 年 7 月，由恩格斯领导的第二国际在巴黎举行代表大会。为了纪念美国工人的"五一"大罢工，显示"全世界无产者，联合起来"的伟大力量，推进各国工人争取八小时工作制的斗争，会议通过决议，在 1890 年 5 月 1 日国际劳动者举行示威游行，并决定把 5 月 1 日这一天定为国际劳动节。

这一决定得到世界各国工人的积极响应。1890 年 5 月 1 日，欧美各国的工人率先走向街头，举行盛大的示威游行与集会，争取合法权益。从此，每年的这一天，世界各国的劳动人民都会举行活动以示庆祝。

国际劳动节的意义在于劳动者通过斗争，用顽强、英勇不屈的奋斗精神，争取到了自己的合法权益。这是人类文明民主的历史性进步，也是"五一"国际劳动节的精髓所在。

活动与训练

讨论我国劳动基本制度

一、活动目标

了解并熟悉我国劳动基本制度。

二、活动时间

建议 15 分钟。

三、活动流程

（1）教师将学生按 4～6 人划分为一个小组，通过查阅资料，进一步梳理我国劳动基本制度内容。

（2）以小组为单位检索关于我国基本劳动制度的观点。

（3）小组内讨论：基本劳动制度的作用与意义，以及劳动者应该如何运用劳动基本制度保护自己的合法权益。

（4）每小组推选发言代表进行课堂汇报，教师进行点评。

探索与思考

1．我国劳动基本制度有哪些？

2．如何理解劳动基本制度对劳动者的保障作用？

模块三　劳动与青年大学生成长

模块导读

本模块主要包括劳动与青年大学生发展,以及做合格劳动者两个部分,阐述了劳动对于青年大学生健康成长的重要意义,引导大学生珍惜当下,立志奋斗,从现在做起,在劳动中锻炼成长,努力把自己培养成为知识型、技能型、创新型劳动者,成为高素质建设者,在劳动中实现更大的人生价值。

单元一　劳动与青年大学生全面发展

劳动对于
青年大学
生的意义

名人名言

生产劳动同智育和体育相结合,它不仅是提高社会生产的一种方法,而且是造就全面发展的人的唯一方法。

——[德]马克思

学习目标

1. 明确党的教育方针对青年大学生全面发展提出的新要求。
2. 深刻理解劳动对于青年大学生健康成长的重要意义。
3. 树立正确的劳动观,培养尊重劳动及热爱劳动的意识和习惯。

案例导入

梦想从学习开始　事业从实践起步

陈诗蓉同学是江苏信息职业技术学院 2017 级国际贸易专业的一名学生,来自连云港东海县一个贫困的农村家庭,求学之路艰辛,但面对贫困的家庭她从未自卑怯懦,而是选择自立自强,用奋斗青春书写最美人生的答卷。

她学习勤奋,课余时间钻研备赛,做志愿服务,兼职打工,每一项工作她都严谨对待、认真负责。2017 年底,她跟同学一起依托学校资源组建了乡村扶贫团队,用专业技术和公益服务助力盱眙县贫困村——河洪村的 100 多户村民脱贫。2018 年完成无锡市"青马工程"大学生精英培训班学习。2018 年获得"挑战杯—彩虹人生"全国职业院校创新创效创业大赛特等奖、无锡市优秀志愿者、国家励志奖学金;2019 年获得江苏省优秀学生干部、无锡市社会实践先进个人、无锡市优秀青年志愿者、第十六届"挑战杯"全国大学生课外学术科技作品竞赛江苏省选拔赛特等奖、江苏省第五届"互联网+"大赛二等奖等众多竞赛奖项和荣誉称号。2020 年 1 月,她积极投身疫情防控工作,坚守在东海县张湖村疫情防控岗位上 60 多个日夜。当地镇党委颁发的纪念证书上显示,她表现优异……彰显了党员的先锋模范作用。在校两年多的时间里,她参加志愿者服务工作的时长共达到830多个小时。2020年获得江苏省"最美职校生"荣誉称号。2020年11月,在"江苏省大学生年度人物"评选中,陈诗蓉又获得2019年"江苏省大学生年度人物"奖。

【分析】陈诗蓉同学在校期间学习勤奋,积极参加专业技能竞赛和大学生创新创业竞赛,以赛促学,学业优秀,积极追求政治进步,以实际行动争取加入党组织,积极参加志愿者服务活动,助力乡村脱贫和投身疫情防控,广受赞誉。陈诗蓉同学通过学习劳动、志愿者服务劳动、家庭农业生产劳动等多种劳动方式,促进了自己的全面发展,不仅掌握了扎实的专业知识和相关技能,还增强了社会实践能力。陈诗蓉同学的励志故事,值得我们青年大学生学习。

一、劳动——新时代社会主义建设者和接班人的基本要求

2018年9月10日,全国教育大会提出:"全面贯彻党的教育方针……培养德智体美劳全面发展的社会主义建设者和接班人。"把劳动教育与德育、智育、体育、美育并列,作为党的教育方针的重要内容,使新时代党的教育方针的内涵更加丰富,也是对各级各类学校加强劳动教育,对青年大学生全面发展提出的新要求。青年大学生不仅要在品德、智力、身体、审美几个方面得到发展,还要在劳动观念、劳动意识、劳动态度、劳动精神、劳动技能、劳动习惯等方面得到发展。

同时,德、智、体、美、劳五个方面也是一个整体,相互影响,相互促进。如果青年大学生一味脱离劳动,懒惰成性,好逸恶劳,不愿付出辛劳,或者通过不正当手段不劳而获,那么,在品德的发展上也存在严重的问题,智力也难以达到知行合一,更谈不上健康的身体与良好的习惯了。

所以,劳动是一种兼具教育性、实践性的活动,是实现人的全面发展的重要途径。通过劳动,可以达到树德、增智、强体、育美和促进身心健康发展的目的。

【案例3-1】

筑梦"盆"然心动 传承"景"上添花

生于1997年的江苏南通青年曹通,初中毕业后考入南通科技职业学院园艺技术专业五年制大专班,在盆景课程实验实训课上学得特别认真。2016年是红军长征胜利80周年,当年4月,正在读大三的曹通设计并制作了"长征"系列主题微景观,由《飞夺泸定桥》《勇攀雪山》《征服草地》3件作品组成,以微缩精致的造景方式,再现红军战士不畏牺牲、勇往直前的典型场景。中央电视台《传承》栏目报道了这一佳作。曹通备受鼓舞,后来又相继创作了《中华美德故事》《廉事流芳》《愚公移山》等大型盆景,获得著作权4项。

曹通在校期间就开始创业,带领6名同学进行小微主题山水景观设计制作销售。两年多的创业实践,让他学到采购、生产、营销、财务、人力资源等企业管理系统知识,创业综合能力快速提升。他的"创意小微山水景观"项目曾获省市级创新创业大赛多个奖项。

曹通大专毕业仅一个月,就注册成立景观设计公司。经过两年多艰苦创业,建立了15亩苗木基地、2亩盆景生产基地,还参与过南通森林野生动物园绿化施工和南通第30届菊花展、南通首届月季花展布展以及花园别墅景观设计等工作。公司稳步发展,带动多人就业。曹通先后荣获全国优秀共青团员、江苏省乡土人才"三带"新秀、大学生

创业英雄100强等荣誉称号。

【点评】大学生曹通热爱所学专业,在校期间勤奋钻研专业技能,结合社会形势,运用所学创造劳动成果,从自己所学专业出发选择创业项目,取得了很好的成效。正是由于自己的专业特长和在校期间培养的创新创业能力,毕业之后才得以顺利创业,公司得以稳步发展。曹通的成长故事,说明了"以劳树德,以劳增智,以劳强体,以劳育美,以劳创新"的全面发展路径是青年大学生的成功之路。

【拓展阅读】

生产劳动给每一个人提供全面发展和表现自己全部的即体力的和脑力的能力的机会,这样,生产劳动就不再是奴役人的手段,而成了解放人的手段,因此,生产劳动就从一种负担变成一种快乐。

——[德]恩格斯

没有年轻一代的教育和生产劳动的结合,未来社会的理想是不能想象的:无论是脱离生产劳动的教学和教育,或是没有同时进行教学和教育的生产劳动,都不能达到现代技术水平和科学知识现状所要求的高度。

——[苏联]列宁

职业教育的目的:一是谋个性之发展;二是为个人谋生之准备;三是为个人服务社会之准备;四是为国家及世界增进生产力之准备。

——黄炎培

二、劳动——服务社会及体验社会生活的重要途径

人的本质是社会关系的总和,而社会关系是在人与人之间的交往中形成的。青年大学生参与力所能及的家庭劳动,做做家务,干干农活,或者帮家庭经营个体事务等,与家人一起辛勤付出,收获劳动成果,共享劳动成果,有助于构建和谐家庭关系,克服"宅男""宅女"衣来伸手、饭来张口的懒惰习性,养成勤快、勤劳、担当的优良品行。

青年大学生在学校参加多种形式的劳动,如理论学习、实习实训、技能竞赛、勤工俭学、志愿服务等,与同学一起辛勤付出,既能学习技能,增长才干,养成知行合一、勤于劳动的习惯,也学会与老师和同学的交流,培养自己的人际交往能力。

纵观学校"三好学生""优秀学生干部""优秀大学毕业生"等荣誉获得者,无一不是热爱劳动,勤于学习,乐于交往的典型。他们勤奋学习理论知识,善于脑力劳动,学业成绩优秀;刻苦参加实习实训,勇于参加技能竞赛,不断超越自我;积极参加勤工俭学劳动,踏实履行岗位职责;热心参加志愿服务、公益劳动、"三下乡"社会实践活动等,服务社会,培养敬业奉献精神;在班集体生活、寝室生活中,勤劳勤快,内务整洁;积极参加大学生创新创业大赛,开办创新创业项目,培养锻炼创业能力。特别是热情参与校外大型体育竞赛、扶贫支教、人口普查、疫情防控等志愿者服务工作,为社会、为他人奉献劳动,在更广泛的社会关系中,体现当代青年大学生的价值,使自己成长为优秀人才。

【案例3-2】

"耶鲁"村干部秦玥飞

2005年，秦玥飞拿着耶鲁大学的全额奖学金，赴美留学。那一年，耶鲁大学只在中国大陆录取了5名学生。在耶鲁大学，秦玥飞修了经济学和政治科学两个专业，还担任耶鲁大学中国留学生学生会主席。

2011年，秦玥飞来到了湖南衡山贺家山村。他的新身份是大学生"村干部"，任村主任助理一职。秦玥飞所在的贺家山村距离县城35公里，青山环绕，阡陌纵横，村里见到的多是老人和小孩。

在贺家山村的3年，秦玥飞引进了资金，筑了渠，修了路，安了路灯，建了养老院，还拉来了乡村信息化教学项目。当他被三千多村民以85%的选票选上衡山县人大代表时，他说："这是村民对我的信任，比我拿到耶鲁录取通知书还高兴！"

很多人都曾疑惑，耶鲁毕业生当"村干部"，是不是"大材小用"？秦玥飞说："忘掉耶鲁的标签，才能更好地前行。不可以忘本，能帮助更多像自己父母这样的普通中国人过上向往中的美好生活，那我可能算'小材大用'了。"

2014年，3年村干部任期已满，秦玥飞婉拒了组织提拔，又续了3年。怎样才能让贫困村彻底摆脱贫困？这是他一直思考的问题。"答案不是看书看出来的，是脚踏实地干出来的。"他和"黑土麦田"精准扶贫项目团队带领贫困户，开办农民专业合作社，发展种植、养殖、手工艺等特色产业，以"授人以渔"的方式摆脱贫困。

2017年8月，第二个大学生村干部任期结束了，秦玥飞再次婉拒了组织上的提拔。"这六年我过得很开心，我的价值在农村，这条路才刚刚开始走，还要继续。"

【点评】一百多年前，一位耶鲁大学的留学生回到祖国，在贫弱的祖国大地上建造了第一条铁路，他叫詹天佑。一百多年后，秦玥飞同样选择回到祖国最贫苦的地方，成为一名为人民服务的"大学生村干部"，实干精神与爱国精神代代相传。青年大学生应当向秦玥飞学习，勇于担当奉献，服务社会，帮助群众，在更广泛的社会关系中实现自身的价值。

三、劳动——培养吃苦耐劳、团结协作精神的重要方式

马克思指出："劳动首先是人和自然之间的过程，是人以自身的活动来中介、调整和控制人和自然之间的物质变换的过程。"恩格斯指出："劳动和自然界在一起才是一切财富的源泉，自然界为劳动提供材料，劳动把材料变为财富。但劳动还远不止于此。劳动是整个人类生活的第一个基本条件，而且达到这样的程度，以致我们在某种意义上不得不说：劳动创造了人本身。"

可见，劳动是一项物质性的社会实践活动，必须借助于一定的脑力和体力进行，是人的体力和脑力的消耗过程。劳动可以使青年大学生在劳动的过程中挥洒汗水，劳力劳心，体味艰辛，磨砺意志，体验付出与收获，感受挫折和成功，积累生产生活经验，从劳动成果中感受成就和快乐。只有经过这种客观的物质过程、实践体验，才能培养吃苦耐劳精神。否则就只能是温室里的花朵，经受不住风吹雨打。中国古代先贤孟子就说过："故天将降大任于斯人也，必先苦其心志，劳其筋骨，饿其体肤，空乏其身，行拂乱其所为，所以动心忍性，增益其所不能。"

劳动早已不是单个人的孤立活动，而是社会的群体性活动，是在一定社会关系中，

与他人协作配合进行的社会实践活动。特别是在社会化大生产、商品经济、市场经济条件下，社会分工更加精细，专业化劳动、流水线劳动和产业链的形成，使不同阶段、不同环节上的劳动，相互依赖程度更深。如果某个环节、某个劳动者的劳动出现了故障，就会影响整个劳动过程的完成。在这样的劳动环境中，更加需要紧密协作、团结配合、各司其职才能完成复杂的生产过程。在集体劳动、分工协作中，可以培养青年大学生的团队合作精神，学会履行岗位职责，遵守劳动纪律，严守操作规范，与他人共同劳动，共同创造。

【案例 3-3】

中国探月工程群体里的坚强团队

2020 年 12 月 30 日，"嫦娥五号"导航制导与控制团队被共青团中央授予"中国青年五四奖章集体"称号。该团队主要承担我国探月工程导航制导与控制任务，他们解决了月球轨道自主停靠、月面自主定姿（定位）、自主月面上升等一系列关键技术，保证了"嫦娥五号"在 20 多天的飞行各阶段的正常飞行，实现了近月制动、月面软着陆、月面起飞、月球轨道交会对接和再入返回等。该团队由 156 名成员组成，是一支以青年科技骨干为主体、老中青结合的坚强战斗集体，团队有 35 岁以下青年 98 人，占研制队伍总人数的 63%。

成功发射"嫦娥五号"的文昌航天发射场科技人员团队中最年轻的女指挥员周承钰年仅 24 岁。她 2018 年毕业，在参加工作两年半的时间内就参加了 5 次测发任务，从一级连接器配气台、二级连接器配气台、后端工作站，再到动力箭上、连接器指挥。据媒体报道，文昌航天发射场科技人员团队平均年龄只有 30.9 岁。

参与研制"嫦娥五号"对接与月壤样品转移机构的王曙群团队事迹，光荣入选中央宣传部、全国总工会联合发布的 2020 年"最美职工"先进事迹。从神舟八号到神舟十一号，从天宫到天舟，该团队先后共参与了 7 次飞行试验考核，圆满完成了 13 次交会对接试验任务，王曙群带领团队所提供的对接机构已是战功赫赫。在大家心目中他已是对接机构中国制造的"代言人"。在"嫦娥五号"相关产品研制任务中，他们以"特级技师＋青年技能人员"的模式合力参与总装研制，让新生代技师得以迅速成长，3 年累计培养了 42 名高级工、17 名技师。

【点评】现代化大生产的流水线作业、大型工程设施的建设、重大科技成果的取得……都离不开众人的团结合作、团队精神的发扬。人们在惊叹探月工程团队成员年轻的同时，还应该看到，他（她）们正是把自己融入团队集体当中，向老一辈学习，传承航天精神，立足岗位，敢于担当，大力协同，勇于攀登。只有这样，才能够尽快成长乃至于独当一面，在祖国的航天事业中建功立业，为国争光。单个人的力量是有限的，集体的力量是无穷的。年轻人需要在团队行动中加强团结合作，通过共同劳动来创造佳绩。

四、劳动——学习生产技能，提升职业技能和素质的必要措施

教育产生于传递生产劳动经验的需要，原始教育天然地与生产劳动结合在一起。随着学校的出现，读书学习成为统治阶级的特权，开始与生产劳动相脱离，形成"满朝朱紫贵，尽是读书人""劳心者治人，劳力者治于人"的现象。

针对旧中国"单教劳心者，不教劳力者"的教育政策，近代著名教育家陶行知

提出,中国的教育只有两条路线可以走得通——教劳心者劳力,即是教读书的人做工;教劳力者劳心,即是教做工的人读书。他说:"劳心不劳力的固然不行,劳力不劳心的也是不行。"因而主张"劳力"与"劳心"结合,读书与做工结合,手脑结合,"在劳力上劳心"。

教育与生产劳动相结合是我国社会主义教育的基本原则。职业院校的青年大学生在强调基本理论知识的基础上,应更加重视专业技能培养和职业素质培育,为将来从事技术技能工作奠定基础。所以,高职大学生不能只是在课堂上、书本上、理论上学习,更要加强实验实训、实习实践,在劳动中应用知识,锤炼技能,掌握技术。不仅要在校内实验室、实验田、实习车间学习训练,还要进入工厂企业、城乡社区等实际工作岗位顶岗实习,在生产线上、在真实工作环境中完成一定的劳动任务,把知识转化为技能,在劳动中增长才干。

【案例3-4】

做好稻田里的大学问 把论文写在祖国大地上

南昌大学有个"稻渔工程"团队,2020年被授予了"中国青年五四奖章集体"的荣誉称号。这个平均年龄28岁的高校师生团队,致力于研究在稻田里进行水产养殖,用实际行动践行着"把论文写在祖国大地上"。

经过无数次实验,他们在稻渔共作的基础上,通过研究、集成、创新、示范和推广了"稻虾""稻蟹""稻鳖""稻蛙""稻鱼"和"稻鳅"6类12种国内领先的典型模式。事实证明,这种稻渔种养技术,是一项有利于农业增效、农民增收、粮食增产,并能够有效改善生态环境的现代农业新模式。

稻田里也有顶天的科学问题,教师不能在黑板上告诉学生"农民需要什么",关起门来搞研究不是团队的初衷,教师和学生必须下到田间地头解决生产一线的实际问题。团队的学生们跟随老师和专家深入田间地头考察调研,因地制宜为不同地方推选最适宜的种养产品;召集农民开展技术培训,实地指导,帮助农民解决种养过程中的问题,达到"理论与实践相结合、教学与科研相结合、示范与推广相结合"的产教深度融合。

怎样获得和提升创新能力?只有实践,不停地实践,不论在实验室,还是在生产现场。正是在永不停歇的实践中,"稻渔工程"团队的师生们创新创业活力竞相迸发:他们自主选育了13个水产养殖新品种,成功获得5项发明专利、4项实用新型专利;团队中的学生获得第四届中国"互联网+"大学生创新创业大赛银奖等各类奖励20余项;孵化出"富甲天下""菌益农""新青年讲习所"等多个创新创业团队。

【点评】理论知识应当与生产劳动相结合,理论研究应当着眼于解决现实问题。大学生的学习不能仅停留在课堂上,还应该走到生产劳动一线,在生产实践中学习,在实践中学会创新创造。在集体劳动实践中学习团结协作,培养团队精神,在生产实践一线经受劳动锻炼,在服务社会及创造社会价值中实现自身价值。

五、劳动——进入社会安身立命的基础,美好生活的源泉

按劳分配是社会主义的分配原则,国家和社会根据每个劳动者提供的劳动数量和质量进行收入分配,多劳多得,少劳少得,不劳不得。显然,劳动还是人们谋生的手段,

劳动技能的熟练程度、劳动效果的优劣高低还影响着个体的收入。

青年大学生即将进入社会,步入职场,只有通过自己的辛勤劳动、诚实劳动、创造性劳动,干出较好的工作业绩或者为生产经营作出较大的贡献,才能获得更多的收入,为个人更好的生存发展,为幸福美好生活提供物质基础。也只有在获得劳动收入的基础上,我们才能改善自己的生活状况,开展必要的人际交往,发展自己的社会关系,实现自己的美好生活。

劳动创造财富,劳动创造美好生活,是普遍适用的原理。青年大学生应当通过劳动参与更广泛的社会关系,在劳动中磨砺意志心性,培养吃苦耐劳精神;通过劳动自立自强,开创自己的美好生活。

【案例3-5】

羊产业托起致富梦

三月,万物萌发。在甘肃省酒泉市金塔县大庄子镇牛头湾村农户王文家的高标准羊舍内,一只只羊膘肥体壮。

2016年6月,王文大学毕业。未来的路何去何从,他迷茫过、彷徨过,但是在与家人再三讨论后,他毅然舍弃城市工作,返回家乡发展养殖业。刚开始,养殖场地、养殖品种和数量都是需要考虑和解决的问题。作为土生土长的"农村娃",他对这一切并不陌生,加上父母的全力支持和配合,问题一一得到了解决,养殖规模也逐渐扩大。他用自己吃苦耐劳、永不服输的韧劲,用自己所学的专业知识,4年时间就将羊的养殖规模扩大至200余只,家庭经济收入也成倍增加,日子过得红红火火。

王文在自己致富的同时,不忘带动周边群众发展养殖业。他刻苦钻研养殖知识和实用技术,不断总结工作经验,对于前来咨询问题的群众都给出专业解答。

王文用自己的实际行动,打消了家人的疑虑,改变了村民的看法。现在,每当提起他,村民们都为他的吃苦耐劳精神竖起大拇指,夸口称赞:"我们这里的大学生,能回到家乡创业的不多,能将所学运用起来的屈指可数,他是我村第一人。"

王文踏实肯干,勤劳朴实,村民们都看在眼里,记在心里。2021年,牛头湾村村委会换届中,他被选为新一届村民委员会委员,他将在村民中树立起一面致富带头旗,成为当地村民学习的好榜样。

【点评】 大学毕业生王文回乡创业,通过与家人的辛勤劳动,养羊产业发展兴旺,经济收入成倍增加,日子过得红红火火。他把知识应用到养殖上,又不断从劳动实践中总结工作经验,获得新知识。他不仅通过劳动实现自己家庭致富,还带动村民群众共同致富,他吃苦耐劳、踏实肯干的精神受到村民的称赞。王文回乡创业的故事,生动地诠释了劳动创造财富,劳动创造美好生活的道理。

活动与训练

手工技能:使用彩带对礼盒打结装饰

一、活动目标

通过课堂学习手工操作,实际体验简单的日常生活劳动。

二、活动时间

建议15分钟。

三、活动流程

（1）提前布置学生准备，或者教师准备足够的彩带条，也可用塑料绳代替彩带条。

（2）准备小纸盒或者其他小型包装盒，也可以使用书籍当作礼盒。

（3）教师演示已经打结并装饰好的礼盒样子，演示使用彩带条或者塑料绳对礼盒打结装饰的过程、步骤。

（4）学生实际操作，完成对礼盒的打结装饰，并交流自己的体会与感受。

（5）教师对学生完成情况进行讲评并总结提升。

探索与思考

1．劳动对于青年大学生的健康成长成才有何意义？

2．结合实际，谈谈如何理解劳动是幸福的源泉。

单元二　珍惜当下，做合格劳动者

名人名言

伟大的成绩和辛勤的劳动是成正比例的，有一分劳动就有一分收获，日积月累，从少到多，奇迹就可以创造出来。

——鲁迅

学习目标

1．明确青年大学生健康成长成才需要树立正确的职业理想。

2．掌握青年大学生健康成长成才的基本路径。

3．引导青年大学生珍惜时光，热爱学习，积极实践，技能成才。

案例导入

一位援疆父亲写给 18 岁儿子的家书

2017 年 8 月，邵祥理作为中央和国家机关第九批援疆干部赴新疆工作。在两年半驻村期间，他先后荣获"新疆维吾尔自治区脱贫攻坚奖贡献奖""新疆维吾尔自治区优秀共产党员"等荣誉。2020 年 9 月，经组织批准，邵祥理转为中央和国家机关第十批援疆干部，继续援疆三年。下面为邵祥理写给 18 岁儿子邵云鹤的家书（内容选摘）。

"云鹤：两天后，你就年满 18 岁了。这是人生特别重要的日子，原本想送个礼物作为纪念，可我居然不知道你喜欢什么。给你写这封信，主要想和你聊聊男子汉的话题。

"过去十八年，除了你孩童时期，其他时间，对你确实陪伴太少：你小升初时，我在江西定南对口支援；你中考时，我在新疆阿图什驻村；现在你马上 18 岁生日，明年就要高考，我还是在援疆。关键时刻，每每缺席，各种愧疚，唯父自知。你妈妈确实非常辛苦，为了我们这个家十多年如一日地辛勤付出，尤其是这几年我连续在新疆工作，家里大小事都要靠你妈妈忙活，所以有些家务事，你也尽可能多帮些。

"关于善良。……儿子，生而为人，务必善良，一定努力去做个浑身正能量的青年。

"关于理想。……做自己喜欢的又能做成的，就是最朴素的理想。……'高大上'当然是最佳选择，'小而美'也未尝不可。

"关于实践。梦想是要靠实践才能实现的。……想好的事，就勇敢去做，有一颗拼搏之心，然后付诸具体的实践，人生就会满足、快乐。

"关于责任。你们这一代，恰逢盛世中国，这个时代更需要使命担当。往大了说，做个积极向上的热血青年，涵养家国情怀，实现理想抱负；往小了说，做个温暖阳光的社会成员，践行家庭美德，遵守职业道德，树立社会公德。有关这个方面，是爸爸最想和你表达的，相信你一定会理解爸爸的真实意图。

"云鹤，这是不是你收到的第一封信？我也有20年没有写信了，还有一些表达的话，留待下次我们当面说吧。

"替我向你妈妈问好，周末记得给爷爷奶奶、姥姥姥爷打电话，祝你身体健康、学习进步！

2020年11月18日

【分析】援疆干部邵祥理把个人理想追求融入国家脱贫攻坚事业，为新疆脱贫攻坚作出贡献，受到组织和群众称赞。作为一位父亲，在远离妻儿的情况下，仍然关心着儿子的成长，希望儿子要多帮妈妈做些家务事，做人要善良，努力做个浑身正能量的好青年，靠实践去实现梦想……这位父亲言传身教，给儿子树立了好榜样。信中所讲的道理值得我们青年大学生思考。

一、热爱学习，树立职业理想

人们常说，青春是人生最美好的时光，梦想是生命中最耀眼的阳光。为了梦想而奋斗的青春是最美好的风景。青年大学生正处在人生最美好的时光，应当把握当下，不虚度时光，努力学习，去实现自己的梦想。要想取得好成绩，就应当付出勤奋的学习劳动。毕竟"一分耕耘，一分收获""天道酬勤，功不唐捐"。

大学学习阶段，其实也是为将来的职业劳动做准备的阶段。为什么现在要好好学习？从大的方面来说，是为了成为国家建设的有用人才。先辈们为中华之崛起而读书，为拯救民族危亡及寻求救国救民的真理而留学，为增强国家的经济和科技实力而努力探索、艰苦创业……他们的远大志向和崇高理想，已经变成现实。从小的方面来讲，是为自己将来从事职业劳动作准备。只有珍惜时光，努力学习，掌握技能，才能顺利就业，自立自强，在社会安身立命。在新时代新阶段，当代青年大学生应当承担起新的使命责任，结合专业树立职业理想，明确自己的努力方向，为将来投身职业劳动做好充分的准备。

2021年3月11日，全国人大批准了《中华人民共和国国民经济和社会发展第十四个五年规划和二○三五年远景目标纲要》。纲要提出，强化国家战略科技力量，瞄准人工智能、量子信息、集成电路、生命健康、脑科学、生物育种、空天科技、深地深海等前沿领域，实施一批具有前瞻性、战略性的国家重大科技项目；发展战略性新兴产业，加快壮大新一代信息技术、生物技术、新能源、新材料、高端装备、新能源汽车、绿色环保以及航空航天、海洋装备等产业，推动互联网、大数据、人工智能等同各产业深度融合；加快发展研发设计、现代物流、法律服务等现代服务业，推动现代服务业同先进制造业、现代农业深度融合,加快推进服务业数字化;加快发展健康、养老、育幼、文化、旅游、体育、家政、物业等服务业,加强公益性、基础性服务业供给。

青年大学生应当密切关注上述国家发展战略,结合本专业对应的产业门类,进行职业规划,把个人的职业理想和国家社会的发展目标统一起来,把个人的奋斗志向融入全面建设社会主义现代化国家的宏大进程,在推动国家共同理想实现的过程中,去努力实现个人的职业理想。

【案例3-6】
努力学习知识改变命运 放飞梦想建设美丽祖国

2020年10月14日,全国劳动模范,全国优秀共产党员,新中国成立70周年"最美奋斗者"称号获得者,中铁一局电务公司电力工匠技师窦铁成,在陕西职业技术学院"劳模大讲堂",为学校师生做了题为"努力学习知识改变命运 放飞梦想建设美丽祖国"的专题报告。

窦铁成向大家分享了自己从一位只有初中文化的普通工人,成长为拥有"金牌工人""全国劳模""最美奋斗者""新中国成立70周年建筑工匠"等众多称号的奋斗经历。从简单的电路维修到保障铁路沿线的信号点和车站供电;从只有初中文化到自学高等数学、电磁学、电机学等成为没有文凭的"专家教授";从一点一滴的积累学习笔记到完成10万6千余字的电气作业实验指导书;从寒冷刺骨的甘肃乌鞘岭兰新铁路到穿越秦岭的西康铁路,从纵连南北的京珠高速到横贯东西的浙赣铁路,他参与的工程建设项目遍地开花。回顾过往,窦铁成说:"所有的成就缘于努力学习。知识没有止境,技术的提高在于不断地学习、不断地改进,才能不断地创新。要做好每一项工作,首先要热爱自己的专业,在实践中不断地学习新的知识。""工匠精神就是要一丝不苟,在工作中的每一个环节严格要求,换来的是优良的工程质量。""一个人要在社会上站得住脚,就是要勤奋学习,热爱本职工作,大胆创新,锐意进取,敢为人先、奉献社会。"

2019年9月25日,在人民大会堂举行的"最美奋斗者"表彰大会上,包括窦铁成在内的278名个人、22个集体受到国家表彰。作为一名普通的技术工人,窦铁成受邀参加了庆祝新中国成立70周年大会和天安门广场阅兵观礼。

【点评】从一位只有初中文化的普通工人,成长为"金牌工人""全国劳动模范""最美奋斗者""新中国成立70周年建筑工匠",窦铁成的奋斗经历中始终伴随勤奋学习、刻苦钻研:自学理论知识,在工作中学习技术,在生产劳动中学习创新。窦铁成热爱本职工作,大胆创新,终成同行中的权威,为我们树立了榜样。

【拓展阅读】
马克思的中学毕业论文《青年在选择职业时的考虑》摘录

如果我们把这一切都考虑过了,如果我们的生活条件容许我们选择任何一种职业,那么我们就可以选择一种使我们获得最高尊严的职业,一种建立在我们深信其正确的思想上的职业,一种能给我们提供最广阔的场所来为人类工作,并使我们自己不断接近共同目标即臻于完美境界的职业,而对于这个共同目标来说,任何职业都只不过是一种手段。

在选择职业时,我们应该遵守的主要指针是人类的幸福和我们自身的完美。

如果我们选择了最能为人类而工作的职业，那么，重担就不能把我们压倒，因为这是为大家作出的牺牲；那时我们所享受的就不是可怜的、有限的、自私的乐趣，我们的幸福将属于千百万人，我们的事业将悄然无声地存在下去，但是它会永远发挥作用，而面对我们的骨灰，高尚的人们将洒下热泪。

二、积极实践，练就过硬本领

在校大学生除了努力学习理论知识外，还应积极参加社会实践。社会实践是青年大学生成长成才的必由之路，是把理论知识转化为技能的基本途径。大学生应在班集体、团组织、团学会、社团组织中，参加自我教育及自我管理，热心为同学服务；应积极参加志愿者活动、假期"三下乡"活动等，热心公益服务，增强社会责任感，在劳动奉献中感受快乐。

在校大学生应积极参加教育行政部门、行业协会等组织的学生职业技能大赛，以赛促学，以赛促练，强化专业技能；在赛场上与其他学校选手交流竞技，互相学习，收获成功的喜悦，也激发自己的进取心。俗语说"人有一技之长，不愁家里无粮"。技能是推动人类文明发展的原动力，是全球共同的财富；掌握了技能，才能改变世界，引领未来，造福人类。

在校大学生还应积极响应"大众创业、万众创新"号召，勇于进行创新创业实践。大众创业万众创新，实质是通过改革解放和发展生产力，调动亿万市场主体积极性和社会创造活力，更大限度激发每个人的潜能潜质。"双创"为我国丰富的人力资源特别是年轻人打开了广阔的就业空间，为大学生创业者提供了发展平台，也可以使大学生通过创业实践锻炼能力，积累经验，增长本领，以创业实现就业，或者为将来就业奠定基础。

【案例3-7】

从打工妹到国赛教练的华丽蜕变

17岁，她还只是工厂里的打工妹；21岁，已登上世界舞台为国争光；时隔一年，她又一次华丽转身，成为指导国赛选手的教练。仅仅5年时间，她不仅靠技能实现了脱贫，更看到了人生无限的可能。她叫罗丽萍，一位"98后"广东姑娘。

2019年8月的第45届世界技能大赛，她代表中国队出战，获得"商品展示技术项目"的银牌，打破了欧洲国家长期以来的垄断。什么是"商品展示技术"？简单说，就是橱窗展示。看似简单，小橱窗里却藏着"大学问"：要熟悉100多种材料、工具，要掌握平面设计、展示设计、空间设计、市场营销等专业知识，此外，还藏着很多看不见的技术，如背胶技术测点误差不能超过2毫米，切板不能有毛边、刷墙不能有"泪痕"……

从工厂走到世赛舞台，背后要经历多少艰辛。如今她只用一句话轻轻带过："当时经常熬夜，头发一把一把地掉。一辈子不能就这样了。"小小年纪这么拼，原因只有一个：不认命。18岁那年，她再次踏入技校的校门。3年后站上世界比赛的领奖台。如今，她的生活发生了很大改变，不但个人生活有了保障，妹妹的学费也有了着落，原本贫困的家庭实现了脱贫。

走过弯路，也尝过成功的喜悦。每次遇到不想继续读书的孩子，她都会用自己的故事告诫他们，"先去学会一门技能，才能在社会上立足"。

在世赛赛场为国争光后,她选择了留校成为一名教练。"再小的个子,也能给沙漠留下长长的身影。意志力的高度,是我们面临一切挑战最有力的武器。"这句话始终烙印在罗丽萍的心里,一次次让她坚定了信念。此时的她对于"技能成才""技能报国"有了更深的感悟。平淡但不平凡,期待有更多年轻人如她一样,再创佳绩,"点亮"自己的人生!

【点评】从一位工厂打工妹到世界技能大赛亚军,再成为指导国赛选手的教练,从只有高中学历到就读技工学校学习技能,再留校任教,罗丽萍不屈从于命运的安排,刻苦学习训练橱窗展示技能,实现了"技能成才""技能报国",有力证明了"技能改变命运"的道理。

【拓展阅读】

世界技能组织是世界技能大赛的组织机构,属于非政府国际组织,成立于1950年,目前注册地为荷兰阿姆斯特丹。截至2020年12月,共有85个国家和地区成员。

其创立目的,是感召青年人重视职业技能,引导社会和雇主重视职业技能培训。它们通过举办世界性的竞赛来实现目的,把世界技能大赛作为加强技能认同及促进技能发展的主要方式;鼓励世界技能组织成员和世界范围内的年轻人加强技能、知识和文化的交流等。世界技能大赛每两年举办一届。

中国在2010年加入世界技能组织,成为该组织的第53个成员。中国加入世界技能组织,参加世界技能竞赛,有利于我国学习借鉴世界各国促进技能培训和开展技能竞赛的经验,推动国内职业技能竞赛活动的开展,营造学习技能人才,尊重技能人才,争当技能人才的良好社会氛围。同时参加世界技能竞赛,可以构建职业技术交流国际平台,为我国优秀技能人才展示才华绝技及展现技能成果创造条件,对宣传我国高技能人才工作和人力资源能力建设的成果,扩大我国在职业培训领域的影响力,培养造就具有国际水平的高技能人才队伍具有重要意义。

三、从小事做起,自觉自律自强

中国古代先哲说过,"与其坐而论道,不如起而行之"。意思是与其坐着空谈大道理,不如行动起来、实践实干。那么,劳动的习惯从哪里做起?劳动的精神从哪里培养?"天下大事必作于细",学校和家庭的日常生活就是重要的机会与场所。青年大学生要从个人卫生、衣物清洗、寝室内务等日常小事做起,养成劳动习惯,增强生活自理能力,此即"一屋不扫,何以扫天下"的道理。

千里之行始于足下。远大的职业理想是从当下的理论学习和技能培养开始的,离开了扎实的理论功底和过硬的技能,理想只能是空中楼阁。为此,我们应当珍惜当下的学习机会,严守作息纪律,认真完成作业,广泛阅读书籍,拓宽知识视野;以严谨认真的态度对待实习实训,严格遵守操作规程,关键环节反复训练并精益求精,这是青年大学生在校学习期间最主要的劳动活动,也是劳动教育的重要载体。我们很难想象,一个不重视学习并且马虎作业的学生,走上岗位后能以严谨敬业的态度去完成岗位的工作。由此可见,青年大学生要脚踏实地,从小事做起,自觉自律,才能行稳致远。

【案例3-8】

大学生投笔从戎，退伍回校后继续拼搏，成功考研到清华大学

他在大学里报名参军成为驰骋火海的尖刀兵；他将深造机会让给战友，退伍回校奋战书山，又圆水木清华梦……他名叫安过，大学生退伍士兵，三峡大学水利水电工程专业2013级学生，湖北省2018年大学生自强之星。

2014年9月，安过成为武警森林总队的一名"森林卫士"。为做好内务，他会凌晨四点起床来练习叠被子。他把每次的训练当成实战，练就了强健的体魄和过硬的本领，2014年获"爱警习武好战士"称号。

不出警的日子里，安过更加积极地参加执勤安保、消防安全宣传、新兵训练、文书处理等工作。不论哪项任务，他都严谨细致，潜心研究，保质保量完成。他严格自律、勤于思考的优良作风得到部队的认可。2015年获"优秀义务兵"称号，2016年安过所在的武警部队获"集体三等功"，安过获"嘉奖"。

两年军旅生活即将结束时，部队领导和家中父母都希望安过考取军校，留在军营，但他却选择继续完成学业，将留队的机会让给战友。回到校园，面临着专业学习的挑战，他迅速拟订计划：每天6:00起床，到操场锻炼；6:50吃早饭，随后到教室；每天挤1小时泡图书馆，每周挤时间健身。考研备考期间，每天学习10小时以上，将休息时间挤到极致。很快专业学习取得长足进步，英语四、六级均一次性通过，为考清华大学的研究生打下了坚实基础。

学习之余，安过联合退伍老兵开展征兵宣传、军事拓展训练，讲授军事理论课程，参加志愿者活动，为白血病患儿献血19次并提供了38次治疗的血量……

他坚持健身，选择深造，就是在为将来做准备。他意识到必须深造，才会在专业领域走得深远。机会总是会留给有准备的人，2019年安过以总分专业排名第一的成绩被清华大学录取为研究生。

【点评】 大学生、武警战士、退伍大学生、清华大学研究生，安过的每一段经历都有一个共同特点，那就是严格自律、严谨细致，认真对待每一件事。做好内务，抓好每次训练，做好每次勤务，狠抓学习，坚持健身，积极投身社会工作……正是从每一件有意义的小事做起，自觉自律自强，安过获得了全面发展，展现了一位青年大学生的精彩人生。

活动与训练

谈谈自己的职业理想

一、活动目标

引导学生关注自己所学专业的前景，思考并形成自己的职业理想。

二、活动时间

建议15分钟。

三、活动流程

（1）提前布置学生准备，或者教师课堂提问，请学生发言。

（2）可挑选 3 ~ 5 名学生进行讲述。

（3）教师点评并总结。

探索与思考

1．在全面建设社会主义现代化国家新征程中,青年大学生应当树立怎样的职业理想?

2．在大学学习阶段,青年大学生应当从哪些方面培养自己成为社会主义现代化建设的合格劳动者?

模块四　劳动权益保护

模块导读

通过本章教学,使学生了解就业协议的法律性质、劳动合同的法律性质,懂得就业协议与劳动合同的区别,与用人单位建立合法的劳动关系。了解常见的就业协议问题和劳动关系问题,正确认识和把握与高职毕业生劳动就业密切相关的《中华人民共和国劳动法》《中华人民共和国劳动合同法》及相关政策规定,增强劳动法律法规意识,掌握保护自身合法权益的正确途径和方法,学会依法保护自身的合法权益。

单元一　就业协议与劳动合同

试用期不得任意解聘劳动者

名人名言

法律的基础有两个,而且只有两个——公平和实用。

——[爱尔兰]埃德蒙·伯克

学习目标

1. 掌握就业协议、劳动合同的概念。
2. 了解就业协议与劳动合同的异同。
3. 认识签订就业协议的重要性,及签订、解除就业协议的正确程序及要求。
4. 学会根据协议,依法维护自己的合法权益。

案例导入

苏素忽略了什么?

苏素是上海某知名大学的一名毕业生,由于学习成绩较好,在校期间又担任过学生干部,因此凭着较好的综合素质,短期内就收到了三家用人单位的签约通知。三家用人单位各有长处,苏素思考再三,选择了一家虽然福利待遇不是很好,但是能够留在上海,个人拥有较大发展空间的中外合资信息技术公司。双方经过仔细协商,签订了《上海市高等院校毕业生、毕业研究生就业协议书》,就协议中的三个事项进行了约定:服务期限2年,试用期3个月;试用期工资2500元/月,试用期满工资3000元/月;违约金5000元。在签订就业协议时,苏素由于贪图方便,自作聪明将自己签好字又骗取学校盖好鉴证章的协议书交给了用人单位。没想到第二天拿到单位盖好章的协议后,发现工资栏多了一条"此工资为税前工资",由于协议已经生效,苏素当时就有种"哑巴吃黄连,有苦说不出"的感觉,但是想到5000元的违约金,也只能忍气吞声。

上班后的苏素则碰到了麻烦。在报到后她每天起早摸黑,勤勤恳恳,工作业绩也尚可,但公司始终没有提起签订劳动合同的事。在苏素的一再要求下,公司人事主管说:

"劳动合同要到试用期满以后再签。"苏素信以为真,但试用期满后,公司还是没有签订劳动合同的意思,并说:"当初签订的就业协议就是劳动合同,没必要再重复签订。"过了没多久,公司即以苏素不能适应岗位要求为由将其辞退,并以没有签订劳动合同不存在劳动关系为由拒绝承担任何责任。苏素此时才知道自己上了用人单位的当,遂向劳动争议仲裁委员会提起了仲裁。

【分析】案例中的不合理主要归结于三个方面:一是就业协议书中相关条款的约定不合法或不合理;二是签订就业协议的程序不合理;三是在签订就业协议时,没有充分注意到就业协议和劳动合同衔接的问题。这三个方面几乎可以概括毕业生在就业过程中遇到的所有问题,只要对这三个方面有所重视,对相关的法律法规和政策条例有所熟悉,就可以在很大程度上避免签约过程中遭遇陷阱,维护好自己的合法权益。

一、就业协议

(一)就业协议的概念

(1)什么是就业协议。就业协议是明确规定毕业生、用人单位和学校在毕业生就业工作中权利和义务的书面表现形式。就业协议由教育部或各省、自治区、直辖市就业主管部门统一印制,须毕业生、用人单位、学校三方在就业协议书上签字盖章才能生效。在签订就业协议的过程中,毕业生与用人单位是平等的主体,双方不存在隶属关系,相互之间的法律地位完全平等。

(2)就业协议为何不称为"三方协议"。前述可知,就业协议本质上是明确毕业生和用人单位双方权利和义务的民事合同,其主体是毕业生和用人单位。高校不参与毕业生和用人单位就业协议内容的商定,不是就业协议的主体,而是仅作为鉴证方,按照国家政策的规定,依照就业协议书上的内容对毕业生进行就业管理等服务事项。在真正的"X方协议"中,各方都对合同内容有发表意见和修改的权利,直至达成全部共识,方可签字盖章并确认生效。所以,就业协议不应称作"三方协议",该说法容易造成误解。

(二)签订就业协议的程序

(1)毕业生和用人单位达成协议并在就业协议书上签名盖章,用人单位应在协议书上注明可以接收毕业生档案的名称和地址。

(2)用人单位进入,如需经主管部门同意,则应报上级主管部门批准。如当地人事部门或地方政府另有要求,则按当地规定办理。

(3)毕业生将签订好的协议书直接送到学校毕业生就业指导部门,并由就业指导部门将协议书的审核情况反馈给用人单位和毕业生。

(4)对于考研、专升本的毕业生,在与用人单位签订协议时要说明情况,如用人单位知情后同意签约,则毕业生在录取为研究生或升入本科后不承担违约责任。没有签约的考研、专升本的毕业生,将就业协议书统一交到学校就业指导部门。

(三)如何派遣

(1)毕业生和用人单位签订《就业协议书》,到当地人事部门审核备案,并在审核备案表或就业协议书上盖章。此种情况毕业生的所有关系将直接派到毕业生工作单位。

（2）毕业生和用人单位签订《就业协议书》，当地人事部门不能审核备案，本人可在单位工作，但户口、档案可回原籍，也可挂靠在人力资源管理市场。

（3）毕业生和用人单位签订《就业协议书》，只是暂时没有到所在地政府毕业生就业工作部门审核备案。可先提供工作证明，作为学校了解毕业生就业去向和统计就业率，待审核备案手续办完后，再办派遣。

（4）如何派遣。《报到证》分上下两联（内容相同），上联（蓝色）由学校就业指导中心寄发给毕业生，下联（白色）则放入学生档案内。

（5）由于各种原因暂时不能签约，则须提供工作证明，作为学校了解毕业生就业去向和统计就业率所用，户口、档案暂时保留在学校。毕业生须将工作证明和"要求把户口、档案保留在学校的申请"由系部统一交到学校毕业生就业指导工作部门，这样，户口、档案可在学校保留两年。

【拓展阅读】

就业协议书补充协议是否具有法律效力？

毕业生和用人单位双方自愿且符合劳动法要求前提下，经双方签字的补充协议，与劳动合同享有同等法律效力。一旦双方签字认同，如果一方出现违约情况，另一方都可以用此为依据，向劳动监管部门申诉维权。严格而言，合同补充协议是对原合同未尽事宜，或者合同履行过程新发生的情况而另外进行的约定。与合同的变更协议不同，但实务中订立的以"补充协议"为名的协议，其实质内容却常是合同的补充并有变更。因此，在签订时要特别注意以下三个问题：一是补充协议的当事人应当与原合同当事人严格一致；二是补充协议的形式应当与原合同一样完备；三是严格防止与原合同发生内容矛盾。

（四）签订协议时应注意的问题

（1）查明用人单位的主体资格。签订就业协议的当事人必须具备合法的主体资格，一般而言用人单位必须具有从事各项经营或管理活动的能力，单位应有录用指标和录用自主权。

（2）按规定程序签订协议。毕业生凭学校发放的就业协议书，在与用人单位签约后交学校就业指导工作部门。

（3）有关条款的内容必须明确。毕业生与用人单位签约时，尽量采用规范条款。如确有必要进行变更或增加，也应在内容上予以明确。

（4）注意与劳动合同的衔接。毕业生就业协议签订在先，为避免在日后订立劳动合同时产生纠纷，应尽可能将劳动合同的主要内容体现在就业协议的约定条款中，并明确表示在今后订立劳动合同时应予认可。

（5）对合同的解除条件做事先约定。毕业生就业协议一经订立，就对当事人具有约束力，不得随意解除，否则应承担违约责任。

（五）就业协议的解除

就业协议的解除分为单方解除和双方解除。

单方解除,包括单方擅自解除和单方依法或以协议解除。单方擅自解除属违约行为。单方依法或以协议解除,是指一方解除就业协议有法律上或协议上的依据,此类单方解除,解除方无须对另一方承担法律责任。

双方解除是指毕业生、用人单位,经协商一致,取消原订立的协议,使协议不发生法律效力。双方均不承担法律责任,但须征求学校同意。

【案例 4-1】

李某何去何从

李某是四川某高职院校将于 2019 年毕业的应届生,由于就业形势严峻,已跟成都某企业签订三方协议。后来又想自主创业,不打算去这家企业就业。于是就涉及了违约及一些后续问题。三方协议已经约定违约金额 2000 元且对方人力资源部认可违约行为。那么如果他违约,是不是按规定缴纳了违约金,就算成功解除了这一协议?如果不是,那他怎样做才算合法解除?

【点评】支付违约金未必就能解除合同,关键要看李某与用人单位当初是如何约定的。双方协商一致同意解除就业协议,就是合法解除。学生应诚信为本,考虑清楚了再与其签约。

(六)违约责任及毕业生违约的后果

毕业生违约,除本人应承担违约责任并支付违约金外,往往还会造成其他不良后果,其主要表现在:

就用人单位而言,往往为录用一名毕业生做了大量工作,一旦学生违约,会给用人单位造成被动。

就学校而言,用人单位往往将毕业生违约认为是学校管理不严,从而影响学校和用人单位的长期合作。

就其他毕业生而言,违约会影响其他毕业生的就业,造成就业信息的浪费。

二、劳动合同

(一)劳动合同的概念

劳动合同是劳动者与用人单位确立劳动关系,明确双方权利义务的协议。现行《中华人民共和国劳动合同法》(以下简称《劳动合同法》)于 2007 年 6 月 29 日第十届全国人民代表大会常务委员会第二十八次会议通过,自 2008 年 1 月 1 日施行。2012 年 12 月 28 日第十一届全国人民代表大会常务委员会修订。

(二)劳动合同的法律特征

(1)劳动合同是建立劳动关系的一种法律形式,以合同形式确立了劳动者与用人单位的权利义务。

(2)劳动合同双方当事人中,一方必须是具有劳动权利能力和劳动行为能力的公民本人,另一方必须是企业等用人单位的法人组织,不能是企业的党团组织或工会组织。

(3)劳动合同的当事人之间存在着职业上的从属关系,即作为劳动合同一方当事人的劳动者,在订立劳动合同后,就成为另一方当事人企业等用人单位的一员,用人单位有权指派劳动者完成劳动合同规定的属于劳动者职能范围内的任何任务。这种职业上的从属关系,是劳动合同区别于其他合同的重要特点之一。

(4)劳动合同双方当事人的权利和义务是统一的,即双方当事人既是劳动权利主体,又是劳动义务主体。根据签订的劳动合同,劳动者有义务完成工作任务,遵守本单位内部的劳动规则,用人单位有义务按照劳动者劳动数量和质量支付劳动报酬。劳动者有权享受法律、法规及劳动合同规定的劳动保险和生活福利待遇,用人单位有义务提供劳动法律、法规及劳动合同规定的劳动保护条件。

(5)劳动合同的订立、变更、终止和解除,按照国家劳动法律、法规的规定。

(三)签订劳动合同注意事项

(1)合同要知情。《劳动合同法》规定,招用劳动者时,应如实告知工作内容、条件、地点、职业危害、安全生产状况、劳动报酬等情况。签订劳动合同前,应尽量对用人单位以及企业文化、发展趋势、员工管理等进行全面了解,尽量与资质和声誉较好的单位签订劳动合同,从源头防范非法用工和侵害合法权益的情形发生。

(2)订立书面合同。《劳动合同法》规定,建立劳动关系,应当订立书面劳动合同。如单位不签,可向当地劳动保障部门反映并由其督促签订。

(3)查清主体资格。事先了解单位名称、法人代表是谁等情况,注意与具备用工主体资格的人直接签订劳动合同,对于转包严重的行业要特别小心。

(4)合同必备条款要齐全。《劳动合同法》规定,劳动合同应当具备单位名称、住所和法定代表人,劳动者姓名、住址和居民身份证号码,合同期限,工作内容和地点,工作时间和休息休假,劳动报酬,社会保险,劳动保护、劳动条件和职业危害防护等。劳动者可向劳动保障部门索取规范合同文本,避免遗漏重要条款。若单位事先起草了文本,要仔细阅读对于报酬、岗位、试用期、合同终止与解除等重要条款以及岗位说明书、劳动纪律、工资支付规定等规章制度。

(5)补充条款要看清。劳资双方洽谈过程中,一些未尽事宜一般被约定在补充条款之中,劳动合同补充条款与劳动合同具有同等的法律效力,劳动者在签订补充条款时仍应认真查看相关内容,保护自身权益。

(四)签订劳动合同的重要性

(1)签订劳动合同可以强化用人单位和劳动者双方的守法意识。以劳动合同的形式明确劳动者与用人单位双方的权利和义务,双方之间就有了一个具有法律约束力的协议。在劳动过程中,用人单位依据劳动合同的约定来管理职工,行使权利和履行义务;职工也依据劳动合同维护自身的利益,履行相应的义务。

(2)签订劳动合同可以有效维护用人单位与劳动者双方的合法权益。劳动合同期内,用人单位和劳动者不能随意解除劳动合同。合同期满后,用人单位与劳动者可以就是否续签合同进行商议,在客观上保证了用人单位用人以及劳动者求职的灵活性。

(3)签订劳动合同有利于妥善处理劳动争议。如果没有劳动合同,劳动者可能在工资收入、工作时间、工作条件等方面与用人单位发生争议时,由于没有依据而遭受损失。

三、就业协议与劳动合同的异同

（一）就业协议与劳动合同的联系

就业协议是大学生和用人单位在签订劳动合同前,双方确定就业意向和权益的依据。劳动合同是劳动者与用人单位确立劳动关系、明确双方权利和义务的协议。就业协议与劳动合同是用人单位聘用毕业生所订立的两种书面协议,两者分处两个相互联系的不同的阶段,并发挥不同的作用。就业协议是毕业生签订的合同,当毕业生与签订就业协议书的单位签订了劳动合同,就业协议书就无效了。也就是说就业协议是劳动合同的前阶段,而劳动合同是就业协议的必然结果。

（二）就业协议与劳动合同的区别

（1）主体不同。就业协议适用于应届毕业生与用人单位、学校三方之间。学校是就业协议的见证方或签约方,就业协议对用人单位的性质没有规定,适用于任何单位;而劳动合同只适用于劳动者（含应届毕业生）与用人单位（不含公务员单位和比照实行公务员制度的组织和社会团体以及军队系统）之间,与学校无关。

（2）内容不同。毕业生就业协议的内容主要是毕业生如实介绍自身情况,并表示愿意到用人单位就业,用人单位表示愿意接收毕业生,学校同意推荐毕业生并列入就业方案,而不涉及毕业生到用人单位报到后享有的权利义务。劳动合同的内容涉及劳动报酬、劳动保护、工作内容、劳动纪律等方方面面,更为具体,劳动权利义务更为明确。

（3）时间不同。一般来说,就业协议应在毕业生就业之前签订,劳动合同往往在毕业生到用人单位报到后才签订。

（4）目的不同。就业协议是毕业生和用人单位关于将来就业意向的初步约定,是对双方的基本条件以及即将签订的劳动合同的部分内容的大体认可,并经用人单位的上级主管部门和高校就业部门同意,一经毕业生、用人单位、高校、用人单位主管部门签字盖章,即具有一定的法律效力,是编制毕业生就业方案和将来双发订立劳动合同的依据。

（5）适用法律不同。就业协议属于普通民事协议,受《中华人民共和国民法典》等民事法律调整;劳动合同受《中华人民共和国劳动法》（以下简称《劳动法》）和《中华人民共和国劳动合同法》（以下简称《劳动合同法》）等劳动法律调整。

活动与训练

开展毕业生违约原因调研

一、活动目标

了解毕业生违约的原因。

二、活动时间

建议 15 分钟。

三、活动流程

（1）教师将学生按 6 ~ 7 人划分为一小组,通过查阅相关资料,并对毕业生进行访谈。

（2）以小组为单位对以下问题进行研讨交流：毕业生违约情况有哪几种？原因是什么？应该如何避免？

（3）每小组推选代表进行交流发言，教师点评。

探索与思考

1．签订劳动合同的必备条款有哪些？

2．就业协议与劳动合同的区别有哪些？

单元二　依法保护劳动者的合法权益

名人名言

法律总是把全民的安全置于个人的安全之上。

——[古罗马]西塞罗

学习目标

1．了解《劳动合同法》，订立、变更、解除合同等法律知识。

2．掌握保护自身合法权益的途径和方法。

3．学会依法保护自身的合法权益。

案例导入

未签订劳动合同成为农民工工伤认定拦路虎

2012年年底，一份由北京大学和香港理工大学共同创办的公益机构发布，对农民工工伤案例全程跟踪的统计报告显示，有89%的建筑业农民工群体曾遭遇工伤赔偿。而大量的农民工在工伤后，特别是建筑业农民工，根本拿不到赔偿或仅拿到一个零头。据参与维权的律师介绍，"工伤认定难，最难的就是没法证明劳动关系"。实践中工伤争议案件，绝大多数发生在没有签订书面劳动合同的单位，其中又以农民工居多。发生工伤后，一些用人单位为推卸责任往往拒不申请、拒不配合工伤认定。而按法律规定，劳动者自己申请工伤认定必须提供相关资料用以证明以方存在事实上的劳动关系，这对于劳动者来说相当困难。因此签订劳动合同，保留相关证据非常重要。

【分析】农民工工伤认定易发生纠纷的原因主要有：一方面是农民工法律意识淡薄，没有与用人单位签订劳动合同，另一方面是用人单位没有为农民工缴纳工伤保险费，农民工要么不知道自己有这项权利，要么出于各种原因，不敢提出该项要求。为了切实维护农民工合法权益和社会稳定，要对农民工广泛宣传，全力督促，普及《劳动法》《劳动合同法》等法律法规知识，增强农民工法律意识，相关部门也要加强对用工企业的督查，对没有签订用工合同、没有为农民工缴纳工伤保险费的单位要责令进行整改。

一、劳动合同的签订

（一）劳动合同订立的时间

劳动合同订立是指劳动者和用人单位经过相互选择和平等协商，就劳动合同条款达成协议，从而确立劳动关系和明确相互权利义务的法律行为。

根据《劳动合同法》第十条规定：建立劳动关系，应当订立书面劳动合同。已建立劳动关系，未同时订立书面劳动合同的，应当自用工之日起一个月内订立书面劳动合同。用人单位与劳动者在用工前订立劳动合同的，劳动关系自用工之日起建立。

用人单位招用劳动者时，应当如实告知劳动者工作内容、工作条件、工作地点、职业危害、安全生产状况、劳动报酬，以及劳动者要求了解的其他情况；用人单位有权了解劳动者与劳动合同直接相关的基本情况，劳动者应当如实说明。

（二）劳动合同订立的原则

（1）合法原则。劳动合同必须依法以书面形式订立，做到主体合法，内容合法，形式合法，程序合法。只有合法的劳动合同才能产生相应的法律效力，任何不合法的劳动合同，都是无效合同，不受法律承认和保护。

（2）协商一致原则。在合法的前提下，劳动合同的订立必须是劳动者与用人单位双方协商一致的结果，是双方"合意"的表现，不能是单方意思表示的结果。

（3）合同主体地位平等原则。在劳动合同的订立过程中，当事人双方的法律地位是平等的。劳动者与用人单位不因为各自性质的不同而处于不平等地位，任何一方不得对他方进行胁迫或强制命令，严禁用人单位对劳动者横加限制或强迫命令的情况。只有真正做到地位平等，才能使所订立的劳动合同具有公正性。

（4）等价有偿原则。劳动合同明确双方在劳动关系中的地位作用，劳动合同是一种双务有偿合同，劳动者承担和完成用人单位分配的劳动任务；用人单位付给劳动者一定的报酬，并负责劳动者的保险金额。

（三）劳动合同必备条款

劳动合同应当以书面的形式订立，并具备以下条款：

（1）劳动合同期限；

（2）工作内容；

（3）劳动保护和劳动条件；

（4）劳动报酬；

（5）劳动纪律；

（6）劳动合同终止的条件；

（7）违反劳动合同的责任；

（8）当事人可以协商约定其他内容。

另外，"协商约定其他内容"是指劳动合同中的约定条款，即劳动合同双方当事人除依据本法就劳动合同的必备条款达成一致外，如果认为某些方面与劳动合同有关的内容仍需协调，便可将协商一致的内容写进合同，这些内容是合同当事人自愿协商确定的，而不是法定的。

劳动合同的必备条款中没有规定社会保险一项，原因在于：社会保险在全社会范围内依法执行，并不是订立合同的双方当事人所能协商解决的。

（四）劳动合同关于试用期的规定

（1）试用期的规定。《劳动合同法》第十九条规定，劳动合同期限三个月以上不满一年的,试用期不得超过一个月;劳动合同期限一年以上不满三年的,试用期不得超过两个月;三年以上固定期限和无固定期限的劳动合同,试用期不得超过六个月。同一用人单位与同一劳动者只能约定一次试用期。试用期是指包括在劳动合同期限内,用人单位对劳动者是否合格进行考核,劳动者对用人单位是否符合自己要求也进行考核的期限,这是一种双方双向选择的表现。

需要说明的是,劳动合同期限长短不是约定试用期的唯一参照。在实践中,很多工作本来不需要试用期过长,劳动者就能胜任。但有些用人单位动辄规定试用期为三五个月甚至半年,恶意用足法定试用期限上限,这加重了劳动关系的不平等性,增加了劳动者的职业不确定性和经济负担。这就提醒劳动合同双方当事人,特别是劳动者一方,在约定试用期时,应将技术含量的因素也考虑进去。

(2)试用期的待遇。《劳动合同法》对试用期劳动者工资水平也做出了保障:劳动者在试用期的工资不得低于本单位同岗位最低档工资或者劳动合同约定工资的百分之八十,试用期工资不得低于用人单位所在地的最低工资标准。

试用期内需缴纳社会保险。《劳动合同法》第十九条第四款规定:试用期包含在劳动合同期限内,而在劳动合同期限内,用人单位为劳动者办理缴纳社会保险等五险一金是法定义务。只签订单独的试用期合同违法。

司法实践中一些用人单位为了避免与劳动者订立劳动合同,往往在招用劳动者时与劳动者签订一个单独的试用合同,在试用合同期满后再决定是否正式聘用。其目的往往是规避法律,在试用期使用廉价劳动力,方便解除劳动合同;而《劳动合同法》规定:劳动合同仅约定试用期的,试用期不成立,该期限为劳动合同期限。

(3)试用期应注意以下问题。

第一,试用期是一个约定的条款,如果双方没有事先约定,用人单位就不能以试用期为由解除劳动合同。即用人单位和劳动者必须就试用期条款充分协商,取得一致,试用期条款才能成立。双方当事人意思表示一致是指在互利互惠基础上充分表达各自意见,并就合同条款取得一致后达成的协议。因此,任何一方都不得凌驾于另一方之上,不得把自己的意志强加给另一方,更不得以命令、胁迫等手段签订劳动合同试用期条款。

第二,劳动合同法限定了试用期的约定条件。劳动者在试用期间应当享有全部的劳动权利,包括取得劳动报酬的权利、休息休假的权利、获得劳动安全卫生保护的权利、接受职业技能培训的权利、享受社会保险和福利的权利、提请劳动争议处理的权利以及法律规定的其他劳动权利等,还包括依照法律规定,通过职工大会、职工代表大会或者其他形式,参与民主管理或者就保护劳动者合法权益与用人单位进行平等协商的权利。用人单位不能因为试用期的身份而加以限制,与其他劳动者区别对待。

第三,试用期包括在劳动合同期限内。不管劳动合同双方当事人订立的是一年期限还是三五年期限的劳动合同,如果约定了试用期,劳动合同期限的前一段期限(可能是三五天或者一个星期,可能是一两个月)就是试用期,即试用期包括在整个劳动合同期限里。不管试用期之后继续订立劳动合同还是不订立劳动合同,都不允许只约定试用期。

第四,劳动合同法关于试用期的规定体现了劳动合同双方当事人权利义务的大体平等。劳动合同的解除中规定,劳动者在试用期内可以通知用人单位解除劳动合同;劳动者在试用期间被证明不符合录用条件的,用人单位也可以解除劳动合同。

第五,禁止设定变相试用期。有的用人单位为了规避法律,约定试岗、适应期、实习期,这些都是变相的试用期,其目的无非是将劳动者的待遇下调,方便解除劳动合同。为了保护劳动者的合法权益,应当明确这些情形按照试用期对待。

【案例 4-2】

试用期内辞退也要有合法理由

小吴于2016年9月进入一家宾馆做服务员,与宾馆签订了为期两年的劳动合同,约定试用期为两个月。虽然小吴曾经从事过宾馆服务工作,但刚到新单位的她丝毫不敢松懈,做事十分认真,服务也很热情。当年10月上旬的一天,她突然接到公司人事部的短信。信中称,公司决定终止与她的劳动合同。

"我没有任何差错,为何要被辞退?"小吴不解。

她立刻找到人事经理想问个究竟。可对方不给任何解释,只是说她还在试用期内,公司有权决定去留。该经理还表示,既然是试用,就像买东西时试用一样,不满意可以随时退货。

【点评】 按公司这位人事经理的理解,试用期内双方都可以随时无理由结束劳动关系。事实上,这种认识是错误的。《劳动合同法》第三十九条第一款规定:劳动者在试用期间被证明不符合录用条件的,用人单位可以解除劳动合同。这就是说,用人单位一定要有证据证明劳动者确实不符合要求,才可以辞退员工。本案中,宾馆解聘小吴而不向她说明理由,不提供任何证据来证明她如何不符合录用条件,只以"试用期"为借口,这显然是违法解聘。据此,小吴有权要求宾馆继续履行劳动合同或者支付赔偿金。

小吴遇到的问题并非个案。实践中,经常有一些单位非法解聘职工都拿"试用期"说事,以为试用期就是解聘的任意期。此外,还有一些单位为了证明员工不称职、不胜任,不择手段罗织"罪名"。在这种情况下,员工要勇于维权。

【拓展阅读】

试用期、实习期与见习期的区别

(一) 试用期

同一用人单位与同一劳动者只能约定一次试用期。

以完成一定工作任务为期限的劳动合同或者劳动合同期限不满三个月的,不得约定试用期。

试用期包含在劳动合同期限内。劳动合同仅约定试用期的,试用期不成立,该期限为劳动合同期限。

(二) 实习期

实习是指学生在校期间,到单位的具体岗位上参与实践工作的过程,其针对的是在校学生。关于实习,人力资源和社会保障部《关于贯彻执行〈中华人民共和国劳动法〉若干问题的意见》第12条规定:"在校生利用业余时间勤工助学,不视为就业,未建立劳动关系,可以不签订劳动合同。"

学生在实习期间发生的伤害事故,不属于工伤,不能享受工伤保险待遇,但可以按雇佣关系向用人单位主张权利,或由学校基于与单位之间的实习合同的相关约定主张权利。

实习期只适用于在校学生。一些用人单位为了逃避保险或最低工资的限制,故意与符合劳动者资格的非在校学生签订实习协议,这是违法的,也是无效的。实际上即便签订实习协议,用人单位和非在校学生也存在事实劳动关系。

(三)见习期

根据相关规定,用人单位招收应届大中专毕业生后,原则上都要安排见习,期限为一年。见习期制度明确只适用于国家分配工作的大中专院校毕业生,而不适用通过双向选择建立劳动关系的劳动者。见习制度即用人单位对刚刚接收来的应届毕业生有计划、有组织、有目的地进行考察了解,进而在思想、业务等方面给予指导和帮助,使毕业生尽快适应工作需要的制度。对已从事一年以上有关专业实际工作的,经所在单位批准,可免去见习期。首先,见习期是对毕业生培养教育的继续,有利于毕业生全面成长。在见习期间,毕业生可以通过生产和工作实践了解所在单位的情况,熟悉和适应工作的需要;可以有针对性地学习与业务有关的新知识,扩大知识面,以便更好地开展工作。其次,对用人单位来说,见习期可以更好地考察并了解毕业生,以便对其做出合理的安排。

二、劳动合同的变更

(一)劳动合同变更的原因

在履行劳动合同过程中,经常会出现合同变更的情况,其主要原因有两个:一是企业的生产经营和工作需要发生变化,一部分职工的工作岗位、工作内容可能在履行劳动合同过程中发生变化,从而需要变更劳动合同。二是员工劳动力升值或者老化。企业根据其认定的劳动力价值给员工定工资:认为某人的劳动力价值高一些,给其定的工资也会相应高一些;如果通过培训、实践以及工作经验的积累,一个人的劳动力价值有所提高,企业就有可能要支付更多的钱购买。所以,很多企业都会出现员工随着工作年头的增加或技能的提高而涨工资的现象,劳动合同中劳动报酬的条款也就需要进行变更。

另外,员工的薪酬、福利可能随着企业效益的变化而调整,也会引起劳动合同条款的变更。

(二)劳动合同变更的原则

劳动合同的变更应遵循平等自愿、协商一致原则,即当事人意志自治的原则。这是一个通行原则,在合同的订立、变更、解除时都会用到,是最朴素的合同原则。

人力资源管理中常会遇到一个难题:企业提出要与职工协商变更合同条款,尤其是在增加员工义务而减少其权利的情况下,职工会不同意。面对这种情况,企业与员工应平等协商,按照市场规则理念,适当增加员工的权利,以求平衡。

【案例4-3】

成功的降薪

某上市公司因市场影响而效益突然下滑。作为一个公众公司,财务报表和企业的公众形象是非常重要的,如果效益下滑又不减员来降低成本,股价就会跌得更厉害,于是董事会决定减员15%。经过多方工作,减员取得了比较好的效果。

一个月以后,董事会又有一个新的决议,每人平均降薪10%。面临的问题是,刚刚减员15%,留下来的人每人增加了15%的工作量,按理应该加薪,现在还要降10%,担心员工不能接受。

经过调用外界顾问的力量,总经理接受降薪25%,随后就跟总经理签订了降薪25%的变更协议。然后,总经理召集副总们谈话,宣布董事会的决议:副总以上的管理团队,如果不愿意同舟共济、共度难关,可以选择离开;愿意留下来的,需要降薪。总经理已经降了25%,你们能接受的降薪幅度是多少?请报上来。副总报上的数字是25%、30%、20%。最后决定,副总降薪20%,并签订变更协议。副总采用同样的办法,使部门经理降薪15%,并逐一签了变更协议。

接着,企业正式宣布,根据董事会的要求,由于企业经营下滑,各个级别的领导都降薪并签署了变更协议,也希望愿意留下来的员工能接受降薪10%的条件,并签署劳动合同变更协议。

最终,所有员工都接受了企业的要求。

【点评】从理论上来讲,经营风险由投资人、雇主承担,劳动者只对劳动负责,只要完成了同样的工作,企业就应该按照约定向其支付工资。但在企业遇到不利情况时,企业会协商合同变更。合同变更时要注意两点:有诚恳的态度,让员工觉得没有恶意,确实有一些客观原因,需要大家共同努力;有很好的步骤和技巧。

(三)劳动合同变更的常见问题

(1)员工不胜任工作,也不接受岗位调整。如果实现不了当初订立劳动合同的目的,合同就不再有履行的必要,应予解除。我国《劳动法》规定:劳动者不胜任工作,要进行培训或调整岗位,如果培训或调整岗位以后仍然不胜任,可以解除合同。从这个意义上讲,如果员工不胜任工作,企业就有权单方决定调整其岗位,不必征求其意见,即不用协商即可进行劳动合同的变更。

(2)合同变更的形式问题。我国《劳动法》规定:劳动合同应当以书面形式订立。国外的劳动法规定,合同不一定是书面的,口头或者其他的形式均可。在劳动合同变更时,只要是订立时要求书面订立的,变更、解除、终止都要采取书面形式。

(四)如何处理并非胜任力原因的工作调整

企业在生产经营的过程中会遇到这样的问题:产品滞销,产品线全部停掉,相关岗位取消,相关人员的岗位需要变更。此类员工岗位调整带来的纠纷,不适合由仲裁委员会或法院来处理。因为,劳动关系中的内容主要涉及合理与不合理的问题,此类问题应有企业内部制衡机制。

【案例4-4】

调整岗位要合法

某企业在合同里表述乙方(员工)的岗位是什么,后边又有一个条款:甲方在履行合同过程中,可以根据生产经营的需要,随时调整乙方岗位,乙方应当服从。

企业认为有了这一条款就可以任意调整员工的岗位,但员工认为岗位调整不合理、不公平。

【点评】用人单位和劳动者建立劳动关系后,用人单位购买的是劳动力使用权和支配权,这就决定了企业可以安排工作,适当地调整岗位和工作内容。在履行劳动合同过程中,合同义务里的内容是可以在一定合理范围内变化的,就相关工作进行调整,是企业行使对员工劳动力的支配权和使用权。但"合同中有约定就可以随意调整"的想法是不对的,企业应该在合理的范围内做工作调整,也就是确实因工作需要而进行调整。

(五)企业名称变更

企业名称变更不需要变更劳动合同。企业新名称在工商局备案以后,在法律上就被认定,原来的合同继续履行即可。因为双方约定事项的本质没有变,主体依旧是企业本身,只是应该通知职工"企业的名称发生变化,现在经过合法的工商注册登记变成新的名称,原来合同里甲方主体的名称变成新名称了,今后跟劳动合同有关的甲方主体名称都用新名称"。

同样的道理,职工更改姓名也不需要跟企业签订变更协议,原来的合同照旧履行,只需有个说明:从 × 日起 ×× 的名字改为新的名字 ×××。

(六)企业分立合并

两个企业合成一个新的企业,严格意义上来讲,职工的劳动合同不应该变更。合并以后的新企业应该将合并之前企业的所有债权债务以及合同上的权利义务,全部承接下来,继续履行。以新企业的名义起用新合同并使原有的合同作废,是不合法的行为。

分立是由一个企业分成两个新的企业,分立后的企业须承接原来企业对员工的义务,也可以享受原来的权利。

(七)改制后的国有企业

国企改制就是把一部分股份卖给非公有经济的投资人,这部分股份就会变成非国有,或者企业不是国有控股。企业的股东和股本结构发生了变化,应该对原国有企业的职工置换身份或者发给职工补偿金。企业改制后,劳动力进入市场经济的环境中,应该以置换身份或补偿金的形式把国有期间的劳动力折旧发给员工。

三、劳动合同的解除和终止

(一)劳动合同的解除

劳动合同的解除包括用人单位和劳动者双方协议解除、劳动者单方解除和用人单位单方解除三种情况。

(1)用人单位和劳动者双方协议解除劳动合同。协议解除即劳动合同经当事人双方协商一致而解除。任何合同都是双方当事人同意而产生的,劳动合同也不例外。双方当事人的意思表示在合法的前提下具有法律效力并受到法律保护。

《劳动合同法》第三十六条规定,协议解除劳动合同即用人单位与劳动者在协商一致的情况下可以解除劳动合同。同时，《劳动合同法》第四十六条第二款规定，如果是双方协议解除劳动合同，且是用人单位向劳动者提出的解除合同，用人单位要向劳动者支付经济补偿金。这项规定明确排除了由劳动者向用人单位提出解除合同并由双方协商一致解除的情形，即在劳动合同的协商解除中，用人单位只对由自己单方提出并经劳动者同意后的解除支付经济补偿，不对由劳动者提出的协商解除承担补偿责任。

（2）劳动者单方解除劳动合同。单方解除即享有解除权的当事人以单方意思表示而解除合同。单方解除权属于民法上的形成权，由于单方解除权使权利人可以仅凭自己的行为就可以使自己与他人之间的劳动关系消灭，所以，对相关人员的保护是十分重要的，尤其是对劳动者的保护。

《劳动合同法》第三十七条规定，劳动者只要符合法定程序就可以解除劳动合同，不需要特定的法定事实的发生，但必须提前30日以书面形式通知用人单位。这一规定在理论界有一定争议，有的学者认为只授予劳动者单方预告解除权，导致用人单位与劳动者严重利益失衡，违反公平原则，主张将这种权利赋予用人单位，但要求提供经济补偿。由于劳动合同不同于一般的合同，它具有一定的人身依附性，是以劳动者付出一定的劳动为前提的，而且劳动者在劳资关系中又处于比较弱势的地位，劳动立法一般也比较倾向于保护劳动者，所以从这方面来说，这一规定在保护劳动者方面还是具有一定作用的。

《劳动合同法》规定，劳动者在试用期内解除劳动合同要提前三日通知用人单位。《劳动合同法》第三十八条规定了劳动者即时解除劳动合同的六种情形，只要出现了法律规定的这六种情形之一，劳动者无须向用人单位预告，就可以随时解除劳动合同。由于在即时解除的情形下，没有给用人单位以准备时间，用人单位在无法立刻安排其他劳动者来顶替辞职者岗位的情况下，会对正常的生产和经营造成一定影响，所以这种解除劳动合同的形式一般限于用人单位有过错的情形。

（3）用人单位单方解除劳动合同。劳动合同是劳动者的劳动权得以实现的重要保证，劳动法对用人单位单方解除劳动合同做了严格限制。《劳动法》第二十五至二十七条和《劳动合同法》第三十九条和四十一条分别规定了用人单位在下面三种情况下可以单方解除劳动合同：过错性解雇，非过错性解雇和经济性裁员。

过错性解雇又称即时辞退，它是指用人单位无须向劳动者预告就可以单方解除劳动合同。过错性解雇一般是由用人单位做出的，可以立即生效，无须事先通知劳动者，而被解雇的劳动者也没有请求用人单位给付经济补偿金的权利。这种具有处罚性质的解雇必须以劳动者的主观过错为前提，以劳动者在试用期内有证据证明不符合用人单位录用条件，或者劳动者有严重过错的情况下，用人单位才能对其解除劳动合同。为了避免用人单位滥用过错性解雇而侵害劳动者的合法权益，《劳动合同法》第三十九条以罗列的形式规定了过错性解雇的几种情形，对过错性解雇进行了极其严格的规定。例如，劳动者在试用期内被证明不符合录用条件的或者严重违反用人单位的规章制度，按照用人单位的规章制度应当解除劳动合同的等情形用人单位是可以解除劳动合同的，并不用支付经济补偿金。

非过错性解雇指劳动者无主观过错，但基于某些客观原因，用人单位可以依法单方解除劳动合同的行为。非过错性解雇主要是因为劳动者的身体原因和技能原因不能适应多次调整后的工作需要,用人单位在无法提供与劳动者的身体或技能条件相适应的工作岗位的情况下,只能将劳动者解雇。为了保障劳动者的权益,立法对非过错性解雇做了严格的规定,而且要求用人单位对被解雇的劳动者进行一定的经济补偿。

经济性裁员是指用人单位一次性辞退部分劳动者,以此作为改善生产经营状况的手段,其目的是保护自己在市场经济中的竞争和生存能力。经济性裁员实质上属于非过错性解雇,它是在市场经济发展中不可避免的一种现象,市场竞争导致一些企业不能清偿债务,可通过裁员来缓解企业的资金压力,便于企业的进一步发展。《劳动合同法》第四十一条对经济性裁员做了比较具体的规定,主要从裁员的法定许可条件及其程序方面进行限制,还规定了优先留用和优先招用制度。由于经济性裁员也属于非过错性裁员的一种,所以也应当给予劳动者经济补偿。例如,依照破产法规定进行重整的;生产经营发生严重困难等情形,用人单位是可以进行经济性裁员的,可以解除劳动合同,但用人单位应当给予劳动者经济补偿金。

(4) 不允许解除劳动合同的情形。为了保护劳动者的合法权益,《劳动合同法》第四十二条规定了劳动者有本条规定的六种情形之一的用人单位不得依照本法第四十条、第四十一条的规定解除劳动合同。例如,职工因公负伤并被确认丧失或者部分丧失劳动能力的或患职业病的,不允许用人单位解除劳动合同。

【拓展阅读】

《女职工劳动保护特别规定》对女职工权益保护的规定

第一条　为了减少和解决女职工在劳动中因生理特点造成的特殊困难,保护女职工健康,制定本规定。

第二条　中华人民共和国境内的国家机关、企业、事业单位、社会团体、个体经济组织以及其他社会组织等用人单位及其女职工,适用本规定。

第三条　用人单位应当加强女职工劳动保护,采取措施改善女职工劳动安全卫生条件,对女职工进行劳动安全卫生知识培训。

第四条　用人单位应当遵守女职工禁忌从事的劳动范围的规定。用人单位应当将本单位属于女职工禁忌从事的劳动范围的岗位书面告知女职工。

第五条　用人单位不得因女职工怀孕、生育、哺乳而降低其工资、予以辞退、与其解除劳动或者聘用合同。

(二) 劳动合同的终止

一般而言,劳动合同是劳动者与用人单位间存在劳动关系的书面证明,但由于实践中大量存在用人单位为逃避责任不与劳动者签订劳动合同的情形,因此新的《劳动合同法》第十条、第十四条、第八十二条第二款针对这个问题做了明确的规定,即用人单位与劳动者签订劳动合同的宽限期是一个月,否则用人单位就要承担相应的责任。法律并未对劳动者拒绝签订劳动合同的情形做出规定。

(1) 劳动合同终止的概念。劳动合同的终止有广义、狭义两种理解。广义的劳动合同终止,泛指劳动合同法律效力终结的各种情形,将劳动合同解除也作为劳动终止的一种；狭义的劳动合同终止，仅指劳动合同解除之外劳动合同法律效力终结的情形，将劳动合同解除与劳动终止并列。《劳动法》第二十三条规定，劳动合同期满或者当事人约定的劳动合同终止条件出现，劳动合同即行终止。

（2）劳动合同终止的情形。《劳动合同法》第四十四条规定，有下列情形之一的，劳动合同终止：

① 劳动合同期满。主要适用于固定期限劳动合同和以完成一定工作任务为期限的劳动合同两种情形。劳动合同期满，除依法续订劳动合同的和依法应延期的以外，劳动合同自然终止，双方权利义务结束。根据劳动保障部的规定，劳动合同的终止时间，应当以劳动合同期限最后一日的二十四时为准。在实践中，劳动合同期满后，劳动者仍在原用人单位工作，原用人单位未表示异议，但也未办理终止或者续订劳动合同的，该如何处理？ 2001 年，最高人民法院在关于审理劳动争议案件适用法律若干问题的解释中规定，劳动合同期满后，劳动者仍在原用人单位工作，原用人单位未表示异议的，视为双方同意以原条件继续履行劳动合同。一方提出终止劳动关系的，人民法院应当支持。

② 劳动者已开始依法享受基本养老保险待遇。1994 年《劳动合同法》第七十三条规定："劳动者在下列情形下，依法享受社会保险待遇：第一，退休；第二，患病、负伤；第三，因工负伤或者患职业病；第四，失业；第五，生育。劳动者享受社会保险待遇的条件和标准由法律、法规规定。"1997 年，国务院颁布了《关于建立统一的企业职工基本养老保险制度的决定》（国发〔1997〕26 号），规定本决定实施后参加工作的职工、个人缴费年限累计满 15 年的，退休后按月发给基本养老金。根据《中华人民共和国社会保险法》第十六条参加基本养老保险的个人，达到法定退休年龄时累计缴费满十五年的，按月领取基本养老金。

③ 劳动者死亡，或者被人民法院宣告死亡或者宣告失踪。《中华人民共和国民法典》规定，公民自出生时起到死亡时止，具有民事权利能力，依法享有民事权利，承担民事义务。

（三）经济补偿金与赔偿金制度

劳动合同对于保护劳动者的合法权益有非常重要的意义，它是劳动者生活的主要来源，为了保证劳动者的生活不受或少受劳动合同解除的影响，法律主要从经济补偿金和赔偿金两个方面对此做出了规定。

《劳动合同法》规定的经济补偿金是指劳动者在无过错的情况下，用人单位解除劳动合同后，企业应承担的一项法定帮助义务。用人单位与劳动者解除劳动合同，实际上也就意味着劳动者失去工作，基于对劳动者弱势群体的保护，国家要求用人单位在非劳动者主观过错的情形下解除劳动合同的，必须给予劳动者一定的补偿金，以保证劳动者在劳动合同解除后一段时间内的生活需要。经济补偿金不是赔偿金也不是违约金，而是劳动合同解除的一种费用，是用人单位依法履行对劳动者承担的一种法定帮助义务。用人单位也不是向所有被解除的劳动合同的劳动者支付经济补偿金，而是只向被动地接受提前结束劳动关系的劳动者提供。《劳动合同法》第四十六条规定了用人单位应当向劳动者支付经济补偿金的七种情形，只有在这七种情形下，用人单位才承担向劳动者支付经济补偿金的义务。因此，如果是劳动者的主观故意导致的劳动合同解除,用人单位不需要给予劳动者经济补偿金;而因劳动者的非主观过错被用人单位解除劳动合同的或者是因为用人单位自身的原因解除劳动合同的,都应当向劳动者支付一定的经济补偿金。

劳动合同解除中的赔偿金,是指用人单位或劳动者不当解除劳动合同给对方造成损失时给付对方一定数量的金钱,是承担违约责任的形式之一,一般又称作损害赔偿或损害赔偿金。劳动合同法中的赔偿金制度,实际上是一种惩罚性质的赔偿制度。

四、违反劳动合同的法律责任

《劳动合同法》在我国劳动法律体系中处于重要地位,是规范劳动关系的基础性法律。在市场经济条件下,劳动关系主要通过劳动者与用人单位订立劳动合同来建立。劳动合同法就是规范劳动合同的订立、履行、变更、解除和终止的法律规范。

(一)用人单位解除劳动合同的限制性事由

《劳动合同法》扩大了劳动者可以解除合同的事由,在限制用人单位解除劳动合同的事由上也有所增加。《劳动合同法》第四十二条规定了用人单位六种不能解除劳动合同的事由,在《劳动法》规定的基础上增加了"从事接触职业病危害作业的劳动者未进行离岗前健康检查,或者疑似职业病病人在诊断或者医学观察期间的""在本单位连续工作满十五年,且距法定退休年龄不足五年的"情形。

(二)违法解除劳动合同的责任

《劳动合同法》第八十七条和第九十条分别规定了用人单位和劳动者违反《劳动合同法》解除合同的赔偿责任。第八十七条规定,用人单位违反本法规定解除或终止劳动合同的,应当依照合同解除或终止时用人单位支付的"经济补偿标准的两倍"向劳动者支付赔偿金;第九十条规定,劳动者违反本法规定解除劳动合同,给用人单位造成损失的,应当承担赔偿责任。

五、解决劳动争议的途径

(一)协商程序

协商是指劳动者与用人单位就争议的问题直接进行协商,寻找解决纠纷的具体方案。与其他纠纷不同的是,劳动争议的当事人一方为单位,一方为单位职工,因双方已经发生一定的劳动关系而使彼此之间相互有所了解。双方发生纠纷后最好先行协商,通过自愿达成协议来消除隔阂。但是,协商程序不是处理劳动争议的必经程序,双方可以协商,也可以不协商,完全出于自愿,任何人都不能强迫。

(二)仲裁程序

仲裁程序是劳动纠纷的一方当事人将纠纷提交劳动争议仲裁委员会进行处理的程序。该程序既具有劳动争议调解灵活、快捷的特点,又具有强制执行的效力,是解决劳动纠纷的重要手段。劳动争议仲裁委员会是国家授权、依法独立处理劳动争议案件的专门机构。申请劳动仲裁是解决劳动争议的选择性程序之一,也是提起诉讼的前置程序。

（三）诉讼程序

《劳动法》第八十三条规定："劳动争议当事人对仲裁裁决不服的，可以自收到仲裁裁决书之日起十五日内向人民法院提起诉讼。一方当事人在法定期限内不起诉，又不履行仲裁裁决的，另一方当事人可以申请人民法院强制执行。"诉讼程序即我们平常所说的打官司。诉讼程序的启动是由不服劳动争议仲裁委员会裁决的一方当事人向人民法院提起诉讼后启动的程序。诉讼程序具有较强的法律性、程序性，做出的判决也具有强制执行力。

活动与训练

模拟仲裁庭审理劳动纠纷案

一、活动目标

掌握解决劳动纠纷的途径及方法，学会保护自己的合法权益。

二、活动时间

建议 30 分钟。

三、活动流程

（1）学生代表收集没有签订劳动合同及拖欠工资的案例。通过查阅资料，找到相关解决劳动关系纠纷的法律依据，并请学校法律顾问进行指导。

（2）以小组为单位进行研讨，然后让同学分别饰演法官、律师、用工单位老板、劳动者、证人。

（3）模拟仲裁审判，其余同学当观众。

（4）教师进行点评。

探索与思考

1．有位老板对新进员工说，试用期就是我想给你多少钱就给你多少钱。他这种说法对吗？为什么？

2．解决劳动争议的途径有哪些？

意蘊篇

模块五　刚健有为，以劳树德

模块导读

本模块主要从三个方面进行讲授：一是中国传统文化中崇尚劳动，具有苦干、实干的劳动精神，在劳动过程中锻造坚韧、刚健的人格品质；二是强调劳动要树立远大的理想、立高远之志、坚忍不拔之志，使之成为人生奋斗的指引和砥砺前行的动力；三是提倡奉献的劳动情怀，并感受劳动之美、劳动之乐，理解忘我的劳动境界。

单元一　行健自强

名人名言

天行健，君子以自强不息。

以志引劳，
绘就人生

——《周易》

学习目标

1. 了解中国传统社会对劳动的推崇。
2. 理解中华民族实干苦干的劳动精神。
3. 理解劳动乃人生之根本的内涵。

案例导入

大禹治水的故事

传说在远古的尧帝时期，黄河流域经常发生洪水。尧帝派了鲧来负责这项工作。鲧以"堵"的方式治水失败，最后被放逐到羽山而死。舜帝继位以后，任用鲧的儿子禹治水。

根据《尚书》《史记》等典籍记载。禹总结父亲的治水经验，治水方法为"疏顺导滞"，平息了水患，使人民群众安居乐业，天下得到了太平。大禹为了治理洪水，长年在外与民众一起奋战，置个人利益于不顾，"三过家门而不入"，在自然条件非常恶劣的情况下，翻山越岭，淌河过川，规划水道，引洪水入海。禹为了治水，费尽脑筋，不怕劳苦，脸上晒得漆黑，腿上不仅没有任何赘肉，甚至连一点汗毛都没有，因为都在治水的过程中消磨干净了，而双手双脚则堆满了厚厚的老茧。大禹治水13年，耗尽心血与体力，终于完成了治水的大业。

【分析】大禹是我国历史上一位勤劳智慧的代表人物。他治水成功，一靠智慧，二靠勤劳。正如冰心的诗句："成功的花，人们只惊羡她现时的明艳！然而当初她的芽儿，浸透了奋斗的泪泉，洒遍了牺牲的血雨。"大禹治水的千秋伟业背后是无数汗水和心血的付出。

一、尚劳崇勤是中华民族的优良传统

中华民族在长期发展的过程中,形成了许多优良的品质,其中,"勤劳"为最重要的高频词之一。从上古时期的神农氏、尧、舜、禹就形成了重视劳动的优良传统,中国历代的礼仪制度、社会风俗、家训家风等都有许多关于劳动的内容。

（一）国家层面对劳动的推崇

"勤劳"一词最早见于《尚书·金縢》,是周成王对其叔父周公的称赞:"昔公勤劳王家,惟予冲人弗及知。"意思是从前周公勤劳王室,当时我尚年幼有所不知。

作为我国最早的一部历史文献汇编,《尚书》中有不少赞赏君王和官员勤于政务的记载。如称赞帝尧德行时说:"无教逸欲有邦,兢兢业业,一日二日万几。"意思是说治理国家的人不要贪图安逸和私欲,要兢兢业业,因为每天的情况都变化万端。周成王对周文王的旧臣说"尔知文王若勤哉",赞美文王的勤劳。同时,国家也对民众的勤劳高度认同。如商王盘庚希望臣下"若农服田力穑,乃亦有秋",意思是希望臣下对待国事（迁都）应像农民从事田间劳动,只有努力耕种,才会大有收成。

古代对劳动的重视在传统礼仪制度中也多有体现。《礼记·祭义》对天子、诸侯参与农业生产劳动也有明确的规定:

"君子反古复始,不忘其所由生也,是以致其敬,发其情,竭力从事,以报其亲,不敢弗尽也。是故昔者天子为藉千亩,冕而朱纮,躬秉耒。诸侯为藉百亩,冕而青纮,躬秉耒,以事天地、山川、社稷、先古,以为醴酪齐盛,于是乎取之,敬之至也。"

天子或诸侯到了春耕的时候,都要戴上礼帽,亲自执犁耙在田地里耕作,耕田所得的收入,用来祭祀天地、山川、社稷和先祖。

这些价值取向和做法经历代传承,重视劳作及鼓励勤劳成为中国传统文化的重要组成部分。

（二）民俗活动体现了对劳动的重视

中国传统文化中以社稷指代国家,而"社"和"稷"原指土地神和五谷神。古代君王设有社稷坛,每年都要到郊外祭祀土地神和五谷神,祈求国事太平、五谷丰登。而乡间百姓也可以立社祭祀土地神,民间祭祀土地神的"社日"成为睦邻欢聚的日子,同时还有各种欢庆活动,流传至今的"社戏""社火"就是例子。

除了祭祀活动,丰富的节日文化活动中更体现了民间对劳动的重视。

农历"二月二",俗称"龙抬头",还被称为"中国古代的劳动节"。从西周开始,每年二月二这天国君都会带着文武大臣亲自下地,拿起农具来开荒耕地;到了唐代,二月二被官方指定为"耕事节"或"劳农节",成了法定节日。皇帝依然会带着百官去田里牵牵牛、挥挥锄头,以表示对农事的重视。老百姓也把二月二春耕当成一年当中最重要的节日来过。后来,民间就流传出了一首打油诗,生动地反映了古代人民对二月初二劳动节的重视。

二月初二龙抬头,天子耕地臣赶牛。正宫娘娘来送饭,当朝大臣把种丢。春耕夏耘率天下,五谷丰登太平秋。

"清明"和"谷雨"也是传统的劳动节日。有农谚说"清明谷雨两相连,浸种耕

田莫迟延"，侗族也有"清明下旱种，谷雨撒迟秧"的说法。这些谚语和诗句说明清明到谷雨这十几天因为气候的原因特别适合劳作播种。

而经历了春耕、夏耘，秋收也是一年之中的农忙之季。九月九大抵是结束一年劳作的日子。在收成看天的古代社会，重阳为"辞青"日。重阳的源头，可追溯到先秦之前。《吕氏春秋》中《季秋纪》记载：

"（九月）命家宰，农事备收，举五种之要。藏帝籍之收于神仓，祗敬必饬。""是日也，大飨帝，尝牺牲，告备于天子。"

可见当时已有在秋九月农作物丰收之时祭飨天帝、祭祖，以谢天帝、祖先恩德的活动。到了后来就逐渐形成了民间传统的农俗之一——"晒秋"（农民晾晒农作物于田间地头、房前屋后、悬窗屋顶等场所）。

【案例5-1】

古代妇女的劳动节——乞巧节

每年的农历七月初七，就是传统的七夕节，因为有了"牛郎织女"的美丽爱情传说，使其被认为是中国最具浪漫色彩的传统节日，被称为"中国的情人节"。但实际上，在古代这一天更为重要的一个身份是"乞巧节"，见下图。

这个节日起源于汉代，这一天，穿着新衣的少女们在庭院向织女星乞求智巧，称为"乞巧"。据说，七姐是天上的织布能手，旧时代妇女乞求她传授心灵手巧的手艺。乞巧，其实也是"斗巧"，女孩子们比赛穿针引线，蒸巧饽饽，以及用面塑、剪纸、彩绣等做装饰品等。谁的手艺好，谁就得巧。这一习俗在民间也经久不衰，代代延续。

【点评】传统的七夕也是古代女孩子们乞求心灵手巧，争奇斗巧，展示自己劳动风采的时候。这一习俗寄托着人民朴素的劳动热情和对美好生活的追求。

（三）历代家训家风对劳动的提倡

辛勤劳动是中华民族的传统美德，世代相传，成为历代家训家风中的一项重要内容。南北朝时期颜之推的《颜氏家训》影响深远。颜之推虽然出身于官宦人家，但是非常重视农业生产，鼓励子弟参与劳动，培养他们热爱劳动、自强自立的品德。他说：

"古人预知稼穑之艰难，斯盖贵谷务本之道也。夫食为民天，民非食不生矣。三日不粒，父子不能相存。耕种之，茠锄之，刈获之，载积之，打拂之，簸扬之，凡几涉手而入仓廪,安可轻农事而贵末业哉!"

"民以食为天",颜之推的这些看法看上去非常朴素和实际。这种以稼穑为先的重农思想,强调了对劳动品德的培养。

南宋著名诗人陆游在家训中根据自己的生活经历和经验,给儿孙提出了上、中、下三种人生道路:

"吾家本农也,复能为农,策之上也。杜门穷经,不应举,不求仕,策之中也。安于小官,不慕荣达,策之下也。舍此三者,则无策矣。"

陆游把以农为本、勤力劳作作为儿孙安身立命的上等选择。作为诗人,陆游还以诗歌的形式传递崇尚劳动的家风,如春雨润物,成为古代家教中的一段佳话,如"吾家世守农桑业,一挂朝衣即力耕""畜豚种菜养父兄,此风乃可传百世""更祝吾儿思早退,雨蓑烟笠事春耕"……

清代朱柏庐也多次论及要勤做家务,积极参加生产生活劳动,其《朱子家训》开篇即言:

"黎明即起,洒扫庭除,要内外整洁。既昏便息,关锁门户,必亲自检点。"

清代晚期的曾国藩被认为是"立德、立功、立言"的"三不朽"圣人,也非常重视对子弟的劳动教育。他告诫家人要克勤克俭:

"凡仕宦之家,由俭入奢易,由奢返俭难。尔年尚幼,切不可贪爱奢华,不可惯习懒惰。无论大家小家、士农工商,勤苦俭约,未有不兴;骄奢倦怠,未有不败。"

在曾国藩看来,勤俭不仅关乎个人的成长成才,而且关系到家族的振兴与延续。曾国藩以传统君子人格来要求自己,自觉以勤劳节俭约束自己,不但不觉得苦,反而在劳动中体会到了快乐。他的这种严格律己、以身作则的精神,也为传承勤劳节俭的家风做出了表率。

二、实干苦干是中华民族的优秀品质

(一)知行合一的实干精神

"空谈误国,实干兴邦",实干首先就要脚踏实地劳动、实践,拒绝虚化与浮华。这是植根于中国农耕社会文明的一种民族精神,是数千年来中华儿女生生不息、继往开来的重要保障。

孔子强调"敏于行""敏于事",又说"躬行君子,则吾未之有得"。孔子认为"力行近乎仁",在他看来,人要身体力行做一个君子,竭力实践、勉力而行,就是接近于仁的美好品质。

墨子高度重视劳动,认为劳动是生存的第一要义,提出"赖其力者生,不赖其力者不生"的观点,是一位伟大的劳动者。墨子说:"士虽有学,而行为本焉""君子勤奋于事",强调人人都要亲身参与劳动实践,身体力行。在《墨子》一书中,记载了墨子的学生从事劳动实践,"手足胼胝,面目黧黑"。

荀子有言:"道虽迩,不行不至;事虽小,不为不成。"(《荀子·修身》)强调踏实笃行的意义。

历史上,有识之士都强调实干——"行",如南朝刘勰言:"操千曲而后晓声,观千剑而后识器。"(《文心雕龙》)司马光说:"学者贵于行之,而不贵于知之。"陆游则在冬夜里告诫儿子："纸上得来终觉浅，绝知此事要躬行。"朱熹则说："知之愈明，则行之愈笃；行之愈笃，则知之益明。"王阳明在《传习录》说："名与实对，务实之心重一分，则务名之心轻一分。"

实干者天不负，有志者事竟成。在长期的实践中，中华民族形成了以实为基础的理念，如诚实、老实、踏实、务实，形成了重视实干、反对空谈的实践精神，这种精神在我们当代生活中仍有着长久不衰的生命力。

（二）艰苦奋斗的苦干精神

苦干精神是指专心一意，不避艰辛，尽心尽力地干活或工作。中华民族历来崇尚艰苦奋斗的精神，远古神话中最为有名、感人至深的夸父追日、精卫填海、愚公移山等故事，都是赞美为追求美好生活而持之以恒、艰苦奋斗的精神。

司马迁在《报任安书》中的这段话正是对这种精神的生动注解：

"盖文王拘而演《周易》；仲尼厄而作《春秋》；屈原放逐，乃赋《离骚》；左丘失明，厥有《国语》；孙子膑脚，《兵法》修列；不韦迁蜀，世传《吕览》；韩非囚秦，《说难》《孤愤》；《诗》三百篇，大底圣贤发愤之所为作也。"

东汉的张衡在《应闲》中写道："人生在勤，不索何获。"唐代韩愈在《进学解》中提醒人们："业精于勤荒于嬉，行成于思毁于随"。宋代欧阳修在《伶官传序》中警示人们："忧劳可以兴国，逸豫可以亡身。"这些古代故事和名言警句都饱含着艰苦奋斗的精神品质，仍然值得我们学习和践行。

对于吃苦耐劳的精神解读，我国历史上有不少典故。例如"韦编三绝"的故事，相传孔丘读了很多遍《易》，读来读去，以至于串联竹签的牛皮带子都被磨断了好几根。再比如越王勾践卧薪尝胆，终能回国率臣民屯田练兵数十载，使越国富强，会盟称雄；东晋理论家葛洪以苦读为人所知，尽管"饥寒困瘁""先人典籍荡尽"，仍"负笈徒步"；匡衡"勤学而无烛"，于是"穿壁引其光，以书映光而读之"……这样的例子不胜枚举。

在历史的长河中，勤劳的中华儿女始终为创造幸福生活而努力奋斗着。劳动精神的形成推动了中华文明生生不息，也为民族精神的延续奠定了基础。

【案例 5-2】

中国教育史上的一个奇迹——西南联大

1937 年卢沟桥事变后，京津地区的三所著名高校——国立北京大学、国立清华大学和私立南开大学被迫南迁，在组成长沙临时大学之后，1938 年 4 月又西迁昆明，改称国立西南联合大学。西南联大在云南整 8 年，1946 年解散，3 校分别迁回北京、天津复校。西南联大堪称是中国教育史上的一座丰碑：在最艰苦的条件下，保存了最完好的教育方式，培养出了一批最优秀的人才。除了一流的学术水平，联大师生的道德和人格力量，特别是其艰苦奋斗的精神，更是值得后世敬仰。

"艰难困苦，玉汝于成"。当年全体师生携带教材书籍实验器皿等辎重物资，在炮火中南下辗转迁徙，其中一路是由 200 多名师生组成湘黔滇旅行团。他们从长沙出发，历经 68 天跋涉，共行走 3300 多里，其中步行约 2600 里，最终抵达昆明，其间的险恶艰难难以细数。联大办学经费奇缺，校舍简陋，仪器匮乏，图书不足，生活十分艰苦。吴大猷教授捡拾市场牛骨熬煮，牛圈大师华罗庚深夜奋笔疾书，跪在泥水中几十分钟寻找眼镜；文学大师朱自清披着云南跑马人的旧披毡；物理大师吴有训裸露着脚趾头……但就是这样战火中简陋至极的条件下，只存在了8年的西南联大，却从中先后走出了2位诺贝尔奖获得者、8位"两弹一星"功勋奖章获得者、5位国家最高科学技术奖获得者和173位"两院"院士，创造了教育史上的奇迹。

【点评】 西南联大"刚毅坚卓"的校训正是联大精神的真实写照。在战争期间，三校师生为了国家的教育事业，万里跋涉，历尽艰辛。在极其恶劣的环境中取得了巨大的成就，成为中国教育史上爱国、进步、艰苦奋斗的典型代表。

三、劳动是人生的根本

（一）劳动是生存自立的前提

"日出而作，日入而息。凿井而饮，耕田而食。帝力于我何有哉？"

这是尧帝时代的民歌《击壤歌》。劳动辛苦，但劳动也给了老百姓最充足的底气和豪气，与天作息，自食其力，自给自足，一句"帝力于我何有哉"，何其自由，何其自豪！

劳动是生存自立之本。墨子教育弟子说，"故圣人作诲，男耕稼树艺，以为民食""食者国之宝也""民无食则不可事，故食不可不务也"。在墨子看来，民不可无食，食必须通过劳动获得。

北宋时期邵雍的"一日之计在于晨，一年之计在于春，一生之计在于勤"为传世之佳句，提倡人应该勤劳。

元代理学家许衡提出"学者以治生最为先务"的著名论断，他认为学者首先要解决生存生活的问题，治生是治学的物质基础。

明代学者吕坤说："一年不务农桑，一年忍饥受冻。"

明末清初学者张履祥提出："治生以稼穑为先，舍稼穑无可为治生者。"他认为农事能使人保持良好品性，并有利于世道人心。

如果说以上是历代学者总结出来的深刻道理，那陶渊明的诗作《庚戌岁九月中于西田获早稻》，则是以诗歌的形式真切地描绘了劳动实践的场面，抒写劳动带给自己的感受与体验。

人生归有道，衣食固其端。孰是都不营，而以求自安。

开春理常业，岁功聊可观。晨出肆微勤，日入负耒还。

山中饶霜露，风气亦先寒。田家岂不苦？弗获辞此难。

四体诚乃疲，庶无异患干。盥濯息檐下，斗酒散襟颜。

遥遥沮溺心，千载乃相关。但愿长如此，躬耕非所叹。

陶渊明辞官归隐后，举起锄头，躬耕南亩，在辛劳与汗水中生存、生活。他是一个参与者、践行者——他成了一名地地道道的农民。也正是这份劳动才带给了他离开官场后的人格独立与自由。

【案例5-3】

戏剧大师汤显祖的两首"学种田"诗

明代著名戏剧家汤显祖一生热爱劳动，亲近劳动大众。他曾在浙江遂昌任知县五年，重教化，课农桑，勤政恤民，口碑载道。每年春耕时节，他与农民一起劳作，并兴奋地在《班春》诗中写道："家家官里给春鞭，要尔鞭牛学种田。盛与花枝各留赏，迎头喜胜在新年。"

汤显祖不仅注重"班春劝农"，鼓励百姓投入农业生产，而且把教子务农及耕读传家，看成是修身齐家的重要内容。他曾作诗《望耆儿》给儿子："雨过杏花寒食节，秣陵春色也依然。闲游不是儿家业，大好归来学种田。"教导儿子年轻人不可闲游，虚度光阴，应该返回故乡"学种田"，重视农桑，参加劳动，这样才是正道。

【点评】汤显祖两首诗中的"学种田"，把劳动视为人生的"治生之本""治生之道"，提倡通过辛勤劳动从地里获得幸福的果实，体现了一位睿智长者对劳动价值的认可与崇尚，对立德成人的重视与践行。

（二）劳动锻造刚健人格

劳动可以培养人优良的品德和强身健体。根据《国语》记载，春秋时期以贤著称的女性敬姜在教育儿子勤俭节约且不要贪图安逸时说：

"夫民劳则思，思则善心生；逸则淫，淫则忘善，忘善则恶心生。沃土之民不材，逸也；瘠土之民莫不向义，劳也。"

指出了劳可培善及逸则生恶两种不同的道德功能。

古往今来，我们不难发现，劳动赋予劳动者坚强豁达、积极乐观等品质，走近他们，就能真切地被感动并由衷地尊重他们。苏轼被贬黄州，为维系一家老小生活，开垦城东荒地。经过艰苦劳作，把一块荒废了十年的地面变为可以长出树木庄稼的土地，吃到了自己种植的大米。自此，苏轼就给自己取了一个日后响彻天下的名号——东坡居士。在城东坡地的辛勤劳作中不仅收获了粮食，更锤炼出一个坚韧、乐观、豁达的伟大灵魂。

明末清初思想家、教育家颜元揭露传统教育严重脱离实际的弊端，重视对学生进行劳动教育，认为劳动使人"正心""修身"，去除邪念，还可以使人勤劳，克服怠惰、疲沓。清代学者汪辉祖在批判"幼小不宜劳力"观点时指出："欲望子弟大成，当先令其习劳。"他认为，古来成功的将相，没有一个是软弱不耐劳苦的。

总体来说，劳动可以培养学生乐观向上、克服困难的善良品性，使人的心智人格得到充分锤炼，从而不断丰富和提升自己。

（三）劳动是健体养生之道

从古至今，劳动都是人类生存和发展的重要手段，是增强体质的重要途径，是人身心健康的保障。对于劳动健体养生，古人早有精辟的论述。

唐代孙思邈在《千金方》中记述：

"养性之道，常欲小劳，但莫大疲及强所不能堪耳。且流水不腐，户枢不蠹，以其运动故也。"

宋代苏轼说：

"善养生者，使之能逸而能劳。"

流传甚广的《十叟长寿歌》中也有"服劳自动手"之说。

明末清初的学者颜元（《颜元集》）认为："养身莫善于习动，夙兴夜寐，振起精神，寻事去作，行之有常，并不困疲，日益精壮。"并提出"常动则筋骨竦，气脉舒"。意思是劳作使人身体强健。

除了学者们的论述，诗人们也用诗歌的形式生动地传递出了这一观点。大诗人陆游就写了不少注重劳动锻炼、强身健体的作品，如《灌园》：

八十身犹健，生涯学灌园。溪风吹短褐，村雨暗衡门。

眼正魔军怖，心安疾竖奔。午窗无一事，梨枣弄诸孙。

写自己在80岁的时候还学着去浇灌田园，没事时与孙辈在梨枣树下嬉戏的情景，表现了诗人热爱劳动、热爱田园生活的志趣。看得出来，诗人的高寿，与从事劳动有密切关系。

所以，在劳动中，我们可以获得健康，而且也达到了养生、长寿的目的。

【拓展阅读】

勤
梁实秋

勤，劳也。无论劳心劳力，竭尽所能黾勉从事，就叫做勤。各行各业，凡是勤奋不怠者必定有所成就，出人头地。即使是出家的和尚，息迹岩穴，徜徉于山水之间，勘破红尘，与世无争，他们也自有一番精进的功夫要做，于读经礼拜以外还要勤行善法不自放逸。且举两个实例：

一个是唐朝开元间的百丈怀海禅师，亲近马祖时得传心印，精勤不休。他制定了"百丈清规"，他自己笃实奉行，"一日不作，一日不食"。一面修行，一面劳作。"出坡"的时候，他躬先领导以为表率。他到了暮年仍然照常操作，弟子们于心不忍，偷偷的把他的农作工具藏匿起来。禅师找不到工具，那一天没有工作，但是那一天他也就真个的没有吃东西。他的刻苦精神感动了不少的人。

另一个是清初的以山水画著名的石谿和尚。请看他自题《溪山无尽图》："大凡天地生人，宜清勤自持，不可懒惰。若当得个懒字，便是懒汉，终无用处。……残衲住牛首山房，朝夕焚诵，稍余一刻，必登山选胜，一有所得，随笔做山水数幅或字一段，总之不放闲过。所谓静生动，动必作出一番事业。端教一个人立于天地间无愧。若忽忽不知，懒而不觉，何异草木？"人而不勤，无异草木，这句话沉痛极了。过饱食终日无所用心的生活，英文叫做 vegetate，义为过植物的生活。中外的想法不谋而合。

勤的反面是懒。早晨躺在床上睡懒觉，起得床来仍是懒洋洋的不事整洁，能拖到明天做的事今天不做，能推给别人的事自己不做，不懂的事情不想懂，不会做的事不想学，无意把事情做得更好，无意把成果扩展得更多，耽好逸乐，四体不勤，念念不忘的是如何过周末如何度假期。这就是一个标准懒汉的写照。

恶劳好逸，人之常情。就因为这是人之常情，人才需要鞭策自己。勤能补拙，勤能损欲，这还是消极的说法，勤的积极意义是要人进德修业，不但不同于草木，也有异于禽兽，成为名副其实的万物之灵。

活动与训练

"伟大成就的背后"故事会

一、活动目标

通过寻找故事、讲述故事让学生充分认识到任何伟大的成就都离不开艰辛的劳动和勤勉的付出。

二、活动时间

建议 20 分钟。

三、活动流程

（1）教师布置活动要求：选择某位伟大人物，讲述其如何通过勤勉、努力取得了不起的成就。

（2）教师将学生按照 4～6 人划分为一个小组，以小组为单位进行准备。

（3）准备结束后，每个小组派出一位代表在全班进行讲述。

（4）教师进行点评、分析，总结，引导学生深刻理解勤勉的意义。

（5）教师结合整个活动过程中各组表现，对每个小组赋分。

探索与思考

1. 大禹治水发生在上古时期的原始社会，生产力落后，自然条件十分艰苦。今天，我们已经进入信息化、智能化时代，已不用"泥行乘橇，山行乘檋"。那么，我们还需要弘扬大禹治水精神吗？大禹治水的故事对我们今天的学习与工作有什么启发意义呢？

2. 随着经济社会的发展，人们的生活条件得到有效改善。有的同学认为，父母经济收入高，年龄也不大，自己不就业或者暂时不就业不会给家庭带来多大负担。况且自己也不是不就业，只是还没有找到合适的工作，过上几年自然会有好的工作。请问，你怎样看待这一现象？

单元二　有　志　始　勤

名人名言

古之立大事者，不惟有超世之才，亦必有坚忍不拔之志。

——［北宋］苏轼

学习目标

1. 理解青少年时期立志的意义和价值。

2. 理解远大而坚定的志向在人生奋进中的作用。

3. 学会树立正确的理想信念。

案例导入

少时文天祥参拜文庙立下大志

南宋政治家、民族英雄文天祥，从小就有远大志向。他是江西吉水人，七八岁时，有一天他去吉水的文庙参观。他见文庙中除了供奉着孔、孟、颜、曾等古代圣贤以外，自己的同乡先辈欧阳修、杨邦义、胡铨也在那里受到供奉。这些先辈的神位上，都有带"忠"字的谥号。文天祥看后内心深受感动，从此就立志长大后也要做个后世敬仰忠臣。他对人说："如果不成为其中的一员，那我就枉为大丈夫！"他自从立定了远大志向后，读书就更加勤奋刻苦了。功夫不负有心人，18岁时，饱读诗书的文天祥获庐陵乡校考试第一名，20岁时前往京城临安（今杭州）会试，对策集英殿，写出万字长文，理宗亲点他为进士第一（状元）。

【分析】文天祥是南宋著名的政治家、文学家，抗元名臣，民族英雄，年仅20岁就考取进士第一，为历史上最年轻的状元之一。在学业上、政治上能取得这么高的成就，很大一部分归结于他年少即立下大志，成为其发奋进取的巨大动力。

一、年少立志是人生奋斗的重要基石

（一）为学须先立志

古代思想家、教育家历来重视为学，为学过程中，首先强调的是要立定志向。他们认为，志向是一个治学者必须具备的首要条件，没有志向的人谈不上治学，不可能获得真正的知识，也很难在学业和事业上取得成就。

孔子在《论语·为政篇》有一段名言：

"吾十有五而志于学，三十而立，四十而不惑，五十而知天命，六十而耳顺，七十而从心所欲不逾矩。"

在这一段中，孔子自述了他学习和修养的过程。这一过程，是一个随着年龄的增长，思想境界逐步提高的过程，首先讲的就是十五岁"志于学"。立志，并不是立志开始学习，而是有了自觉的、有意识的学习。孔子认为，立志是为学的动力，它解决"为什么而学"这样一个根本问题。

宋代大儒程颐也十分重视立志，他说："志立则有本。譬之艺术，由毫末拱把、至于合抱而干云者，有本故也。"他认为，志向是治学的根本，就像树木成长一样，由极微小的种子破土生长，长至参天大树，无非是因为有了根本。

宋代理学家张载认为："人若志趣不远，心不在焉，虽学无成。"

宋代思想家朱熹认为：读书治学必须先行立志，"书不记，熟读可记。义不精，细思可精。唯有志不立，直是无着力处。"

明末思想家王阳明在《示弟立志说》信中谆谆教导：

"夫志，气之帅也，人之命也，木之根也，水之源也。源不浚则流息，根不植则木枯，命不续则人死，志不立则气昏。是以君子之学，无时无处而不以立志为事。"

王阳明将志向看作是气（可以把气理解为能量、生命力）的统帅，是人的性命，树木的根，水的源头。没有志向的人，就是无根之木，无源之水。

总之，立志是为学过程中不可或缺的关键条件，这是我国历代思想家治学经验的总结，也为历代立大志成大业者的事迹所佐证。

【案例5-4】

少年苏轼的偶像

庆历三年（1043），宋仁宗锐意改革弊政，起用范仲淹、富弼、韩琦、欧阳修等革新派人物，采纳他们的建议，并颁行全国，号为"庆历新政"。国子监直讲石介写了《庆历圣德颂》一诗加以颂扬。

此时，八岁的苏轼在乡校读书，这首《庆历圣德颂》引起了他极大的兴趣，诗中所歌颂的十一个人却非常陌生，便大胆向老师请教，老师说："你一个小毛孩，不需要知道这些。"少年苏轼很是不服，"难道这些人是天上的神仙？若是神仙，我就不敢打听他们，但若他们跟我一样是人，怎么就不能知道呢"？

老师一听，这八岁的孩子竟然有如此见识，心里很赞赏，便细致地将这十一个人的人品功业逐一地向他解说，并强调范仲淹、欧阳修等四人是那个时代的人杰。

这四个人的名字便被八岁的苏轼牢牢地记在了心里，并将他们作为自己的榜样，立志要达到他们的高度。于是苏轼更加奋发读书。嘉祐二年，苏轼考上了进士，见到了心中崇拜的偶像——当时的主考官欧阳修，并受到欧阳修的极力称赞，名动天下。

【点评】少年时的苏轼就胸怀大志，敢于表达出对大家的崇拜和向往，并将其作为自己奋斗的目标。榜样激励着苏轼奋力前行并努力超越，终成为一代文豪，一代名臣。

（二）志不强者智不达

战国时期的思想家墨子有一句名言："志不强者智不达。"（《墨子·修身》）。他认为志向不仅是重要的道德品质，而且对知识才能有直接影响，只有具备远大志向方能增长才干和智慧。志向如果不坚定，怕苦怕累，聪明才智难以发挥。

诸葛亮在《诫子书》中说："非学无以广才，非志无以成学。"

东汉著名学者徐干认为，在学习上如果没有志向，即便是天才也不能成功。他指出：

"虽有其才，而无其志，亦不能兴其功也。志者，学之师也。才者，学之徒也。学者不患才之不赡，而患志之不立。是以为之者亿兆，而成之者无几，故君子必立其志。"（《中论》）

苏轼幼时就有"发愤识遍天下字，立志读尽人间书"的宏大志向，学习《汉书》经过三次手抄，将整本《汉书》烂熟于胸。苏轼这样雄才勃发的人，仍如此勤奋。而王安石笔下的"方仲永"则是令人叹息的另一个典型，幼时方仲永通达聪慧，却被父亲带着忙于名利，未能立下远大志向，进而也未能继续学习提升，最终泯然于众人之中。

清代学者王夫之认为："志立则学思从之，故才日益而聪明盛，成乎富有志之笃，则气从其志，以不倦而日新。"意思是志向一旦确立，发奋学习、认真思考的劲头就会随之而来，因此才识一天比一天增长，智慧越来越充盛；志向确立不变，精神就会集中到努力追求的志向上来，从而做到全力以赴、孜孜不倦，深刻地阐述了"志"和"学"的关系。

（三）年少正是立志时

青少年时期不仅处于身心发育、知识增长的关键阶段,也处于理想酝酿、志向形成的黄金时期。一个人要有所作为,为社会做出一番贡献,就必须在青少年时代立下宏伟的志向。

年少时期往往也是自信的鼎盛时期,最易立下远大志向。正如梁启超先生《少年中国说》所说:"少年人常思将来,故生希望心,故进取,故日新。"历代不少诗人都曾写下年少时期壮志昂扬的诗句,如陶渊明的"猛志逸四海,骞翮思远翥"(《杂诗·忆我少壮时》);曹植的"捐躯赴国难,视死忽如归"(《白马篇》);杜甫的"会当凌绝顶,一览众山小"(《望岳》);李白的"天生我才必有用,千金散尽还复来"(《将进酒》);北宋神童汪洙的"将相本无种,男儿当自强"(《神童诗》);等等。诗中莫不洋溢着朝气蓬勃的生命力和对未来的自信与追求。

王阳明在《教条示龙场诸生》说:"立志而圣则圣矣,立志而贤则贤矣。"青少年志存高远,就能激发奋进潜力,青春岁月就不会像无舵之舟漂泊不定,就会努力提升自己,成就自己,实现人生价值,成为对社会有用的栋梁之材。

二、远大而坚定的志向是劳动成就的动力

（一）立志应高远

立志不仅是教育人要树立人生的目标与方向,而且强调要树立远大的志向。诸葛亮说"志当存高远",立大志,意志就能坚强,免于凡庸。

孟子提倡"尚志",即树立远大的理想;张载说:"志大则才大,事业大;志小则易足,易足则无由进。"王夫之说:"夫人所就之业,视其器之所堪;器之所堪,视其量之所函;量之所函,视其志之所持。"(《读通鉴论》)人所成就的事业直接与人的立志高低相关。

清代张伯行说:"人必有不安于近小之心,而后可期以远大;人必有不安于凡庸之心,而后可期以圣贤。不期于远大,不期于圣贤,皆是志不立。"有了远大的目标,才能有志向。

中国古代最伟大的史学家司马迁《报任安书》中这样讲述了自己写作史书的志向:"亦欲以究天人之际,通古今之变,成一家之言。草创未就,会遭此祸,惜其不成,是以就极刑而无愠色。仆诚以著此书,藏之名山,传之其人,通邑大都,则仆偿前辱之责,虽万被戮,岂有悔哉?然此可为智者道,难为俗人言也!"

司马迁继承父业,以撰写史书为志。可惜草创未就,38岁时因替李陵败降之事向汉武帝辩解而惨遭宫刑。在慨然赴死和受此奇耻大辱之间,司马迁选择了后者。是什么给了他如此巨大的勇气和力量做此抉择?那就是"究天人之际,通古今之变,成一家之言"的远大抱负。出狱后的司马迁,发奋继续完成所著史籍,创作了《史记》这部中国第一部纪传体通史。

远大的志向是人生道路上的灯塔和航标,有了它,人生就有了方向和目标。远大的志向也是坚强意志的原动力,有了它,人才能够克服艰难险阻,勇往直前,哪怕身陷泥淖也会仰望星空。

（二）立志贵有恒

立下远大志向后，还必须要有坚韧不拔的毅力，永不言弃的恒心，才能学有所得，行有所就。早在《周易》中就有著名的"天行健，君子以自强不息"，强调君子处世，应像天一样，自我力求进步，刚毅坚卓，永不停息。孔子在教育学生时也强调立志在于有恒，引导学生要像松柏一样经得起严寒的考验，"岁寒，然后知松柏之后凋也"。只有这样，才能坚守志向。

荀子认为，一个人如果仅有远大的志向，而没有吃苦耐劳的精神，没有锲而不舍的勇气，志向就成为虚无，什么事情也做不成。他在《劝学》中有这么一段经典名言：

"骐骥一跃，不能十步；驽马十驾，功在不舍。锲而舍之，朽木不折；锲而不舍，金石可镂。蚓无爪牙之利，筋骨之强，上食埃土，下饮黄泉，用心一也。"

东晋著名道教思想家葛洪提出："坚志者，功名之主也；不惰者，众善之师也。登山不以艰险而止，则必臻峻岭矣。积善不以穷否而怨，则必永其令问矣。"（《抱朴子•广譬》）这是强调行事过程中坚守意志的重要；唐朝诗人王勃在《滕王阁序》中的名句"穷且益坚，不坠青云之志"，激励着人们在逆境中矢志不渝。

古人强调坚志、固志，就是强调在实现志向的过程中一定要意志坚定，矢志不渝，锲而不舍，坚持不懈，以最终实现人生的理想与目标。

（三）立志须笃行

一个人仅仅有远大的志向是不够的，只有身体力行才能得以实现。笃行意在身体力行，学以致用。在古代思想家、教育家看来，志向的实现不能离开人们投身现实，奋发进取的努力。孔子认为，志向只有积极去实践，才会有实现的可能。孔子最讨厌那些说得多，做得少，言行不一，习惯说大话唱高调的人。他说"君子耻其言而过其行"。

《礼记•中庸》中的名言"博学之，审问之，慎思之，明辨之，笃行之"，强调了笃行的重要。

力行是墨子非常看重的个人品行修养，是成为君子的必备条件。他一再强调做人既要"志强"，又要"力事"，也就是要亲历亲为地参与生产劳动和社会实践。他在《修身》里说"君子勤奋于事"，强调实践力行，他说"以行为本"，要求学生树立"强力而行"的刻苦精神。

王阳明提出"知是行之始，行是知之成"。他强调"凡学之不勤，必其志之尚未笃也"。一个真正勤奋的人，是真正具有坚忍不拔之毅力、纷扰不烦之耐心、贞固不变之气质的人。

古往今来，众多功勋卓著的人物莫不是在远大目标的指引下，身体力行，勇往直前，才取得瞩目的成就。唐代高僧、佛学大师玄奘西行求法，往返十七年，旅程五万里，大大促进了佛经的翻译工作和中外文化交流；明代杰出的医药学家李时珍为了完成《本草纲目》，"搜罗百氏"，又"采访四方"，经过了27年的艰苦劳动，记载药物1892种，对药物学、分类学做出了巨大贡献。

【案例5-5】

志行天下的旅行家——徐霞客

徐宏祖（1587—1641），字振之，号霞客，是中国古代著名的旅行家和地理学家，他的巨著《徐霞客游记》是系统考察中国地貌地质的开山之作，被称为"古今游记第一"。

他幼年好学，博览图经地志，立志从事旅行，一生行程几万里，跋山涉水、经险历难，把汗水洒在了大半个中国的土地上。几十年间，足迹所至，北至燕、晋，南及云贵两广，锲而不舍地献身于地理考察事业。在晚期考察中，曾两次遇盗，三次绝粮，饥渴劳顿，备尝艰辛，但处之泰然，勇往直前。他在56岁去世前一年才从山川中归来。这时"两足已俱废"，由人从云南护送回家。据说他躺在病榻上仍念念不忘考察，风趣而不无遗憾地说："今而后，惟有卧游而已。"

综观古今，像徐霞客这样"置身物外，弃绝百事"，不惜牺牲一切，一生都奔走在外，尤其是考察地形地貌，"亘古以来，一人而已"（潘耒《徐霞客游记·序》）。

【点评】 四百多年前，徐霞客游历如此广阔的地区，主要是靠徒步跋涉，连骑马乘船都很少，还经常自己背着行李赶路。他寻访的地方多是荒凉的穷乡僻壤，或是人迹罕见的边疆地区。不难想象，要经历多少艰难险阻，甚至随时有丧生的危险。如果没有一往无前、矢志不移的执着精神，没有不畏艰险、不求安逸的勤勉付出，他作为旅行家、地理学家的理想是难以实现的。

三、传统文化中的立志思想对当代社会的启示

（一）古代立志思想凸显了自强不息、奋发图强的劳动精神

古代的立志思想凸显了中华民族自强不息的精神，体现出了人生的追求目标和价值。孔子说："三军可夺帅也，匹夫不可夺志也。"孟子言："自暴者，不可与有言也。自弃者，不可与有为也。"都是强调人的价值在于他是否有远大的志向，独立的人格，是否具有奋发向上、永不休止的大无畏精神。

古代立志思想是民族优秀传统文化的体现，它能够激发人们的民族自尊心和自豪感。正是立志思想造就了一代又一代的仁人志士，构成了中华民族存在、发展、壮大的坚实脊梁。当中华民族面临生死存亡的危急关头，正是这些志士仁人挺身而出，舍生取义，"无求生以害仁，有杀身以成仁"，以其高尚的人格和道德精神力量感染着整个民族，一次又一次地挽救中华民族于危难之中，使中华民族得以延续和发展。

（二）古代立志思想对劳动境界的塑造具有重要意义

王国维在《人间词话》中，妙用古词将人生奋斗分为三种境界：一是"昨夜西风凋碧树，独上高楼，望尽天涯路"；二是"衣带渐宽终不悔，为伊消得人憔悴"；三是"众里寻她千百度，蓦然回首，那人却在灯火阑珊处"。仔细品来，会发现其中包含了人生确立目的，产生意志，锻炼毅力，充满信心，艰苦奋斗，最终达成目标的过程。王国维用审美的眼光将人生境界诗化了，一个人如果立志高远，必然奋发图强、积极向上，锲而不舍地为自己的理想和志向努力奋斗，意志自然坚强。

青少年是民族的希望和国家的未来。总体来说，今天的"90后""00后"展现出当代年轻人积极健康向上的精神风貌，体现了弘扬践行社会主义核心价值体系的自觉追求，充分表明当今年轻一代是值得信赖并堪当重任的新一代，能够承担起中华民族伟大复兴的使命。但是在经济迅速发展、社会转型等大背景下，少数青年学生不同程

度地存在着理想信念淡漠和意志品质薄弱的问题，其根本原因则是缺乏远大的理想和不屈不挠的坚强意志。

对青年实施意志教育，有助于青年正确地认识和了解社会、人生和世界上的任何事物，妥善处理理想与现实之间的矛盾与冲突，正确对待人生的坎坷与挫折，以"坚韧不拔"之意志去实现自己的人生目标。

【案例5-6】

95.2%受访青少年会将袁隆平、吴孟超等科学家作为人生偶像

2021年5月，中国青年报社社会调查中心在1630名14～35岁青少年中，进行一项科学家精神专项调查显示，了解到袁隆平等科学家的感人事迹后，81.4%的受访青少年表示非常受鼓舞，会因此立志当科学家；95.2%的受访青少年明确表示，会将袁隆平、吴孟超等著名科学家作为人生偶像。受访青少年眼里的科学家精神主要包括：胸怀祖国及服务人民（72.9%），敢于创造及勇于实验（72.8%），坚持不懈及不断突破（70.6%）。受访者中，"90后"占37.5%，"95后"占26.8%，"85后"占17.1%，"00后"占18.5%。

【点评】 2021年5月22日，袁隆平院士与吴孟超院士先后辞世，两位科学家身上所体现的家国情怀、科学精神、奋斗精神，激励着新一代年轻人的报国之志。

【拓展阅读】

我的少年时光（节选）

林清玄

影响我最深的一段历程，应该是在我读高中的时候。为什么这段时光影响我最深？因为只要一念之差，就万劫不复。

我在高中时便决定要做一个写作的人，也就是所谓的作家。我之所以要做作家，有两个很重要的基本因素。一个就是在我小时候，因为我们家是农户，大家的生活很苦，所以每次有县太爷或立法委员之类的人物要到我们乡下来，就有一些老先生老太太都会在马路上拦住这些大人物，然后跪下来跟他们喊："冤枉啊，大人！"意思就是说，为什么我们收成这么好，却卖不掉，全部要倒在河里？为什么是这样不合理的制度？或者说遇到台风要请大官拯救他们……

那时我们年纪小，看到这种情景都感到非常心酸，这种心酸使我觉得，如果有那么一天，希望我能替这些人说话，也就是替一些没有机会出声的人发声。这是第一个原因，而这个原因在我小时候就已经萌芽，等到它比较成熟是在念高中时。

……

所以这段时间，我就立定志向要写作。我想要做一个作家，第一个条件就是要读很多书，第二个就是要思考。可是你要知道，在台湾的教育环境里面，是没有条件让你在高中时读很多的书，也没有机会让你每天思考。所以那时上到高二，我几乎变成学校里的一个怪物，因为我每天都会跑到海边去散步、去思考，思考人类的前途。大家都觉得这个小孩怎么如此奇怪。

那时候我读了很多课外书，我曾经立志要把学校图书馆的书，从第一本看到最后

一本,所以每天都跑图书馆,什么种类的书我都看,每天做笔记,虽然内容不一定全能吸收,可是那时的我就是认定一个作家就必须懂得那么多,所以拼命看书。

刚开始时,我非常吃惊,这种吃惊就是觉得这些书为什么这么好看?学校的书为什么没这么好看?除了学校的图书馆,我又到外面借回很多三十年代的书籍。有许多书我从第一个字抄到最后一个字。因为那时没有影印机,借来的书只好抄,抄的时候,底下垫好几张复写纸,抄完以后装订,再卖给同学,这样我就把钱赚回来了,而我自己也保留了一份。

……

那一段时期的经历对我的影响很大,使我非常确立自己写作的志向。在旁人来说,写作也许只是他们的兴趣,觉得写文章可以做一些自我的表达,可是对我来说却不同,我一开始写作的动机就是希望为这个世界写作,为这个世界的人写作……

我的少年时代那么美、那么真实,那一段岁月里,我想,我基本的人格与风格都已经养成了。

活动与训练

"我有一个梦想……"分享会

一、活动目标

通过分享自己成长过程中曾经有过的追求、设想、理想等,感受志向和目标对自身成长的影响;并领会什么样的志向或追求是有价值的。

二、活动时间

建议 30 分钟。

三、活动流程

(1)教师布置活动要求:每个人都思考自己现在或者曾近有过的追求、设想、理想、梦想是什么(大小都可以)?给你带来何种感受和作用?你为此做了什么?你打算做什么?如何评价自己的志向?

(2)教师将学生按照 4 ~ 6 人划分为一个小组,以小组为单位进行交流。

(3)准备结束后,每个小组派出 2 位代表在全班进行讲述。

(4)教师进行点评、分析、总结,引导学生理解志向的意义,以及如何树立良好的理想信念。

(5)教师结合活动过程中学生的表现,对每个小组打分。

探索与思考

1. 王阳明 12 岁时否定老师"读书登第"的指引,认为天下第一等事应为学做圣贤。听到儿子这个想法,王阳明的父亲王华嘲笑说:"你这就是不着边际的理想。"请你查阅相关资料后,说说你的看法。

2. 显然,志向对一个人成长成就有重要影响。但志向有高低、大小、正误之分,不同的志向导致不同的人生之路。请问在社会快速发展,产业转型升级加速,技术日新月异的今天,我们应该立什么样的志向呢?可以通过什么途径去实现?

单元三 劳 之 乐 境

名人名言

我觉得人生求乐的方法，最好莫过于尊重劳动。一切乐境，都可由劳动得来；一切苦境，都可由劳动解脱。

——李大钊

学习目标

1．理解中国传统文化中的强调奉献的劳动情怀。

2．感受劳动带来的美和快乐。

3．理解劳动中的忘我追求。

案例导入

鞠躬尽瘁，只为"科技强国梦"
——我国近代气象学奠基人竺可桢

1910 年，20 岁的竺可桢考取了"庚子赔款"留学美国的名额。为了回报祖国，竺可桢选择了农学，在他看来"中国以农业立国"。可美国当时的农业科学并不发达，农业的体制和耕作方式也和中国不一样，而此时修改专业为时已晚。直到他毕业后，竺可桢才转到地理系，选定了一个与农业关系最密切的学科：气象学。

1918 年，竺可桢获得哈佛大学气象学博士学位，拒绝了美国多所高校的邀请，踏上了归国的轮船，以期实现"科学救国"的理想。后来的岁月里，他在科学和教育领域为国家做出了巨大贡献，成为中国近代地理学和气象学的奠基者，著名的教育家。

竺可桢一生勤勉重实践，再繁忙也多次到野外进行实地考察，即使古稀之年也曾三次跑到沙漠；写日记是竺可桢多年来一直坚持的习惯，现存的竺可桢日记从 1936 年到 1974 年，连续 38 年，1 天未断，共计 800 多万字。直到他去世前一天，还用颤抖的笔记下了当天的气温、风力等。

【分析】竺可桢青年求学时期就以报国为理想，正是这宝贵的家国情怀成为他一生奋斗的动力。同时，他事业上的成功是他勤勉努力、不断积累的结果。不论是野外考察还是坚持 38 年的气象笔记，都是坚持不懈刻苦精神的体现。

一、无私奉献的劳动情怀

（一）兼济天下的人生理想

儒家经典《孟子》说："天下之本在国，国之本在家，家之本在身。"个人、家庭、社会和国家有密切的关系，是不可分割的整体，个人的辛勤劳动不仅为个人的成长和发展，更重要的是为家庭、社会和国家努力。只有无数个人树立家国情怀并积极付诸实践，家庭、社会和国家才能蓬勃发展；同样，家庭、社会和国家建设好了，个人才能幸福生活。中国在几千年的历史实践中形成了强烈的家国情怀。

从《大学》的"修身、齐家、治国、平天下"到《孟子》的"穷则独善其身，达则济天下"，从《左传》的"立言，立功，立德"作为"三不朽"（《左传·襄公二十四年》）北宋张载（《横渠语录》）的"为天地立心，为生民立命，为往圣继绝学，为万世开太▇"，等等，都是家国天下理念的一脉相承，成为后世理想的人生境界。

《后汉书·马援传》中记述了东汉戍边名将马援气干云天的壮语："男儿要当死▇边野，以马革裹尸还葬耳，何能卧床上在儿女子手中耶？"其中"马革裹尸"意指▇死疆场后用马皮包裹尸体归来安葬，后世以马援之豪言鼓励远征将士"犯我强汉▇虽远必诛"。明朝抗倭名将、民族英雄戚继光在其《马上作》一诗中写道："一年▇百六十日，多是横戈马上行。"不仅写出了戚继光紧张辛劳的戎马生涯，而且描绘出▇一个胸怀天下心系黎民的英雄形象。

家国情怀是中国优秀传统文化的基本内涵之一，是一个劳动者对于自己国家与人民的深情表达，是自身的理想追求、高尚情操与责任感的重要体现。当代中国，家国情怀的传承对中华民族的伟大复兴尤为重要，它将成为我们勤勉奋斗、勇敢向前的精神力量。

【案例5-7】

梁启超如何为子女选专业

梁启超不仅是享誉海内外的国学大师，也被称为"中国家教第一人"。在他的悉心培养下，儿女个个事业有成，创造了"一门三院士，个个皆才俊"的近代以来难以复制的家教传奇。

1914年，一位瑞典地质学家受聘来华进行地质调查，发现了周口店遗址和仰韶遗址等，由此开启了中国近代考古学的序幕。中国当时考古学的发展却很滞后。梁启超对这种现状颇为不满，他曾对友人说："以中国地方这样大，历史这样悠久，蕴藏的古物这样丰富，努力研究下去，一定能于全世界的考古学上占有极高的位置。"于是，他让次子梁思永去学习考古。后来梁思永考入哈佛大学攻读考古学和人类学，成为中国近代考古学的开拓者之一。

梁启超考虑到现代生物学、建筑学在当时的中国还是空白，又建议让长子梁思成赴美国学习建筑。他如此安排，是为了让当时不受中国学术界重视的冷僻专业如考古、建筑等能在中国大地上生根发芽，为中华民族在这些领域争得世界性荣誉。

梁启超最小的儿子梁思礼，按照父亲工业救国、科技救国的思想，赴美读了工科，成了中国一代火箭控制系统专家。多年后，当记者问及"是什么样的精神支持着您将所有的精力都投入航天事业"，梁思礼的回答"是一种爱国与奉献的精神"。

【点评】在梁家，"报效祖国"这四个字，从来不是一句口头上的空话。梁启超以高超的学术眼光和伟大的报国情怀，为子女的发展提供建议，于子女个人，是帮助他们找到了实现人生价值之路；于国家，是培养了相关领域的先驱、大家。

（二）舍我其谁的强烈责任感

中华传统文化十分重视社会责任感教育，强烈的社会责任感是激励中华民族奋然进取及报效社会的精神力量。

儒家思想中有两句话深刻地体现了这一精神，一句是孔子的"知其不可而为之"（《论语·宪问》）。正是这种强烈的责任感，孔子终日奔波劳累，周游列国，宣传政治主张，即使到了垂暮之年，也要退而讲学以培养后辈，不放弃对国家、对社会的责任。另一句是孟子的"如欲平治天下，当今之世，舍我其谁也"（《孟子·公孙丑下》），其底蕴是一种"以天下为己任"的责任感和使命感。

"当仁不让"（《论语·卫灵公》）是社会责任感的重要组成部分。强烈的坚持正义的社会责任感，鼓舞着人们报效国家并服务社会。岳飞39岁为国难死，留下"精忠报国"的美名；文天祥47岁就义，谱写了"人生自古谁无死，留取丹心照汗青"的悲壮诗句。

如果说这是社会精英的理想和追求，那么陆游的"位卑未敢忘忧国"和顾炎武的"天下兴亡，匹夫有责"，就是普通人社会担当的写照。《左传》中"弦高犒师"的故事正是一个感人的故事：春秋时期郑国商人弦高遇到欲偷袭郑国的秦军，即冒充郑国代表，以自己的货物犒劳秦军，以示郑国已预知秦军来袭，并派人回郑国禀报，使郑国避免了一场大灾难。郑穆公以高官厚禄赏赐弦高，弦高坚决不接受婉言谢绝："作为商人，忠于国家是理所当然的，如果受奖，岂不是把我当作外人了吗？"

"士不可以不弘毅，任重而道远。"（《论语·泰伯章》）中华传统文化历来强调个人对于社会的责任和义务。这些思想能够增进大学生的爱国主义情感，促使学生更加关注社会文化、经济以及政治的发展，树立正确的劳动方向。

二、劳动是最美的幸福体验

劳动是世界上一切欢乐和美好事物的源泉。劳动不仅带给我们生存的物质基础，也带给我们幸福的感受。美的本源是劳动，在劳动创造中体验美是一种愉悦，一种境界。

（一）生气蓬勃之美

劳动，是生命永远不变的底色。"民生在勤，勤则不匮"。从采集、渔猎，到农耕种植，各种辛勤劳作中无不体现着人们对美好生活的追求，这种积极奋进的追求中又洋溢着蓬勃的生命力。

《诗经》中有不少讴歌劳动之美的诗篇。《魏风·伐檀》中的"坎坎伐檀兮，置之河之干兮"，展现的是古代热火朝天的伐木劳动。《豳风·七月》中有："七月流火，九月授衣。一之日觱发，二之日栗烈。无衣无褐，何以卒岁？三之日于耜，四之日举趾。同我妇子，馌彼南亩，田畯至喜。"描绘出一幅瑰丽的农耕图。

《周南·芣苢》中有："采采芣苢，薄言采之。采采芣苢，薄言有之。采采芣苢，薄言掇之。"则是女子们采摘车前子时所唱的歌谣，既生动又热烈，节奏明快，于重沓复叠的合唱中，表现出妇女们的充满生机的劳动情景。

《魏风·十亩之间》中有："十亩之间兮，桑者闲闲兮，行与子还兮。十亩之外兮，桑者泄泄兮，行与子逝兮。"夕阳西下，忙碌了一天的采桑女，准备回家了。顿时，桑园里响起一片呼伴唤友的声音。人渐渐走远了，她们的说笑声和歌声仍袅袅不绝地在桑园里回旋，勾画出一派清新恬淡的田园风光和收工时愉快的劳动场景。

唐代大诗人李白写过一首《炉火照天地》，诗中是这样描写冶炼场景的："炉火照天地，红星乱紫烟。赧郎明月夜，歌曲动寒川。"将冶炼的场景描述得大气磅礴，荡气回肠，令人振奋，充满了一种力量之美。

生活因劳动而充满希望,希望中也充满着无限生命力。古时的许多农耕场景在今天尽管已经不复再现,但是,我们仍然可以从漫卷诗书中去追溯古人的劳动生活,感悟勤劳奋斗中蓬勃旺盛的生命之美。

(二)和谐共融之美

几千年来,人类在用自己的劳动来改造世界的过程中也学会了与大自然和谐共处。中国传统文化强调天、地、人三位一体,交互作用。古代农耕文明基本上是以遵循自然法则、维护生物与环境和谐统一为基础的。人与自然的和谐之美伴随着人的本质力量的升华,又逐渐从人与自然的关系不断扩大到人与人、人与社会的关系。

在农业生产中,春种、夏长、秋收、冬藏,是遵循自然法则并依据"二十四节气"开展农耕生产的节奏和规律。这种农事节律又影响和决定着劳动人民的生活节奏,一些节气与民间文化相融合,演变成为固定的生活习俗。清明要踏青、插柳、荡秋千,还要祭祖和扫墓。冬至除了北方吃饺子、南方吃汤圆的习俗以外,也是重要的祭祀祖先的节日。

我国古时对二十四节气有着难言的亲切,文人墨客为之挥毫,写下了无数绝美的诗词。如唐代元稹的《咏廿四气诗·寒露九月节》:

"寒露惊秋晚,朝看菊渐黄。千家风扫叶,万里雁随阳。

化蛤悲群鸟,收田畏早霜。因知松柏志,冬夏色苍苍。"

元稹写了24首诗分别歌咏24个节气。这是其中一首,以其大气磅礴、悲壮雄浑的气势,描写了寒露时节高远的秋色。

日出而作,日落而息;春夏耕耘,秋冬收藏。在共同的劳动生活中,人与人之间也建立了和谐共处的美好关系。如陶渊明的《饮酒》:

"故人赏我趣,挈壶相与至。班荆坐松下,数斟已复醉。父老杂乱言,

觞酌失行次。不觉知有我,安知物为贵。悠悠迷所留,酒中有深味。"

逼真地描绘了父老相约携酒前来的亲切场面,和劳动者之间淳朴亲切、和谐融洽的人际关系。

我们还可以从陆游的《游山西村》、范成大的《田家》等众多作品中感受到中国传统劳动文化中蕴含着人们在劳动中所形成的生活智慧和人与自然、人与人的和谐之美。

【案例5-8】

二十四节气之美

作为人类非物质文化遗产的二十四节气,记录着大自然的寒来暑往,四季更迭,春山采茶,夏林寻荫,秋月对影,冬雪探梅,天时与物候,情感与世事,在斗转星移间律动着相同的节奏。

"春雨惊春清谷天,夏满芒夏暑相连。秋处露秋寒霜降,冬雪雪冬小大寒……"

古人在没有任何气象观测仪器的年代,仅凭肉眼观察、身体感受和加以思考,就知晓了气节变化并总结出了这样完美的规律。

还有那些充满诗意的名称:芒种、惊蛰、清明、谷雨……更是让人喜爱,也诞生了很多以二十四节气为主题的国画和诗歌作品,有的已经被唱成了旋律动听、意境优美的歌

曲。下图展现了美丽的二十四节气图。

　　【点评】自古以来，我国劳动人民春播、夏管、秋收、冬藏，都是依照二十四节气来安排的。二十四节气是古代劳动人民生产的经验、智慧的结晶，自然界一切生物都与四季二十四节气息息相关。二十四节气既是指导农业劳动的实用经验，也是中国人"天人合一"的文化理念的优美体现。

（三）创造收获之美

　　劳动收获丰硕果实，劳动创造美好生活，通过古代诗歌的描绘，可以生动体会我国传统劳动文化中的创造之美及收获之美。

　　唐代诗人刘禹锡的《竹枝词九首·其九》中有：

　　"山上层层桃李花，云间烟火是人家。银钏金钗来负水，长刀短笠去烧畲。"

　　首句描绘了一幅漫山开遍桃花、李花的自然美景；次句由景及人，在那云雾缭绕中看到了升起的炊烟袅袅，于是便推断，那一点是村民聚居之地。第三、四句是对山村人民劳动场景的描写：佩戴着首饰的女子们正在山下挑水，准备做饭。挎着长刀并戴着短笠的男人们正在烧荒准备种地，展现了古代人民男耕女炊的社会现象。

　　劳动虽然艰辛，但在艰辛中却也有无尽的快乐。宋代诗人王禹偁的《畲田词·其一》中有：

　　"大家齐力斫孱颜，耳听田歌手莫闲。各愿种成千百索，豆萁禾穗满青山。"

　　在欢快的歌声中辛勤劳作，等到秋天收获的时候，就能看到劳动的丰硕成果。诗歌描绘出畲田时阔大的场面、雄壮的气势和昂扬的情绪，道出了劳动者美好的愿望，勾画出辛勤的汗水必将换来庄稼繁茂、硕果累累的丰收图。展读诗篇，爽朗畅达的民歌风味和清新朴实的泥土气息扑面而来。

　　从古人的诗韵中，我们可以感受到勤劳质朴的人们充满着对劳动的热爱，充满着对美好明天的憧憬和向往。

三、以劳为乐的崇高追求

（一）悠然自得之乐

孔子在《述而篇》中说："饭蔬食，饮水，曲肱而枕之，乐亦在其中矣。不义而富且贵，于我如浮云。"意思是既然活着，就应该以一种平易、轻松又充满爱意的心态从容去对待每一个情境，用生存的真实心态去检测生存价值，去寻找快乐，以快乐的心态体会这个世界，无视那些遮蔽快乐的东西，如富贵、名利等。

曾国藩在给儿子曾纪鸿的信中说："勤俭自持，习劳习苦，可以处乐，可以处约，此君子也。"他教育儿子把劳动作为生活的一部分，在劳动中得到人生快乐，成就君子人格。

劳动其实可以成为一种理想的生活方式——自食其力、自力更生。一分耕耘，一分收获，在劳动中获得生存，在劳动中获得尊严和自由，享受那份悠然自得。

陶渊明在归隐之后，几乎变成了一个普通的农民——一年到头在田间操劳，还要时时忍受天灾人祸带来的冻馁之患。他用诗歌忠实地记录下躬耕于大地的个中甘苦，最打动人的，是他写自己辛苦中依然坚守并自得其乐的作品，如这首《归园田居·其三》：

"种豆南山下，草盛豆苗稀。晨兴理荒秽，带月荷锄归。

道狭草木长，夕露沾我衣。衣沾不足惜，但使愿无违。"

抒写了对田园生活的热爱以及享受田园劳作之乐的惬意、闲适。"带月荷锄归"成为千百年来最著名的一幅辛勤劳动而又怡然自乐的农夫剪影。

王维的《渭川田家》则以旁观者的眼光描绘了恬淡的田家暮归的景致：

"斜阳照墟落，穷巷牛羊归。野老念牧童，倚杖候荆扉。雉雊麦苗秀，

蚕眠桑叶稀。田夫荷锄至，相见语依依。即此羡闲逸，怅然吟式微。"

在辛勤劳作之后，农夫们三三两两扛着锄头归来，在田间小道上偶然相遇，亲切絮语，乐而忘归。如此闲情逸致让作者不觉生出羡慕之情。

（二）人情美好之乐

劳动是平凡生活中常有的场面，在劳动过程中，虽然难免挥洒汗水，但是劳动创造成果的过程和最后的收获，却更能使人心情舒畅，精神愉快，并增强生活的情趣和对生活的热爱。在这个过程中常常会感受到人和人之间那种质朴、温暖、美好的情谊，以及浓郁的生活气息。

归隐田野的陶渊明在躬耕生活中与乡间农户结下了深厚的友情，在《移居》一诗中可以感受这种快乐：

"春秋多佳日，登高赋新诗。过门更相呼，有酒斟酌之。

务农各自归，闲暇辄相思。相思则披衣，言笑无厌时。

此理将不胜？无为忽去兹。衣食当须纪，力耕不吾欺。"

移居之后，诗人与邻人融洽相处，忙时各纪衣食，勤力耕作，闲时随意来往、言笑无厌的兴味。诗中充溢着温暖与欢欣的气氛，感情真挚淳朴。

南宋辛弃疾的这首《清平乐·村居》就是通过描绘一个普通农村家庭的生活

画面，展现了质朴的劳动人民享受着简单的人情之美和生活之趣。内容如下：

"茅檐低小，溪上青青草。

醉里吴音相媚好，白发谁家翁媪？

大儿锄豆溪东，中儿正织鸡笼。

最喜小儿亡赖，溪头卧剥莲蓬。"

下图的丰子恺画作《清平乐》就很好地体现了诗中的意境。

范成大的另一首《田间》如下：

"昼出耘田夜织麻，村庄儿女各当家。童孙未解供耕织，也傍桑阴学种瓜。"

描绘了村庄儿女昼耕夜绩的劳动生活景象，热爱劳动而又天真烂漫的儿童形象呈现于眼前。

（三）专注忘我之乐

孔子说："发愤忘食，乐以忘忧，不知老之将至。"劳动是一种创造，在这个过程中，不仅是辛劳的付出，还是一种全身心的投入，在忘我的状态中不懈坚持，便会成就至高。

《庄子·达生》中讲了一个《梓庆削木为鐻》的故事：

"梓庆削木为鐻，鐻成，见者惊犹鬼神。鲁侯见而问焉，曰：'子何术以为焉？'对曰：'臣工人，何术之有！虽然，有一焉。臣将为鐻，未尝敢以耗气也，必斋以静心。斋三日，而不敢怀庆赏爵禄；斋五日，不敢怀非誉巧拙；斋七日，辄然忘吾有四枝形体也。当是时也，无公朝，甚巧专而外骨消；然后入山林，观天性；形躯至矣，然后成见鐻。然后加手焉；不然则已。则以天合天，器之所以疑神者，其是与。"

这个木匠的手艺之所以能够达到"惊鬼神"的地步，是因为在工作的过程中他穿越了三个阶段：忘记利益，忘记名誉，忘记自己，最后"以天合天"，达到最佳的状态，从而能做出打动人心的好的东西。这个朴素的道理和我们今天倡导的工匠精神是一脉相承的。

古往今来，凡成大事业者，莫不是在努力奋斗的过程中达到了忘我的人。元朝大画家黄公望在79岁时被富阳富春江的景致吸引，遂在此定居，每日观察、体会、描摹富春江美景，整整4年后才完成流传于世的大作《富春山居图》；李时珍历经27个寒暑写《本草纲目》；曹雪芹"举家食粥"的条件下"披阅十载"写作《红楼梦》；现代的路遥为创作《平凡的世界》，花4年时间阅读了100多部长篇小说及各类书籍，翻阅了10年间全国主要报纸，创作期间，他把自己"关"起来如牛马般劳作。这些都是忘记了名利，超越了世俗，专心致志于所钟情的事业，才有止于至善的精神为社会奉献"良心制作"，实现了人生最大的价值。

【案例 5-9】

王羲之忘我勤练的故事

东晋大书法家王羲之小的时候,练字十分刻苦。据说他练字用坏的毛笔,堆在一起成了一座小山,人们叫它"笔山"。他家的旁边有一个小水池,他常在这水池里洗毛笔和砚台,后来小水池的水都变黑了,人们就把这个小水池叫作"墨池"。长大以后,王羲之的字写得相当好了,还是坚持每天练字。

有一天,他聚精会神地在书房练字,连吃饭都忘了。丫鬟送来了他最爱吃的蒜泥和馍馍,催着他吃,他好像没有听见一样还是埋头写字。丫鬟没有办法,只好去告诉他的夫人。夫人和丫鬟来到书房的时候,看见王羲之正拿着一个沾满墨汁的馍馍往嘴里送,弄得满嘴乌黑。她们忍不住笑出了声。原来,王羲之边吃边练字,眼睛还看着字的时候,错把墨汁当成蒜泥蘸了。夫人心疼地对王羲之说:"你要保重身体呀!你的字写得很好了,为什么还要这样苦练呢?"王羲之抬起头,回答说:"我的字虽然写得不错,可那都是学习前人的写法。我要有自己的写法,自成一体,那就非下苦功夫不可。"

王羲之后来成为我国历史上最杰出的书法家之一,他的《兰亭集序》被称为"天下第一行书"。

【点评】 坚持不懈,全身心沉浸在自己热爱的事情上,就是一种忘我境界。王羲之作为大书法家名满天下,不仅因为他是天才,更重要的是他在追求艺术过程中忘我的投入精神。

【拓展阅读】

劳动最美(节选)
傅玉善

前面是绿油油的庄稼,再前面还是绿油油的庄稼,走在这样的原野,你一定在微笑,走在这样的大地上,你心里能不感到踏实吗?这就是劳动与创造之美,给予你的那份情不自禁地感动。

我以为对爱的抒写,不是一件简单的事情,对大地爱的抒写将更加艰难。当我走在五色融合的大地上,看到无垠大地与人们劳动的和谐画面时,才知道爱的表达如此简单,不需用心的矫揉造作,才深刻领悟到劳动是对爱对美的最直白朴实的表达。

我愿意从感情上,对生命以劳作的方式加以诠释,把生存与铧犁紧密联系在一起,把生命与镰刀紧密联系在一起。我坚信朴实的泥土,才能滋生美好的事物,勤勉的劳作,才能收获幸福的希望。

在温馨的记忆里,母亲劳作的园子中,蝴蝶地飞舞总是那样动情,庄稼的花儿总是一茬茬开得那样欢畅,庄稼带着沉甸甸的思想一天天成熟了。阳光下,母亲挥动着镰刀,那光亮的声音里,总有俄国诗人雪莱的《我们去收割》的朗诵。父亲劳作的田头上,雀儿在深情地高歌,泥土在铧犁上快乐地旅行,在汗水湿透衣背的辛勤里,菜儿青了,菜花黄了,麦苗青了,麦子熟了……

日出日落的乡村,荷锄出入晴天雨天的乡亲,土地上那一串串歪歪斜斜的脚印,都成为永恒的风景,成为我依恋这个世界的底色。

……

从来就没有什么救世主,也不靠神仙皇帝。是谁创造了人类世界?是我们劳动群众。劳动创造世界，劳动者最可爱，劳动者最美丽！

劳动——大地上最动魄感人的事情！

活动与训练

"劳动的美和乐"朗诵会

一、活动目标

通过朗诵有关劳动美和乐的作品，表达自己对劳动之美和劳动之乐的感悟。

二、活动时间

建议 20 分钟。

三、活动流程

（1）以劳动之美或劳动之乐为主题，确定一篇（段）作品（诗歌或散文），在小组内诵读讨论，做好在班上交流的准备。

（2）教师将学生按照 4～6 人划分为一个小组，以小组为单位进行分组交流。

（3）准备结束后，每个小组派出 1 位代表在全班进行作品诵读，并简要分析。

（4）教师进行点评、分析、总结，引导学生体验劳动的美好和境界。

（5）教师结合整个活动过程中的各小组表现，对每个小组打分。

探索与思考

1．北宋理学家张载提出"为天地立心，为生民立命，为往圣继绝学，为万世开太平"这一志向和目标，你认为这句话在今天的意义和价值是什么？

2．将本模块中所选《庄子·达生》中的《梓庆削木为鐻》这段话翻译为白话文，并说说你的理解和感受。

模块六　勤俭重信，以劳敦行

模块导读

本模块主要从三个方面进行讲授：一是继承发扬先贤们艰苦创业的劳动精神，劳动可开天辟地，可白手起家，劳动创造了历史和财富，劳动将开创美好未来；二是警惕劳动中常会滋长的奢侈浪费的不良习气，做到节用绝奢，珍惜个人和社会的劳动成果，用好勤俭节约这个传家宝；三是树立守义践诺的劳动品质，做事时履职尽责，交往时待人以诚，报国时勇担使命，身体力行，不负韶华。

单元一　筚路蓝缕

名人名言

人生在勤，勤则不匮。

——[北魏]贾思勰

学习目标

1. 认识勤劳在中华民族历史发展中的重要作用。
2. 理解耕读并进、艰苦创业的内涵和价值。
3. 思考在新时代如何为美好生活而进行劳动创造。

导入案例

盘庚迁殷

"一片甲骨惊天下，三千年前是帝都"。殷墟（今河南安阳）是中国迄今为止有文献可考并已被证实的最古老都城，从殷墟遗址及其出土的大量甲骨文和青铜器中，可以想象殷商时代的强盛和多彩。说到这段令中国人自豪无比的辉煌历史，不能不提及一个艰苦创业的故事。

自商汤建立商朝，最早定都于亳（bó，今河南商丘）。以后的三百年中，都城一共搬迁了五次，但选址都不理想，自然灾害频发，国势日渐衰落，还经历了九世之乱。待到第十九代王盘庚即位时，政治腐败、国弱民贫的情况更加严重，加上都城地势低洼，有一次黄河洪水把都城全淹了。经过慎重考虑后，盘庚决心迁都至殷。但贵族和平民大都安于现状，畏惧辛劳，迁都命令遭到强烈反对。盘庚毫不动摇，软硬兼施，最终带领国民们历尽艰险到达了殷，并在荒野中开疆拓土，白手起家，重建了一座城池，其间的艰难困苦可想而知。殷商此后慢慢复兴，并创造出前文所说的灿烂文明，为中华民族留下宝贵的历史文化财富。

盘庚迁殷图

【分析】盘庚继位虽面临着内忧外患，他大可守成治国，维系现状。但盘庚仍力排众议，坚持迁都。据史料考证，迁都至少有三大好处：殷地位置优越，水患较少，土地肥沃，适于农作，资源丰富，可供养庞大人口；殷地离东夷较远，可摆脱其骚扰侵袭，有利于国家安定；迁都还强化了王权，抑制了宗室贵族势力，老百姓也可减轻负担。但美好的远景规划必须要以放弃眼前利益为代价，不畏艰险，不惧失败，盘庚率领他的子民跋山涉水，披荆斩棘，勤劳修建，最终完成了这个看似异想天开的浩大工程。当我们今天重温这段历史，除了敬佩先民们艰苦创业的精神之外，更应该自觉传承和发扬这种精神，努力开拓新时代中华民族伟大复兴的前行之路。

一、耕读并进是社会发展的动力源

（一）源远流长的中华耕读文化

在距今一万年左右，中国就已形成了以水稻为代表的南方水田农业和以粟为代表的北方旱作农业的农耕格局，"日出而作，日落而息"的农耕生活孕育了中华民族源远流长的农耕文明。这是世界上最早的文明之一，对民族思想和文化影响十分巨大。农业生产劳动不仅带给人民稳定的收获和财富，支撑他们安居乐业的生活，更重要的是树立了农业立国的民本思想。历朝历代稍有建树的当权者，无不重视农业经济。

劳动可以分为体力劳动和脑力劳动两大类。当体、脑协作劳动时，能激发出强大的能量，加速提升个人素养，推动社会发展。战国时期诸子百家中的农家代表人物许行就提出"贤者与民并耕而食"，后世的许多知识分子慢慢认可并确立了耕读传家、耕读结合的人生价值取向，形成了具有强大影响力的耕读文化。

（二）家风家训中的耕读思想

勤于劳动是个人修身立德的重要衡量标准。三国以后兴起的家书家训大多强调耕读结合的训导主题，如诸葛亮的《诫子书》、颜之推的《颜氏家训》、朱柏庐的《朱子家训》。作者皆是中国历史上的文化佼佼者，社会地位和声誉远高于普通平民，诸葛亮更是文韬武略、青史流芳。但他们全都重视劳动，鼓励子弟参与劳动，热爱劳动，在劳动中磨炼意志，培养品德。

《诫子书》："夫君子之行，静以修身，俭以养德。"《颜氏家训》："古人预知稼穑之艰难，斯盖贵谷务本之道也。夫食为民天，民非食不生矣。"《朱子家训》："黎明即起，洒扫庭除，要内外整洁。"这些朴实无华而又深刻隽永的叮咛，不仅是他们留给家族子孙的谆谆教诲，也是属于全体中国人的宝贵文化财富。勤劳上进的文化基因，就这样一代代传承在中华民族的血脉中。

（三）"勤"劳是"功"成的首要条件

北魏伟大农学家贾思勰，就出生于一个世代务农的书香门第，从小在田园长大，对很多农作物都非常熟悉，还跟着父亲参加过各种农业劳动。他家里拥有大量藏书，耕作之余也不废攻读，耕读并进为他后来的科学成就打下坚实基础。在他的农学名著《齐民要术》中，多次提到"勤""谨""力""功"融为一体的劳动理念。"勤"并不是单对劳动者而言的，而是提倡包括当权者在内的全体社会成员的"勤"；"谨"主要是指节俭和精打细算；"力"主要是指劳动者所付出的精力；"功"则指生产活动所取得的劳动成果。贾思勰认为"勤"劳是"功"成的首要条件。为了证明自己的观点，官居太守的贾思勰常虚心向老农请教生产经验，又在劳动实践中不断改进生产畜牧技术，最终成就了这部中国最早、最完善的大型农业百科全书，对后世农业生产的发展进步有着深远的影响。

【案例 6-1】

明朝"袁隆平"——徐光启

上海市区的徐家汇是著名的繁华之地，高楼林立的外滩就在其中，其实它还与一位名人渊源颇深。明朝著名政治家、科学家徐光启曾在此建农庄别业，从事农业实验并著书立说，逝世后安葬于肇嘉浜、法华泾和蒲汇塘三河的交汇处，其后人繁衍生息，渐成集镇，徐家汇因而得名。

徐光启官至宰辅，政治上颇有建树，且学贯中西，被誉为"明朝看世界第一人"，是中西文化交流的先驱者。但他最为人称道的还是对农业和水利的研究和贡献。

公元 1608 年，江南水灾，稻谷无收，徐光启看到四处逃荒的灾民倍感忧虑。有朋友告诉他，在福建老百姓靠高产作物"甘薯"度过了灾年，但当时人们认定甘薯不能离开福建广东种植。徐光启立刻托人带回了甘薯种，从那以后，学贯中西的高级官员变身为赤脚荷锄的田间农夫，屡种屡败，屡败屡种，经过反复的劳作实验，他终于让甘薯在上海生根结果，并迅速推动到江南地区，极大地缓解了民生压力。几年后，徐光启在天津依旧通过劳作实验，摸索出地窖保温技术，将甘薯引种到更为严寒的北方。他编写的《甘薯疏》，从国内一直流传到日本、朝鲜等国。

徐光启的"甘薯行动"，为此后百年间迅猛增长的人口提供了食物供给，为后来的康乾盛世奠定了农业基础。他用劳动创造的福祉，唯有当代"杂交水稻之父"袁隆平才能与其媲美。

下图的雕塑作品为徐光启与农人在探讨甘薯种植技术。

二、艰苦奋斗是攻坚克难的掘进机

（一）艰苦奋斗助力披荆斩棘

艰苦奋斗是中华民族的传统美德。从传说中炎黄部落的融合，到小康社会的全面建成，上下五千年悠悠历史，成就了世界上唯一一个传承至今的文明古国。在为此骄傲的同时，我们不禁要审视历史，中华文明凭借什么能够历经磨难却还绵延不绝。答案当然很复杂，但是其中一个重要原因一定是艰苦奋斗。

"艰苦奋斗"包含着两层意思。奋斗是一种努力实干，拼搏进取的主观劳动精神，艰苦是指奋斗过程中的客观环境和条件，艰苦奋斗就是不断克服客观困难，最大限度激发主体潜力，努力实现理想目标的劳动行为。可见，艰苦和奋斗在现实中往往相伴相随，艰苦既是奋斗的阻碍，又是奋斗的动力。既要奋斗，就必定要正视艰苦，无惧艰苦，最终战胜艰苦。

祖先们唯恐子孙后代对此不以为意，于是在史书典籍里再三嘱咐。从"天行健，君子以自强不息"（出自《周易》）到"筚路蓝缕，以启山林。"（出自《左传·宣公十二年》）从"明知不可为而为之"的孔子到"生于忧患死于安乐"的孟子，再到历朝历代的仁人志士，无不是以言励之，以行范之。

（二）艰苦奋斗成就伟大事业

艰苦奋斗是中国共产党一以贯之的优良作风。1921 年 7 月 23 日至 30 日，13 名党员代表全国 50 余名党员，分别在上海兴业路 76 号和浙江嘉兴南湖的游船上参加了中国共产党第一次全国代表大会，宣告了中国共产党的正式成立，为饱受屈辱掠夺的旧中国播下了民族独立的火种。

当初几十人为之奔走相护的星星之火，如今早已燎原神州大地。拥有九千五百多万党员的百年大党，带领中国人民从近现代受压迫受剥削的苦难中逐步站起来、富起来，如今正坚定行进在强起来的新征程中。这一切辉煌和荣光的背后，是自强不息的百年国史，更是艰苦奋斗的百年党史。

井冈山、长征、延安、南泥湾、西柏坡这些特殊坐标，宣扬着艰苦奋斗精神；新中国建设时期,大庆、红旗渠、"两弹一星"这些特殊字眼,浸润着艰苦奋斗精神;改革开放四十年,抗洪抢险、抗震救灾、抗击疫情这些特殊经历,传承着艰苦奋斗精神。我们要永远铭记历史,回望来时的路,才能走好未来的征途。

【案例6-2】

延安大生产运动

"花篮的花儿香,听我来唱一唱……"一唱起《南泥湾》,便让人想起抗战时期延安开展得轰轰烈烈的大生产运动。1940年,抗日战争进入敌我对峙时期,延安遭到敌军大规模扫荡。贫瘠的陕北高原资源匮乏,生产力落后,周围强敌环伺,日寇和国民党对延安展开严酷的经济封锁。140万人民群众和上万名战士,乃至革命事业都面临着生死存亡的考验。1942年,毛泽东在《经济问题与财政问题》的报告中曾这样记述:"我们曾经弄到几乎没有衣穿,没有油吃,没有纸,没有菜,战士没有鞋袜,工作人员在冬天没有被盖。"

面对绝境,党中央领导了"自己动手,丰衣足食"的大生产运动。毛泽东等中央领导人带头参加垦荒、积肥、纺线,部队、机关、学校努力实现自给,边区农民采取互助组、合作社等方式发展生产,涌现出一批先进单位和大批劳动英雄。八路军将士发扬艰苦奋斗作风,在120师359旅旅长兼政委王震的率领下,奉命进驻荒无人烟的南泥湾。官兵们披荆斩棘,开垦荒地,仅仅用时两年,南泥湾的生产自给率就达到了100%,还有结余上交边区政府。南泥湾劳动精神极大地激励了解放区人民,大生产运动热潮迅速成燎原之势。1944年,八路军走出边区开始反攻,5年后取得了革命的最终胜利。

战士们在南泥湾新开垦的土地上插秧。

(三)艰苦创业精神永不过时

百年奋斗路,启航新征程。在脱贫攻坚取得决定性胜利、全面建成小康社会的新时代,我们今天的物质生活水平,相较战争岁月和新中国建设时期,可谓天壤之别。但是,越是在和平富足的年代,越要警惕安逸享乐、不思进取、得过且过的不良风气。

今天,我们比历史上任何时期都更接近、更有信心和能力实现中华民族伟大复兴的目标。中华民族伟大复兴，绝不是轻轻松松、敲锣打鼓就能实现的。全党必须准备付出更为艰巨、更为艰苦的努力。我们只是生活在和平的国家，并不是生活在和平的年代，当今复杂多变、危机四伏的国际形势，民族复兴的重任，不允许国家、民族、个人躺在功劳簿上高枕无忧，艰苦创业永远在路上。

三、拼搏进取是强国复兴的助推器

（一）劳动需要不断学习

从广义而言，学习本身就是一种劳动。但这里主要强调的是，在劳动实践中需要学习他人的先进经验和社会的前沿科技，不断积累劳动知识，更新劳动技术，提升劳动技能，从而提高劳动效率。

我们每个人都是新时代美好生活的奋斗者和创造者，自强不息、艰苦奋斗、拼搏进取当然是实现自己个人价值和社会价值的首要条件，但并不是唯一条件。实干并不等于盲干、蛮干，没有科学的方法和路径，努力就会南辕北辙、适得其反。

《礼记》有云："博学之，审问之，慎思之，明辨之，笃行之。"孔子说："学而不思则罔，思而不学则殆。""敏而好学，不耻下问。是以谓之文也。""三人行，必有我师焉。择其善者而从之，其不善者而改之。"荀子说："不能则学，不知则问。"《吕氏春秋》中也说："善学者，假人之长以补其短。"与朱熹齐名的南宋大思想家陆九渊也认为："为学患无疑，疑则有进也。"这样的劝学名言不胜枚举。总而言之，劳动学习与理论学习一样，需要善思勤问，明辨笃行。

（二）劳动提倡良性竞争

竞争与学习，是劳动实践中永恒的话题，良性的竞争也是相互学习的过程。在积极乐观的心态下，可以把对手施加的压力转化为驱动进步的动力。孔子说："见贤思齐焉，见不贤而内自省也。"意思是看到比自己优秀的贤者就应该想着向他看齐，看到不贤的人，就要反省自己有无相似的缺点毛病，以便及时改进。这其实就是我们今天常说的"对标竞进"的文化内涵。

19世纪英国科学家达尔文揭示了"物竞天择，适者生存"的自然进化规律，人类社会的发展也一直印证着竞争的重要性。在中国近现代救亡图存的探索中，大学者梁启超曾慷慨激昂地咏唱："物竞天择势必至，不优则劣兮不兴则亡。"（《二十世纪太平洋歌》）今天读来仍振聋发聩。

历史早已证明，闭关锁国的落后观念只会误国殃民，害怕竞争及逃避竞争最终只会被历史所淘汰。新时代的劳动者也应该具备开放包容的胸怀，敢于竞争，乐于竞争，在竞争中不断成长、成熟。

（三）劳动支撑民族自信

自18世纪西方开启工业文明以来，世界发展史和中国近现代史已经证明，没有强大的制造业，就没有国家和民族的真正强盛，也难以实现中华民族的伟大复兴。现阶段我国已是制造大国，但离制造强国还有一段距离。

职业教育在今天受到了前所未有的关注和重视，因为众多关键领域的"卡脖子"技术需要大国工匠来攻克，更多的"中国制造"品牌需要能工巧匠来铸就，国际水准的中国产品需要高素质劳动者来创造。这是中国职业教育的时代责任,也是中国亿万劳动者的历史使命。

【案例6-3】

华为的"南泥湾"计划

2020年,中国信息与通信技术的领军企业——华为公司,面对波谲云诡的世界经济形势,为应对某些霸权大国的贸易打压和科技封锁,秉承80年前的大生产运动精神——"自力更生,艰苦奋斗",启动了自主研发核心科技的"南泥湾"项目,目标在于实现笔记本电脑和智慧屏业务的纯国产化,寻求在煤炭、钢铁、音乐、智慧屏、PC、平板电脑等领域的技术突破,研发华为自己的处理器和操作系统。目前华为已在智慧屏上利用自研的"鸿鹄"芯片实现了去美化,正朝着目标奋力迈进。

2021年6月,华为的"鸿蒙"操作系统横空出世。这不但是一款中国制造的基于万物互联的智能操作系统,也是一款打破国外技术垄断的"争气系统"。华为已成为中国打破霸权国家半导体"卡脖子"技术的排头兵。

【点评】艰苦奋斗这个传家宝,无论是战争时期还是和平年代,都绝不能丢;无论是从事体力劳动还是脑力劳动的人,都应将艰苦奋斗奉为圭臬。作为走在时代最前沿的高科技领军企业,华为有信心和当年的边区军民一样,开辟出在高科技领域的"好江南"。越打压,越坚强,越成功! 这就是中国人的意志和豪气! 艰苦奋斗精神什么时候都不会过时。

【拓展阅读】

记一辆纺车(节选)
吴伯箫

我曾经使用过一辆纺车,离开延安的那年把它跟一些书籍一起留在蓝家坪了。后来常常想起它。想起它,就像想起旅途的旅伴、战场的战友,心里充满了深深的怀念。

那是一辆普通的纺车。说它普通,一来它的车架、轮叶、锭子,跟一般农村用的手摇纺车没有什么两样;二来它是延安上千上万辆纺车中的一辆。的确,那个时候在延安的人,无论是机关的干部,学校的教员和学员,也无论是部队的指挥员和战斗员,在工作、学习或者练兵的间隙里,谁没有使用过纺车呢? 纺车跟战斗用的枪,耕田用的犁,学习用的书和笔一样,成为大家亲密的伙伴。

在延安,纺车是作为战斗的武器使用的。那是在抗日战争最艰苦的时候,国民党反动派发动反共高潮,配合日寇重重封锁陕甘宁边区,想困死抗日的领导力量。我们抗日军民热烈响应毛主席的伟大号召:"自己动手,丰衣足食。"结果彻底粉碎了敌人围困的阴谋。在延安的人,在所有抗日根据地的人,不但吃得饱,而且穿得暖,坚持了抗战,争取到了抗战的最后胜利。开荒,种庄稼,种蔬菜,是保证足食的战线;纺羊毛,纺棉花,是保证丰衣的战线。

大家用纺的毛线织毛衣,织呢子;用纺的棉纱合线,织布。很多同志穿的衣服鞋袜,就是自己纺线或者跟同志们换工劳动做成的。开垦南泥湾的部队甚至能够在打仗、练兵和进行政治、文化学习而外,纺毛线给指战员发军装呢。同志们亲手纺线织布做的衣服,穿着格外舒适,也格外爱惜。那个时候,人们对一身灰布制服,一件本色的粗毛线衣,或者自己打的一副手套，一双草鞋，都很有感情。衣服旧了，破了，也"敝帚自珍"，不舍得丢弃。总是脏了洗洗，破了补补，穿一水又穿一水，穿一年又穿一年。衣服只要整齐干净，越朴素穿着越随心。西装革履，华丽的服饰，只有在演剧的时候做演员的服装，平时不要说穿，就是看看也觉得碍眼，隔路。美的概念里是更健康的内容，那就是整洁、朴素、自然。

……

就这样，用劳动的双手，自力更生。纺线，不只在经济上保证了革命根据地的人大家有衣穿，使大家学会了一套生产劳动的本领，而且在思想上还教育了大家认识劳动为人生第一需要的意义；自觉地克服了那种"认为劳动只是一种负担，凡是劳动都应当付给一定报酬的习惯"。劳动为集体，同时也为自己。在劳动的过程里，很少人为了个人的什么去锱铢计较；倒是为集体做了些什么有意义的事情，才感到真正的幸福。

就因为这些，我常常想起那辆纺车。想起它像想起老朋友，心里充满了深深的怀念。围绕着这种怀念，也想起延安的种种生活。在党中央和毛主席的周围工作、学习、劳动，同志的友谊，革命大家庭的温暖，把大家团结得像一个人。真是既团结、紧张，又严肃、活泼。那个时候，物质生活曾经是艰苦、困难的吧，但是，比起无限丰富的精神生活来，那算得了什么！凭着崇高的理想、豪迈的气概、乐观的志趣，克服困难不也是一种享受吗？

跟困难作斗争，其乐无穷。

活动与训练

艰苦奋斗话党史

一、活动目标

艰苦奋斗一直是中国共产党的优良作风和宝贵精神财富。党百年来的奋斗史，新中国七十载的发展史，见证着一个又一个开天辟地、举世瞩目的伟大成就。通过"艰苦奋斗话党史"主题活动，学史明理，学史增信，学史崇德，学史力行，进一步理解本章主题，自觉传承、发扬艰苦奋斗的劳动精神。

二、活动时间

建议 45 分钟。

三、活动流程

(1) 课前，教师布置活动要求：划分为几个学习小组，课后查阅资料，选取 2～3 个党史典型案例，并制作《艰苦奋斗话党史》主题 PPT，分配好每个人的讲解任务。

(2) 每个小组成员合作完成讲解和展示。

(3) 教师组织学生自由发言、讨论，并进行活动总结、点评，深化主题。

(4) 教师结合整个活动过程中各小组表现，对每个小组赋分，纳入课程考核。

校内生产劳动

班委牵头策划，教师指导并协助联系校内部门，组织全班集体参加一次校园内的生产劳动。因地制宜，发挥专业特长，主题自拟。例如，今天我帮厨、争做绿化能手、校园面点师、维修公益日等。活动开展情况和服务反馈纳入课程考核。

探索与思考

1．从盘庚到徐光启，从大生产运动到"南泥湾"计划，尽管时代不同，劳动方式也有所差别，但劳动创业、艰苦奋斗是他们取得成功的共同法宝。结合你的学习心得，谈谈你对"自力更生、艰苦奋斗"劳动精神的体会。

2．作为新时代的大学生，我们怎样在学习、生活、社会实践、就业创业中去践行劳动精神？你有过收获劳动成果的喜悦吗？试举例说明。

单元二　节用绝奢

名人名言

历览前贤国与家，成由勤俭破由奢。

——［唐］李商隐

节用绝奢，
谨身自律

学习目标

1．认识勤俭劳动在个人修身立德中的重要作用。

2．理解勤俭治家治国的意义和价值。

3．树立新时代绿色环保的劳动新观念。

案例导入

季文子俭德

季文子，春秋时期鲁国的正卿，执掌鲁国朝政三十多年，力行节俭，开一代俭朴风气，促进鲁国改革发展。他在鲁国执国政33年，辅佐了鲁宣公、鲁成公、鲁襄公三代君主，大权在握，一心安社稷，忠贞守节。

《史记·鲁世家》记载：季文子当政时，"家无衣帛之妾，厩无食粟之马，府无金玉"。孟献子的儿子仲孙很瞧不起季文子，于是就讥讽他："你身为鲁国之正卿大夫，可是你的妻子不穿丝绸衣服，你的马匹不用粟米饲养。难道你不怕国中百官耻笑你吝啬吗？难道你不顾及与诸侯交往时会影响鲁国的声誉吗？"季文子回答："我当然也愿意穿绸衣、骑良马，可是我看到老百姓吃粗粮穿破衣的还很多，我不忍心看着老百姓忍饥挨冻，自己和家人却锦衣玉食。我只听说人们品德高尚才是国家的荣耀，没听说过炫耀美妾良马会为国争光。"孟献子知道这件事后，一气之下将儿子幽禁了七天。受到管教的仲孙，惭愧改过，亦仿而学之。消息传开，在季文子的倡导下，鲁国上下奢靡之风得到了有效遏制，崇尚俭朴的人慢慢多起来。

【分析】季文子出生钟鸣鼎食的贵族世家，历代都在鲁国朝廷掌握重权，季文子更是三朝元老。按照春秋时期等级森严的社会制度，他吃穿用度的标准即使高于一般官员，也不会影响他的声望。所以，季文子的俭德，完全是高度自觉的道德修养。勤俭节约的背后，其实更重要的是季文子作为当政者，能够体谅人民疾苦的仁爱之心。他劳动奉献为的是治理国家，使老百姓安居乐业，却不图索取，最难能可贵的是毫无虚荣浮夸之气。这在今天都有非常重要的教育意义：劳动中节俭，生活中节欲，工作中反腐。

一、勤俭节用是谨身自律的试金石

从劳动中来，人人皆可树德立志；到劳动中去，事事当需谨身敦行。勤俭是劳动乃至为人处世的自律品行。《尚书·大禹谟》云："克勤于邦，克俭于家。"勤劳可成就富强，节俭可延续富强，二者互为拱卫。开源与节流相辅相成，方能兴邦富家。今天，人民生活水平越来越高，社会发展越来越快，但铺张浪费、虚荣浮夸的现象仍未杜绝，当代大学生应做踵事增华、扬清激浊的时代劳动先锋。

（一）谁知盘中餐，粒粒皆辛苦

中华文明史就是一部恢宏的创业史、劳动史。中华民族经历了五千年的沧桑巨变，凭着勤劳勇敢、乐观坚韧战胜了接踵而至的困难危机。"民以食为天"，但中国的可利用耕地一直不足，当下中国的人均耕地面积在195个国家中排名百位以后，我们总是想方设法在有限的土地资源里，用辛勤换取更多的劳动成果。劳动通常是中国人学习的人生第一课，与那些语重心长的先贤教诲相比，诗词中的劳动咏叹也许更容易打动我们的心。"谁知盘中餐，粒粒皆辛苦"是我们孩提时候的咿呀学语，其实这首妇孺皆知的唐代李绅的《悯农》诗还有以下的姊妹篇：

"春种一粒粟，秋收万颗子。

四海无闲田，农夫犹饿死。"

李绅和同时代的大诗人白居易都是"新乐府运动"（唐中期的诗文革新运动）的倡导者和参与者，他们同情春耕夏耘、辛苦劳作的老百姓，抨击不劳而获、坐享其成的达官贵人，同时也将劳动场景真实地呈现在读者面前。以下是白居易的《观刈麦》：

"田家少闲月，五月人倍忙。夜来南风起，小麦覆陇黄。

妇姑荷箪食，童稚携壶浆。相随饷田去，丁壮在南冈。

足蒸暑土气，背灼炎天光。力尽不知热，但惜夏日长。

复有贫妇人，抱子在背傍。右手秉遗穗，左臂悬敝筐。

听其相顾言，闻者为悲伤。家田输税尽，拾此充饥肠。

今我何功德，曾不事农桑。吏禄三百石，岁晏有余粮。

念此私自愧，尽日不能忘。"

读来不禁使人慨叹，"一粒粟"要变成"万颗子"，是多么艰难。四季耕耘的农人，珍惜自己的劳动成果自不必说；不事稼穑的人，又怎能忍心去随意挥霍这来之不易的饭食？《朱子家训》中有一句名言："一粥一饭，当思来之不易；半丝半缕，恒念物力维艰。"真是说尽了节俭之道。

【案例6-4】

苏轼东坡耕种，房梁挂钱

人们一说到北宋大文豪苏轼，总是喜欢亲切地称呼他"苏东坡"，但这个别号背后还有一段曲折历史。由于政治上的分歧，苏轼的诗文被敌对派官员有意曲解，弹劾他讥讽皇帝、诋毁朝廷，炮制出震动朝野的"乌台诗案"。苏轼因此案身陷囹圄，后经亲朋好友竭力营救才减轻罪责，被贬黄州。

黄州谪居期间，苏轼生活窘迫，就向官府申请了东门外的荒废坡地，带领全家耕种，并自号"东坡居士"。名满天下的大才子、高级官员转身为躬耕田野的农人,这种巨大的身份落差普通人可能都难以接受,苏轼却随遇而安,不仅坦然事农,而且在劳动中怡然自乐,写下《初到黄州》《东坡》等诗篇来展现他豁达悠然的心境。

当然苏轼也体会到了劳作的艰辛,因此格外珍惜劳动所得,实行计划开支,这就是后来曾国藩都为之效仿的"房梁挂钱"。据说,苏轼将钱平均分成12份,每份又平均分成30小份,用麻绳串挂在房梁上,每天取下一串交给妻子王闰之,作为当日的生活开支。精打细算后如还有结余,就把它们存在一个竹筒里,以备意外之需。

《节饮食说》记载,苏轼平时吃饭,不过一荤一酒;自己请客或别人请吃饭,也不能超过三个肉菜,否则就不赴宴。苏轼的用意是:"一曰安分以养福,二曰宽胃以养气,三曰省费以养财。"

下图展示了苏轼携家人东坡耕种的情景。

【点评】人生总是起起落落,有春风得意之日,也有失意沮丧之时。当一个人处于人生低谷,只要乐观振作、自食其力,就一定能度过难关。就像苏东坡,云淡风轻中吹落满身尘埃。他悬梁挂钱的轶事,不仅是勤俭节约的佳话,更展现了豁达开朗的胸怀。积极应对窘困,体会劳动乐趣,珍惜劳动成果,节用以备急需,既展生活智慧,又显从容心态。今天的"月光族""啃老族"应该好好学学"量入为出"这一节俭妙招。

(二)知足者常乐

"知足者常乐"是一种恬淡冲和的人生态度。最早出自于《道德经》,老子说:"故知足不辱,知止不殆,可以长久。""罪莫大于可欲,咎莫大于欲得,祸莫大于不知足。故知足之足,常足矣。"意思是说,获取充足的知识,拥有足够的智慧,懂得克制自己的欲望,知道满足,才是真正长久的富足。求知多多益善,生活节制私欲,这样才能获得人生的平安喜乐。

韩非子也说:"贪如火,不遏则燎原;欲如水,不遏则滔天。"(《韩非子·六反》)个人的贪欲就像疯狂燃烧的烈火、决堤泛滥的洪水,是非常可怕的反噬力量。宋代学者林逋说得更为透彻:"知足者贫贱亦乐,不知足者富贵亦忧。"(《省心录》)知足少欲的人即使贫贱,也能安康快乐;欲求不满的人即使富贵,也总是忧虑难安。

社会的财富是由体力劳动者和脑力劳动者共同创造的,劳动者正常的物质文化需求无可厚非,但是人的欲望如不加以遏制,任其肆意滋长,就会从欲到贪,而贪婪通常是开启灾难的潘多拉魔盒。当今社会中屡禁不止的"网贷""校园贷"悲剧,以及"月光族"群体,不都是前车之鉴吗?

幸福是一种心境，它绝不是物质条件的简单堆砌，而取决于在劳动创造中的获得感、成就感。让我们静心聆听先贤教诲，用理智克服物质享乐的过度诱惑，获得精神上的满足快乐。

（三）由俭入奢易，由奢入俭难

劳动中厉行勤俭节约，需从细微处着手、从生活点滴做起。"千丈之堤，以蝼蚁之穴溃；百尺之室，以突隙之烟焚。"（《韩非子·喻老》）千里堤坝能经受惊涛骇浪的拍打，却抵挡不住小小蚁虫经年累月的啃食；百尺高楼看似巍峨耸立，却因缝隙火星而焚毁坍塌。传承勤俭美德需要润物无声，节制欲望更是要防微杜渐。

北宋有个高官名叫张知白，他在宋真宗朝廷为宰相时，生活非常简朴，旁边的人就劝他随俗一些，不要过于刺眼，让别的官员难堪忌恨。张知白说道："吾今日之俸，虽举家锦衣玉食，何患不能？然人之常情，由俭入奢易，由奢入俭难。吾今日之俸，岂能常有？身岂能常存？一旦异于今日，家人习奢已久，不能顿俭，必致失所。岂若吾居位，去位，身在，身亡，常如一日乎？"（司马光的《训俭示康》中记载）张丞相真是深谙节俭自律并惠及子孙的睿智之人。

三国蜀主刘备临终前留给其子刘禅的遗诏中就反复叮嘱："勿以恶小而为之，勿以善小而不为。"（《三国志·蜀志》）可惜后主刘禅并没有将父亲的话听进去，在历史上只落得"此间乐，不思蜀"的笑柄。

二、勤俭节用是家国昌盛的压舱石

（一）勤俭传家家更兴

前面已经谈过，中国自古就有家风家训世代相传的家族教育传统。勤俭持家是家训文化中的重要思想。古代诸葛亮的《诫子书》、颜之推的《颜氏家训》、司马光的《训俭示康》、朱柏庐的《朱子家训》，近现代曾国藩的《曾文正公家书》《梁启超家书》《傅雷家书》，都是中国人耳熟能详的名篇。其中的经典名言如"静以修身，俭以养德"（《诫子书》）；"侈则多欲。君子多欲则贪慕富贵，枉道速祸；小人多欲则多求妄用，败家丧身；是以居官必贿，居乡必盗。"（《训俭示康》）；"家勤则兴，人勤则俭，永不贫贱。"（《曾文正公家书》）……不胜枚举。

他们不仅谆谆教诲，更是身体力行，垂范后世。在这样的勤俭教育下，家族更加兴旺，后代人才辈出。诸葛亮之子诸葛瞻被父亲寄予厚望，《诫子书》就是为他而作，文采卓越，后来在与魏作战中为国捐躯。曾国藩有三子，除长子夭折外，其余两个儿子都大有作为：次子曾纪泽学贯中西，幼子曾纪鸿在数学研究上颇有建树，这都与曾国藩务实、勤奋、朴实的家庭教育密不可分。

（二）勤俭治国国方盛

家是最小国，国是千万家。在国家建设发展的历程中，更加离不开勤俭的社会风气。诸子百家大多提倡俭朴节用，墨子更是旗帜鲜明地提出了"节葬""节用"的政治主张，"俭节则昌，淫佚则亡"。他认为若社会风气崇尚节俭，国家就会繁荣昌盛；若社会风气奢靡淫佚，国家就会衰亡。勤俭与否影响力如此巨大，已经到了关系国家兴亡的程度。

古代治国之权主要掌握在皇帝和官吏的手中,他们的举止言行对整个国家有着重要的引领作用。纵观历史,凡是国力强盛的时代,统治者都算得上勤政爱民、自律俭朴。

汉文帝有一次想建造露台,"召匠计之,值百金"。百金相当于当时十户中等人家的家产,以九五之尊来说花费也并不过分,但汉文帝还是认为过于奢侈,打消了这个念头。其后的汉景帝也承续了他轻徭薄赋、节欲爱民的治国之策,父子两代造就了为后世称颂的"文景之治"。

宋仁宗也是一位仁厚勤俭的皇帝。他忙于国事,深夜很想喝碗羊肉热汤,但他忍而不言,皇后知道了就劝他:"陛下想吃羊肉汤,随时吩咐御厨就好了,怎能忍饥使陛下龙体受亏呢?"仁宗说:"我若向宫中一时随便索取,会让外边看成惯例,朕昨夜如果吃了羊肉汤,御厨就会夜夜宰杀,一年下来要数百只,这样会形成定例,日后宰杀之数则不堪计算,为朕一碗饮食,创此恶例,且又伤生害物,于心不忍,因此朕宁愿忍一时之饿。"

历史上还有很多清正廉洁的大臣,如三国时期的诸葛亮、明朝的海瑞、清朝的于成龙等,也留下了不少勤政节俭的佳话,为后世称颂敬仰。可见,勤俭治国是国家兴盛的基石。

【案例 6-5】

隋文帝勤俭富国

隋文帝杨坚简朴,在历史上是出了名的。他贵为天子,每天吃饭,只有一道荤菜;一件衣服,也是洗了又洗;他坐的车子,也是一再修理,就是不肯换辆新的。

自己节俭还不算,他对官员要求也特别严格。有一次,有一个地方官到大兴城(隋朝国都,今陕西西安)进献贡品,贡品是干姜,为了方便,当然也为了好看,这个官员就把姜装在了布袋子里面。没想到隋文帝看了,大为心疼,把这个官员叫过来骂了一顿。官员灰头土脸地回去了,也没太明白皇帝为什么发那么大的火,还以为自己做得不够好,下次进贡香料,居然用毡袋子包裹起来。隋文帝觉得此人死不悔改,直接拉过来,打了一顿板子。这下官员才明白过来,不是自己做得不好,而是做得太好了,看来皇帝所谓勤俭治国,不是喊口号,而是动真格的。

干活的人多了,隋朝又实行均田制,耕者有其田,耕者缴其税,不仅使人们的劳动热情空前高涨,政府的税收也有了保障。隋朝一共有六大粮仓。粮仓大到什么程度?举一个例子,河南巩义的洛口仓,周长二十余里,粮窖三千个,每个粮窖储存粮食八千石,整个仓库储米二千四百万石。唐太宗李世民曾经感慨,他说:"计天下储积,得供五六十年。"储存的粮食够政府吃用五六十年,这恐怕是中国历史上存粮量的最高值。

开皇之治

隋文帝是个非常有为的君主,他厉行简朴,任用贤才,做了许多有益于百姓的事情。到了隋炀帝即位时,隋朝国力非常强盛,称为"开皇之治"。

（三）好钢用在刀刃上

提倡节用绝奢，绝不是要人做守财奴、吝啬鬼，而是将劳动创造的财富和成果，除了健康、简约、必要的消费之外，再进行妥善储备，以便人力、财力和物力，能够在最需要、最紧急的时候发挥重要效用。这就是老百姓常说的"好钢用在刀刃上"。

1949 年新中国成立时，接收的是国民党遗留下来的烂摊子，民生凋敝，百废待兴。中国共产党带领着全国各族人民艰苦奋斗，奋发图强，社会风貌日新月异。到了 1957 年，不仅完成了社会主义改造，而且国民经济实现根本好转。但是，全国上下依然保持着艰苦朴素的良好风气。

20 世纪 50 年代，国际环境并不安定，新中国经常面临着霸权国家的挑衅威胁。在朝鲜战争和干涉中国台湾事务等事件中，美国曾多次威胁要对中国使用原子弹，实行赤裸裸的核讹诈。为了坚决打击美国的嚣张气焰，1955 年，中央做出重大战略决策，决定发展原子能事业。可是，制造核武器是需要消耗大量社会资源的系统工程，当时只有美苏英法四国拥有原子弹，世界上大多数国家心有余而力不足。开始苏联同意给予中国援助，但 1958 年中苏关系恶化，苏联单方面撕毁核援助协约，1959 年国民经济又遭受自然灾害等严重困难。但是，中国人从未动摇过制造原子弹的决心，就这样，在内忧外患的严峻考验下，全国人民节衣缩食保建设，钱学森、邓稼先、钱三强等一大批科研人员无私奉献，不怕牺牲。终于在 1964 年 10 月 16 日，中国第一颗原子弹在新疆罗布泊试爆成功。这对后来中国显著提高外交实力和国际声望的贡献是不言而喻的。

三、绿色生活是勤俭节约的新内涵

（一）健康劳动

劳动是社会发展进步的基础，劳动要靠人来完成，健康强健的体魄对劳动质量和效率起着至关重要的作用。现代著名教育学家、原北大校长蔡元培先生提出培养健全的人格，需要四育融通：德育、智育、体育、美育。他还特别强调："殊不知有健全之身体，始有健全之精神；若身体柔弱，则思想精神何由发达？或曰，非困苦其身体，则精神不能自由。然所谓困苦者，乃锻炼之谓，非使之柔弱以自苦也。"这就是说，没有强健的身体，劳动根本无所谈起，当然生活中也不乏身残志坚令人钦佩的榜样，但对于大多数人而言，健康身体是先天具备的资源，既然残疾之人都可做到的事，健康的人又有何借口不勤加锻炼呢？

1917 年，毛泽东在《新青年》上发表了《体育之研究》的论文，提出了著名的体育思想："欲文明其精神，先自野蛮其体魄。"毛主席一直重视劳动和体育锻炼，青年时代就曾和湖南第一师范的同学萧子升结伴，徒步在湖南境内周游考察，行程 900 多里，他觉得既了解了社会民情，又锻炼了身体素质，毛主席一生都坚持晨起运动，洗冷水浴，因地制宜进行适合的运动，简单条件就可开展，如游泳、做操等。延安时期，他向来访的美国记者埃德加斯诺谈及这些事，认为自己能够战胜革命生涯中的无数重大困难，很大程度上得益于体格锻炼对意志的磨砺。

（二）节能劳动

勤俭节用的优良传统，在新时代中国特色社会主义建设中被赋予了新的内涵意义。党的十八大以来，党中央鲜明提出了"创新、协调、绿色、开放、共享"的新发展理念。其中绿色发展的一个重点就是节能减排，通过发展高新科技及降低生产成本等手段，努力实现资源利用率最大化。这对新时代的劳动者提出了更高的技术技能要求，可以说这是勤俭节用文化在新时期的新发展。

（三）环保劳动

战国荀子言："川渊者，龙鱼之居也；山林者，鸟兽之居也；国家者，士民之居也。川渊枯则龙鱼去之，山林险则鸟兽去之，国家失政则士民去之。无土则人不安居，无人则土不守。"（《荀子·致士》）意思是山林茂盛鸟兽才会栖息繁衍。土地和人相互依存，无土地人无法安居乐业，无人土地也无法守护。孟子说："数罟不入洿池，鱼鳖不可胜食也；斧斤以时入山林，材木不可胜用也。"（《孟子·梁惠王上》）不能在鱼类繁殖、树木生长之际进行捕捞或者伐木，反对人类对自然资源的过度开采。可见自古中国人就很重视自然环境和生态系统的保护。

绿色发展的重心，是解决人在建设劳动中与自然和谐共融的问题。在现实生活中，我们还面临很多生态问题：环境污染、资源浪费、生态破坏等，另外，人民群众对清新空气、干净饮水、安全食品、美丽环境的需求越来越强烈。"绿水青山就是金山银山。"党的十九大提出的"乡村振兴"，就是顺时而为的国家重大战略。新时代的劳动者在社会劳动建设中，应该自觉树立环保劳动的意识，向下文提及的田桂荣大姐那样，成为生态环境的保护者和共享者。

【案例6-6】

"中国民间环保大使" 田桂荣

田桂荣是河南新乡一名普通的农村妇女，但作为中国环保劳动事业的先锋人物，她的名字却在国内外媒体中熠熠生辉。让我们来了解一下她的故事。

20世纪90年代初，当时人们的环保意识普遍薄弱，对废旧电池都是随意丢弃。田桂荣因做生意接触到了电池行业，当她了解到废旧电池污染环境的严重后果后，这个朴实的农村妇女决定为改善环境尽一己之力。自1998年以来，田桂荣自掏腰包，东奔西走，自费回收废旧电池百余吨。2002年，她创办中国首个农民发起的环保志愿者协会。2005年，田桂荣以环保为主题竞选村干部，提出让村民喝干净水以及呼吸新鲜空气的环保理念。成功当选新乡县合河乡范岭村主任后，她带领村民大力植树造林，整治村容村貌，建造村文化大院，创办绿色企业和农民夜校，组织妇女开展绿色家庭创建、生态农业等培训。2010年，她又成立了田桂荣生态农业专业合作社，承包了100亩耕地，带动村民积极发展生态农业、观光农业、绿色养殖等，获得了经济效益和生态效益的双丰收。

田桂荣多次荣获福特国际环保奖和格雷特曼等国际大奖，被联合国环境规划署誉为"中国民间环保大使"，并获评2005年首届"绿色中国年度人物"。

民间环保大使田桂荣

【拓展阅读】

朱子家训

［清］　朱柏庐

黎明即起，洒扫庭除，要内外整洁；既昏便息，关锁门户，必亲自检点。一粥一饭，当思来之不易；半丝半缕，恒念物力维艰。

宜未雨而绸缪，毋临渴而掘井。自奉必须俭约，宴客切勿留连。器具质而洁，瓦缶胜金玉；饮食约而精，园蔬愈珍馐。勿营华屋，勿谋良田。

……

祖宗虽远，祭祀不可不诚；子孙虽愚，经书不可不读。居身务期简朴，教子要有义方。勿贪意外之财，勿饮过量之酒。与肩挑贸易，勿占便宜；见穷苦亲邻，须加温恤。刻薄成家，理无久享；伦常乖舛，立见消亡。兄弟叔侄，需分多润寡；长幼内外，宜法肃辞严。听妇言，乖骨肉，岂是丈夫；重资才，薄父母，不成人子。嫁女择佳婿，勿索重聘；娶媳求淑女，勿计厚奁。

见富贵而生谄容者，最可耻；遇贫穷而作骄态者，贱莫甚。居家戒争讼，讼则终凶；处世戒多言，言多必失。勿恃势力而凌逼孤寡；勿贪口腹而恣杀牲禽。乖僻自是，悔误必多；颓惰自甘，家道难成。狎昵恶少，久必受其累；屈志老成，急则可相依。轻听发言，安知非人之谮诉？当忍耐三思。因事相争，焉知非我之不是，须平心暗想。施惠勿念，受恩莫忘。凡事当留余地，得意不宜再往。

人有喜庆，不可生嫉妒心；人有祸患，不可生喜幸心。善欲人见，不是真善；恶恐人知，便是大恶。见色而起淫心，报在妻女；匿怨而用暗箭，祸延子孙。家门和顺，虽饔飧不继，亦有余欢；国课早完，即囊橐无余，自得至乐。

读书志在圣贤，非徒科第；为官心存君国，岂计身家。守分安命，顺时听天。为人若此，庶乎近焉。

活动与训练

月度生活费瘦身挑战

一、活动目标

合理压缩生活费。

二、活动时间

建议 1～2 个月。

三、活动流程

（1）学生统计本月生活消费总额，列出月度消费清单，在本月底进行自查，找出不必要或可压缩的消费项目。

（2）压缩本月消费总额的20%，确定第二个月的生活费预算，并结合自身实际情况合理分配预算额度。

（3）第二个月记录每天消费明细，月底统计总额如未超预算，即宣告挑战成功，反之则失败。

（4）总结自己的节俭理财心得，形成书面总结并交给老师。

（5）教师对学生行动执行情况进行核实，并给予评分，纳入课程考核。

探索与思考

1. 党和国家一贯高度重视粮食安全，倡导"厉行节约，反对浪费"的社会风尚。今天我们已经全面建成小康社会，人民群众基本的生活问题已经解决，还需要节俭吗？作为当代大学生，又如何为勤俭节约的社会风尚贡献我们的力量呢？

2. 反思自己和身边同学有无浪费行为。请列举10条大学生活中常见的浪费行为，并提出改进措施与建议。

3. 勤俭和吝啬有区别吗？为什么？

单元三　守义践诺

名人名言

诚者，天之道也；思诚者，人之道也。

——[战国]孟子

守信践诺，
诚信劳动

学习目标

1. 理解诚信品质在劳动创造中的价值和作用。
2. 明白刻苦学习、勤修技能、爱岗敬业是诚信劳动的主要内容。
3. 认清个人诚信劳动对营造和谐社会环境的重要贡献。

案例导入

商鞅立木取信①

令既具，未布，恐民之不信，已乃立三丈之木于国都市之南门，募民有能徙置北门者予十金。民怪之，莫敢徙。复曰："能徙者予五十金。"有一人徙之，辄予五十金，以明不欺。卒下令。

【分析】商鞅变法在历史上非常有名，它对之后秦国经济发展、国力强盛起到了至关重要的作用，进而打破了战国七雄相互制衡的政治格局，使秦国从中脱颖而出，最终由秦始皇统一天下。当时，商鞅得到国君秦孝公的赏识和支持，废井田，重农桑，奖军功，建县制，但这些改革举措施行之始并不顺利，贵族因怕损害既得利益而百般阻挠，老百姓将信将疑而踌躇不前。商鞅为了树立威信，展示诚信，想了很多办法推行赏罚分明的新政，"南门立木"就是其中一计。可见，诚信是赢得他人信任，争取团结力量，成功实现目标的关键因素。

---

① 司马迁. 史记·商君列传第八（评注本）[M]. 朝兆琦，评注. 长沙，岳麓书社，2012.

一、诚信劳动激励人人求真务实

中华民族历来推崇守义重诺，这种品行在劳动过程中更能彰显其价值，诚信应从每个人自身做起，对营造实事求是、风清气正的社会环境起到了巨大的推动作用。

（一）遵循科学客观的劳动规律

道家学说的核心思想是"道"，是指万事万物的本源，也就是自然的客观规律。"人法地，地法天，天法道，道法自然。"（《老子·第二十五章》）与老子的简洁文风相比，庄子更擅长使用故事和寓言来解说"道"，其中"庖丁解牛"的故事家喻户晓。庖丁（姓丁的厨师）在杀牛分牛的过程中，因为掌握了分解技巧，就能得心应手、游刃有余，其他厨师没多久就要换刀，庖丁的刀几乎没有磨损。这个故事生动形象地阐明了在劳动中应遵循客观规律的深刻道理。

诸子也有类似的论述。"天行有常，不为尧存，不为桀亡。"（《荀子·天论》）"悬衡而知平，设规而知圆。"（《韩非子·饰邪》）"不以规矩，不能成方圆。"（《孟子·离娄章句上》）历代还有很多学者提到了尊重自然法则及遵循客观规律的重要性。

遵循科学客观的劳动规律，一可以节省资源，二可以提高效率，三可以激发智慧，四可以获得劳动成就感。按照规律巧干，就能起到事半功倍的劳动效果。

（二）秉持实干求真的劳动作风

诚信劳动，离不开实干求真的劳动作风。自古以来中国人都深知，诚信做人、踏实做事的思想行为规范是社会和国家安定的基础，诚信实干是个人道德修养、社会人际交往、国家治理体系每个层面都必不可缺的言行守则。

老子说："图难于其易，为大于其细。天下难事，必作于易；天下大事，必作于细。是以圣人终不为大，故能成其大。夫轻诺必寡信，多易必多难。是以圣人犹难之，故终无难矣。"孔子说："君子耻其言而过其行。"（《论语·宪问》）荀子说："闻之而不见，虽博必谬；见之而不知，虽识必妄；知之而不行，虽敦必困。"（《荀子·儒效》）墨子说："言不信者行不果"（《墨子·修身》）。

诸子百家诚信实干的观点惊人的一致，后世历代学者也有众多相似的论述。历史证明，言必信、行必果的劳动态度往往是成功的秘诀；反之，夸夸其谈而无实际行动，必然会失败。

【案例6-7】

李冰开凿都江堰

被誉为"天府之国"的成都是一座深受旅游者喜爱的网红城市，成都的繁华富足历史悠久，这要归功于两千多年前"天府之源"的总设计师——秦蜀郡郡守李冰，他领导开凿的都江堰是世界上目前唯一留存的无坝引水工程，将之前饱受洪涝之苦的成都平原变成了"水旱从人，不知饥馑，时无荒年"的天府之国。直到今天，都江堰还在发挥着巨大的水利功用。

据史书记载，建造都江堰整整花费了二十年的时间。其间，李冰父子几经钻研，用科学实践的精神攻破了重重难关。为了使岷江改道成都，必须凿开玉垒山，在没有火药的年代仅靠人力费时太久，李冰父子和工人们经多次现场实验后，发明了火烧水淬而后锤凿的方法,将工程时间从三十年缩短为八年。开凿出的山口遗迹就是如今都江堰的"宝瓶口"和"离堆"。

此外,李冰还摸索出一整套科学治水策略:都江堰的三大主体工程"鱼嘴""飞沙堰""宝瓶口"因地制宜,相互制约配合,具有"分四六,平潦旱"的分洪灌溉功效;"深淘滩、低作堰"的岁修制度解决了水利治沙难题;"遇湾截角,逢正抽心"保护堤坝的八字真言等。这些治水原理直至今天都是非常实用的科学方法,让人不禁惊叹于古人的智慧。

当代著名学者余秋雨曾在《都江堰》一文中赞叹道:"此后中国千年官场的惯例,是把一批批有所执持的学者遴选为无所专攻的官僚,而李冰,却因官位而成了一名实践科学家。这里明显地出现了两种断然不同的政治走向,在李冰看来,政治的含义是浚理,是消灾,是滋润,是濡养,它要实施的事儿,既具体又质朴。他领受了一个连孩童都能领悟的简单道理:既然四川最大的困扰是旱涝,那么四川的统治者必须成为水利学家。"

【点评】李冰留给后人的,不仅是一个伟大的水利工程和一个繁华千年的城市,更是一笔宝贵的精神财富。2021年4月26日,中国人民银行发行中国能工巧匠金银纪念币(第2组)一套。其5克金币即以李冰和都江堰为题材,背面图案为都江堰水利主体工程,足见世人对李冰精神的认可与推崇。两年多年前的古人,尚且可以凭借科学实践精神创造出如此辉煌的成果,在科技发达、条件优越的现代社会,我们有何理由不脚踏实地、努力奋斗呢?

李冰父子像

都江堰

(三)树立先劳后获的劳动观念

春耕夏耘,秋收冬藏,是不言而喻的自然规律。中华民族是勤劳善良的民族,自古就达成了先劳后获、不劳不获的社会共识。中华传统文化向来排斥、抨击不劳而获的懒惰思想。早期的诗歌中就有对坐享其成行为的斥骂:"硕鼠硕鼠,无食我黍!三岁贯女,莫我肯顾。"(《诗经·硕鼠》)那些如大老鼠般贪婪狡黠的剥削阶级最终被劳动人民推翻。《韩非子》中"守株待兔"的农人也明白了不劳而获是行不通的。宋代王说道:"吾闻不勤而获犹谓之灾,士君子所慎者非常之得之。"《唐语林·补遗三》不通过辛勤劳动就得到的东西其实是灾祸。品德端正的君子要谨慎,不要谋取不当之利。

现实生活中,有些人嫌苦怕累,贪图享乐,就会走不劳而获的歪门邪道。社会上也有些不良现象助长这种不正之风,诸如不良商贩炮制假冒伪劣,高利网贷,电信诈骗,网红主播骗取暴利打赏等社会乱象,实际上都是不劳而获心理驱动的恶果,酿成了众多悲剧。我们要认清不劳而获的严重危害，坚决抵制这种歪风邪气，树立不劳不获、先劳后获的正确价值观。

二、诚信劳动促进社会公平友善

（一）诚信劳动需要公平公正的制度保障

道德和法治是护卫社会建设发展的双翼，诚信劳动通常是双向的人际沟通，需要人与人之间的相互信赖扶持。由于人性的复杂多变以及各种客观因素的影响，要求所有社会成员道德水平整齐划一，达到高度自律的思想境界，只能是一种还未实现的理想状态。因此，在努力提高社会整体道德水平的同时，我们需要制度体系的监管。法律是道德的底线，亦是道德的保障。古人很早就明白了这个道理。

韩非子的法家名言自不必说，法家另一代表慎到也有很多精辟论述，例如，"法者，非从天下，非从地出，发乎人间，合乎人心而已。"（《慎子·佚文》）"官不私亲，法不遗爱，上下无事，唯法所在。"（《慎子·君臣》）法制本就是民情人心的诉求，法制健全，法治做到不偏不倚，社会和国家自然就安定团结。法家先驱管子也说："治国使众莫如法，禁淫止暴莫如刑。"（《管子·明法解》）想要荡涤社会不良风气，管束不法之徒，法律是最佳工具。有了公平公正的法律制度保驾护航，更会极大促进人们诚信劳动的积极性。

（二）诚信劳动维护守义践诺的公序良俗

诚信劳动需要法治的保障，同时也是构建并夯实社会公序良俗的强劲动力。中国社会在千百年来历史发展中，在人们相互信任扶持的劳动过程中，逐渐形成了约定俗成并乐于遵守的公序良俗。例如，"童叟无欺""市无二价""言而有信""君子一言，驷马难追"等，已经得到人们的普遍认同。

在现实生活中，我们身边常会出现这样的情况。有人经常做出不诚信的行为，或为贪利，或为推责，虽然还不足以触犯法律，但他的道德缺陷一定会受到公众的指责和鄙视，人品也受到质疑。看似一时占了便宜，实则吃了大亏，因为没有人愿意与无信之人保持良好的合作，他会为此付出巨大的代价，失信成本过高，又反过来督促他自觉改进。这就是公序良俗潜藏的巨大能量。

（三）诚信劳动共享友善仁爱的社会环境

儒家思想是对中国历史影响最为深远的思想，中国社会的道德体系主要是由儒家思想构建的。"三纲五常"文化是儒家思想的重要内容，"五常"指的是人与人之间仁、义、礼、智、信的道德标准，它贯穿于中华伦理的发展之中。《三字经》曰："曰仁义，礼智信，此五常，不容紊。"古人在幼童启蒙阶段就重视"五常"品德的教诲，可见其必要性。直到今天"五常"文化仍是人们在社会交往中崇尚遵循的道德行为规范。

诚信为"五常"之一。"五常"之间相互融合，对待他人和社会的诚信行为，本身也是仁爱之举、道义之举、礼让之举、睿智之举。作为新时代的劳动者，我们努力践行社会主义核心价值观的过程中，应用诚信劳动去推进建设友善仁爱的社会环境，共享美好社会生活。

【案例 6-8】

失信惩戒机制关系你我他

2014 年 1 月，中央文明办、最高人民法院、公安部、国务院国资委、国家工商总局、中国银监会、中国民用航空局、中国铁路总公司八部门联合出台了《"构建诚信 惩戒失信"合作备忘录》，建立健全针对失信人员的惩戒机制，大力推动社会诚信建设。该备忘录于 3 月 20 日正式实施。

失信人在社会生活中将受到诸多领域的行为限制，部分限制内容如下：

- 限制其申请政府补贴资金和社会保障资金支持。
- 限制其被招录（聘）为公务员或事业单位工作人员，已在职的，其评先、评优、晋职晋级、申请入党或转正等将受到负面影响。
- 限制其乘坐列车软卧、高铁、飞机等交通工具。
- 限制其住宿星级以上宾馆饭店。
- 限制其参加团队出境旅游，以及享受相关旅游服务。
- 限制其新建、扩建、高档装修房屋，购买车辆。
- 限制子女就读高收费学校。限制失信被执行人及失信被执行人的法定代表人、主要负责人、实际控制人、影响债务履行的直接责任人员以其财产支付子女入学就读高收费私立学校。

【点评】国家正在加快推进个人信用体系建设步伐。信用不仅是个人道德品质的重要衡量标准，更是经济社会中宝贵的资源和财富。良好的个人信用可以为你的工作和生活锦上添花。反之就如上文所说，失信人将会举步维艰，甚至无法保障正常生活。为人务须坚守诚信，爱护好个人信用。

三、诚信劳动肩负时代使命责任

（一）在岗位中履职尽责

中国传统文化向来重视尽忠职守的道德品质。孔子云："不在其位，不谋其政。"（《论语·泰伯篇》）从侧面说明"在其位就要谋其政"的道德操守。蜀国丞相诸葛亮呕心沥血践行了"臣鞠躬尽瘁，死而后已"的报国承诺。（《后出师表》）北宋王安石除了文学上的成就外，其实他更看重自己的宰相职责，希冀通过变法实现强国富民，终其一生为之殚精竭虑。"任重者其忧不可以不深，位高者其责不可以不厚。"（《节度使加宣徽》）从这番言论可以看出他对职责的忠贞态度。

"爱岗敬业"是社会主义核心价值观对公民个人层面提出的要求，也是每一个新时代劳动者必须恪守的道德规范和行为准则。劳动只有分工不同，无高低贵贱之分。所以无论是身居高位还是平凡岗位，无论是团队成员还是自由择业者，都应把履职尽责作为职业道德的第一评价标准。

（二）在合作中践行承诺

"诚信友善"同样是对劳动者的道德诉求，它与"爱岗敬业"相辅相成、相得益彰。古人常说的"一诺千金""一言九鼎"就是对这种道德品质的形象比喻，前面讲的"商鞅立木取信"也是实例之一。另外一个反面案例相信很多人都听过，东周时期的"烽火戏诸侯"。周幽王为了取悦宠妃褒姒，听从身边佞臣的馊主意，将国家危急之时报警求助才能升起的烽烟，随意点燃以博美人一笑，视国事如儿戏，惹得火速率兵前来的诸侯们勃然大怒。五年后，真有外敌入侵之时，周幽王再点烽火无人理会，最终身死国灭。从他亲手撕毁与诸侯之间的盟约承诺开始，这个咎由自取的下场早已注定。

在人际交往变得越来越频繁的当今社会，我们更要注重合作沟通，待人以诚，做事守信，某种程度上它比专业能力更有价值。

（三）在新时代敢于担当

中华民族是一个具有强烈使命感和担当精神的优秀民族，儒家"以天下为己任"的报国思想已经深深融入了每一个中国人的血脉之中，世代传承，从无间断。从"明知不可为而为之"的孔子到"达则兼济天下"的孟子，再到"先天下之忧而忧，后天下之乐而乐"的范仲淹到"位卑未敢忘忧国"的陆游，再到"天下兴亡，匹夫有责"的顾炎武，他们的诗句让人热血沸腾，他们的作为更让人敬佩向往。

行进在中华民族伟大复兴征程上的年轻一代，更应该初心不改，继往开来，以时代使命为己任。从前辈手中接过新时代的奋斗接力棒，敢于担当，勇于作为，乐于奉献，成为社会主义的优秀劳动者和建设者。

【案例6-9】

"永不离退休的老党员"周永开

周永开是四川巴中一位年过九旬的老党员。入党70多年来，他始终牢记共产党人的使命与担当，无私奉献，以对党和人民的无比忠诚，不断用实际行动践行着入党时的庄严承诺。

他在1949年以前从事川北地下党工作，在新中国成立后担任巴中县委书记期间，为解决当地人民群众的生活困难，他跑遍全县，磨破了10多双草鞋，被群众亲切地叫作"草鞋书记"。后来历任川北各地干部职务直至1992年离休。"共产党员没有离退休"是周永开常念叨的一句话。他放弃安逸清闲的晚年生活，来到万源花萼山自然保护区，带头组建了退休干部义务护林队，并带动村民义务植树护林，带头植树1000余亩，建成花萼山省级自然保护区。

他不遗余力地弘扬红色文化。创建了大巴山红色教育基地，拍摄《巴山教魂》专题片，编纂的《热血》丛书成为巴中青少年思政教育读本。他经常到机关、学校上党课，并积极捐资助学，在当地几所小学倡导设立了"共产主义奖学金"，因为"这是培养我们事业接班人的大事"。

这位朴实无华的老人真正践行了"为共产主义奋斗终生"的铮铮誓言，"老骥伏枥，志在千里。烈士暮年，壮心不已"正是他的晚年写照。2004年，中组部授予周永开"全国离退休老干部先进个人"称号。2019年，四川省委授予他"四川省优秀共产党员"称号。2020年，中共中央授予他"全国优秀共产党员"称号。

2021年6月29日，庆祝中国共产党成立100周年"七一勋章"颁授仪式在人民大会堂隆重举行，中共中央总书记、国家主席、中央军委主席习近平为周永开等29名共产党员颁授了党内最高荣誉——"七一勋章"。

【点评】周永开老人的故事令人感动。老人的光辉事迹是新时代为了民族复兴、国家富强而不懈奋斗的亿万劳动者故事的缩影。自觉肩负时代使命责任，是诚信劳动的最高境界，青年学生都应立志报国、实干为要，不负韶华，奋斗不止，在新时代建设中实现个人价值和社会价值的完美统一。

【拓展阅读】

女 工

毕淑敏

听说有一家公司招人，年龄文化一律好商量，惟有一条——务必是下岗女工。浦小提得知这一信息，感激得几乎落泪。到了招募地点，是座破败的小楼。浦小提再不敢以貌取人，也不敢挑剔人家的办公条件，只是眼巴巴地问："分给我什么工作？"

"工作吗，很简单，就是打打电话，推销一种酒。"老板是个中年男子，嘴里倒是没有酒气只有烟气。

老板把浦小提领到一架电话旁，丢过来一本厚厚的企业名录，说："这就是你的家伙。跟这上面的企业联络，让他们买咱的酒。"又正色道："知道穆桂英吗？"浦小提说："知道。"

……

"哀兵……懂吗？哀兵必胜！你是一个大大的女哀兵。要向孟姜女学习，孟小姐能哭倒长城800里，你还哭不出一瓶酒？一定要在电话里带出性感的哭腔，平均每隔三句话，就要重复一句——我是下岗女工……我是下岗女工……我是……"老板说得兴起，在破旧的地板革上走来走去，差点没叫卷起来的接缝绊个跟头。浦小提默默地开始收拾东西。其实她也没有什么东西，不过是一个破的蓝布包，布包里装着瘪瘪的钱包，还有一支圆珠笔，这笔几乎从来没有派上过用场，但浦小提出门的时候总会摸摸笔在不在？如果在，就算齐全了，如果不在，她会找到它。其实，对她一个买断了工龄的女人来说，那支笔有什么用呢？

……

浦小提炒了头两个主顾——宁夕蓝和白二宝的鱿鱼，也不再光顾将军精心筑起的小巢。她开始寻找新的工作。需要保姆的人很多，特别是城市籍的下岗女工，很受欢迎。比起不谙世事的乡下妹子，雇主更喜欢人到中年的女性。觉得她们受过失业的煎熬，更懂得珍惜来之不易的工作，对于家用电器，也精通和爱护些。

……

浦小提不偷懒不耍滑，口碑鹊起，不几天找她干活的人就排得满满。刚开始雇她打扫卫生，很快她的业务就扩展到买菜做饭。浦小提总是有言在先，她只在超市买净菜，这主要是为了雇主的健康，绿色无污染，再说她也没法到自由市场讨价还价。私心里还有另一个原因，就是怕雇主怀疑她克扣菜金。小贩那里的菜没个谱，今天便宜了，明天便贵了，谁也说不准。超市的菜都是明码标价，浦小提会把所有菜价的标签都整整齐齐地贴在一张纸上，雇主对于这样的安排都很满意。浦小提很快就以她精湛的家常厨艺赢得了更多的主户，后来，她索性不再接普通的小时工的活儿，专司做饭，收入成倍地增加。

（节选自毕淑敏中篇小说《女工》）

活动与训练
诚信考试公约

一、活动目标

制定并施行"班级诚信考试公约"。

二、活动时间

建议 1 周。

三、活动流程

（1）在老师的指导下，班委组织开展"树优良学风，正诚信考风"主题活动。

（2）每位同学围绕活动主题，为班级至少提一条合理化建议。

（3）班委收集建议后，全班参与评选，选出十条可操作性强的最佳建议，形成"班级诚信考试公约"。

（4）"班级诚信考试公约"在班群里进行公示，如无异议则开始施行，并作为班级各类评优评先活动的参考标准。

探索与思考

1．诚信是中华民族的传统美德，而我们今天的社会中，还有很多不诚信的行为。请你举出一些社会中的负面事例，并提出自己的解决办法或建议。

2．班级讨论会：社会主义核心价值观中的"爱国、敬业、诚信、友善"集中体现了社会主义核心价值观在个人层面的基本规范和要求。请结合自身实际，谈谈自己如何在专业学习、实习实训、个人生活等方面践行社会主义核心价值观。

模块七　和合鼎新，以劳汇智

模块导读

本模块主要包括三项内容。一是兼容并包,讲授中国传统文化中海纳百川、兼济天下、开放共享的劳动文化,引导青年学生树立宽广的胸怀,用开放、共享的理念创造劳动成果;二是阐述团结协作的精神内涵,结合当今社会现状,谈谈团结协作精神对当代大学生劳动素质培养的积极作用;三是从创新精神、创新方法和创新内容方面解读我国创新精神的元素,说明如何在劳动教育培养当代大学生的创新精神。

单元一　兼容并包

名人名言

海纳百川,有容乃大;壁立千仞,无欲则刚。

——[清]林则徐

学习目标

1. 认识到兼容并包的眼光和胸怀是劳动创造的强劲动力。
2. 理解兼容并包的思想内涵和文化价值。
3. 学会用开放、共享的新发展理念指导劳动实践。

案例导入

中国最早的高等学府——齐国稷下学宫

稷下学宫创办于公元前4世纪中叶,延续了一百三十多年。稷下学宫以极高的礼遇召集各地人才,让他们自由地发展学派,平等地参与争鸣,造成了学术思想的一片繁荣。结果,它就远不止是齐国的智库了,而是成了当时最大规模的中华精神汇聚处,最高等级的文化哲学交流地。因此,经由稷下学宫,中华文化成为一种"和而不同"的壮阔合力,进入了世界文明史上极少数最优秀的文化之列。

孟子是稷下学宫中很受尊重的人物,《孟子》一书中提到他与齐宣王讨论政事就有十七处之多。齐宣王开始很重视孟子的观点,后来却觉得不切实用,没有采纳。但这种转变,并没有影响孟子在学宫中的地位。

齐国朝廷最感兴趣的是黄老之学(道家),几乎成了稷下学宫内的第一学问,但这一派学者的荣誉和待遇也没有因此比其他学者高。后来三为"祭酒"执掌学政而成为稷下学宫"老师中的老师"的荀子,并不是黄老学者,而是儒家的集大成者。他的学生韩非子,则是法家的代表人物。

由于统治者的取舍并不影响各派学者的社会地位和言论自由,稷下学宫里的争鸣也就有了平等的基础。彼此可以争得很激烈，似乎已经水火难容，但最后还是达到了共生互补。甚至一些重要的稷下学者到底属于什么派，越到后来越难以说清楚了。

在中国文化这所学宫里，永远无法由一家独霸，也永远不会出现真正"你死我活"的决斗。一切都是灵动起伏、中庸随和的，偶尔也会偏执和极端，但长不了，很快又走向中道。连很多学者的个体人格，往往也沉淀着很多"家"，有时由佛返儒，有时由儒归道，自由自在，或明或暗地延续着稷下学宫的丰富、多元和互融。

【分析】稷下学宫始建于春秋齐桓公时期，是齐国为囊括人才及问计国策而设立的"社会科学院"，因建于国都临淄（今山东省淄博市临淄区）稷门附近而得名。后来慢慢成为列国学者进行思想论辩的舞台中心，诸子百家都以能在稷下学宫争鸣学术为荣，在当时具有强大的影响力和吸引力。诸子百家用辛勤的脑力劳动创造出壮观的"百花齐放"文化成果，稷下学宫功不可没，它的成功就在于树立了宽容博大的学术风气，营造了和谐自由的学术环境。

一、海纳百川

农耕文明不仅给中华民族奠定了安居乐业的物质基础，也为中华文明提供了宽容博大的文化胸怀。就如汹涌浩荡的黄河长江，一路奔腾中不拒任何江河溪流，最终百川归海融为一体。中国历史和文化的发展也不断兼收并蓄、博采众长，这既是一种雍容的气度，也是一种坚定的自信。

（一）兼收并蓄

兼收并蓄是传统文化历来提倡的文化精神，这个词出自唐代大学者韩愈之文："玉札丹砂，赤箭青芝，牛溲马勃，败鼓之皮，俱收并蓄，待用无遗者，医师之良也。"（《进学解》）本意是说医者采药制药，选取的药材固然有珍贵的，但也并不舍弃低贱的药材，因为它们各有药效，对症下药才是良医之道。世间一切事物都有其价值和功用，应该多多收集和保存，才能物尽其用。

其实早在先秦时期，人们就很重视兼收并蓄的思想，上文提及的"稷下学宫"及其产生的深远影响就是代表性事例之一，秦始皇的"焚书坑儒"事件恰好是最典型的反面教材。中国古代但凡盛世，无不体现乐于接纳吸收外来事物的雍容气度。如西汉时期张骞出使西域，带回大量农作物新品种的种子，如核桃、蚕豆、芝麻、葡萄、石榴、香菜、胡萝卜、黄瓜、大蒜等，今天已成为中国人餐桌上的丰富食材。我们现在喜欢吃的玉米、红薯、西红柿，也是古代劳动者从西方引进精心培植的外来物种。由此可见，兼收并蓄是丰富人们物质和文化生活的有效途径。作为新时代劳动者，一定要继承和发扬这种劳动文化。

（二）择善而从

子曰："三人行，必有我师焉；择其善者而从之，其不善者而改之。"（《论语·述而》）孔子说的是学习态度，正确的意见和方法就跟从施行，不对的意见和方法就纠正改进它。这也是一种劳动智慧，兼收并蓄是择善而从的前提，只有广泛地收集储备才有更大的比较选择空间；择善而从是兼收并蓄的升华，只有在合适的客观条件下，取其精华、去其糟粕才能更好地借鉴、利用他人的劳动经验，社会才会因此保持发展活力，不断提高生产力和生产质量。

我国的农业种植传统一直都是"南稻北麦"，这是由南北雨水多少决定的。南方虽雨水充沛，但四季分布不均，有时久旱无雨，有时雨多成灾，对水稻生长极为不利，所以古代农人最渴望"风调雨顺"，也表达了靠天吃饭的无奈。北宋时期，原产于东南亚的占城（今越南境内）稻传入福建地区，很快以其耐寒、适应性强、生长期短的优点得到农人们的喜爱，宋朝政府也鼓励耕种，并通过培植改良，不断向北推广，大幅增加了耕种面积，提高了稻谷产量，为宋代商业的繁荣奠定了坚实的基础。

（三）为我所用

对他人或他国劳动成果和经验的借鉴，并不是"按图索骥""依葫芦画瓢"。历史证明，生搬硬套的学习和借鉴是行不通的，不实事求是，不从自身实际出发，只想直接"复制""粘贴"，从本质上说，就是一种懒惰的思想行为表现。对于个人来说，由于性格、爱好、特长、生长环境的不同，个体对于同一知识或经验的学习和实践效果一定存在差异，这就是我们通常所说的"学无定法""因材施教""量体裁衣"；对于国家而言，由于国情、地域、历史、文化等的差异，不同国家选择的发展道路和发展方式也必定存在差异。没有最好的方法，只有最适合的方法。希望每个人都能通过兼收并蓄、择善而从，最终实现为我所用，找到适合自己的奋斗之路。

【案例 7-1】

党史上的伟大转折——遵义会议

在中国共产党波澜壮阔的百年历史中，遵义会议是一次极其重要的会议，被誉为"伟大的转折"。以毛泽东为代表的共产党人第一次独立自主地运用马克思列宁主义基本原理，解决了当时党的路线、方针和政策等方面的严重问题。遵义会议在生死攸关的关键时刻，挽救了党，挽救了红军，挽救了中国革命。

1934 年，王明、博古等中央领导和共产国际军事顾问李德等人在教条主义错误思想引导下，机械照搬俄国十月革命的以城市为中心夺取政权的模式，导致红军屡屡失利，第五次反"围剿"失败，中央苏区遭受重创，红军被迫进行战略转移，同年 10 月开始长征。

1934 年 12 月 15—17 日，中共中央政治局在遵义召开扩大会议。会议总结了第五次反"围剿"失败的经验教训，纠正了博古、王明、李德等人"左"倾领导在军事指挥上的错误，肯定了毛泽东关于红军作战的基本原则，确立了毛泽东在中共中央和红军的领导地位。

在毛泽东的指挥领导下，红军"四渡赤水出奇兵"，以机动灵活的军事战术摆脱了国民党数十万大军的围追堵截，取得了战略转移中具有决定意义的胜利，保存下革命的火种，直至后来的星火燎原。

【点评】王明、博古等人都是"留苏派"，系统地学习过马克思主义理论知识，也学习过苏联的成功经验。但他们的学习是生搬硬套，不考虑中国与苏联的国情差异，必然会在实践中遭受失败。而毛泽东刚好相反，他经过长时间深入基层的调查研究，因地制宜，既学习借鉴先进理论，又重在"为我所用"，走出了一条实事求是的胜利道路，并最终创造了马克思主义中国化的伟大成果——毛泽东思想。

二、兼济天下

（一）自立自信

孟子云："穷则独善其身，达则兼济天下。"（《孟子·尽心上》）前句强调道德修养，后句强调社会责任和担当。在劳动实践中也需要这样的精神，对于个人、团队、民族、国家来说，都需要自立自强，有了足够的能力，才能帮助他人，造福社会。独善其身是兼济天下的基础和前提，兼济天下是独善其身的目标和追求。

古代的范仲淹、文天祥，当代的袁隆平、屠呦呦，还有中国历史长河中奋发自强、厚积薄发、无私奉献的劳动者们，都是我们敬佩和学习的榜样。

（二）亲仁善邻

"亲仁善邻，国之宝也。"（《左传·隐公六年》）崇尚仁义之道，与邻国保持友好关系，是国家的财富。"克明俊德，以亲九族。九族既睦，平章百姓。百姓昭明，协和万邦。"（《尚书·虞书·尧典》）在尧的时代中国人就明白家族和睦、社会和睦、邦国和睦的重要性，国家之间相互尊重、相互帮助，是实现天下大同的必由之路。

新中国成立后，中国在大力发展本国经济的同时，向亚洲、非洲、拉丁美洲和东欧等120多个发展中国家提供了他们急需的援助，主要集中在工农业生产、基础设施建设、文教卫生、民生服务等领域。如1976年建成通车的非洲坦赞铁路，就是由中国铁路工人远赴重洋，与坦桑尼亚和赞比亚两国通力合作的劳动成果，是中国劳动者送给非洲人民的厚重礼物。中国的援助遵循平等互利的原则，在国际上树立了良好的声望和形象。

（三）中国智慧

中华民族在千百年的劳动奋斗中，创造了大量的劳动成果，无数能工巧匠在劳动实践中发现了科学规律，发明了科技成果。这些劳动成就不仅造福了中国人民，其中很大一部分还传播到世界各地，为世界人民带来福祉。

"四大发明"是古代中国对世界的杰出贡献，造纸术和印刷术直接推动了西方文艺复兴和启蒙运动的发展；火药对世界战争史有巨大影响，改变了世界政治格局；指南针帮助西方加快航海和探险步伐，加速了世界经济发展进程，哥伦布发现美洲新大陆和麦哲伦实现环球航行也都得益于它。此外，祖冲之的圆周率、李时珍的《本草纲目》等对世界的贡献有目共睹。汉代通达西域的"丝绸之路"、唐代络绎不绝的"遣唐使"，都见证了中华文化和劳动智慧远播四海的悠久历史。

今天，我们仍然要继续传承这种"兼济天下"的文化精神，为世界贡献更多更好的"中国方案"和"中国智慧"。

【案例7-2】

活字印刷术改变了世界

中国的"四大发明"扬名世界，为世界文化发展和科技进步做出了巨大贡献。其中的"活字印刷术"是由北宋时期的印刷工人毕昇发明的。

毕昇是北宋仁宗年间杭州一家书坊的学徒，那时主要使用的是唐朝传下来的雕版印刷术。毕昇吃苦耐劳，聪明伶俐，很快就成为一名技艺娴熟的印刷工人。但他细心地观察到，雕版印刷术存在不少弊端，一是成本太高，雕刻模板费时费工，而且雕错一个字整块模板全部报废；二是利用率低，模板印完以后就没有用了，非常可惜。不但工人辛苦，而且推高了书价。于是他就开始琢磨，能不能克服这些缺点，改进印刷术。他吸取前人雕刻印刷经验，经过无数次的实验、失败和改进，终于发明了活字印刷术，制成了胶泥活字，实现了排版印刷，既节省了人力、物力，还极大地提高了印刷效率，为书籍普及和文化发展做出了巨大贡献。

毕昇的胶泥活字印刷术因其低廉成本和诸多优点很快名扬四海，随着宋朝对外贸易和交流的发展传到国外，先后传至朝鲜、日本、越南、菲律宾、伊朗等国，被称为"陶活字"。四百年后，德国的戈登堡用活字印成《戈登堡圣经》，这是欧洲第一部活字印刷品。15世纪再经德国传到欧洲十多个国家，加快了文艺复兴运动的步伐。16世纪，活字印刷术传到非洲、美洲、俄国，19世纪传入澳洲。在世界科学技术的历史长廊中树立了不朽的丰碑，被西方学者称为"文明之母"。

毕昇发明活字印刷术

【点评】勤劳善良的中国人民自古以来就用自己的聪明和智慧创造出无数伟大的劳动成果，这些劳动结晶不仅推动着中国历史的发展，也传播海外，为世界文明进程做出了巨大贡献。这是我们的民族自信，也是我们的文化自信。今天，我们仍然致力于新时代的劳动创造，努力为世界奉献更多的"中国智慧"和"中国方案"。

三、开放共享

（一）谦逊包容

中华民族是自信自强的民族，不惧任何挑战和胁迫；中华民族也是谦逊包容的民族，从不傲慢自大、恃强凌弱。中华文化崇尚的是谦逊包容的道德修养，"劳而不伐，有功而不德，厚之至也。"（《周易·系辞上》）有功劳而不夸耀，有功德而不自矜，这才是最高境界的德行。"贤者任重而行恭，知者功大而辞顺。"（《战国策·赵策二》）贤能之人肩负重任而言行谦恭，睿智之人功勋卓著而言行和顺。"君子不矜己善，而乐扬人善。"（清·申居郧《西岩赘语》）也就是说君子不夸耀自己的优点，而乐于宣扬别人的善行。周总理强调："严于律己，宽以待人。"（周恩来《团结广大人民群众一道前进》）这是共产党人的道德修养和行为准则。

越强大，越自信，越谦逊，越包容，这才是真正的君子风度和大国气度。

（二）和而不同

孔子提供了一种君子小人的判别方法，子曰："君子和而不同，小人同而不和。"（《论语·子路》）君子注重与他人保持和谐友善的关系，但并不随意附和别人的看法及做法；而小人恰恰相反，为了达到自己的目的，可以无原则地迎合他人，但实际在内心并不认同，更谈不上和谐友善。孔子又说："君子周而不比，小人比而不周。"（《论语·为政第二》）也就是说君子因义而合，小人却是因利而合。"周"是一种圆满和谐的状态，"比"是一种为利苟合的状态。

因义而合的人际关系树立平等互敬的社会风尚，为利苟合的人际关系只会败坏社会风气，好同恶异、党同伐异的做法对社会极具破坏力。由此可见，中国传统文化认为社会是包罗万象的复杂整体，应该充分认识到社会中万事万物客观存在的差异性，在尊重"不同"的基础上求同存异，各自发挥聪明才智，努力创造和谐美满的社会环境。

【案例7-3】

惺惺相惜的政敌

王安石和司马光都是北宋时期著名的大文豪。王安石诗文俱绝，为"唐宋八大家"之一，"春风又绿江南岸"等名句传诵千年，"司马光砸缸"的美谈家喻户晓，他主编的《资治通鉴》与司马迁的《史记》是中国最伟大的史学巨著。其实，除了文学上的成就，他俩还是同时代的杰出政治家，但性格迥异，政见相对，一个是"改革派"，另一个是"保守派"。

王安石为人不拘小节，嫉恶如仇，他天资聪慧，少年及第，仕途顺达。他擢升宰相后，面对北宋强敌环伺、危机四伏的政治形势，锐意改革，在宋神宗的支持下推行"一条鞭法"，并排挤掉了反对变法的司马光。司马光性情温和，待人宽厚，他提倡"无为而治"，承袭祖制，遵循旧法，与民休养生息。宋神宗病死后，因即位的宋哲宗年幼，当政的太皇太后罢免王安石，重用司马光为相，司马光主张废除新法，对农民施以"仁政"。

今天看来，"新法"未必全好，"旧法"未必全坏，无论是"改革"还是"保守"，其初衷都是为了充盈国库，富民强国，只是执政理念大相径庭。作为政敌他们针锋相对，但都非常赏识对方的才华和人品。皇帝询问王安石对司马光的看法，王安石称之为"国之栋梁"，对司马光的能力和德行都大加赞赏。王安石变法失败被黜后，很多官员都落井下石想要置他于死地，司马光告诉皇帝，王安石胸怀坦荡、忠心耿耿，有古君子之风；皇帝赞道："卿等皆君子也！"

【点评】王安石、司马光不仅是文学巨人，也是品行上的坦荡君子，他们是针锋相对的政敌，也是相互敬重的知己，政治观念上的分歧并不影响对彼此道德及人品的肯定。最让人敬佩的是，在对手遭到舆论攻击时，还能挺身而出，力排非议，完美地诠释了"君子和而不同"的真正含义。

王安石塑像

司马光画像

（三）美美与共

世界上有很多国家和民族,每个国家和民族都有自己独特的文化和艺术,每种文化没有贵贱优劣之分,都是人类文明的重要组成部分。在国际交往交流越来越频繁的当今社会,面对文化之间的差异甚至冲突,如何做到"和而不同"? "各美其美,美人之美,美美与共,天下大同"可谓是处理不同文化关系的最佳解决方案。这16字"方针"由中国当代著名社会学家费孝通总结而成,是将中国传统文化高度凝练而成的思想结晶。

这16个字体现了四个层次:一是增强自身文化自信,二是尊重他人或他国文化,三是加强文化交流,四是达到大同世界、百花齐放的和谐境界。在新时代创新、协调、绿色、开放、共享的新发展理念指导下,让我们欣赏自己、欣赏他人,用辛勤劳动创造丰富多彩、日新月异的美好社会。

【拓展阅读】

和与同异乎

[春秋] 左丘明 《左传》

齐侯至自田,晏子侍于遄 [chuán] 台,子犹驰而造焉。公曰:"唯据与我和夫!"晏子对曰:"据亦同也,焉得为和?"公曰:"和与同异乎?"对曰:"异。和如羹焉,水火醯 [xī] 醢 [hái] 盐梅,以烹鱼肉,燀 [chǎn] 之以薪。宰夫和之,齐之以味,济其不及,以泄其过。君子食之,以平其心。君臣亦然。君所谓可而有否焉,臣献其否以成其可。君所谓否而有可焉,臣献其可以去其否。是以政平而不干,民无争心。故《诗》曰:'亦有和羹,既戒既平。鬷 [zōng] 嘏 [gǔ] 无言,时靡有争。'先王之济五味,和五声也,以平其心,成其政也。声亦如味,一气,二体,三类,四物,五声,六律,七音,八风,九歌,以相成也。清浊,小大,短长,疾徐,哀乐,刚柔,迟速,高下,出入,周疏,以相济也。君子听之,以平其心。心平,德和。故《诗》曰:'德音不瑕。'今据不然。君所谓可,据亦曰可;君所谓否,据亦曰否。若以水济水,谁能食之?若琴瑟之专一,谁能听之?同之不可也如是。"

活动与训练

宿舍谈心会

一、活动目标

通过宿舍成员之间的谈话谈心，每个人诚恳评价他人，并了解自己在别人心目中的形象，听取别人对自己的学习习惯、生活习惯等的意见和建议，以便制订相应的改进措施，提升自身素养。

二、活动时间

建议 30 ～ 60 分钟。

三、活动地点

宿舍。

四、活动流程

（1）教师布置活动要求：以宿舍为单位，每个学生事先准备好发言材料，对同宿舍的每个室友分别进行学习、生活等的综合评价，实事求是，既要谈优点，也要谈缺点和不足，并提出诚恳的意见和建议。

（2）宿舍谈心会时间由各宿舍自行选择，但应在规定的一周内完成。

（3）谈心会上，每个同学认真记录别人对自己的意见和建议，以虚怀若谷的心胸理性看待评价。会后整理笔记，并有针对性地制订改进计划。

（4）一周后，将个人笔记和改进计划交给教师。教师期末对计划执行情况进行考核，并给予评分。

探索与思考

1．在劳动实践中，"兼容并包"与"和而不同"的思想矛盾吗？如果不矛盾，如何做到二者的有机统一？请谈谈你的理解。

2．"兼容并包"也是对劳动人才的高层次文化要求，当今社会对复合型人才的需求越来越大，你认为复合型人才应该具有哪些重要的素质？自己怎样去培养和提升这些素质？

单元二 团 结 协 作

名人名言

二人同心，其利断金。同心之言，其臭如兰。

——《周易·系辞上》

学习目标

1．了解中国传统文化中团结协作的内涵。

2．理解团结协作在当今青少年劳动品质教育中的意义。

3．培养团结协作、共创成果的劳动品质。

建强团队，
团结协作

案例导入

国王的遗嘱

《魏书·吐谷浑传》记载这样一个寓言故事：从前吐谷浑国的国王有19个儿子。他这19个儿子个个都很有本领，难分上下。可是他们自恃本领高强，都不把别人放在眼里，认为只有自己最有才能，经常明争暗斗。阿豺临终把19个儿子叫到面前，叫他们分别取一支箭折断，又叫母弟慕利廷折箭一支，都很容易折断。然后他又叫慕利廷取十九支箭折之，慕利廷不能折。国王阿豺告诉他们，一支箭易断，团结一致则不易摧垮了，要求他的儿子同心协力。

【分析】这则寓言告诉我们，团结就是力量，只有团结起来，才会产生巨大的力量和智慧，才能无往而不催。劳动需要团结，需要彼此协作，依靠团队才能创造更大的劳动成果。

一、团结协作的丰富内涵

勤劳的中华民族自古以来就在生产、生活中讲求团结互助、合作共享，形成了团结协作的劳动理念。这一理念在传统文化中蕴含着丰富的精神内涵，主要体现在和谐人际观、集体主义观和协作观等方面。

（一）追求和谐的人际观

在社会发展的历史长河中，人与人和睦相处，安定团结，共同致力于劳动生产，国家才能兴旺，民族才能昌盛，社会才能进步。和谐的人际关系可以使一个劳动集体产生凝聚力、战斗力和创造力。中华民族"以和为贵、团结奋斗"的文化传统，形成了"和谐"的人际观。

《道德经》中老子描绘了他理想中的社会是：人与人之间和谐相处，宽大为怀，人人"甘其食，美其服，安其居，乐其俗"。

《国语·郑语》提出："夫和实生物，同则不继。以他平他谓之和，故能丰长而物归之。"也就是说，和谐是创造事物的原则，不同个体应相互尊重，平等相处。

孔子提出"宽厚处世，协和人我""四海之内皆兄弟"，就是要创造和谐包容的人际关系。"己欲立而立人，己欲达而达人"是一种博施济众的仁爱；"己所不欲，勿施于人"则是宽恕待人的准则，体现了一种博大、宽容、尊重他人的精神和理念。

孟子有名言"天时不如地利，地利不如人和"，"人和"就是和谐的人际关系。孟子也推崇仁爱之道，所谓"老吾老，以及人之老；幼吾幼，以及人之幼"，也是儒家泛爱大众的思想表现。

墨家提出"兼相爱"，主张不分人我，不分亲疏，无差别地把爱施展到所有人，"爱人若爱其身"，做到"有力者疾以助人，有财者勉以分人，有道者劝以教人"，使"天下之人皆相爱，强不执弱，众不劫寡，富不侮贫，贵不敖贱，诈不欺愚"。

朱熹在为"四海之内皆兄弟"作注时说："苟能持己以敬而不间断，接人以恭而有节文，则天下之人皆爱敬之，如兄弟矣。"（《论语集注》），主张人和人之间需要相互团结，和睦共处。

在传统文化看来，国和则强，家和则兴，邻和则睦，国和、家和、邻和，才是真正的和谐社会。要做到"和"，加强个人的修身养性很重要，儒家提出了温、良、恭、俭、让、仁、义、礼、智、信等道德要求作为为人处事的基本准则。

（二）强调整体利益的集体观

中国文化崇尚集体主义，强调个人是社会的一部分，社会整体的幸福是个人幸福的保证。传统的中国人是向心式个体，是社会导向的，是个体归属感特别强烈的族群。古代神话中，有诸多主人公以家国天下为己任，不计个人得失，鞠躬尽瘁，死而后已，体现出强烈的集体主义精神和团结精神。无论是开天辟地的盘古垂死化身，还是神农遍尝百草最后因断肠草殒命，抑或是大禹三过家门而不入，均是如此。舍己为人、大公无私、先人后己的团结精神塑造了中华民族的精神气质。

《诗经》中提出"夙夜在公"，《书经·周官》提出"以公灭私，民其允怀"，都体现着一种整体精神。《礼记·礼运》里讲"大道之行也，天下为公"；儒家提出德行的基本要求是"修身、齐家、治国、平天下"。正是这种强调国家和社会整体的道德观念，培育了一代代、一批批 "临患不忘国""图国忘死"（《左传》）的爱国志士。先贤们从内心深处发出的"捐躯赴国难，视死忽如归"（曹植的《白马篇》），"以国事为己事，以国权为己权，以国耻为己耻，以国荣为己荣"（梁启超的《爱国论》），"国家兴亡，匹夫有责"等呼声，都是这种整体精神的真切体现。

历史上能以整体利益，以全民族和整个国家的利益为出发点来考虑和处理问题的例子很多，至今仍让人感动和深思：为了国家利益，团结同僚，蔺相如忍让廉颇，有了著名的将相和故事；西汉的李广、霍去病，南宋著名的民族英雄岳飞，他们克己奉公，鞠躬尽瘁，当个人利益与国家利益发生冲突时，毅然选择服从国家利益；汉朝贾谊"国而忘家，公而忘私"，伟大诗人陆游的经典名句"位卑未敢忘忧国"，范仲淹的"先天下之忧而忧，后天下之乐而乐"以及鲁迅的"我以我血荐轩辕"等爱国情操，正是我们国家发展不竭的精神力量，也是在新时代劳动中需要传承和发扬的。

（三）注重互助的协作观

在古代，不论是君王还是官吏，不论是国家还是个人，都强调团结协作。老子强调的是集体中领袖的带头和协同作用。他主张君王要谦下："善用人者，为之下。"并以江海之汇聚为例进行详解："江海之所以能为百谷王者，以其善下之，故能为百谷王。是以欲上民，必以言下之；欲先民，必以身后之。是以圣人处上而民不重，处前而民不害。是以天下乐推而不厌。以其不争，故天下莫能与之争。"老子认为要想作万民之君王，必须先谦下；要想站在百姓前面，必须先把自己放在百姓后面。以江海容纳百川的比喻说明谦下对君王治国的重要性。而儒家提出了人和人协同合作的准则——"和而不同"，展示了作为君子有容乃大的宽阔胸襟和情怀，提倡在与他人交往的过程中和睦包容，也肯定了个人的差异，主张尊重差异，优势互补。

汉代刘安的《淮南子》对团结协作、各尽其才有其精辟论述：

"故千人同心则得千人力，万人异心则无一人之用。将卒吏民，动静如身，乃可以应敌合战。故计定而发，分决而动，将无疑谋，卒无二心，动无堕容，口无虚言，事无尝试，应敌必敏，发动必亟。故将以民为体，而民以将为心。"

在民间，中国古代农村很早就有互相协作的优良传统。宋朝著名诗人王禹偁深为陕西省农民共同劳动、互相协作的优良传统所感动,写出著名的《畲田调五首》加以歌颂。

其一如下:

北山种了种南山,相助力耕岂有偏。愿得人间皆似我,也应四海少荒田。

这里说的是北山种完了,再种南山,大家互相帮助,努力种田,哪有什么偏心。如果人间都像我们这样互助协作,共同劳动,所有地方都不会有荒废的农田。

从这里我们看到了中国古代农民发挥集体智慧,开荒种地,改造自然的伟大力量,以及相互协作,共同劳动,平等互助,克服困难,积极向上的乐观主义精神和优秀品质。

【案例 7-4】

临潭县城元宵节"万人拔河"活动

临潭县位于甘肃省甘南藏族自治州,古称洮洲,该县元宵节每年一度的"万人拔河"赛(扯绳)已有六百多年的悠久历史,已成为当地民俗文化的活动的主要内容。

临潭万人拔河在每年农历正月十四、十五、十六日晚上举行,每晚三局,三晚九局。不分男女老少,不分汉、回、藏民族,不设裁判,也不分队,只简单地区分为上片和下片——以县城西街为界线,以北属上片,以南属下片,参加人数近十万人,其场面之壮观,令人赞叹不已。

比赛时,所有人都忘记了自己的民族、年龄、职业,忘记往日的辛劳、疲惫、忧愁、烦恼,充分显现大西北人的粗犷、豪放与执着,那绳如巨龙流动、蛟龙出水,忽上忽下,或动或静,相争相持,气势为虹,真乃"人心齐、泰山移"!

临潭县城元宵节"万人拔河"活动在参赛人数、扯绳的重量、直径、长度上不仅是历史之最,堪称世界之最,已被载入吉尼斯世界纪录。

临潭县元宵节万人拔河(扯绳)活动

【点评】临潭的"万人拔河"已经不是单纯意义上的"占年岁丰歉",而是一种聚集起了全体劳动者的意志、智慧和力量的活动。人们同心同德,精诚合作,团结一致,互相打气鼓励,互相鼓舞,在比赛中真正体会到团结的力量和集体的力量。

二、团结协作在劳动中有着重要意义

（一）团结协作能汇聚力量与智慧

中华民族对于团结精神有着深刻的理解，格外重视团结的力量。荀子曾说："人，力不若牛，走不若马，而牛马为用，何也？曰：人能群，彼不能群也"（《荀子·王制》），认为人在本质上是群居的生命体，是有团体力量的，并强调"和则一，一则多力"。

汉代韩婴《韩诗外传》中云："独视不若与众视之明也，独听不若与众听之聪也，独虑不若与众虑之工也。"强调群体的力量远大于个人。

据《三国志》记载，孙权曾说："能用众力，则无敌于天下矣；能用众智，则无畏于圣人矣。"意思是如果有能力充分发挥和利用众人的力量与智慧，就可以所向无敌、无所畏惧。

晋代葛洪在《抱朴子·务正》中说："众力并，则万钧不足举也；群智用，则庶绩不足康也。"北宋学者石介强调："明堂所赖者唯一柱，然众材附之乃立；大勋所任者唯一人，然群谋济之乃成。"都是在强调依靠集体的智慧和努力才能完成大任。

清代魏源《默觚下·治篇》中云："倾厦非一木之支也，决河非捧土之障也。"意思是倾斜的大厦不是一根木头就能支撑得住的，决了口的大河不是一捧土就能堵塞得住的。

除了古代贤哲的论述，民间关于团结协作的谚语也非常丰富，比如，"人心齐，泰山移""芦柴成把硬，大家拾柴火焰高""猛兽不如群狐""单丝不成线，孤木不成林"，蒙古族谚语"杂草多的地方牛羊壮，群众多的地方智慧广"，维吾尔族谚语"群众在哪里，哪里就有胜利的歌声"，彝族谚语"一人难挑千斤担，众人能移万座山"等，这些生动活泼的说法贯穿中国东西南北。

（二）团结协作能打造强大的团队

《尚书·泰誓》里记载武王伐纣时曾说："受有亿兆夷人，离心离德。予有乱臣十人，同心同德。"他认为商纣王荒淫无道，虽然人数众多，但是离心离德；而自己虽然只有十个人，但是同心同德，一定会成就事业的。于是，武王的军队势如破竹，以弱胜强，打败了强大的商朝军队。

"上下同欲者胜。"（苏武《孙子兵法》）"欲"指的不是欲望，而是方向和信念。意思是如果一个群体有一致的方向，力往一处使，所有人的力量和本事都能发挥到淋漓尽致，会产生超出预期的效果。民间俗语"上下同心，其利断金""同舟共济海让路"，也是此理。

抗倭英雄戚继光统帅的戚家军取得赫赫战功，这和他们昂扬团结的团队精神是密不可分的。正如戚继光在其所作的军歌《凯歌》中所唱："万众一心兮，群山可撼。"

《西游记》中的唐僧师徒四人，身份不同，出身不同，经历不同，但是当走到西天并取得真经成了他们的共同目标之后，他们就逐渐成为一个紧密的团体，克服重重阻碍，完成了求取真经的大业。

一个团结协作的团体，成员之间也必是坦诚相见、彼此理解、相互信任，具有强大的凝聚力。《诗经·秦风》中这首著名的《无衣》就是这样一首关于直面苦难、团结互助的热情赞歌。

岂曰无衣？与子同袍。王于兴师，修我戈矛。与子同仇。

岂曰无衣？与子同泽。王于兴师，修我矛戟。与子偕作。

岂曰无衣？与子同裳。王于兴师，修我甲兵。与子偕行。

凝聚力作用于个人与群体之间，最终可以形成一个我为人人、人人为我的风气，使得集体在每个个体的推动中愈发强大，每个个体也可以从中受益。

（三）团结协作是干成大事的保障

《韩非子·观行》中说："虽有尧之智而无众人之助，大功不立。"意思是虽然有尧帝一样的智慧，但没有众人的帮助，大的功业也是不能建立的。

古往今来，不管是造就天府之国的都江堰水利工程，或是开凿气势恢宏的京杭大运河，还是建造蜿蜒曲折的万里长城，无不体现中国自古以来劳动人民团结协作的伟大力量与智慧。无论是炎帝和黄帝结盟，共同击败了蚩尤，被共同尊奉为华夏初祖，还是刘邦善于凝聚人心，建立团队，打败项羽，最终建立汉朝，以及小说中宋江用"仁、义、礼、智、信"打造了优秀团队，成就梁山泊的事业，如果没有群体的合力，都是不可能实现的。

从国家、民族的发展来看，中国建立了统一的多民族国家，实现了民族大融合、大发展；近代以来，强敌入侵，家国飘摇，依靠团结精神，中华民族书写了抵抗外侮及保卫祖国的壮丽史诗；新中国成立之后一穷二白，百废待兴，依靠团结精神，中国人民在改革开放的伟大实践中取得了令世人瞩目的发展成就；依靠团结一心、众志成城，我们才取得了汶川大地震抗震救灾的伟大胜利……

从家庭、个人的发展来看，团结和睦是最强大的保障和后盾。正如《礼记》里讲："父之笃，兄弟睦，夫妻和，家之肥也。"《曾国藩家书》也说："夫家和则福自生，若一家之中，兄有言弟无不从，弟有请兄无不应，和气蒸蒸而家不兴者，未之有也。"家人团结齐心，个人的成就、家族的成就才会聚集而来。

【案例7-5】

新中国的两大奇迹之一——红旗渠

从20世纪50年代开始，河南安阳林县人民在艰难困苦的岁月里，用10年的时间，克服各种艰难险阻，创造了奇迹：十万人开山修渠，绝壁穿石，削平1250座山头，架设152个渡槽，打通211条隧道，建起全长4000多公里的"人工天河"红旗渠，在太行山上修建了红旗渠，改写了当地缺水的历史。建成一、二类水库48座，塘堰345座，提灌45座，共计兴利库容6000余立方米，兴建小型水力发电站45座，形成"引、蓄、提、灌、排、电、景"相结合的大型灌区。

红旗渠成了水利史上的奇迹。周恩来总理曾自豪地向国际友人介绍："新中国有两大奇迹，一个是南京长江大桥，另一个是林县红旗渠。"

后来有记者对话当年修建红旗渠的刘胡兰突击队队长李改云，问她回想当年修建红旗渠，印象最深的是什么？李改云回答：印象最深的就是，那时候人们在非常艰难的情况下，目标一致，万众一心，说干就干，不怕困难，坚决把这个事情给办成，毫不动摇。

庆祝新中国成立70周年大型成就展——红旗渠

【点评】半个多世纪以前，河南林县人民，不仅修建了伟大水利工程，也锻造了伟大的红旗渠精神，"团结协作"是其中重要的一部分内涵，成为永远激励人们前进的力量。

三、团结协作对当代大学生劳动素质培养的启示

（一）大学生应坚持对终极价值理想的追求

集体主义思想强调，社会的人重于个体的人，强调个人对于社会的责任和义务，这与传统的"天下兴亡，匹夫有责"的家国情怀是一脉相通的。这些思想对引导当代大学生关心国家命运，自觉把个人理想和国家梦想、个人价值与国家发展结合起来，树立远大理想有积极意义。

"为中华之崛起而读书""苟利国家生死以，岂因祸福避趋之"曾是许多志士仁人神圣的人生理想和价值取向，他们在终极价值理想的目标指向上，毫不犹豫地选择了人民的幸福、祖国的利益，自觉自愿地为之奉献自我、追求不止。这种终极价值理想的光环在当今一部分大学生的心目中也许有点黯然失色了，也许有的更注重个人利益的获得和短期目标的实现。同时，又因为找不到生命的真正意义而陷入迷茫和空虚之中。这实际上是缺乏终极价值理想的指引，欠缺那份沉甸甸的责任与担当。因此，在劳动精神培养中，引导当代大学生追求崇高的道德价值目标，既是国家进步发展的需要，也是更好实现自我价值的需要。

（二）大学生应具有团队合作精神

当今时代，社会分工更加复杂，科学技术日新月异，知识信息呈爆炸级增长。这更加需要人和人之间的合作和分享，也更需要具备良好的与人相处的能力。作为肩负历史重任的大学生，拥有良好的团队精神对社会发展以及大学生自身的成长尤为重要。

当代大学生中存在集体意识比较薄弱，重竞争轻合作，主动沟通意识不强，对人不够宽容、不够信任等问题，因此通过弘扬传统文化中"二人同心，其利断金""君子和而不同""唯宽可以容人，唯厚可以载物"等协作精神，并将之贯注于课堂和相应实践活动之中，将有助于教会学生与他人、与社会共处的能力，进而培养其大局意识、合作

精神和服务精神,既保证团体的有效运转,也能让大学生更有效地进行学习和创造,在和谐友好的环境中保持积极健康的心理状态。

【案例7-6】

团队协作力,成长的助推器

社团是大学生活的重要组成部分,更是提高大学生多项能力和综合素质的训练营。以下是两位来自不同高校的同学对自己社团经历的叙述:

(1) 李佳星,女,青岛工学院,2011级,英语专业

在大学期间,我参加了我校武术社,在当时这是一个只有5名成员的小团队。人数虽然少,但是我们相处得很愉快,大家有共同的爱好和生活轨迹,并且都有着共同的目标。在那一年里,我每天早上6点起床,晚上10点才能回宿舍,除了上课时间,一整天都和团队在一起,为了增加我社在校内的影响力,我们策划了一场大型晚会,为此我们从早到晚一起做宣传活动,进行武术练习,拉赞助,虽然很累,但是我们大家因为有了同一个目标,所以都很有激情与信心去克服困难并完成目标。最后晚会得到了师生一致好评。这件事给我最大的感触就是,晚会的成功举办是我们团队大家们共同努力的结果,在这个团队中每个人都不是独立存在的,一旦我们发挥出团队的能量,就可以达到1+1>2的效果。

(2) 张海林,男,西南大学,2011级,包装工程专业

在大二的这一年间,我成为万学ACT集英社beat-team的队长,在此期间我有了第一次拍微电影的团队经历。我被选为导演,负责统筹安排这次微电影创作、拍摄、后期等。老实说,我当时心里非常矛盾,因为我从来没拍过微电影,而且根本不懂拍电影,但是我相信我们一起发挥团队的力量一定能完成这次的拍摄工作。首先我精心挑选了七八位同学参与我们的团队,并对整个剧组进行了分工,有编剧、后期、道具组、摄影师等。在拍摄过程中大家各司其职、井条有序,但是也遇到了很多困难,比如后期制作。但大家通过一同研究学习及分工合作,最终完成了预期效果。在这部微电影制作成功后,我们团队已经扩大至30多人的团队,并成功击败另外6部作品,获得了第一名的成绩。这次经历让我非常感动,我深刻感受到没有什么困难能打败一颗坚持胜利的决心,没有什么艰难能阻挡一个紧密而协调的团队。

【点评】 任何人的成长都无法脱离团队而独立进行,一个优秀的团队和一个懂得从失败中获得教训,在成功中获得经验的心态,是迈向成功的基石。团队协作力是在团队生存、发展最重要的能力,更是成长的助推器。

【拓展阅读】

狼性精神永远不会过时
黄继伟

任正非曾说,狼有三大特性:一是敏锐的嗅觉;二是不屈不挠,奋不顾身的进攻精神;三是群体奋斗。企业要扩张,必须有这三要素。

……

狼不仅有着敏锐的嗅觉和百折不挠的奋斗精神,更重要的是,狼具有群体战斗精神和为群体牺牲的精神。在捕杀猎物时,狼也会单打独斗。但是在面对比自己强悍或者

体形庞大的猎物时，狼会选择群体攻击，前后包抄，多路围击，不管猎物有多厉害、体形多大，都难逃狼群的攻击。

狼群面对强大的猎物时，即便采取群体攻击，也难保狼群毫发无损。但是在围击猎物的时候，任何一只狼都不会在战斗中丢下同伴逃掉，即使是牺牲自己，也要帮助同伴捕杀猎物。

企业也是一样，无论面临多大的打击和困难，只要大家团结起来，共同奋斗，一定会解决难题，迎接成功。在这个过程中，任何人都不会丢下同伴，自寻出路，而是共同面对，奋力拼搏。这不仅仅是狼的精神，也是企业要宣扬的精神。

任正非在《致新员工书》一文中强调："华为的企业文化是建立在国家优良传统文化基础上的企业文化，这种企业文化可促进全体员工团结合作，走群体奋斗的道路。有了这个平台，你的聪明才智才能很好地发挥，并有所成就。没有责任心，不善于合作，不能群体奋斗的人，等于丧失了在华为进步的机会。"

群体精神不只是共同面对，同甘共苦，还代表了协同合作，互利互助。即使狼崽捕捉食物，它们也不会因为同伴的虚弱而把同伴丢弃，相反它们会加倍照顾同伴，一起生存下去。

狼群的这种群体精神正是企业团队合作的典范，无论什么时候或面临什么样的困难，大家共同前进，相互帮助，不担心任何一个同伴拖后腿，而是共同扶持，相互鼓励，大家一起奋斗，一起成长，共同走向成功。狼群的这种群体精神是华为人一直坚持贯彻的奋斗精神，也是国内很多企业缺乏的精神。

任正非不止一次强调说："一个人不管他多聪明，一生中也只能发出几次智慧的光芒，所有人的光芒聚集起来，华为的未来就很光明。"可见群体精神给企业带来的好处。没有最完美的人，只有最完美的团队。企业的效益好坏，取决于企业团队的好坏。华为人正是凭借这种群体精神，无论是执行项目还是开拓市场，都能够闯出一片天地。

活动与训练

取 队 名

一、活动目标

通过分组为自己所在小组取一个队名或画一个队标的活动，锻炼各小组的团队协作能力，增进小组感情和凝聚力。

二、活动时间

建议20分钟（可提前布置任务，课堂上只进行交流）。

三、活动流程

(1) 教师布置活动要求：每个小组取一个队名，要求简洁、朗朗上口，有寓意，设计一个相应的队标。

(2) 教师将学生按照4～6人划分为一个小组，以小组为单位分组进行准备。

(3) 准备结束后，每个小组介绍自己的队名、寓意及队标。

(4) 教师进行点评、分析、总结，引导学生深刻感受团队协作的意义。

(5) 教师结合整个活动过程中各小组的表现，对每个小组分别赋分。

探索与思考

1. 苏武说"上下同欲者胜",谈谈你对此话的理解。

2. 在科技日益发达的今天,不少工作被机器替代。尽管人工智能应用越来越广泛,但我们仍需要建团队,那么还需要"人和"吗?为什么?

单元三　吐　故　纳　新

名人名言

苟日新,日日新,又日新。

——《礼记·大学》

学习目标

1. 了解中国传统文化中蕴涵的创新精神。

2. 理解创新精神的重要意义和成就。

3. 学会在劳动实践中培养创新精神。

案例导入

田兆元:黄道婆的创新精神,也是上海的灵魂

如果选择一位历史人物作为上海历史上科学家的代表,他会是谁?华东师范大学民俗研究所田兆元教授给出的答案是"黄道婆"。

"上海历史上,春申君是政治家的代表;陆机、陆云是文学家的代表;黄道婆是科学家的代表,是创造财富的代表,她引导民众脱贫致富,形象非常突出。"越是深入了解上海的棉纺织历史,田兆元越是认为,改良了棉纺织技术的"先棉"黄道婆,当之无愧的科学家,"因为她的科学创新,使上海这个地方摆脱了原来边地比较寒贫的状态,走向富裕之路,为现代城市的诞生奠定了重要物质基础、技术基础"。

历史记载的黄道婆又称黄婆,生于南宋末年淳祐年间(约公元 1245 年),是松江府乌泥泾镇(今闵行区华泾乡)人。

元朝时期,黄道婆从海南崖州归来,从黎族学习并改良了棉纺织技术,然后传授给当地百姓。

黄道婆之前,中国也有棉纺织技术,但比较落后,效率很低,丝绸价格昂贵,普通百姓还是以穿麻为主。黄道婆改进纺织工具,改良纺织技术,全面解决了脱棉籽,弹棉花,纺纱,织布 4 道主要工序的技术难题,还发明了三锭纺车。

利用黄道婆发明的设备和技术,松江府迅速发展成为棉纺织业的重要区域,最终赢得了"松郡棉布,衣被天下"的美誉。

【分析】黄道婆是中国纺织史上一位非常重要的女性,因为她的科学创新,全面提升了上海地区的棉纺织水平,并使之走向富裕之路,所以说专家说"黄道婆的创新精神是上海的灵魂"。

一、中国传统文化中蕴涵的创新元素

（一）创新思想

中国传统文化以《周易》为源头，提出"通其变，使民不倦；神而化之，使民宜之；易，穷则变，变则通，通则久。""富有之谓大业，日新之谓盛德。生生之谓易。"由此奠定了追求创新的理论基础。这种变革、创新精神由先秦诸子直接继承，催生出战国时期"诸子峰起，百家争鸣"的壮丽景观。诸子百家不同学派的形成与发展，本身就是个性张扬、理论创新的集中体现。

《诗经·大雅·文王》云："文王在上，於昭于天。周虽旧邦，其命维新。""其命维新"有其深厚的创新内涵。

《论语》载："譬如为山，未成一篑，止，吾止也。""譬如平地，虽覆一篑，进，吾往也。"正是中华民族不断进取、不断创新的积极人生观。

《礼记》中提出"苟日新，日日新，又日新"的思想，揭示出创新是一个不断的过程。

近代维新变法的思想家康有为提出："夫物新则壮，旧则老；新则鲜，旧则腐；新则活，旧则板；新则通，旧则滞，物之理也。法既积之，弊必丛生，故无有百年不变之法也。"这种革故鼎新的变易思想成了人们倡导变法及力主创新的理论依据。

（二）创新方法

学思结合，注重实践。创新是一个认识与实践相互作用的过程，既要有理性思考，又要有实际行动。孔子就提出："学而不思则罔，思而不学则殆。"他强调苦思和勤学的结合。墨子被后世称为"科圣"，集科学家与工程师于一身，依靠精湛的技艺技巧，设计并制造出了当时领先世界的掷车、转射机、连弩车等防御武器。墨子反对"述而不作"的观点，提出"吾以为古之善者则述之，今之善者则作之，欲善之益多也"。（《墨子·耕柱》）可见其极富创新实践精神。

取长补短，善于学习。中国传统文化中所表现出来的某些思维方式对个体的自我完善与自我实现具有一定的指导作用。如孔子说："见贤思齐焉，见不贤而内自省也。"（《论语·里仁》）"三人行，必有我师焉。"（《论语·述而》）孟子说："大舜有大焉，善与人同，舍己从人，乐取于人以为善。"（《孟子·公孙丑上》）以上思想都表现出一种取人之长，补己之短的思维方式，这种思维方式具有强烈的开放性。

温故知新，由此及彼。孔子说"温故而知新"，墨子主张"以往知来，以见知隐"，对原有的东西要继承，能师法过去，融汇新旧，有新的发现和创造。孔子又提出："举一隅，不以三隅反，则不复也。"就是我们今天讲的"举一反三"，通过一件事情类推到其他的事情，从而获得新知识并实现创新。举一反三的能力和水平，反映的就是个体对于知识的融会贯通程度和综合运用的水平。

【案例 7-7】

蔡伦改进造纸术

蔡伦是东汉时期的一位宦官。他看到当时写字用的简牍太笨重，绢帛太昂贵，而已有的麻纸又不适宜于写字，就下决心一定要造出一种既便宜又便于写字的纸来。

蔡伦先仔细研究了前人造纸的经验，知道了制造麻纸的原理就是把麻的纤维捣烂，压成薄片。但麻里面还有不少粗纤维捣不烂，所以做成的纸仍然不适宜于写字，并且把能用来织麻布的麻来造纸，成本还是很高的。这次试验失败了。后来蔡伦一想，麻能造纸，是因为它有纤维，能粘在一起，那么破布、破渔网、树皮、麻头等不值钱的东西，也都含有纤维，是不是也能用来造纸呢？于是，他把破布、破渔网、树皮、麻头等东西收集起来，先泡在水里，洗去污垢，再放在石臼里捣烂成浆，然后压成片，经过多次加工，做成了纸。

蔡伦把制出来的纸，连同制作工艺一同进献给汉和帝，和帝一看非常高兴，命令全国大力开发。因为原料简单，容易寻找，制作工艺也不复杂，这种纸很快就得到了全国百姓的推崇。为了纪念蔡伦的造纸术，人们把他制作出来的纸命名为"蔡侯纸"。

【点评】蔡伦在前人造纸的基础上，吸取经验教训，不断实践、创新，终于制作出了便于制作、适于书写的纸。作为一项伟大的发明创造，其成功的根本原因就是蔡伦的不断实践和勇于创新的精神。

（三）创新内容

中国传统文化中蕴含的创造力和创新精神在诸多领域都有所体现，主要包括制度创新、科技创新和艺术创新等。

早在春秋时期，齐国的政治家管仲，从改革赋役入手，采用"均地分立"的办法，将齐国的生产方式从奴隶制变为一家一户的个体生产，这一创新大幅调动了人民的生产积极性。如商鞅在秦国"废井田，开阡陌"，使秦国迅速走上了富强的道路。再如曹操创设屯田制，较好地解决了军粮问题。北宋时期的王安石变法、明朝的张居正改革等都是国家面临危机时的改革创新。

创新驱动的关键是科技创新，中华民族在世界科技创新的历史上曾经有过辉煌的成就，培根、马克思等思想家都指出，正是来自中国的火药、指南针、造纸术等科技发明推动了世界近代历史的进程。除了四大发明，中国在农业、冶铸、土木、水利、建筑、园林、航海、数学、天文、医学、药学等方面都有一系列成果，展现出古人创造和综合利用先进技术的非凡能力。

中国传统文化中，个性与创新精神，在艺术领域始终受到高度的重视并充分地发展着。中国文学史上诗、词、曲、赋等形式的变迁与风格的更迭，中国书法中金、篆、隶、楷等书体的创新及艺术风格的演变等，都可以作为中华民族追求特性、崇尚创新的明证。

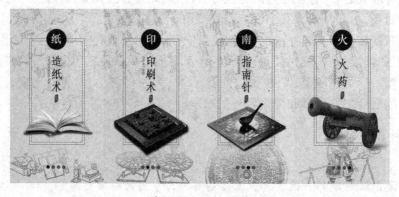

中国古代四大发明

二、创新精神在发展中的重要意义和作用

（一）创新才能更好地传承过去

只有变革创新，才能传承久远；只有持续发展，才能永不匮乏。纵观古今，凡创造发明者，无一不是在善于继承前人成果的基础上加以改进、改善、改良及提高，使之发展成新的成果。

在艺术领域也是如此，杜甫以"转益多师是汝师""不薄今人爱古人"（杜甫《戏为六绝句》）的态度，"尽得古今之体势，而兼人人之所独专。（元稹《唐故检校工部员外郎杜君墓志铭并序》），博采众长，全面继承了自《诗经》以来我国诗歌创作的优秀传统，成为集大成的伟大诗人。书法大家颜真卿突破传统并开创颜体，也是建立在学习王羲之、王献之和张旭等前人基础上的。

在今天，对传统最好的继承便是创新。比如，蜀绣、剪纸、皮影等非物质文化遗产是我国优秀传统文化的重要组成部分。如何保护和传承如此众多的非遗项目？需要在继承中创新发展，在实践中融入人们的智慧、才艺和创造力。成都一个刺绣团队，将蜀绣和法式刺绣中西结合，创新传统手工艺；陕西汉中良顺藤编天猫旗舰店与西班牙罗意威品牌合作，制作桃心小扇，加上丝绸装饰，风靡全球……

【案例7-8】

大成都市井风情长卷民乐+RaP 《醉成都》MV刷红网络

大家想象一下，如果把盛唐的"音乐之都"成都装进一幅古画，会是一幅怎样的景象？估计你想不到，一首国风音乐原创短视频作品《醉成都》迅速在网络上走红。这首作品将古琴、古筝、琵琶、竹笛与Rap、流行音乐相结合，众多成都元素把"音乐之都"的历史韵味，展现得淋漓尽致。

整首MV像是一幅长长的成都市井风情长卷。只不过这一次，画里的人物不仅动起来了，还唱起了Rap，奏起了传统乐器。短短3分36秒的视频，借助多个古今交融的生活小剧场形式，比如，边看iPad边吃兔头的"杜甫"，自拍中的唐代"川妹子"，随处可见的火锅、串串、冰粉；更让人耳目一新的是，一曲国风改编版的赵雷《成都》，让整个视频都充满悠扬自在的生活感。其中很多地道的成都元素，让不少成都人看了都大呼经典。

《醉成都》的制作班底来自上海，这支创作团队名叫"自得琴社"，与"微成都"一起完成了这支MV的创作。

《醉成都》MV画面

【点评】创作团队从历史、文化等方面全面了解成都,阅读流沙河、李劼人等名家的作品,感悟成都的市井生活、精神追求,再通过唐风古韵的形式将成都当地的民俗风情和历史文化融入视频中,将传统与现代结合,在国内外受到极大的欢迎。

(二)创新使我们取得突出的科技成就

中国素有"天工"(《尚书·皋陶谟》)及"开物"(《易经·系辞上传》)的传统,也崇尚科学技术的发明者,所谓"备物致用,立成器以为天下利,莫大乎圣人"(《易传·系辞上》)。从早期制陶、冶铜、冶铁等技术,到后来的"四大发明",中国科学技术的传统千百年来发展滋长,所产生的科技发明创造,可谓史不绝书,彰显了中华民族伟大的创造精神。

正如英国著名科学史家李约瑟在其巨著《中国科学技术史》中所说:"(中国人)在许多重要方面有一些科学技术的发展,走在那些创造出著名的希腊奇迹的传奇式人物的前面,和拥有古代西方世界全部文化财富的阿拉伯人并驾齐驱,并在公元3—13世纪保持一个西方所望尘莫及的科学知识水平。"

"青蒿一握,以水二升渍,绞取汁,尽服之"。这是自东晋葛洪《肘后备急方》中对青蒿治疗疟疾的记载。而今天,中国第一位获得诺贝尔科学奖项的本土科学家——屠呦呦,正是受此启发,发现了青蒿素,为人类带来了一种全新结构的抗疟新药,挽救了数百万人的生命。

(三)创新是工匠精神的重要内容

工匠精神在我国有深厚的传统基因,早在春秋战国时期,《周礼·考工记》就曾记载:"百工之事,皆圣人之作也。烁金以为刃,凝土以为器,作车以行陆,作舟行水,此皆圣人之所作也。"由此可见,多才多艺的能工巧匠被当作"济世圣人"来对待。这一时期的鲁班、墨子在农工生产实践上技艺精湛,所以工匠精神在溯源上有人称为"班墨精神"。

工匠精神有着丰富的内涵,包括专注执着的敬业精神,精益求精的专业精神,勇于创新的探索精神等。其中,创新精神被认为是工匠精神的灵魂。从古至今,任何技艺的传承都要经过工匠的反复实践与不断思索,在总结以往经验的基础上,创造性地解决生产和生活中遇到的问题,推动着社会的发展和进步。

鲁班一生有很多发明创造,是建筑、民用等行业的奠基者,被后人尊称为"百工祖师",他的名字已经成为古代劳动人民智慧的象征。墨子,作为墨家学派的创始人,除了人文、哲学思想外,他在自然科学领域也有着惊人的成就,在力的作用、杠杆原理、小孔成像、点线面体圆概念等众多领域,创下了一个个"历史第一",被世人尊称为"科圣"。

创新精神在历史的发展进程中造就了大批能工巧匠,留下了许多传世经典创造和发明。今天,创新精神不断传承、发展和创新,激励着更多的人成为"班墨"并创造出更大的价值,增添了劳动的意义与价值。

三、如何在劳动教育中培养当代大学生的创新精神

(一)认识劳动是创新的基础

劳动是学习的途径,也是教育的手段。无论是体力劳动还是脑力劳动,都要做出

努力,耗费精力。要取得劳动成果,需要有顽强的意志和精神,因而劳动可以培养人的自信心和责任心、坚强意志等品质。

创造新的知识、新的技术,不是靠读几本书凭空想出来的,而是在艰苦的劳动中创造出来的,既要动手,又要动脑,是一种创新的活动。

(二)通过优秀传统文化培养创新精神

中华传统文化可以为学生提供科学的学习方法,培养学生的创新精神。如《中庸》中的"博学之,审问之,慎思之,明辨之,笃行之",扬雄《法言》中的"学以治之,思以精之",强调思考的重要性;孟子的"尽信书不如无书",强调思考的独立性;陆九渊的"为学患无疑,疑则进也"(《陆九渊集·语录(下)》)等,强调怀疑精神。

创新除了方法,还需培养学生的道德情操和社会责任感,使之成为创新性人才成长的驱动力。中国传统文化中蕴含的自强不息的进取精神,天下为公的家国情怀,诚信团结的劳动品质等,是我们取之不竭的思想宝库。

(三)通过劳动实践活动培养创新能力

《荀子·劝学》中有云:"不登高山,不知天之高也。"道出了亲身体验的重要性。实践是劳动教育的重要特征,也是学生掌握劳动技能的主要手段。俗话说"心灵手巧",在劳动实践活动中才能协调发展学生的动手能力与动脑能力,对培养学生的创造精神有积极的促进作用。

劳动实践活动主要包括劳动技术实践、生活实践、公益劳动,以及各学校开展的劳技社团活动、科技创新活动、专业实践活动等。通过实践活动,可以提高学生的生活能力和劳动技能,在实践中消化和运用所学知识,形成创新型思维。

【案例7-9】

好玩又富有劳动教育意义,这个劳模创新工坊启动了

心肺复苏实操训练、鲁班锁拼装、蝴蝶结制作、石头彩绘……一场由劳模指导、面向社会服务的大学生创新创业项目于日前在虹口区百联曲阳购物中心"邻聚里"党群共享空间如火如荼地举行。

活动中,劳模创新工坊启动仪式暨劳动教育工作坊举行了授牌仪式。这个创新工坊包括匠客工场工作坊、创意木艺制作工作坊、智慧康养工作坊等,是由劳模指导、在商场面向社会服务兼运营的大学生创新创业项目,其工作人员均由学生组成。

本次在百联曲阳购物中心的劳模创新工坊包含六个劳动教育体验课程:全年龄段适宜的心肺复苏实操训练,能够让人"穿越"到未来、提前体验老年人身心状态的高龄体验项目,中华民族千年工匠技艺的结晶——鲁班锁拼装,沉淀心灵培育美感的蝴蝶结制作,兼具二十四节气传统知识学习和空间设计感的布贴画,以及独特的艺术表达——石头彩绘。

本次活动旨在通过丰富的实践课程,让不同年龄段的人群感悟劳模"爱岗敬业、争创一流、艰苦奋斗、勇于创新、淡泊名利、甘于奉献"的精神,让劳动精神、劳模精神、工匠精神在社会中弘扬下去。

【点评】这个劳模创新工坊课程内容多样,既有实用技术,又有传统手工技能,并通过新颖有趣又

丰富多彩的实践项目,培养参与者的操作技能和创造能力,体悟创造精神和劳动精神。

【拓展阅读】

人人都是发明家（节选）
王镇山

我们经常诟病大学生不会动手,不会团队协作,没有创新能力,没有创造能力。我们到海外去参加竞赛,绝对是非常厉害的,我们的基础教育在世界绝对是第一的。但是一谈到创新,一谈到团队协作,一谈到自我表达,就变得非常尴尬了。

处于这样一个状况,是因为我们的学生并没有得到充足的锻炼。我们会发现,原来我们的大学生缺少如此多的锻炼,我们的中学教育原来缺少引导,甚至家长并没有这方面的一些意识,完全是以非常功利的方式追求分数,追求升学。

所以将这些问题暴露出来以后,我们再去想办法解决。我们并不要求每个人都会编程,都可以去做管理,也不要求每个人都有各种各样奇怪的想法。因为社会的需求是多方面的,如果每个人都天马行空,那社会是没法运行的。我们想让他们知道去寻求不同的答案,知道并不是所有的东西都有标准答案的。比如,发声原理、光和颜色、声音强弱、触发,这些都是确定的知识点,不确定性的东西在哪里呢:思维发散。

不同的组合带来了不同的变化。比如,一个蜂鸣器加上一个灯,再加上一个开关,我们可以把它做成一个声控灯。这三个组合起来,我们还可以把它做成简易电子琴、防丢器、噪声器,甚至可以做出更有意思的东西。

同学们的创造力是非常丰富的。用一个MP3播放器,他可以组成各种各样的形状:小狗、沙漏、小包,甚至包括纸折的玫瑰花,筷子搭的塔,还有魔方、金鱼、玩偶,都可以组合在一起。可能我们在这之前根本就没有想到。这不是一个标准答案,是同学们自己发散取得的一些经验。

一个MP3播放器,再加一个碰撞开关,组成一个不倒翁的形状,它就变成一个不倒翁闹钟了。把它变成一个瓶塞,就成了一个智能药盒。将它做成一个蛋糕的形状,就变成一个奶酪闹钟。

这些都是同学们的一些创意的表现,并且你会发现其中不乏一些非常好的作品。实际上这些好的作品就是可以被商业化的案例。

活动与训练

"发明创造"交流介绍

一、活动目标

通过介绍某一项有意义或有趣的发明创造,让学生充分认识到创新精神在发明创造中的作用。

二、活动时间

建议20分钟。

三、活动流程

(1) 教师布置活动要求:自由选择一位科学家或艺术家的某项发明创造成果进

行介绍,古今中外皆可。

（2）教师将学生按照 4 ～ 6 人划分为一小组,以小组为单位分组进行准备。

（3）准备结束后,每个小组派出一位代表在全班进行介绍。

（4）教师进行点评、分析,总结,引导学生深刻理解创新的意义。

（5）教师结合活动过程中各小组表现,对每个小组赋分。

探索与思考

1．抗日战争胜利后,西南联大各校北归前在昆明树立了一个纪念碑。时任西南联大文学院院长的冯友兰先生起草了纪念碑碑文,碑文说:"盖并世列强,虽新而不古;希腊罗马,有古而无今。惟我国家,亘古亘今,亦新亦旧,斯所谓'周虽旧邦,其命惟新'者也。"你怎样理解这段文字?

2．你认为创新精神对劳动有何意义与作用? 你有切身体会吗?

精神篇

模块八　劳　动　精　神

模块导读

本模块着眼学习和涵养劳动精神,引导青年学生立志成为"一名合格的劳动者",共分三个单元,分别讲授劳动精神的内涵与意义、劳动精神与职业素质的关系、劳动精神的培养路径。通过本模块的学习,引导青年大学生在学好专业知识和技能的同时,培育扎实的劳动精神,让青春枝头开出绚丽的劳动之花,让劳动最光荣、劳动最崇高、劳动最伟大、劳动最美丽成为自己一生的价值追求和行动导向,用劳动创造美丽的人生。

单元一　劳动精神的内涵和意义

名人名言

青春啊,永远是美好的,可是真正的青春,只属于那些永远力争上游的人,永远忘我劳动的人,永远谦虚的人!

——雷锋

劳动素养
可以端正
劳动态度

学习目标

1. 理解劳动价值、劳动教育意义和目标,以及相关的劳动法律法规。
2. 学习尊重劳动、热爱劳动、崇尚劳动的理念,树立正确的劳动价值观。
3. 培养学生劳动技能,能自觉运用专业知识、技能进行创新创造性劳动。

案例导入

在平凡岗位上造就伟大

2016 年 4 月 29 日,习近平总书记在安徽主持召开知识分子、劳动模范、青年代表座谈会。座谈会上,国家电网有限公司安徽省电力公司宿州供电公司运检部带电作业班班长许启金等参会者,结合自己的学习和工作,围绕科技创新、劳动创造、青春奉献等主题,谈认识,谈感受,提建议。习近平总书记表示,你们的发言很生动、很朴实、很有见地,听后很受鼓舞、很受启发。

许启金,40 年如一日,能吃苦敢担当,坚守生产一线,干一行爱一行专一行。在 1700 公里供电线路上往来穿梭,足迹踏遍宿州电网输电线路的每一基杆塔,急难险重工作现场总是离不开他忙碌的身影,从未发生一起安全责任事故,被誉为"大国工匠"。

许启金

他勤于学习创新，带领团队先后研发成果54项，获得专利41项，被誉为行业界的专家、状元。他习惯把重要的知识抄在纸条上，一有空就看看，几十年下来累积了上万张"小纸条"。由于他经常看书、学习，同事遇到技术难题都喜欢找他解决，因此被大伙亲切地称为"金牌许老九"。他还走进大学课堂，作为兼职教师给大学生上课，编写并出版15万字的《高压线路带电检修工岗位培训考核典型题库》。他热心公益，常年开展结对帮扶，资助多名困难学生完成了学业。

【分析】 许启金在安徽宿州供电公司输电运检工作中，40年如一日，不计辛苦，不惧付出，勤于学习创新，带领团队以专业的工作为所负责区域的电力供应提供了保障，有效支撑了当地经济社会发展，赢得了"金牌许老九"的称誉。许启金立足于平凡的岗位，做出了不平凡的业绩，这是他发扬劳动精神，努力劳动、善于劳动、勇于创新的结果。

一、劳动精神的内涵

人类在劳动活动中生成劳动精神。劳动活动凝聚了人的目的性、能动性和创造性，无数具体的勤恳、诚实和创造性的劳动凝结了抽象而普遍的劳动精神。劳动精神是对广大劳动者劳动实践的高度肯定与科学总结，是在人类劳动实践中建立起来的尊重劳动及热爱劳动的浓厚情感、态度以及劳动规范的总和，是具体劳动事实和普遍劳动价值的有机统一，是劳动者在劳动过程中表现出来的劳动意识、价值取向和精神面貌。劳动精神是中华传统文化的优秀基因，也是今天民族精神的重要组成部分，彰显着中国劳动人民在伟大劳动实践中的独特精神气质。

【案例8-1】

习近平给郑州圆方集团全体职工的回信

郑州圆方集团全体职工：

你们好！新冠肺炎疫情发生后，你们在集团党委带领下，一直坚守保洁、物业等岗位，不少同志主动请战驰援武汉等地的医院，以实际行动为抗击疫情做出了贡献。大家辛苦了！

伟大出自平凡，英雄来自人民。面对这次突如其来的疫情，从一线医务人员到各个方面参与防控的人员，从环卫工人、快递小哥到生产防疫物资的工人，千千万万劳动群众在各自岗位上埋头苦干、默默奉献，汇聚起了战胜疫情的强大力量。希望广大劳动群众坚定信心，保持干劲，弘扬劳动精神，克服艰难险阻，在平凡岗位上续写不平凡的故事，用自己的辛勤劳动为疫情防控和经济社会发展贡献更多力量。

值此"五一"国际劳动节之际，我向你们、向全国各族劳动群众致以节日的问候！

【点评】 党的十八大以来，习近平总书记多次强调劳动精神的重要性，并全面深入系统阐发了劳动精神的丰富内涵，为我们正确理解和践行劳动精神指明了方向。2020年3月20日，中共中央、国务院印发《关于全面加强新时代大中小学劳动教育的意见》，强调体会劳动创造美好生活，体认劳动不分贵贱，热爱劳动，尊重普通劳动者，培养勤俭、奋斗、创新、奉献的劳动精神，要求职业院校重点开展劳动精神、劳模精神、工匠精神专题教育。

（一）奋斗精神是劳动精神的基础

"自古雄才多磨难，从来纨绔少伟男。"在物质生活条件大为改善、精神文化生活日益丰富的今天,担负着新世纪重任的年轻人,尤其要有想吃苦、敢吃苦、能吃苦、会吃苦的精神。

一个年轻人是否吃得起苦,影响着个人未来的成长。年轻时经历过砥砺的人,才有可能树立正确的世界观、人生观、价值观。我们的青春梦想不会唾手可得。只有经历砥砺,才能练就宠辱不惊的心理素质,坚定百折不挠的进取意志,保持乐观向上的精神状态。砥砺中必有挫折,变挫折为动力,用挫折中吸取的教训启迪人生,人生自会升华和超越。

青春的底色,永远是"奋斗"两字。可以说,没有哪一代人的青春是轻易获得成功的。只有在年轻的时候奋斗过、拼搏过、奉献过,那才是真正的"青春无悔"。

(二)创新创造精神是新时代劳动精神的灵魂

劳动是富于创新创造的,人类历史进程中的每一次飞跃都离不开人类的辛勤劳动和创新创造。

创新创造是劳动精神的灵魂。创新创造精神是社会发展的不竭动力,也是一个现代劳动者应该具备的素质。创新创造精神本质是求新求变,是在遵循客观规律的前提下,对旧思想、旧事物提出质疑,勇于提出变革的精神。创新创造精神是科学精神的体现,是人们在认识和改造世界的过程中用理性精神追求真理的态度和规范,是大胆质疑、反复验证、探索创新、自由竞争等科学态度和精神气质的反映。

创新创造精神源于中华民族千百年来勤劳智慧的劳动实践,并不断汲取人类社会先进文明成果,是新时代中国社会发展的智慧引擎。改革开放以来,我国经济水平之所以能够取得突飞猛进的发展,正是因为我们通过对生产关系的调整充分激发了广大劳动人民的创造精神。小岗村开创的家庭联产承包责任制,返城知青开创的个体经营模式等,无不彰显着劳动人民敢开时代先河的首创精神。城市化进程中的打工者,自强不息的下岗再创业者,无不体现了劳动人民敢拼、敢闯,敢于应时代之变而主动出击的精神。以袁隆平、屠呦呦、南仁东为代表的脑力劳动者以科技创新改变人民生活,同样彰显了伟大的创新创造精神。

事实证明,改革开放在认识和实践上的每一次突破和深化,改革开放中每一个新生事物的产生和发展、每一个经验的取得和积累,都来自亿万劳动人民创新创造的潜力、激情和能力。在新时代弘扬创新创造精神,就是要革新传统的、低效率的生产方式,探索、发现、使用新知识、新技能、新手段、新材料等,努力创造新的产品或新的生产方式,从而以更高的效率从事劳动,创造更优质的劳动成果,不断满足人们对美好生活的追求和向往。

(三)奉献精神是新时代劳动精神的主题

新时代劳动精神凸显以劳动报效国家,当国家有需要时挺身而出、主动作为的奉献精神。奉献既彰显时代精神,又是伟大民族精神的具体体现,对于一个国家、一个民族的前途至关重要。每一个社会主义劳动者都是国家的主人,都应该充分展现"主人翁"精神,为国家和社会的利益,淡泊名利、忘我劳动、肯于牺牲、甘于奉献。我国创立并形成的南泥湾精神、大庆精神、北大荒精神、铁人精神、抗震救灾精神等,无不包含着爱国奉献的精神品质,涌现出雷锋、王进喜、焦裕禄、孔繁森、杨善洲、郭明义等一大批无私奉献的光辉榜样，他们以普通劳动者的身份生动诠释了劳动的真谛。

一代人又一代人的奉献，每个时代都有为国奉献的杰出劳动者代表，新时代爱岗敬业是最生动的爱国奉献。守岛英雄王继才从国家大义和人民需要出发，坚守海岛32年，把爱国情怀转化为履职尽责的工作激情，把个人价值的实现融入国家前途和命运，以平凡的劳动书写赤诚报国的价值追求，塑造了中国劳动者的实干精神与劳动品格，成为引领社会劳动风尚的强大精神力量。

从1921年到2021年，中国共产党走过了整整一百年的历程。这是用鲜血、汗水、泪水、勇气、智慧、力量写就的百年；是筚路蓝缕、披荆斩棘、艰苦创业、砥砺前行、充满艰险、充满神奇的百年；是苦难中铸就辉煌、挫折后毅然奋起、奋斗后赢得未来的百年。青年大学生要自觉以优秀共产党人为榜样，树立正确的劳动价值观，积极投身劳动实践，在劳动中增进与人民的情感，密切与人民群众的联系，学习、发扬党的优良传统和作风。

二、劳动精神的意义

（一）劳动精神是财富和幸福的源泉

劳动创造财富。无论经济社会如何变化、科学技术如何进步，只有通过踏踏实实的劳动，通过艰辛而卓有成效的奋斗，才能生产出物质的、精神的财富。爱迪生说："世间没有一种具有真正价值的东西，可以不经过艰苦辛勤的劳动而能够得到。"任何个人或组织都不可能不经过奋斗而获得真正的财富，任何国家或社会都不可能脱离劳动而凭空存在和发展。新时代职业院校的学子们肩负着建设美丽中国的光荣使命，在校期间应当努力学习、实践，成为拥有丰富专业知识和技术技能的新时代高素质劳动者。

【案例 8-2】

深圳速度的诞生

中国深圳市，是广东省副省级市、计划单列市、超大城市，国务院批复确定的中国经济特区、全国性经济中心城市和国际化城市。截至2018年年末，全市下辖9个区，总面积1997.47平方千米，建成区面积927.96平方千米，常住人口1302.66万人，城镇人口1302.66万人，城镇化率100%，是中国第一个全部城镇化的城市。深圳地处中国华南地区、广东南部、珠江口东岸，东临大亚湾和大鹏湾，西濒珠江口和伶仃洋，南隔深圳河与我国香港相连，是粤港澳大湾区四大中心城市之一、国家物流枢纽、国际性综合交通枢纽、国际科技产业创新中心、中国三大全国性金融中心之一，并全力建设中国特色社会主义先行示范区、综合性国家科学中心、全球海洋中心城市。深圳水、陆、空、铁口岸俱全，是中国拥有口岸数量最多、出入境人员最多、车流量最大的口岸城市，创造了举世瞩目的"深圳速度"，被誉为"中国硅谷"。

【点评】深圳在中国高新技术产业、金融服务、外贸出口、海洋运输、创意文化等多方面占有重要地位，也在中国的制度创新、扩大开放等方面肩负着试验和示范的重要使命。深圳的高速高质量发展，深圳所创造的辉煌成果、巨大财富，靠的就是中国共产党的领导，靠的就是中国人民、深圳人民的辛勤劳动。没有艰辛的付出，不懈的奋斗，何来深圳今日的辉煌和富裕？深圳的发展史、创富史十分妥帖地印证了劳动创造财富这一道理。

劳动带来快乐和幸福,劳动能为满足他人和社会的需要提供帮助,劳动有助于国家的发展、社会的进步。当我们享受着靠自己合法、诚实的劳动而获得的成果时,我们会感到安全、踏实和快乐;当看到我们的劳动成果有效服务于他人、服务于社会时,我们会感到自豪、欢乐和幸福。罗兰说:"世间一切美味佳肴,都没有劳动结出的果实更甜美。"因为有了自己的付出,我们会觉得格外甜美,也格外珍惜。

(二)劳动精神是中华民族发展的强大动力

"民生在勤,勤则不匮",劳动不仅铸就了中华民族辉煌的历史,而且创造了中国日益发展壮大的今天。中华民族是勤于劳动、善于创造的民族,五千年的历史文明中,中华优秀传统文化延绵不绝,内含对"劳动"精神的尊重与追求,从盘古开天辟地、女娲补天、精卫填海、愚公移山的神话故事,到神农氏尝百草、大禹治水的历史事实;从古代百家思想"赖其力者生,不赖其力者不生"的劳动主张,到近代中华各族儿女为国家独立与富强、民族发展与振兴的付出与努力;从改革开放大胆创新的伟大实践,到今天全面建成小康社会、人民追求美好幸福的生活,这所有的一切,都离不开劳动实践。《大戴礼·武王践阼·履屦铭》强调财富与劳动密切关系时指出,"慎之劳,则富。"《尚书·周官》有"功崇惟志,业广惟勤"的经典语句。先秦儒家荀子主张劳作与节俭,强调"强本而节用,则天不能贫",而劳动实干派墨家,更是倡导以劳动为本位,认为劳动要与知识有机结合。可以说,尊重劳动及勤于劳动的优秀品质,从一开始就深深滋养着一代代华夏儿女的心田,而中国的长城、都江堰、紫禁城等更是中华文明劳动实践的最好证明。

(三)劳动精神引领人类技术革命的浪潮

创新创造是中国特色社会主义事业伟大实践的鲜明特质,也是劳动人民推动社会发展本质力量的呈现。新时代伴随着信息技术时代、工业4.0时代而来,新一轮科技革命和产业变革进入高速发展时期,创造性劳动迅猛发展,围绕新科学技术的国际竞争日趋激烈,只有掌握新技术革命的发展趋势和战略先机,才能在新的国际竞争中引领时代。劳动人民始终是创新创造的主体,推动科技创新和变革,推动创新型劳动和创造性劳动创造价值。创新型劳动和创造性劳动是人类社会未来的发展趋势,劳动人民必然通过现代科学技术的运用,从传统劳动中解放出来,释放更优质的劳动潜能,创造更优质的劳动价值。习近平总书记特别强调脑力劳动和技术性劳动的时代价值,指出"要实施职工素质建设工程,推动建设宏大的知识型、技术型、创新型劳动者大军"。

(四)培育劳动精神是立德铸魂的重要支点

劳动不仅能创造物质财富和精神财富,还能在劳动实践中提高劳动者素质,发展劳动者才能,实现人生价值。人类的任何一项伟业都离不开劳动,劳动光荣是社会主义社会应有的道德风尚和价值共识。但市场经济给人们带来活力的同时,也加重了人们思想观念、道德规范和价值取向的利益色彩,人们的消费习惯和消费模式也发生了显著的变化,少数消费不向享受型甚于炫富型转向。当生产与消费的结构扭曲时,就产生了"一夜暴富""人生在世,吃穿二字""有钱光荣"等负面社会心理和社会问题,严重冲击了人们对辛勤劳动、艰苦奋斗的认知。特别是青年一代阅历尚浅,自身又缺乏吃苦耐劳、顽强奋斗的精神,在利益驱动的社会大环境下,难免会出现劳动价值观扭曲、劳动精神缺失和弱化的现象。新时代实现中华民族伟大复兴的任务之重前所未有,需要一代又一代人的辛勤劳动、接续奋斗,需要弘扬劳动精神,不断探索培育时代新人的经验方法,将新时代劳动精神内化于心,外化于行,筑牢民族精神之魂,培育担当民族复兴大任的时代新人。

(五)辛勤劳动成就美好的未来

劳动使猿成为人,劳动工具的变化、劳动能力的每一次提高,都促进了人类社会的进步,都使文明向前迈出大步伐。当今世界的一切繁华和美好,我们所享有的一切文明成果,无不是出自劳动者之手,是一代代劳动者用他们的勤劳和智慧,逐步创造、积淀起来的。今天的成就源于过往的劳动,美好的未来靠什么成就?答案显而易见,劳动成就未来!

马克思指出:"任何一个民族,如果停止了劳动,不用说一年,就是几个星期也要灭亡。"没有劳动,便没有我们的衣、食、住、行,没有劳动我们也就失去了赖以生存的基本条件。是的,人类社会的一切现象,归根结底都受到劳动活动发展的制约。中华五千年的文明史,也是一部劳动史!在信息化、智慧化的当今,劳动对于劳动者的素质有了更高的要求,劳动越发专业化、细分化,劳动形式越发多样,劳动成果越发丰富。职业院校的青年朋友们要养成良好的劳动习惯,熟练运用所学的知识和技术技能于具体的劳动实践中,在劳动中创造价值,在劳动中体验快乐,在劳动中成长发展。

活动与训练

分组会谈

会谈要有明确的会谈主题,创造热情友好氛围,探索相关问题,鼓励每个人做出贡献,接受不同观点,共同审议不同的模式、观点和深层次的问题,收获、分享共同成果等。

一、明确会谈使命

(1)创造性地思考:对于劳动教育,我们的期待是什么?

(2)让同学们在会谈中思考、感悟劳动的价值,培育劳动意识。

二、营造和谐的会谈氛围

在空间布置上,尽可能营造出宽松、和谐的氛围。桌椅摆放:6~7人一桌(轻便的小圆桌最佳,方桌也可),桌子摆放不宜太整齐,营造出自由随意的氛围;会场前部为主持人单独准备一桌两椅;其他相关材料的准备见上述"活动准备"中所列材料,根据需要和届时环境合理放置其他相关材料。

三、具体会谈流程

(1)分组。主持人将学生按6~7人为单位分组,引导大家分组就座(课前完成)。

(2)主持人开场。概括性介绍劳动的意义、劳动教育的价值等,引入第一轮会谈阶段(1分钟)。

（3）第一轮会谈（3分钟）。大家简单自我介绍并选出桌长。第一轮会谈正式开始后（会谈过程中），主持人可以四处走动，可以倾听，也可以参与讨论。讨论时间到了之后，主持人静静地举起手，其他人看到后也纷纷举起手，现场会安静下来。

（4）第二轮会谈（3分钟）。换桌交流：除桌长外，其他同学离开本桌，去往其他不同的桌（每桌人数尽量保持均衡），组成新的小组（本组同学尽量不要出现在同一桌上），开始第二轮会谈。在第一轮会谈的基础上，新成员继续进行会谈。主持人可以四处走动，可以倾听，也可以参与讨论。讨论时间到了之后，主持人静静地举起手，其他人看到后也纷纷举起手，第二轮会谈结束。

（5）第三轮会谈（3分钟）。主持人引导：现在我们开始进行第三轮，各位请回到开始的小组——最早就座的那张桌子。先用几分钟分享你们到其他各组对话的进展与收获，然后讨论你们组对于劳动教育的期待和诉求到底是什么？然后，请将你们的观点简洁明了地写在白板纸上。这轮会谈结束后，请将其贴在墙壁或白板上。

（6）分享（3分钟）。每组选一名代表，向大家简单阐释本组对于劳动教育的期待和诉求。

（7）主持人概括总结（2分钟）。主持人对本次会谈进行概括性总结，包括各组表现、大家的观点等，对同学们的表现给予充分肯定，并提出希望和要求。

探索与思考

1．作为大学生，你目前掌握了哪些劳动技能？请与同学分享并加以展示。

2．从自己的学习和生活中发掘一位你应该学习的劳动榜样，并写出具体实施方案。

单元二　劳动精神与职业素养

名人名言

科学的灵感，决不是坐等可以等来的。如果说，科学领域的发现有什么偶然的机遇的话，那么这种"偶然的机遇"只能给那些有准备的人，给那些善于独立思考的人，给那些具有锲而不舍精神的人。

——华罗庚

学习目标

1．了解劳动素养的概念与内涵。

2．明白劳动素养对职业素质提升的意义。

3．切实提升自己的职业素质。

案例导入

"减负"后的代价

小李2010年入职湖北省某车轮制造企业，担任装胎工。他的主要工作是负责轮胎动平衡，即在轮胎经过平衡机器时，根据显示屏或指示灯显示的数值，选择相应的平衡块，并装配至轮圈上。刚开始工作的几年，小李按照企业的规范进行操作。后来他从同事处学会用手套或者布遮挡机器上的红外线设备,使轮胎不经过平衡机器就下线,从而减少工作量。从2012年开始,小李就用这种方法为自己"减负",一次空放几只轮胎,让自己可以早点下班。后来,他还将这个方法告诉其他同事。2018年,该企业在进行日常设备维护时,发现轮胎平衡数据存在问题。经过技术部门调查,包括小李在内,共15名员工存在不做轮胎动平衡的情况,发现不合格的产品达3000余件。由于轮胎平衡关系到车辆行车安全,这对企业来说,是严重的质量事故。该企业紧急召开会议,逐一排查生产线和库存产品,对不符合质量标准的产品进行返修。小李等15人严重违反公司规定,在工作中不按照操作指导书进行操作,并造成大量不合格产品,给企业带来巨大损失。企业以此为由,对15人予以开除处理。小李等人最终为自己的不诚信劳动行为付出了代价。

【分析】诚实劳动是每个劳动者所必须具备的品质。当今社会,人们的思想和文化呈现出多元化、多样性的特点,诚实劳动就显得更为重要。只有通过诚实的劳动,才能改变自己的命运;也只有具备诚实的品质,才能真正体会生活的意义和获得他人对我们发自内心的尊重。

2018年9月,全国教育大会强调要"培养德智体美劳全面发展的社会主义建设者和接班人"。作为新时代的职业院校学生,我们要按照新时代党对劳动教育的新要求,按照新时代对于职业教育的要求,有效接受劳动教育,积极参加劳动锻炼,树立正确的劳动观念,养成良好的劳动习惯,做新时代合格的劳动者。

一、劳动素养概述

(一)劳动素养的概念

素养是人在特定情境中综合运用知识、技能和态度解决问题的高级能力与人性能力。2016年发布的《中国学生发展核心素养》,在"社会参与"的"实践创新"中提及了"劳动意识",指出:"劳动意识重点是:尊重劳动,具有积极的劳动态度和良好的劳动习惯;具有动手操作能力,掌握一定的劳动技能;在主动参加的家务劳动、生产劳动、公益活动和社会实践中,具有改进和创新劳动方式,提高劳动效率的意识;具有通过诚实合法劳动创造成功生活的意识和行为等。"

劳动素养的概念则是对劳动意识的进一步深化,是指经过生活和教育活动形成的与劳动有关的人的素养,包括劳动的价值观(态度)、劳动的知识与能力等维度。因此,劳动素养是指劳动者在劳动过程中与之相匹配的劳动心态和劳动技能的综合性概括,是在劳动实践中所展现的优良品质的集合,包括劳动意识、劳动精神、劳动能力以及知识储备和创新精神等状况。

根据上述论述,一个有良好劳动素养的人,不仅要有对于劳动价值的正确认识及积极态度,还要有对劳动知识和技能的娴熟了解和掌握,并具有良好的劳动习惯。

劳动素养中的劳动心态包括:对待工作的态度,帮助客户的心态,对客户心智的解读,对客户需求的认知等。劳动素养中的劳动技能是在解决工作问题及矛盾的过程中运用劳动工具及方法,达到预定劳动结果的专业技能。因此,劳动素养是衡量劳动者能否胜任某项工作的最根本、最直接的能力指标。

（二）劳动素养的构成

劳动素养与劳动有关,可经过生活或教育活动形成,包括劳动态度、劳动能力、劳动习惯、劳动精神四个方面。

（1）劳动态度。指人的劳动意识、劳动尊重、劳动责任感,主观上愿意劳动,以积极的态度投身劳动活动之中。当代青年学生要在劳动中树立并践行社会主义核心价值观,培养"自己的事情自己做"的意识与责任心,自觉崇尚劳动,尊重劳动,敬畏劳动,勤俭节约,踏实肯干。

（2）劳动能力。指具备相关劳动领域的知识、技能,善于劳动,掌握了日常生活劳动、服务性劳动和生产劳动技能,在实践中勇于创新,注重与他人团结协作、和谐相处,圆满完成劳动任务,达到预期的劳动目标。

（3）劳动习惯。指自愿劳动、自觉劳动、安全规范劳动的习惯,能正确认识和体验脑力劳动和体力劳动、简单劳动和复杂劳动、线上劳动和线下劳动等多种形式的劳动关系,并且想劳动,会劳动。

（4）劳动精神。指以劳育美,以劳树德,以劳动创造幸福生活,做到脑力劳动和体力劳动的贯通,能够发现劳动美,欣赏劳动美,创造劳动美,形成坚忍不拔的劳动精神和劳动品质。

二、劳动素养对职业素质提升的意义

（一）劳动素养能够坚定理想信念

新中国发展的历程中,依靠我国劳动者的勤劳和智慧,取得了许多震惊世界的建设成就,比如,两弹一星、航空母舰、C919 大飞机、墨子号量子通信卫星等。正是有了各行各业劳动者艰辛而卓有成效的劳动,正是有了这诸多的重大成就,才使得我国能够拥有重要的国际地位,才让中国人民在世界上能够真正地扬眉吐气。

当今世界正处于百年未有之大变局,中国进入实现"两个一百年"奋斗目标的历史交汇期,站在新起点上的职业院校的同学们肩负使命,责任重大,要不惧挑战、从容自信、开拓进取,不断增强本领,积极投身新时代社会发展的生动实践中,自觉做新时代的奋斗者、追梦人。

职业院校学生要从政治站位、理想信念、道德情操、理论知识、技术技能等方面丰富、充实自己,做爱国爱党,有坚定理想信念,有高尚道德情操,有丰富理论知识,有熟练技术技能的新时代奋斗者。要通过不同的方式、多样的渠道,联系实际,全面系统地深入学习并自觉践行习近平新时代中国特色社会主义思想,不断提高政治站位,把爱国爱党体现在言行中。

要担当时代重任,就要在学习、实践中不断增强本领。新时代对职业院校毕业生的素质和能力提出了更高要求。在校期间,青年朋友们要努力学习,掌握通用知识、专业知识,不断学习、掌握专业技术技能,努力提高自身的综合职业素养。

（二）劳动素养能够端正劳动态度

劳动创造人,创造社会关系,创造财富,并且劳动没有高低贵贱之分,所有劳动者都应该得到尊重,这是马克思主义劳动价值论的重要内容。然而,部分大学生对劳动创造价值产生模糊甚至错误认识,如有些学生认同劳动创造金钱,金钱能买来劳动,把创造金钱作为劳动的唯一动力。也有些学生害怕"劳而无功""劳而无获",总认为付出的劳动就应该得到回报,否则就是有黑幕,就是世道不公,进而心理不平衡,消极怠工、不思进取。还有些学生把劳动者分为三六九等,对宿管员、清洁工、食堂师傅等体力劳动者存在偏见,漠视他们的劳动成果,甚至对他们冷言嘲讽或恶语相加。凡此种种,都是劳动态度不端正的表现。而劳动情怀的涵养有助于大学生廓清对劳动价值的模糊甚至错误认识,帮助他们树立正确的劳动价值观,塑造坚强的心理素质和阳光心态,教育并引导他们学会尊重他人劳动成果,用积极健康的劳动态度去放飞青春梦想,实现人生目标。

【案例 8-3】

心 灵 的 锁

有位老锁匠技艺高超,修锁无数,收费合理,深受人们敬重。更主要的是老锁匠为人正直,每修一把锁都告诉别人他的姓名和地址,说:"如果你家发生了盗窃,只要是用钥匙打开你的家门,你就来找我!"听了这话,人们更加尊敬他了。老锁匠老了,为了不让他的手艺失传,人们帮他物色徒弟。最后老锁匠挑中了两个年轻人,将一身技艺传给他们。

一段时间后,两个年轻人都学会了很多东西。但两个人中只能有一个得到真传,老锁匠决定对他们进行一次考试。

老锁匠准备了两个保险柜,并分别放在两个房子里。老锁匠告诉这两个徒弟:"你们谁打开保险柜用的时间最短谁就是胜者。"结果大徒弟只用了不到十分钟就打开了保险柜,而二徒弟则用了二十分钟。众人都以为大徒弟必胜无疑。老锁匠问这两个徒弟:"保险柜里有什么?"大徒弟抢先说:"师傅,里面放了好多钱,都是百元大票。"师傅看了看二徒弟,二徒弟支吾了半天说:"师傅,您只让我打开锁,我就打开了锁,我没注意里面有什么。"

老锁匠十分高兴,郑重宣布二徒弟为他的接班人。大徒弟不服,众人不解,老锁匠微微一笑说:"不管干什么行业,都要讲一个'信'字,尤其是我们这一行,要有更高的职业操守。我收徒弟是要把他培养成一个高超的锁匠,他须做到心中只有锁而无其他,对钱财视而不见。否则,心有杂念,稍有贪心,登门入室或打开保险柜取钱易如反掌,最终只能害人害己。"

老锁匠最后对他的那个大徒弟说:"每个人心中都要有一把不能打开的锁。"大徒弟惭愧地低下了头,悄无声息地从人群中走开了。

【点评】心灵的锁就是职业道德的底线、职业纪律的要求,也是为人的底线。守住了这份底线,你就不会为名、为利所动,就会心无杂念,一心一意地做好自己的事。

(三)劳动素养提升爱岗敬业的职业精神

爱岗就是热爱和忠于自己的工作岗位,敬业就是对自己所从事的工作恭敬负责的态度。爱岗敬业不仅是社会持续发展的需要,也是个人自身价值的体现,蕴藏着丰富的劳动情怀和勤劳淳朴、拼搏奋进的精神品格。习近平总书记在对黄大年同志先进事迹作出重要指示时强调,"我们要以黄大年同志为榜样,学习他心有大我、至诚报国的爱国情怀,学习他教书育人、敢为人先的敬业精神,学习他淡泊名利、甘于奉献的高尚情操"。大学阶段正是青年学生人生观、世界观、价值观形成的关键阶段,需通过劳动实践激发学习热情和创新意识,努力学习科学文化知识,练就过硬本领。

（四）劳动素养能够培养精益求精的职业品质

弘扬工匠精神,崇尚精益求精的品质,成为新时代社会前进的"风向标"。精益求精工匠精神的核心在于无论何种从业者都要干一行钻一行,注重细节,精心打磨,不断改进工艺技能,追求产品和服务的品质精细化、多样化。

新时代工匠精神弘扬注重技术应用和技术创新,紧跟现代技术的发展态势,要养成精益求精、严谨认真的劳动品质。作为科技创新的生力军,大学生要勇于站在科技创新的时代前沿,努力攀登科学技术高峰,踏实、勤勉地学习,以利天下的情怀担负起民族复兴大业之责任。这种责任担当不是坐而论道的清谈,而是起而行之的躬行,是扎根实际淬炼出的精益求精的劳动品质。

（五）劳动素养需在勤劳习惯中养成

劳动情怀的涵育不只局限于理论认知,也更要在具体的实践中固化。大学阶段本是青年学生坚定理想信念,锤炼高尚品格,实现青春梦想的黄金期,然而,有些大学生精神状态慵懒懈怠,无所事事;沉溺于虚拟世界,寻求片刻满足而不能自拔;或"四体不勤,五谷不分",不愿整理寝室卫生,不会清洗衣被,不想参加体力劳动。这些不正常的行为和现象核心是没养成良好的劳动习惯。青年大学生要加强日常生活自理劳动,加大课堂教学、实验实践、创新学习等环节上的劳动付出,把劳动与梦想、劳动与幸福、劳动与责任紧密结合,在劳动实践中体会艰辛,磨炼意志,确立梦想。

三、提升劳动职业素质的途径

（一）重视劳动价值引导

加强劳动思想教育,让"劳动最光荣、劳动最崇高、劳动最伟大、劳动最美丽"的观念内化于心,外化于行。我们要加强马克思主义劳动理论的学习,深刻理解和领会马克思主义关于劳动创造人,劳动促进人的全面发展等观点,通过加强思想政治学习、专业学习,提高参加劳动实践及接受劳动锻炼的自觉性和主动性。

接受劳动教育,不仅是获取劳动的知识与技能,而且涉及价值观的培养问题,要在日常行为习惯的养成中培养劳动意识,以及基本生存能力、责任担当意识,加强对劳动的认识,改变对劳动的态度,培养对劳动的情感,树立尊崇劳动、热爱劳动的价值观。

（二）加强劳动品德修养

劳动品德体现了劳动的伦理要求,是指人们在劳动过程中所表现出来的对他人和社会的稳定的心理特征或倾向。我们要深刻理解新时代的劳动者"不仅需要有力量,还要有智慧,有技术,能发明,会创新"的道理,我们要以科学家、大国工匠和劳动模范为榜样,胸怀理想,脚踏实地,勤于学习,锐意进取,敢为先锋,勇于创造。

【案例8-4】

做有职业道德的好建设者

一砖一瓦砌成事业大厦，一点一滴创造幸福生活。世间一切美好，往往都蕴含着职业道德的光芒，凝聚着建设者的品德风范。

一个推崇敬业乐业的民族，必定是令人肃然起敬的民族；一个弘扬职业理想的社会，必定是一个活力涌流、文明进步的社会。

"敬事而信""执事敬"，敬业品德中国自古有之。在今天我们这个礼敬崇高职业理想，张扬高昂奋斗精神的社会主义大家庭，在"劳动最光荣、劳动最崇高、劳动最伟大、劳动最美丽"的新时代，职业道德的重要性不言而喻：不仅其本身是一笔宝贵的社会精神财富，更直接引领社会物质财富的创造；不仅厚植起个人安身立命的坚实基础，更为强国建设、复兴征程注入澎湃活力。在新时代培养担当民族复兴大任的时代新人，一个重要内容就在于以职业道德建设引领行业文明进步，让高尚的职业情操、坚实的职业奉献，为社会文明风尚凝心聚力，为经济高质量发展固本培元。

"尽职者无他，正己格物而已。"精益求精为火箭焊接发动机的"铁裁缝"高凤林有句名言："顶天立地是为工，利器入门是为匠。"从"最美奋斗者"到"共和国勋章"获得者，无不在各自岗位上取得了非凡成就，在共和国发展征程上立下了不朽功勋。他们身上散发出来的职业之光，充分诠释出以爱岗敬业，诚实守信，办事公道，热情服务，奉献社会为主要内容的职业道德。弘扬职业道德，真正做到干一行、爱一行、钻一行，就要在脚踏实地的同时仰望星空，从刻苦工作中领略到高尚情操，体现出价值和意义。工作即是事业，事业即是爱好，爱好滋润品德，品德回馈工作。职业价值和职业品德，正是我们参与工作、参与劳动的意义所在。

"凡职业没有不是神圣的，所以凡职业没有不是可敬的。"有了职业道德的托举，"伟大出自平凡，平凡造就伟大"的奋斗哲理更显深刻有力。加强职业道德建设，对个人而言，意味着砥砺职业操守，恪守职业本分，干好本职工作，每件事、每个细节、每项产品力求无愧本心；对社会而言，需要弘扬道德楷模精神，营造爱岗敬业氛围，形成学有榜样、行有示范的良好风气；对国家而言，也需要完善政策，搭建平台，健全机制，让广大劳动者敢想敢干、敢于追梦。当崇高的职业道德落实为掷地有声的职业行动，实现中国梦就有了强大精神力量和道德支撑。

【点评】 马克思说，历史承认那些为共同目标劳动因而自己变得高尚的人是伟大人物；经常赞美那些为大多数人带来幸福的人是最幸福的人。新时代是奋斗者的时代。加强劳动品德修养，奋斗职业理想，我们就能以职业贡献为荣，追逐人世间的美好梦想，抵达生命里的辉煌。

（三）加强劳动技能学习

劳动知识技能是个体从事一定劳动所必须具备的知识、技术、技巧及综合运用这些知识、技术、技巧的能力，是我们劳动素养全面提升的必备基础。我们应通过专业课学习、实习实训、创新创业教育、专业实习、毕业实习等课程加强劳动技能学习，用系统的科学知识为提升劳动素养奠定坚实基础。

（四）加强劳动实践锻炼

劳动习惯是个体在长期劳动实践训练中形成的稳定的行为模式。加强劳动实践锻炼，养成良好的劳动习惯，让真抓实干、埋头苦干成为基本的生活方式。要在实践中体会劳动素养提升与自身健康成长和全面发展的内在联系，积极参加家庭劳动，以及学校组织的劳动教育和劳动锻炼，并积极寻找社会实践、公益劳动、勤工助学、校外实习、假期打工等劳动机会，在劳动过程中训练劳动技能，形成热爱劳动的良好品德，锻炼吃苦耐劳的意志品质，全面提高劳动素养。

【拓展阅读】

实训室6S管理制度（摘要）

（一）整理（seiri）

将实训室的所有东西区分为有必要的与不必要的，把必要的东西与不必要的东西明确、严格地区分开来。不必要的东西要尽快处理掉，目的是腾出空间，使空间活用，防止误用、误送，以便塑造清爽的工作场所。

（二）整顿（seiton）

对整理之后留在实训室的必要物品分门别类放置，排列整齐，明确数量，有效标识，并做好相应的登记。目的是使工作场所一目了然，打造整齐的工作环境，减少找寻物品的时间，消除过多的积压物品。该项工作由实验员和课任教师负责。各分院把每个实训室的物品登记表和物品设备的摆放示意图上交资产处备案。

（三）清扫（seiso）

将工作环境、工作设施及设备清扫干净。保持工作场所干净、亮丽。目的是消除脏污，保持实训室内干净、明亮，稳定品质，减少实训伤害。

（四）清洁（seiketsu）

各部门将上面的3S实施的做法制度化、规范化。目的是维持上面3S的成果。实训中心主任、实验员、任课教师负责实施。实训中心主任与任课教师商议实训室上墙的制度和警示语、实训室卫生检查要点、实训室实验员职责要求、学生实训守则、实训指导教师职责、检查与考核制度。

（五）素养（shitsuke）

通过学习、教育等手段，提高学生的文明礼貌水准，增强团队意识，养成按规定行事的良好工作习惯，目的是提升教师、实验员、学生的品质，使教师、实验员、学生对任何工作都认真负责。

（六）安全（safe）

重视全员安全教育，每时每刻都有安全第一的观念，防范于未然，目的是建立起安全实训的环境，所有工作都应建立在安全的前提下。

活动与训练

实训室卫生清扫活动

一、活动主题

校园劳动　匠心初显

二、活动目标

培养学生热爱劳动及珍惜劳动成果的优良品质和良好的卫生习惯,增强学生学会生存,学会生活,学会学习的实际本领。

三、适用对象

职业院校学生。

四、组织者

班级辅导员、本班劳动教育教师。

五、活动时间

建议 15 分钟。

六、活动准备

(1) 组织者提前作出指导和要求,进行安全纪律的提醒和说明,同学们提前学习实训室卫生清扫注意事项。

(2) 提前与本次劳动所涉及的相关部门,如学校学生处、总务处、二级院系等部门进行沟通,为本次劳动提供劳动工具和场地许可等。

(3) 分组。根据学校实训室管理规定,将学生分为若干劳动小组。

(4) 人岗匹配。根据工作要求和学生意向,在组织者的协调下,将不同的劳动岗位提供给不同的学生,尽力做到人岗匹配。

(5) 按实训室 6S 要求实施劳动。

(6) 检查评定:由指导教师和班委组成检查小组,对实训室内墙地面、物品摆放、清扫效果等进行评定。

探索与思考

1. 调研了解一家企业的基本情况,包括创业背景及发展历史、目前的运作状况、将来的发展规划、管理组织结构、员工发展途径等。

2. 通过调研总结企业质量管理部门的运作状况,包括工序岗位、车间、售后服务等不同层面在质量保证方面的检验方法、手段、措施。

单元三　身体力行涵养劳动精神

名人名言

勤工俭学的意义还在于它能够培养和发挥青年的创造性和才能。如果我们给青年安排一条轻便的道路,他们只需饭来张嘴,上课就念书,什么也不管,这样我们就会害了青年,会使聪明人也变成傻瓜。

——徐特立

学习目标

1. 了解劳动精神培养的路径。

2. 提升在日常生活中培养劳动精神的自觉性,巩固良好的劳动习惯。

案例导入

听习近平亲述成长点滴

1969年初,不满16岁的习近平主动申请到陕北农村插队,来到延川县文安驿公社梁家河大队。在梁家河,他与劳动人民吃住在一起,"真诚地去和乡亲们打成一片,自觉地接受艰苦生活的磨炼",从一个"不谙世事的孩子"成长为"种地的好把式"。成为梁家河大队党支部书记后,他与乡亲们一起种地、打井、打坝、修公路,发展生产,改变家乡的面貌……

习近平后来回忆感慨,"我生活在他们中间,劳作在他们中间,已经不分彼此"。同时他也在劳动人民中间"学到了农民实事求是、吃苦耐劳的精神"。离开梁家河,习近平依然坚持劳动不忘本的良好习惯。

在正定,他到乡村考察时正赶上乡亲们锄地、间苗,习近平拿起锄头、撸起袖子就跟乡亲们一起干起来,手法和老农一样熟练,这让同行的人不由都吃了一惊;在宁德,他不仅参与劳动,还对劳动进行了深层次的思考。他曾在《摆脱贫困》一书中写道:"农村劳动力如果继续束缚在原有规模的耕地上,倚锄舞镰,沿袭几千年来日出而作、日落而息的耕作老传统,进行慢节奏、低效率的生产劳动,那就不是一件好事。反之,用改革开放的眼光看待劳动力的大量转移,会惊喜地发现,我们又获得了一种极其宝贵、可待开发、可能创造巨大价值的崭新资源。"

在浙江,他换上矿工服,戴上安全帽,乘罐笼下到近千米的井底,弯腰弓身沿着低矮狭窄的斜井走了1500多米,来到采矿点看望慰问在井下采煤的工人,并与工人们一起吃饺子……

【分析】习近平总书记就是从黄土地上,从辛勤而富于创造性的劳动中走来的,他的劳动情怀、劳动精神永远值得我们钦敬和学习。习近平总书记青年时期的基层经历和劳动经验,让他深知劳动是锤炼作风、联系群众的重要法宝。打坝,修渠,种树,打糍粑,磨豆花……数十年来,习近平总书记所到之处都留下了他与人民同劳动的温暖记忆,彰显出人民领袖的劳动本色和为民情怀。

劳动精神的培育是素质教育纵深化人才发展战略的价值体现,青年学生应将先进劳模人物的社会价值与精神财富相结合,在精神财富与物质财富之间进行合理取舍。激发自己的劳动精神与潜力,从而走向成熟,不断适应工作乃至社会的发展需要。

一、自觉接受劳动教育

自觉参加劳动教育实践类必修课,积极参加学校开设的手工、园艺、茶道、扎染、插花、非遗文化等课程学习。并结合自己所学专业和学科特性,加强劳动观念和劳动态度的培养,树立正确的劳动价值观。

【案例8-5】

罗永峰——维修船艇技术精湛

5月的海南省澄迈县附近海域碧蓝如洗,武警海南总队海运大队一场水上应急演练正如火如荼地展开。突然,海上刮起9级狂风,一艘登陆运输船熄火,在狂风巨浪的裹挟下犹如断线的风筝失去重心,剧烈摇晃,随时面临艇翻人亡的危险。危急关口,一名四级警士长三步并作两步,跑进机舱,借着手电筒灯光镇定自若地检查着密密麻麻的管线、各式各样的仪表。几分钟后,他用沾满机油的手使劲地拧紧发动机螺丝,小艇的马达又一次发出了欢快的轰鸣声。一场险情就这样被消除了。

"只要有他在,哪怕海况再差,船艇问题再复杂,我们心里也有数。"战士口中的他就是WJ3002船机电班班长罗永峰。

在大队官兵心中有着传奇色彩的罗永峰只有初中学历。1995年的初冬,罗永峰当兵来到海运大队。他一页页地"啃"书,硬是自学了20余门专业课程,整理出30余万字的学习笔记。他还结合检修实践,逐一熟悉掌握船艇上电子元件、机器设备的工作原理,终于成为船艇机电班的技术大拿。他先后被评为"全军红旗船员标兵""全军精武标兵""全军学习成才先进个人",获得全军士官优秀人才一等奖。2012年8月,他还光荣当选为党的十八代表。

【点评】努力和坚持是罗永峰技能精进的法宝,他对自己的专业和技能充满热情和信心,在技能学习的道路上不断刻苦钻研,精益求精,终于技艺超群。

二、积极参加劳动的相关活动

劳动是一项身心相结合的活动,对我们的社交能力、协作能力、团队精神的培养有重要的促进作用。劳动技能的培养是循序渐进、逐步养成的过程,我们要在学习环境、生活习惯、工作氛围中去养成。

积极参加定期的值日生教室日常管理、卫生清洁活动。参加轮流值班,做好宿舍的卫生及美化,打造和谐居住和生活的环境。多向身边的榜样人物学习,积极参加学生社团,参加班会和团课中关于劳模精神、劳动精神的主题演讲、知识竞赛、征文比赛,以及辩论赛、情景剧大赛兴趣小组等活动,在活动中探索和反思劳动的意义与价值,在实践中提升自身的劳动意识,真正从思想和行动上热爱劳动,崇尚劳动,成为劳动情怀浓厚、劳动技能突出的高素质大学生。

三、积极投身校内劳动实践活动

认真参加学校组织的实习实训,特别是企业的生产性实践活动,同时,还可利用寒暑假时间进行实习或社会实践锻炼,提高自己的专业知识水平和技术操作能力,在实践中培育劳动精神。

另外,可以作为志愿者和值日生去参加班级卫生、宿舍内务整理、校园保洁和环境绿化等各项劳动。如教室内桌椅、讲台、墙地面、教学仪器设备的卫生清扫工作;宿舍内物品合理有序摆放,进行宿舍文化特色创建;对所负责的校内卫生区域进行卫生保洁和绿化维护,参加图书馆书籍资料整理,信息中心网络设备运营维护等增强劳动体验。

四、开展居家劳动技能培养

以实际行动践行"孝亲、敬老、爱幼"的传统,从家庭小事做起,从身边小事做起,参与家庭劳动。如选择基础类的家务劳动洗碗筷,做饭菜,洗衣服,搞卫生,整理家中物品等;中等难度类的独自完成一道特色菜肴的制作,利用废旧物品制作一件手工艺品等；高难度类的家务劳动水管维修、电气设备维修、简单房屋装修等，掌握必备生活劳动技能，体验劳动带来的幸福，为自己今后成长和家庭幸福担起责任，贡献力量。

【拓展阅读】

用奋斗诠释劳动精神

"我的一位老班长曾经给我讲过一段话，他说：什么叫作不简单，什么叫作不容易，就是要长时期甚至用几十年的时间认认真真、持之以恒地做好一件事情，这就是不简单，就是不容易。"前不久，在国务院新闻办公室中外记者见面会上，获得全国劳动模范称号的贵州钢绳（集团）有限公司二分厂技术员、高级技师周家荣情讲述了自己的成长之路。立足岗位，脚踏实地，干一行爱一行，钻一行精一行，周家荣等先进模范用拼搏奋斗实现人生梦想，以爱岗敬业弘扬劳动精神。

习近平总书记在全国劳动模范和先进工作者表彰大会上指出："劳动是一切幸福的源泉。"在长期实践中，人们养成了崇尚劳动、热爱劳动、辛勤劳动、诚实劳动的劳动精神，这是人生出彩的金钥匙，也是创造美好生活的必经之路。人间万事出艰辛，人世间的美好梦想，只有通过诚实劳动才能实现；发展中的各种难题，只有通过诚实劳动才能破解；生命里的一切辉煌，只有通过诚实劳动才能铸就。

不可否认，随着经济社会发展，劳动的方式在发生变化，但"功崇惟志，业广惟勤"始终是不变的人生哲理。回首历史，从"走在时间前面的人"王崇伦到"当代雷锋"郭明义，从"铁路小巨人"巨晓林到"金牌焊工"高凤林……一代又一代热爱劳动、勤于劳动、善于劳动的高素质劳动者，用对事业的"痴"、对岗位的"爱"、对工作的"狂"，垒筑起共和国的巍峨大厦，标注了建设者们的奋斗底色。个人向上，国家向前，他们在劳动中收获了个人成长，也为国家发展作出了贡献。

"一勤天下无难事。"有人曾问齐白石，画画秘诀是什么？他笑答："要每日作画，不叫一日闲过！"他曾在一首诗中如此描写自己的艺术劳动："铁栅三间屋，笔如农器忙；砚田牛未歇，落日照东厢。"肯花气力，肯下苦功，肯去钻研，方换来"功夫深处见天然"的精湛画艺。无论是体力劳动还是脑力劳动，无论是简单劳动还是复杂劳动，道理都是相通的。一切劳动者，只要肯学肯干肯钻研，练就一身真本领，掌握一手好技术，就能立足岗位成长成才，在劳动中发现广阔的天地，在劳动中体现价值、展现风采、创造生活。

三百六十行，行行出状元。如今，职业版图在不断拓展，人们的职业选择日益多元。大家的职业或许不同、岗位或许有别，但自己的双手、智慧和汗水，始终是美好生活最坚实、最可靠的依托。历史和现实充分证明，有坚定的理想信念，有不懈的奋斗精神，脚踏实地把每一件小事做好，一切平凡的人都可以赢得不平凡的人生，一切平凡的工作都可以成就不平凡的业绩。

活动与训练

我心中的劳动之光

一、活动目标

通过本次活动，品味劳动者的喜悦与自豪，并感悟"劳动最光荣、劳动最崇高、劳动最伟大、劳动最美丽"的真谛。

二、活动时间

建议 15 分钟。

三、活动流程

(1) 所有学生运用多种途径收集整理个人认为"劳动最光荣、劳动最崇高、劳动最伟大、劳动最美丽"的实际案例。

(2) 教师将学生按 3 ~ 4 人划分为一小组,每个小组从组员整理的案例中挑选出 2 个最好的案例。

(3) 每个小组选出一名代表陈述本组整理的最好的案例,其他小组可以对其进行提问,小组内其他成员也可以回答提出的问题。

(4) 教师引导学生灵活运用所学知识,对讨论情况进行分析、归纳、总结。

(5) 教师根据各组在研讨过程中的表现,给予点评并赋分。

探索与思考

1. 结合实训室清洁 6S 要求,思考如何改进自己的劳动质量。

2. 思考当代大学生如何践行劳动精神,培养良好劳动习惯。请写出你的具体实施方案。

模块九　工匠精神

模块导读

本模块着眼让学生学习严谨求实的工匠精神,立志"要做就做最好",成为"一名优秀的劳动者"。本模块共分为三个单元,第一单元讲授工匠精神的内涵与意义;第二单元重点阐述工匠精神与技艺传承的关系,重视技能技艺提升;第三单元则主要探讨工匠精神培养的路径。

单元一　工匠精神的内涵与意义

名人名言

欲尽致君事业,先求养气功夫。

——[南宋]陆游

学习目标

1. 全面了解工匠精神的内涵与意义。
2. 了解高职大学生工匠精神养成中存在的问题。
3. 培养学生工匠精神,树立争当大国工匠的理想。

案例导入

明代修建紫禁城木匠蒯祥被赐名"蒯鲁班"　官至工部侍郎

明永乐元年(1403年)朱棣当了皇帝后,升"北平"为"北京",又于永乐四年(1406年)下诏,于翌年营建宫城、坛庙。但因连年战乱,造成明王朝经济负担过重,无力马上动工兴建,永乐十五年(1417年)北京城才正式营建。

在全国各地数以万计的工匠中,以苏州"香山帮"最为知名。《苏州香山帮建筑》记载:苏州香山位于太湖之滨,自古出建筑工匠,擅长复杂精细的中国传统建筑技术,人称"香山帮匠人",有"江南木工巧匠皆出于香山"之说。"香山帮"中以木匠蒯祥的技术最为精湛,有"香山帮鼻祖"之称。

蒯祥为江苏吴县(今苏州市吴中区和相城区)人,自幼随父学艺,《明实录宪宗实录》称其"以木工起隶工部,精于工艺。自正统以来,凡百营造,(蒯)祥无不预"。蒯祥精通尺度计算,每项工程施工前都做了精确的计算,竣工之后,位置、距离、大小、尺寸都与设计图分毫不差。紫禁城开始修建后,蒯祥担任"营缮所丞"(负责工程设计与施工)。紫禁城的布局,多出于他的巧妙设计。明永乐十八年(1420年),承天门建筑完工后,蒯祥受到众口一词的赞扬,被誉为"蒯鲁班"。之后,蒯祥官升至工部左侍郎,授二品官。

蒯祥还经常解决一些技术难题。据传,有一次一个木工锯皇极殿宫门门槛时,不小心将木料锯短了一尺。这根木料是缅甸进贡的珍贵巨木,这个工匠面临杀身之祸,吓得没了主意。蒯祥端详了一会儿说:"没有关系,可以补救。"他让闯了祸的木工将木料的另一头也锯短一尺,可那个木工哪敢下手?蒯祥便接过锯子锯了起来。锯完后,他按尺寸另外雕刻了两个口中含珠的龙头,用活动头装到锯短了的门槛上。再把门槛安装到门上,尺寸完全吻合,而且便于拆卸。这种装置,被称为"金刚腿"。到成化年间,蒯祥已是七八十岁的老人,但仍"执技供奉",俸禄食从一品。

营建北京城时,"香山帮"因功勋卓著,先后有多位匠人入仕。除蒯祥官至工部侍郎外,石匠陆祥及木匠蒯义、蒯刚、郭文英也晋升为工部左(右)侍郎。另有永乐朝松江(上海)人、石匠杨青官至工部左侍郎,而嘉靖朝江苏扬州人徐杲则"以木匠起家,官至大司空",即工部尚书(相当于建设部长)。据《万历野获编》卷二《工匠见知》记载:"嘉靖三十六年(1557年)四月,(紫禁城)奉天等三殿及奉天门遭灾,四十一年(1562年)重修竣工,皆匠官徐杲一人主持。"徐杲"四顾筹算,俄顷即出,而断材长短大小,不爽锱铢"。特别是修建毓德宫(今永寿宫)时,不到三个月新的宫殿便告成,嘉靖皇帝住在旁边一个宫殿里,却没有听到一点斧凿之声。徐杲被提升为工部尚书(正二品)。

【分析】古代工匠最典型的气质就是对自己的技艺要求严苛,并为此不厌其烦、不惜代价地做到极致,精益求精,锱铢必较,同时也对自己的手艺和作品怀有一种绝对的自尊和自信。工匠文化和工匠精神不仅是我国古代社会走向繁荣的重要支撑,也是一份厚重的历史沉淀。工匠的本质是精业与敬业,这种精神融入工匠们的血液中,技艺为骨,匠心为魂,共同铸就了我国丰富的物质文化现象,推动了我国古代技术的创新发展,不可能不令人心生钦佩与敬畏。

一、工匠精神的内涵

国务院2016年《政府工作报告》《中国国民经济和社会发展第十三个五年规划纲要》均提出要大力弘扬"工匠精神"。工匠精神成为"十三五"的高频词汇,不仅与"一带一路""双创"等发展战略紧密相关,而且与中国梦的实现密不可分,对工匠精神的大力颂扬和迫切呼唤已经成了全民族和全社会的共识。

(一)工匠与工匠精神

"工匠"又称作"匠人""匠""工"等。早期的工匠指手工业者;随着社会的发展,逐步演变成社会阶层中的"工"这一角色,指以器物工具研究、发明、改良为主要职能,同时兼顾从事多种行业劳作的共同体。因此,工匠是指有工艺专长的匠人,这些人能专注于某一领域、针对这一领域的产品研发或加工过程全身心投入,精益求精、一丝不苟地完成整个工序的每一个环节。"工匠"不是社会个体,而是一个社会集合,是众多个体汇聚而成的一个群体。

工匠绝不是简单的工作者,他们的工作其实更适合被称为"劳动",他们有技术,有思想,有理想,有担当,他们的劳动是工具与巧思的综合,是技术与艺术的融合,是思想与审美的契合,是理想与现实的结合,是物化与文化的升华,更是个人价值与社会价值的统一。同时,随着价值观念的变革,产业结构的升级,精神也在创造价值,文化也成为一种实力,服务也是一门产业。总之,现在三百六十行可以说行行都与工匠相关,并不只局限在生产第一线的产业工人中。尤其在社会主义事业建设进程中,我们每个人都是一名工匠,都具备成长为工匠的潜质。

【拓展阅读】

中国古代工匠及其现代转型

"工""匠"与"工匠"的含义在汉语史上经历了演化的过程,随着社会的发展和文化的发展,其内涵与意义也在不断转型和丰富。"工"的用法较多,从字形的角度被解释为"曲尺",古文字学家杨树达在《积微居小学述林·释工》中提出,"以愚观之,工盖器物之名也……然则工究当为何物乎?以字形考之,工象曲尺之形,盖即曲尺也"。所以"工"既指乐人,也指匠人,《左传》一书中关于"乐工歌诗"的记载有 25 条。但在更多的情况下,"工"指"工匠",如《考工记》中记载:"知者创物,巧者述之,守之世,谓之工。"《辞海·工部》中说:"工,匠也。凡执艺事成器物以利用者,皆谓之工。""工"的内涵与"匠"同义,指拥有专业技术的手工业劳动者。因此,"工匠"又被称为"匠""匠人"等。"匠"起初专指"木工",如《说文解字》中说,"匠,木工也"。后来人在《说文解字注》中又有进一步解释:"百工皆称工,称匠独举木工者。"在《考工记·匠人》中"匠"还代表水利系统的建设者,主要负责王城规划以及沟洫水利设施的设计修筑。从东汉至清,我国都城规划基本上都是继承"匠人"王城规划传统的产物,其建筑技术,被北宋李诚的《营造法式》一再引用,奉为楷模。"工"与"匠"合为一体源于"匠籍"制度的产生,所谓"匠籍"制度是指到了封建社会,工与匠开始有了单独的户籍管理制度,于是便有"工在籍谓之匠"的说法,强调"工匠是有专门户籍和有专业技术的职业人员"。

从"工匠"词义演变上看,"工""匠"与"工匠"往往相互通用,均指有专门技艺的手工业劳动者。实际上,中国古代工匠的简称就是"工匠"。根据技艺水平的不同,"工匠"分为三个层次。最低层次可统称为"百工",如《考工记》中记述的木工、金工、皮革、染色、刮磨、陶瓷六大类 30 个工种的工人,相当于现代的普通工人;中间层次是指分布在各个行业里的专业技术工匠,如被称为"木匠""铁匠""陶匠"等职业化的"匠人",相当于现代的技术工人,被视为中国古代工匠的主体;最高层次的工匠则称为"巧匠""哲匠""匠师"等,相当于现代工业领域的技术专家,如建筑工程师、机械工程师等。"工匠"层次的划分从专业发展阶段的视角,为提炼和概括工匠精神的内涵提供了一个思考的方向,尤其是各个阶段成长的内在规律与外在表现将成为凝练工匠精神的重要参考。

(二)工匠精神的内涵

工匠精神原指人们不断雕琢自己的产品,改善自己的工艺,对产品品质追求完美和极致,对精品有着执着的坚持和追求的一种精神品质。随着时代的发展,社会分工越来越细,工匠精神已经不局限于手工业时代对自己的产品精雕细琢、精益求精,而是要求各行各业的人们都要高标准地对待本职工作,做好每一个细节,由此可见,工匠精神属于职业精神的范畴。具体来看,新时代工匠精神的内涵至少包含以下几个方面:

(1)坚定不移的理想信念。理想信念是人们对未来的向往和执着追求,一旦形成,便具有强大的精神力量,它是胜利之"钥"、精神之"钙"。新时代工匠们只有树立崇高的牢不可破的理想信念,筑牢理想信念的思想根基,才能驱除浮躁,舍弃名利,扎实工作,坚定不移地为实现既定目标而奋斗。

（2）爱岗敬业的职业精神。这是工匠精神最根本的内涵。爱岗和敬业二者互为表里,相辅相成,爱岗是敬业的基础,敬业是爱岗的升华。总的来说,爱岗敬业就是一丝不苟地对待自己的工作,勤勤恳恳,不怕困难,乐于奉献。蛟龙号总设计师徐芑南、全球最大射电望远镜（简称FAST）缔造者南仁东、辽宁舰总设计师朱英富等都是爱岗敬业的典范,他们恪尽职守,兢兢业业,热爱自己的岗位,满腔热情地投入工作,用自己的一生充分展现了新时代的工匠精神。

【案例9-1】

65岁"大国工匠"朱恒银——钻探行业也要求创新

镜头回放:为不打扰家人休息,朱恒银每天都在狭小的厨房里写作。天冷,要等煤球炉子烧暖和点,手才不至于冻僵。在平日里吃饭的小方桌上一笔一画写下日间研究与实践的经验。

隆冬时节。一大早,推开门,安徽省地矿局313地质队,高级工程师朱恒银的办公室里,宽大的书桌上铺满了设计图纸。一手拿笔,一手执尺,朱恒银在白纸上开始写写画画……

虽已年过花甲,他握笔的手依然很稳。"干钻探,技术创新、野外试验缺一不可。今年我们正抓紧5000米新型能源勘探智能钻探设备及技术研发。"朱恒银一边将脑海中的构思描绘在纸上,一边告诉记者,"研发不是一朝一夕的事,别看我现在65岁了,还是歇不住呀。"

遇事爱琢磨,做事有韧劲,朱恒银在全队出了名。调配好的泥浆,小心翼翼地放进仪器,不出半小时,密度、黏度、含沙量和酸碱度等参数依次呈现。看着机器监测的数据,朱恒银不由得长舒一口气:"这是我们团队最新研发的钻井液多参数自动化监测设备,与过去人工手动测量相比能省近一半时间,如今马上进入野外试验阶段。"聊到钻探技术研发新进展,朱恒银兴致盎然。

钻井液性能好坏与钻井施工密切相关。一直以来,钻井液性能全靠人工测量,既烦琐耗时,又存在误差,还会对皮肤造成伤害。在朱恒银看来,机器测量有望成为钻探行业的一大利器。因为热爱钻研,屡有突破,朱恒银当选2018年"大国工匠年度人物"。

四十多载钻探生涯,要么在野外采矿,要么在实验室里钻研,朱恒银对钻探事业的热度不减。"各行各业都在创新,钻探行业也要求创新。作为地质人,我的初心就是奉献国家。"朱恒银说。

【点评】"一腔热血,融进千米厚土;一缕微光,射穿岩层深处。"从地表到地心,一辈子,一件事。朱恒银一直让探宝"银针"不断挺进,钻头行走的深度已经矗立为行业的高度。从普通钻探工人到大国工匠、中国好人,从全国优秀科技工作者到全国劳模、李四光地质科学奖获得者、全国道德模范……45年来,为寻找地下宝藏,朱恒银如同探向地层的"金刚钻",始终奋战在地质勘探一线,用洁白如银的恒心,书写着"向地球深部进军"的动人篇章。这就是新时代最值得学习的工匠精神。

（3）精益求精的职业态度。追求卓越的价值取向是工匠精神最核心的价值理念,一名出色的工匠必须保持耐心、细心、恒心,对自己制作的产品或提供的服务只有更好,没有最好。《大国工匠》纪录片讲述了8位不同岗位的劳动者,在平凡的岗位上追求职业技能的完美,他们用灵巧的双手创造了一个又一个奇迹,充分展示了他们精益求精、追求卓越的价值取向。

（4）开拓创新的进取精神。开拓创新就是从无到有，从有到优，不断地探索和突破，这是工匠精神传承和发展的不竭动力。一个工匠如果缺乏创新精神，等于因循守旧，墨守成规，注定会被时代淘汰。天宫、蛟龙、天眼、悟空、墨子、大飞机等重大科技成果，无不完美诠释着新时代工匠们开拓创新的进取精神。

（5）协同合作的团队精神。工匠精神中蕴含的团队精神体现了时代的特点。当今社会，任何一项工作都由若干部分组成，需要人与人之间的协作与配合。越是复杂的劳动，越能体现团队精神的重要性。"同心山成玉，协力土变金"，团队合作往往能将个人潜力发挥最大化，使得集体业绩超过成员个人业绩的总和。

（三）高职大学生工匠精神的核心要素

高职大学生作为生产、服务、管理一线的复合型技术技能人才，完整的"工匠精神"应当体现为内在自我完善与外在需求的契合与统一。内在自我完善体现在，将物质性存在与精神性存在彼此平衡，在现实生活中成为身心健康的个体；外在需求的契合是指拥有的"匠心"与"匠技"能满足社会需求并产生价值。所以，高职大学生完整的"工匠精神"应包括：在"匠技"方面，拥有精益求精的专业知识技能；在"匠心"方面，拥有应时而变的创造性思维；在"匠德"方面，拥有笃定执着、惟精惟一的品行；在"匠力"方面，拥有推陈出新的科学创新能力。

（1）匠技，精益求精的知识技能能力。高职大学生工匠精神养成，在生产领域具备精益求精的专业知识技能，是接受高等职业教育的现实需求。专业知识技能是在理论教学与实践环境中逐步形成的，理论知识也需面向生产与职业发展。精益求精的专业知识技能包括以下几个方面。

一是扎实的应用知识体系。理论知识为高职大学生在解决问题时，提供灵感启发与工具辅助。

二是具备新时代信息处理能力。信息化时代，生产日益数字化、智能化、多样化，这就需要高职大学生拥有大数据处理与分析能力，以及对智能设备操控的能力。

三是宽广的通识性与多学科性知识。多学科知识为高职大学生提供更加更广阔的视域，对复杂问题的处理更加得心应手。随着知识大爆炸，海量信息日增，以及终身教育时代来临，高职大学生还需具备宽广的通识知识，为专业发展提供更加广阔的支撑，有利于更好地处理个人与集体、社会、群体之间关系。

（2）匠心，积极乐观的自我效能。班杜拉认为"自我效能感"是自我对其是否胜任工作的一种事前评估。这种对自我能力预期性或者潜在性心理认知与评价，影响个体或者群体的行为选择，还无形之中影响了个体对任务投入的时间与精力。积极乐观的自我效能感意味着个体对自身胜任工作（学习）的能力有着高度的认可与自信，在任务遇到困难与挫折时，仍然坚持不懈；勇于接受具有挑战自身能力的任务；全身心投入学习与工作中；忠诚于自己的专业品质，不盲从一成不变的问题解决模式。自我认知、受挫抗压力、处理问题技巧、自制等心理品质会通过自我效能的中介作用，对学习与工作的精力、时间投入产生正向影响。

高效的自我效能正是"匠心"的内质，能够将高职大学生在个体兴趣与职业目标相匹配的基础之上，使其以一种宁静安和的心态投入创作活动中，这是一种类似于达到以宗教的禅定之心和哲学的审美眼光来欣赏创作之物的状态。

（3）匠德，笃定执着与惟精惟一的品行。高职大学生在学习与工作中还需要具有笃定执着、惟精惟一的"匠德"。只有拥有了笃定淡然之心，才能面对物欲横流时坚守自我，不迷失于金钱名利追求。纵观古今中外能工巧匠无不对自己从事的职业从一而终，矢志不渝。例如，孔子周游列国传道讲学，在郑国十分苦楚，即使被人形容为丧家之犬也不改其执着的做法。

孔子坚定执着的品行，与相关专家提到的"心流体验"非常相似，心流体验特征包括：①精力高度集中；②意识与行动融合，即完全投入行动中去，而自己却认识不到；③控制感，即能够掌控自己，满足周围环境要求；④自我意识丧失，完全投入的状态；⑤行动与反馈一致性，即行动明确，反馈及时；⑥内在目的性，追求内在的满足与收获。这些都是笃定执着的重要表现。

所谓"惟精惟一"是指高职大学生在工作学习中需要专心致志，定神守意，心无旁骛，把自己专业素养发挥得淋漓尽致。高职大学生坚守笃定执着，惟精惟一的"匠德"，才能在大学课堂与实习中潜心研习专业技能，不再将职业与学习视为未来养家糊口的一种生存手段，而是将其视为人生的事业追求和个人价值达成的载体与平台，通过职业专注使自己的生活情趣、价值选择、精神追求得以实现，在自我发展与完善的道路上不断拓展。

（4）匠力，推陈出新的科学创新能力。当前，中国正面临着产业调整与升级的历史机遇期，传统劳动力密集型产业向智能型、知识型产业不断推进。特别是"中国制造2025"战略规划的实施，对创新型人才需求更大。因此，高职大学生具备"匠力"——推陈出新的科学创新能力，是时代赋予高职大学生不可推卸的使命。高职大学生的科学创新能力主要是针对产业需求，能够创造出迅速转化经济成果的产品，或者能够创新产业的关键技术；其次，作为应用性技术技能人才，能够在本职工作与学习中利用内隐知识与经验、科学解决现实难题。

我国科学研发水平与发达国家还存在着一定差距，高职大学生在当下与未来职业发展以及终身学习过程中，要将经验性技能与技术上升为科学理论与范式。高职大学生科研创新能力培养不仅是回应产业转型升级需要，也是生命历程发展的必然体现：一方面，高职大学生逻辑思维已从具象运算发展到形式运算阶段，具备成熟的抽象思维能力，掌握了一般与个别、对立与统一、演绎与归纳等研究规律；另一方面，高职大学生自我意识逐渐成熟，开始对自我在社会中的意义、地位进行思考，并相应形成独立自主性、自立自制性，建立了自信心和自尊心。

二、工匠精神的意义

（1）工匠精神助力中华民族伟大复兴。工匠伴随和见证着中国的百业兴旺和辉煌纪录，工匠凭借着高超的技艺和卓越的品格在寂漠的岁月中挥洒着自己的热忱，将自己的身与心、才与智等无所保留地投入其作品中，用自己的生命和辛劳为后人留下不胜枚举的惊世佳作。工匠精神源于中国悠久的工匠文化，工匠精神不只是工匠文化的精髓，更是中国传统文化的精要。文化的复兴和回归既是实现中国梦的内在要求，也是实现中国梦的着力点。面对工匠精神，我们不能只把它当作精神文化遗产加以珍惜，更应该把它当作发展的时代精神加以弘扬,使工匠精神成为各行各业的实践参照,成为全社会的道德风尚,将工匠精神作为我们生产和生活最基本的态度与准则,全力以赴地为社会主义事业和人民幸福奋斗拼搏,助力中华文明的再度璀璨。

(2)工匠精神引领社会不断创新。古往今来,工匠精神一直都在改变着世界;热衷于技术与发明创造的工匠,是每个国家活力的源泉,创新精神已经演变为当代工匠最核心的精神内涵之一。创新精神有了工匠精神的参与,就多了份执着、坚持、严谨和从容;工匠精神有了创新精神的融入,就多了份灵动、新奇、时尚和生机。如今,不断创新是推动"中国制造2025""一带一路""互联网+"等一系列驱动战略落实的重要手段,更是保质保量进行创新型国家转型和建设的重要表达和实现途径。工匠精神将进一步发挥引领作用,助力达成新常态下经济跨越式创新发展,以及传统经济提质增效和转型升级的战略目标。

(3)工匠精神促进国民锤炼品格。国民品格是国民整体素质的反映,是国家发展程度的体现,更是国家历史文化的积淀,与国家的精神文明程度密切相关。工匠精神能很好满足人民对美好生活的向往,十分契合国家和时代新时期发展的需要,是与时俱进、求真务实的精神。工匠精神是民族文化的浓缩,是民族素养的核心组成内容。以职业精神的基本面貌为基础,不断引导人们加深对工匠文化和传统优秀文化的认识,逐步恢复积极向上的正面情绪和专注严谨的工作态度,重燃国民对我国文化的认同和自信,能从思想上激发出强烈的爱国情怀。

活动与训练

大国工匠——为国铸魂

一、活动目标

引导学生向大国工匠们学习,传承和发扬工匠精神。

二、活动时间

建议15分钟。

三、活动流程

(1)教师将学生按照6~8人划分为一个小组,要求学生课前观看央视系列节目《大国工匠》。小组讨论:大国工匠们是如何造就了一个又一个奇迹,这和他们什么样的职业品质有关。高职大学生应该如何在生活学习中塑造这样的职业品质。每个小组可根据《大国工匠》中的具体人物进行剖析。

(2)课堂上每小组派一名代表陈述小组的观点,开展小组互评。

(3)教师进行归纳、分析和总结,引导同学们学习大国工匠热爱本职、脚踏实地,勤勤恳恳、兢兢业业、尽职尽责、精益求精的工作作风和精神品质。

(4)教师根据各组在活动过程中的表现予以赋分。

探索与思考

1.工匠等同于工人吗? 工匠是简单的工作者吗?

2.在学习小组中分享一位大国工匠的典型案例,并说说从其身上学到了什么。

单元二　工匠精神与技艺传承

名人名言

人类一生的工作，精巧还是粗劣，都由他每个习惯所养成。

——［美］富兰克林

学习目标

1. 学习工匠精神与初心、精心、持之以恒等技艺传承间的关系。
2. 学习中华传统中技艺传承的精神，培养自己精进不休、臻于至善的工匠精神。

案例导入

高凤林：航天火箭的"心外科医生"

在2014德国纽伦堡国际发明展上，一名来自中国的技术工人同时获得三项金奖震惊了世界：他就是高凤林。

大喷管在惊险中诞生

高凤林，中央电视台"大国工匠"节目播出的第一人；我国长三甲系列运载火箭、长征五号运载火箭的第一颗"心脏"，也就是氢氧发动机喷管，都在他手中诞生。37年来，他先后为90多发火箭焊接过"心脏"，占我国火箭发射总数近四成；先后攻克了航天焊接200多项难关。

如今，"高凤林"这三个字在业界已经是非凡的代称，在非凡业绩的背后，是不为人知的非凡付出。

"连续熬夜最长的一次将近一个月，每天到凌晨5点左右，为了国家863计划的一个项目。26个难关，需要一个个攻克"。高凤林说自己的老母亲98岁高龄都没有脱发，而自己已经鬓发稀疏了。因为这样的付出，他被同事称为不吃不喝的"骆驼"，是"和产品结婚的人"。为了攻克难关，他经常不顾环境危险，直面挑战，为此多次负伤，鼻子受伤缝针，头部受伤三次手术才把异物取出，而胳膊上黄豆大的铁销由于贴近骨头至今无法取出。

因为要应对新技术新问题，高凤林要求自己"每天都要有进步"；徒弟们说，师傅不是在解决问题就是在为解决问题而读书。2011年，国家人力资源和社会保障部以高凤林的名字，命名了国家级技能大师工作室，这也是首批国家级技能大师工作室之一。2015年，高凤林劳模创新工作室挂牌。工作室现有成员19人，平均年龄只有34岁，其中有5名全国技术能手、1名中央企业技术能手和1名航天技术能手；已成为重要的人才育成基地。

【分析】高凤林没有进过名牌大学，没有拿过耀眼文凭，但他凭借着自己的默默坚守，孜孜以求，在平凡岗位上，追求职业技能的完美和极致，最终脱颖而出，跻身"国宝级"技工行列，成为国家不可或缺的技能大师。高凤林成功之路表明，只有热爱本职、脚踏实地、勤勤恳恳、兢兢业业、尽职尽责、精益求精,才可能成就一番事业,才可望拓展自己的人生价值。

工匠精神是工匠在器物制造过程中所追求的高超的手工艺技术、严谨踏实的工作作风、追求完美且人性化的细节及淡然的工作心态的一种职业精神。工匠在制造器物时所具备的优秀精神品质,是工匠群体的道德品格、道德风貌及价值观。传承工匠精神,就是在把握工匠精神的内涵与意义的基础上,将工匠精神的核心价值得以继承和发扬。

一、信守初心，方得始终

"不忘初心,方得始终"是《华严经》中的名句,意思是只有坚守本心信条,才能德行圆满。在很多人的成长道路上,都忘记了自己当初的梦想,能够有始有终去完成自己梦想的人,可谓是寥寥无几。坚守初心,不是一件简单的事情,要承受生活的艰辛、舆论的压力、诱惑的干扰、失败的打击……而有这样一些人,无论生活如何艰险,环境如何复杂,他们始终选择吞咽苦涩,拨开荆棘,一往无前、永不止步。正是因为他们信守初心、不断坚持,才有了世间一个又一个传奇。

【拓展阅读】

不忘初心　恪守使命——《把信送给加西亚》

《把信送给加西亚》描述的是一个在美西战争爆发时,美国总统麦金莱必须立即与古巴岛的起义军首领加西亚将军取得联系的故事。

故事中的英雄,那个送信的人,也就是安德鲁·罗文,美国陆军一位年轻的中尉。当时正值美西战争爆发。美国总统麦金莱急需一名合适的特使去完成一项重要的任务,军事情报局推荐了安德鲁·罗文。

在孤身一人没有任何护卫的情况下,罗文中尉立刻出发了,一直到他秘密登陆古巴岛,古巴的爱国者们才给他派了几名当地的向导。那次冒险经历,用他自己谦虚的话来说,仅仅受到了几名敌人的包围,然后设法从中逃出来并把信送给了加西亚将军——一个掌握着决定性力量的人。

整个过程中自然有许多意想不到的偶然因素与个人的努力相关联,但是,在这位年轻中尉迫切希望完成任务的心中,却有着绝对的勇气和不屈不挠的精神。为了表彰他所做的贡献,美国陆军部长为他颁发了奖章,并且高度称赞他说:"我要把这个成绩看作是军事战争史上最具冒险性和最勇敢的事迹。"

这一点当然毫无疑问,但人们更应该意识到,取得成功最重要的因素并不是因为他杰出的军事才能,而是在于他优良的道德品质。因此,罗文中尉将永远为人们所铭记。

想要干成一件事,就必须要有远大的理想和百折不挠的精神。青年高职学生如果缺乏远大理想的激励和引领,再崇高的事业也可能会失去精神支撑和强大动力。因此青年高职学生必须把个人前途与国家命运紧密结合起来,把实现人生理想融入实现中华民族伟大复兴中国梦的历史进程中,信守读职教,成为大国工匠的目标与初心,热爱职教,热爱自己的专业,成就精彩人生。

二、至善至美，贵在精心

2016 年 4 月 26 日，国家主席习近平在合肥主持召开知识分子、劳动模范、青年代表座谈会，并发表重要讲话。他指出："要弘扬'工匠精神'，精心打磨每一个零部件，生产优质的产品。"并强调，"全面建成小康社会，广大青年是生力军和突击队。希望我国广大青年充分展现自己的抱负和激情，胸怀理想，锤炼品格，脚踏实地，艰苦奋斗，不断书写奉献青春的时代篇章。"工匠的世界没有"凑合"，对于每一位内心装着"完美标准"的工匠们而言，工作程序中的任何一环都不容忽视，对质量的精益求精，对制造的一丝不苟，对完美的孜孜追求已然成为他们的习惯。

【案例9-2】

孙红梅——给飞机心脏做"手术"

孙红梅是中国空军航空修理系统焊接专业首席专家。19 年来，孙红梅先后维修了600 余台航空发动机，用一把焊枪将自己的青春岁月与航修事业紧密相连。

2007 年 5 月，某新型教练机上一个复杂薄壁零件损坏，在这样的薄壁零件上焊接，特别容易变形。孙红梅仔细研判焊接零件的结构、性能，果断决定引进激光焊接术。当时，该技术在国内刚起步，如操作中稍有偏差，可能导致零件报废。孙红梅将"家"搬进了工作室，对几十个方案逐一验证。凭着一股韧劲，孙红梅团队奋战 20 多天，成功完成了焊接任务。

多年来，孙红梅攻克了 50 多项技术难题，其中 4 项获得专利，多次获得军队科技进步一、二、三等奖。她主持的某型发动机燃烧室机匣裂纹故障快速修复技术，成为国内领先的关键技术。"个人的力量有限，集体的智慧无穷。"孙红梅主动传帮带，成立了"红梅工作室"。她充分发挥团队优势，瞄准国际前沿技术，不仅提升了发动机的修理质量，还能延长零部件使用寿命，每年为国家节省 1000 万元的维修成本。

【点评】追求至善至美，不放过每一个细节，每一个环节不马虎，是工匠精神最核心的价值理念。一名出色的工匠必须保持耐心、细心、恒心，对自己制作的产品或提供的服务只有更好，没有最好。

三、历经磨炼，重在有恒

要成为一名名副其实的技工，尤其是高级技工，对人的素质要求是很高的，无法只靠天赋完成工作。长时间的艰苦磨炼,对于一个人的技能、心态、性格都是非常大的挑战。在时下日益浮躁的大环境下,高职大学生要想立志在技术上寻求突破,就要抵御住外界的各种诱惑,耐得住寂寞,经得住考验,扎下根来矢志不渝,才能成为这个岗位上的大师。

【案例9-3】

窦铁成:工人教授是怎样炼成的?

"世界上没有两个完全一样的工程,不同的地点、不同的时间就要用不同的办法来施工,可以说每个工程都要创新。在这个过程中,施工技术人员因地制宜将知识、技术创造性地用于工程,解决难题,就会从中得到快乐。"回想起自己40年的工作经历,被誉为"专家型技术工人""工人教授"的中铁一局电力工工匠技师窦铁成如是说。

1979年,23岁的窦铁成通过招工考试,被中铁一局电务处录取,通过学习和历练,1983年,窦铁成满怀信心来到京山压煤改线和京秦线之间的沱子头变电所,这也是他第一次接触变配电施工。窦铁成白天干活,晚上把自己关在备用调压器房里,对照专业书籍,一张张图纸、一条条线路、一个个节点地分析解读。施工期间,他把7套各类不同技术图纸齐齐地画了一遍。最后,工程不仅顺利完工,还获得了国家优质工程银质奖。

40多年来,窦铁成先后提出设计变更7次,解决送电运行故障400余次,并且主动攻关新课题,解决新难题,累计为企业创造和节约成本近1800万元。

正因其钻研深挖的工作作风和炉火纯青的技术水平,窦铁成逐渐成为行业内的名人,并于2016年被推选担任陕西省总工会副主席。

2011年11月,窦铁成技能大师工作室成立,作为全国首批挂牌成立的工作室,窦铁成主动担当,发挥劳模的影响力和引领作用,带领技术攻关小组先后成功取得了疏散平台测量小车、刚性悬挂接触网垂直向上钻孔平台等多项研发成果。累计获得国家高新技术企业认证两项、各类专利42项、工法39项、获奖科研项目48项、BIM大赛获奖11项、软件著作权10项。

……

"工作40年来,我悟出最重要的经验就是要勤奋、吃苦、学习、不断探索、不断攀登,不学习就没有积累,不攀登就没有创新。"窦铁成说。

【点评】窦铁成事迹给了我们一种新型的人才观,能把卫星送上天的是人才,能使屋顶不漏水的也是人才。无数事实已经证明,技术工人是科研成果转化为现实生产力的重要桥梁,是设计蓝图变成宏伟现实的主要实施者。离开了工匠,再好的科研成果也只能躺在实验室里,再宏伟的蓝图也只是一纸空谈。全面建设小康社会,我们不仅需要有世界一流的科学家,也需要大批掌握现代科技知识和创新能力的技术人才。

高职大学生要以成为大国工匠为职业理想,认真学习新知识,刻苦钻研新技术,努力掌握新本领,做学习型、知识型、技能型、创新型的新时代能工巧匠。精于工,匠于心,品于行。高职大学生,要在学习中践行工匠精神,树立正确的学习态度和学习方法,在学习中做到专注、勤奋、精益求精,在实践中勇于创新。同时,要积极参与践行社会主义核心价值观,使敬业、诚信、创新等成为自我的内在精神修养,为工匠精神的传承提供精神动力和价值支撑。

活动与训练

观看文物修复 感受神乎其技

一、活动目标

学习故宫文物修复师的工匠精神,传承工匠精神。

二、活动内容

课前观看《我在故宫修文物》纪录片,课内分小组讨论。

三、活动时间

建议 20 分钟。

四、活动步骤

(1)小组讨论:最让你感动的是哪一个修复小组?为什么说"现代中国需要工匠精神"?我们身边有哪些技艺精湛的例子?选一个小组认为最值得传承的项目,并说明理由。

(2)班级分享:每个小组派代表轮流分享组内讨论结果。

(3)教师总结点评。

探索与思考

结合本单元学习内容,思考所学专业 1 ~ 2 个最值得传承的地方,并说说自己以后如何为之努力。

单元三 培养工匠精神

名人名言

天分高的人如果懒惰成性,亦即不自努力以发展他的才能,则其成就也不会很大,有时反会不如天分比他低些的人。

——茅盾

在职业技能大赛中塑造工匠精神

学习目标

1. 了解高职学生在工匠精神培养方面存在的问题。

2. 学习培养工匠精神的方法和路径。

案例导入

敬业、责任和技术的组合就是工匠精神

藕长洪,安徽人,"80后",现任中铁大桥局七公司试验公司经理。工作才11年,却已是享受国务院特殊津贴的专家,肩上还有全国"五一劳动奖章""中央企业技术能手""全国最美青工"等一系列荣誉。

藕长洪并不直接参与施工,但却天天泡在工地里,脑子里琢磨的是:混凝土配合比是否达到施工要求,钢筋粗细、强度够不够。2005年以来,他分别在武汉青菱立交、鄂东长江公路大桥、杭瑞高速公路、恩来恩黔高速公路、宜昌至喜长江大桥、武汉青山长江公路大桥等工地试验室工作。藕长洪把每一个工地,每一处试验室都当成了实现理想、展示作为的舞台。2005年刚参加工作时,他每次值班浇筑混凝土,一个人除了控制混凝土质量及做试件外,还会利用空隙时间把头一天用过的混凝土试件拆下进行养护,并总是尽可能地多做、做好。

在每个项目上,藕长洪都对施工过程中所使用的原材料、半成品严格按照规范进行取样试验,对检测出的不合格品坚决予以清退和返工,以确保施工质量。在最终的工程验收中,藕长洪负责的所有的混凝土结构及路基工程全部合格,很多工程还达到优良标准。

在宜昌庙嘴长江大桥,他根据设计要求,反复试配,特别是对于那些大体积的混凝土,既考虑施工质量降低混凝土水化热,又考虑配合比的经济性,最后从近20组配合比试配中选出最优配合比。经过施工后检测表明,该优化配合比既保证了施工质量,又节约成本100余万元。藕长洪是公司第一个取得交通运输部试验检测工程师证书的人,也因此激发了其他年轻试验检测人员的自主学习热情。2012年,他动员公司22个试验人员参加了检测员的考试。如今,藕长洪的"徒弟"已遍布各个工地。

汗水融入混凝土,青春建功大桥梦。藕长洪在追梦的路途上,一步一个脚印,一点一滴积累,用心编织着色彩斑斓的大桥梦。对于工匠精神,藕长洪认为:"它包含了敬业、责任和技术,这三者的组合,就是完美的工匠精神。"

【分析】藕长洪10多年工作在桥梁建设一线,练就沙子"一手抓"就能判断含水量的"绝活",也成长为新时代青年"工匠"的代表。藕长洪在追梦的路途上,一点一滴积累,一步一个脚印,用心编织着色彩斑斓的大桥梦。像藕长洪这样的新一代中国工匠们用他们敬业、责任和技术,用心编制着中

华民族伟大复兴的中国梦。

一、高职大学生工匠精神培养存在的问题

（一）高职大学生对工匠精神的认知有待深入

高职大学生对工匠精神认知匮乏，对其内涵认知有待提升。"工匠精神"作为一种驱动主体发展的内在动力，高职大学生只有在心理上积极认同，才会主动培养自身的工匠精神。高职大学生对工匠精神的认知主要存在以下问题。

（1）对自身"工匠精神"的养成态度不积极。宽松的大学教育环境使缺乏自制力的学生，以及没有学业、职业发展规划的高职大学易滋生一种懒散、消沉的行为习惯。在日常学习生活中，一些高职大学生沉溺于网络游戏，在课堂利用智能手机、平板电脑等看各种真人秀、美食直播等娱乐节目，或者在课堂上打游戏，这种自我放纵的学习态度，与工匠精神一丝不苟的内在追求明显是背道而驰的。在学习中，部分高职大学生在专业学习上浅尝辄止，考试前突击复习以求及格，缺乏持之以恒的学习毅力，导致整个大学三年学到的知识乏善可陈。有些高职大学生在校三年，除了专业课本之外，几乎没有学过其他各类提升自我综合能力的通识知识与理论。严谨认真，一丝不苟的专业学习态度是高职大学生工匠精神的养成起点，堕落与消沉行为习惯会直接或间接地阻碍工匠精神的养成。

（2）高职大学生主动学习的动力匮乏。高职大学生在学习积极性与主动性方面，相比本科学生而言，主动探究知识，不断提升自我的意识不强。主要体现在以下几个方面：一是缺乏学习韧性。学习韧性是指学生在学习过程之中对压力、挫折、逆境等异己性因素处置的能力。高职大学生缺乏学习韧性最明显的表现就是在学习上存在畏难情绪，遇到困难就退缩，对作业、实习、功课等偷懒耍滑，草草应付了事，没有一种"不达目的誓不罢休"的专研精神。二是缺乏学习规划。在高中学习时，目标相对明确，就是为了考上大学。但是，当成为高职大学生后失去了学习目标，不知道学习的目的，导致在掌握知识，提升职业技能，完善个人道德修养等方面没有切实可行的计划与规划。

（二）高职大学生工匠精神养成中专业技能有待精进

就职业范畴而言，工匠群体遍及器物与精神领域的创造、设计、生产、劳动、流通、销售、传播等各行各业。工匠精湛的技术、技能是其彰显社会价值的内在支撑。高等职业教育作为人力资源再生产的一种教育类型，应培养大学生面向生产、职业所需的技能、态度、伦理、志趣，还要有充分的技能实践和动手能力。如果高职大学生仅限于静态理论知识学习，缺乏实践知识，就难以达到企业用人需求。有些高职大学生认为实习、实训只是走过场，加上实习、实训阶段工作量大，感觉辛苦劳累，存在应付的心态。一些高职大学生认为知识的学习强于动手能力的培养，存在"高分低能"的现象。

（三）高职大学生工匠精神养成中专业专注性较弱

高职大学生工匠精神的专注性主要体现在对专业学习的投入，包括时间与精力的投入，专注并热爱所学专业。专注性不仅仅是对专业学习投入很多精力与时间，更多是对专业领域知识有独到见解与认识；也并非只是教师或者教材上呈现既定结论，而是能够从不同角度审视所学知识、理论、技术、技能、工序，以便在未来具体职业生涯

或者实习工作中能够推陈出新,创造性运用。但是,高职大学生在专业专注性与知识深化性方面存在明显不足,少数高职大学生从家庭走进大学,脱离了家长对其进行的监督与管制之后,纵情非学习活动,全然不重视专业技能学习。一些学生在校外做兼职,但从事的兼职工作大部分是临时性、短暂性、不稳定性的,对学习投入不足。

高职大学生专业选择存在一定的盲目性,由于信息不对称,加之对未来适宜从事何种职业处于模糊认知状态,导致专业选择与理想现实之间存在矛盾对专业的能力要求、专业未来的就业方向不甚了解。在一定程度上降低了其对专业的认可与忠诚。

(四)高职大学生工匠精神养成中严谨认真品质缺失

在学习与实习工作中,一些高职大学生并不能完全做到严谨认真,保持精益求精的价值底色,对自己学业所应承担的责任意识不强。高职大学生如果在学校中养成马马虎虎、得过且过、浮躁、投机取巧行为之后,走上职业岗位很难为社会提供物美价廉的产品与服务,也不利于高职大学生从"校园人"走向"职业人"。

部分高职大学生的家庭教育中存在过度溺爱或父母教育过于强势等问题,都会导致高职大学生责任意识的淡薄。家庭过度溺爱会导致一些高职大学生从小养成了为所欲为的心理定式。而家庭教育过于强势,父母对高职大学生在交友恋爱、专业选择、行为习惯等方面无不干涉,大包大揽,也无形之中剥夺了高职大学生在道德社会化过程之中应当担负的责任。高职大学生作为社会个体,必然会根据自身的地位承担相应的角色与职责。

(五)高职大学生职业应用创新能力亟待提升

各行各业的能工巧匠并非在职业生涯中按部就班地完成本职工作,工匠精神不仅具备踏实认真做事情的态度,更是一种在严格遵循规则基础上创造力的体现。当前,部分高职大学生职业应用创造能力明显不足,主要表现在专业知识整合利用不足,缺乏分析问题及解决问题的能力;对自己的知识技能是否能够为社会发展做出力所能及的贡献是不确定的;在前职业化阶段缺乏锻炼动手能力的机会。

(1)高职大学生容易保持高中阶段的"学习定式"或者"学习惯性"。受高中应试教育影响,在大学学习过程中,依然考虑所学知识在期末考试中会不会考到,这些知识能不能为课程成绩加分,选修课程是不是容易拿到学分,依旧被"考试分数""学分"蒙蔽双眼,未曾从自我的兴趣出发,探索知识的魅力。一些高职学生习惯教师为他们安排学习内容,对未知世界与领域缺乏探索,对学习缺乏反思,一旦成绩波动,情绪就十分低落,这势必影响自己的发展和提升。

(2)高职大学生可能会存在"伪学习"。伪学习包括两个方面:一是指学生对知识的探索与研究并非是为了求得科学内在规律,或者加强对其素质修养的文化陶冶,而是将习得知识作为一种谋求外在利益的工具;二是学生并没有真正理解知识的含义,无法将知识运用到具体职业环境中。很多高职大学生在学习上存在偏差,上课拿着教材,考试之前匆忙抄笔记,死记硬背相关知识,考试后拿到学分就万事大吉,不思考如何将知识运用到未来职业发展中。一些高职大学生在学习中流于表面,将学习视为差事,敷衍应付,懒于思考,频繁翘课、逃课,缺乏自我见解,导致其所学非所用。这种伪学习,不仅阻碍了高职大学生思维能力的提升,而且无法使其在大学三年的学习生涯中感知到个人人生阅历的丰富与多彩,专业能力的改善。正如怀特海所说的"不能加以利用的思想观念是相当有害的",伪学习也会使高职大学生缺乏对人生价值意义的追寻,无法"认识到自己在生命中的目的、目标或使命"。很多大学生并不知道自己能否通过专业学习为社会发展做出自己的贡献,也反映出高职大学生缺乏明确的人生规划与职业定向。

二、高职大学生工匠精神的培养

高职大学生工匠精神的养成必须正视高职教育本身实践的不足与瑕疵,应面向现实理性对待社会需求,合理选择高职大学生工匠精神养成的路径,并能够真正契合高职大学生本体性发展与客观要求的一致性。

(一)树立工匠精神的自我培养意识

工匠精神,不仅是一种工作的态度,还应该成为每个人做事的态度,更应该成为一种社会心理,成为全社会做人做事的精神支柱。作为社会中的个体,所有人都应该具有"工匠"精神,这是对所从事的事情、职业、事业的一种尊重、热爱和坚守,只有这样才可以将要做的事情做好。所以,对于每位高职大学生来说,要在日常的学习和实践中,严格按照工匠素养约束自己的行为,树立职业理想和职业信念,通过专业学习、文化熏陶、技能实践等提升自身的职业素养和专业技能,激活工匠精神养成的个体动力,树立工匠精神的自我培养意识。只有在大学中树立工匠精神的自我培养意识,才能不断增强自己的责任意识和职业操守。当成为职业人后,不论是在工作中的任何一个环节和程序上,都应该严格地对自己进行约束,并树立职业理想和信念,成为匠人的职业理想。

(二)积极参与校园文化活动

高职大学生要积极参与到各项校园文化活动中,不断提升自身的人文素养。校园文化的熏陶对于提升高职大学生的人文精神和人文情怀有举足轻重的作用,是高职大学生人文素养养成的最好方式。高职大学生应充分利用校园文化活动建设平台,以班级活动、党团组织、社团工作等为载体,学习劳动模范、"大国工匠"和身边优秀教职工及同学;参加劳模事迹报告会;结合专业课程学习、班会交流、实习实训、社会实践等活动,加强职业道德修养。高职大学生要积极参加学校各类文化活动,提升人文内涵和自我精神品质,在校园文化活动中进行自我教育和自我发展。各个学生社团是校园文化活动的重要载体,高职大学生要积极参与社团活动,让丰富多彩的校园文化活动在潜移默化中影响自身的思维意识,在实践活动中夯实工匠精神,最终达到提升自我职业素养的目的。

(三)在职业技能大赛中塑造工匠精神

职业技能大赛不但为高职大学生提供了一个展示技能、切磋技艺、提高水平的平台,也为高职大学生弘扬工匠精神,营造崇尚知识、崇尚技能,学知识、学技能,用知识、用技能,比知识、比技能的良好氛围。通过参加技能大赛,能与同专业的同学互相切磋、互相学习,既增强了友谊,又提高了自身技能,在比拼中将工匠精神内化于心,外化于行。

【案例 9-4】

新生代工匠宋彪：解锁青春怒放的另一种可能

宋彪的名字被熟知，始于两年前折桂世界技能大赛。

2017 年 10 月，第 44 届世界技能大赛在阿联酋阿布扎比举行。中国选手宋彪获得工业机械装调项目金牌，并从来自 68 个国家和地区的 1260 余名参赛选手中脱颖而出，以 779 分获得了大赛唯一的"阿尔伯特大奖"。

阿尔伯特大奖是以世界技能组织创始人的名字命名，用于奖励每一届世界技能大赛中所有参赛项目中获得最高分的选手，被誉为"世界技能的巅峰""金牌中的金牌"。宋彪是第一位赢得这项荣誉的中国选手，专业分量可想而知。

宋彪来自安徽蚌埠农村。初中时，宋彪的学习成绩并不理想，中考成绩出来后，当工人的父亲并没有责备他，而是跟他聊了聊自己年轻时的一些经历，特别是经历的挫折和对人生的感悟。"与父亲的谈话让我重燃对知识的渴望和对未来的希望。"宋彪说，"拿不好笔杆子，就拿好工具。"

后来，宋彪进入江苏省常州技师学院学习。由于基础知识太差，宋彪就利用课余时间请教专业课老师，把课堂听不懂的专业知识一一搞懂。经过一个学期的追赶，宋彪越来越自信，也逐渐发现自己动手能力强的天赋，课余时间经常守在车间琢磨产品设计。

因为长期勤于钻研，宋彪在江苏省第一届技能节中崭露头角，获得参加世界技能大赛的敲门砖，在此后的省级、全国选拔赛中一路晋级。

......

在一年多的备赛时间里，宋彪的勤奋不断地给教练带来惊喜。教练布置的每天的训练任务都是 8 ~ 10 小时，但是宋彪每天都给自己多加两个小时的训练量。由于回宿舍太晚，连宿舍阿姨都认识他了。夏天，他更是顶住 40℃ 的高温坚持在车间训练。在宋彪看来："做完一个零件拿去评分，做到 75% 的合格率，可能就算是好的，但是应该把它提高，提升到 95% ~ 99%，甚至说到 100% 的一个精确度，这样才能使一个零件在部件的组装中效果更好。"

......

"看着别人在那里做，自己又不能做，自己心里也是不知道怎么表达，就是坐在那里。"宋彪回忆。

虽然比别的选手晚半小时开始,但宋彪凭借扎实的基本功和高超的装配技能第一个完成了比赛项目,最后获得了 85.18 分的高分。谁也没有想到这会是所有 1260 多名选手中的最高分。"在领完了奖并走出了闭幕式会场之后,我们一个团队紧紧地抱在了一起,我们的项目翻译李老师都激动得哭了。"赛后,宋彪感慨地说,"原来人生还有这样一种方式,拥有精湛的技能,一样可以让生命熠熠生辉。"

【点评】一名中考成绩不理想的安徽农村少年,苦学技能后,加工零件组装后的误差比成年人的头发丝还细。宋彪在江苏省常州技师学院完成了从学生到老师的"华丽转身"。榜样的力量是无穷的,高职大学生要在心中埋下"技能梦想"的种子,让"技能成就梦想"。

(四)弘扬和践行社会主义核心价值观

高职大学生要大力弘扬和践行社会主义核心价值观。社会主义核心价值观中针对公民层面所提的"爱国、敬业、诚信、友善"要求,与工匠精神的内涵有着异曲同工之妙,这些道德规范同样也是工匠精神的题中应有之义。因此,要以社会主义核心价值观引领社会道德建设,通过弘扬和践行社会主义核心价值观来涵养工匠文化、培育工匠精神。对于当前社会中尚且存在着一些妨碍培育工匠精神的陈观念,比如,唯学历至上,认为工匠只是地位低下的体力劳动者,工匠精神是不知变通、守旧古板的落后精神等,高职大学生要端正认知,正确认识到工匠形象的可爱可敬,工匠劳动的至关重要,工匠精神的难能可贵,树立劳动不分贵贱、行业不分高低的平等职业观,为培育工匠精神奠定认同的基础。

活动与训练

校园小工匠

一、活动目标

从细微处入手,涵养自我工匠精神。

二、活动时间

建议 15 分钟。

三、活动流程

(1)教师将学生按照 6~8 人划分为一个小组,要求学生在课前观察收集的资料,可以是图片、文字、视频等方式。以"校园小工匠"身份,寻找校园景观、建筑、生活设施、服务流程等方面在细节上有待改进的地方。

(2)课堂上每小组派一名代表陈述小组成员找到的可改进方面,开展小组互评。

(3)教师进行归纳、分析和总结,引导学生结合专业,对这些有待改进的方面提出改进方案,并评选出最佳方案。

(4)根据评选出的方案,课后征求学校管理部门同意后,尝试在校园内实施。

探索与思考

1. 有人说"一分钱一分货",工匠精神做出来的东西一定会增加成本吗?

2. 短视频上经常有些"废物发明",看起来"非常认真地做出一件没有实用价值的东西",请问这是浪费时间吗?工匠精神与实用性之间有矛盾吗?

模块十　劳模精神

模块导读

本模块主要包括劳模精神、劳模精神的内涵及意义等。通过学习让大学生充分认识劳动模范是工人阶级的优秀代表，是时代的引领者，引导大学生积极学习他们的爱岗敬业、争创一流、艰苦奋斗、顽强拼搏、淡泊名利、甘于奉献的劳模精神，让劳模精神成为指引大学生工作、学习、生活的风向标，在传承、弘扬劳模精神奋勇前进，不断创新。

单元一　劳模精神的内涵与意义

名人名言

为人类的幸福而劳动，这是多么壮丽的事业，这个目标有多么伟大！

——［法］克劳德·昂利·圣西门

解密劳模的
成长密码

学习目标

1. 全面了解劳模及劳模精神的含义，认识劳模精神的特征。
2. 正确认识传承劳模精神的重要意义。
3. 认识劳动模范是时代的引领者，激发学习劳模及劳模精神的情感。

案例导入

李爱玲和她的"幸福汇"

2020年11月24日，全国劳动模范和先进工作者表彰大会在人民大会堂隆重举行。

全国劳动模范李爱玲是山西晋城市幸福汇老年养护服务中心主任、晋城市养老服务协会会长，通过她的不懈努力、大胆尝试，摸索成功的"幸福汇模式"养老模式，成为当地著名的养老品牌。

李爱玲经商经历很丰富，开办服装加工厂、开火锅店……

2015年，她与几位朋友一起分别在5个城市开设门店，推销养老平台系统"关护通"。但因对养老行业的一无所知，包括李爱玲在内的几家门店面临关门歇业的局面。为摆脱困境，李爱玲重新选择出路。李爱玲深知，养老既是企业也是公益。李爱玲思考更多的是如何让老年人有尊严，有品质地度过老年生活。

在不断地创新实践中，社区居家养老的模式逐渐明朗，"居家养老＋日间照料＋嵌入式微型机构＋医养结合"的幸福汇四位一体模式日趋成型。

心怀大爱，执着转型投身养老事业。2015年，李爱玲投资500万元，克服重重困难，仅用3个月的时间在晋城城区建起了第一个社区老年活动中心——幸福苑。2018年6月，她筹资900余万元，在白水社区建设了幸福汇康养照护驿站。2019年，她又与凤鸣社区、凤台社区、上辇社区达成共识,相继投资建立了3个康养驿站。

细化服务,致力提升老年人的生活品质,使老年人有品质,有尊严地生活,提高老人的生活质量,突出幸福汇的特色,李爱玲经常为老年人举办丰富多样的娱乐活。从此,"幸福汇"成了人们喜欢、信任的品牌。

【分析】养老服务最重要的是用心,最考验的是细节。李爱玲,这个托起老年人"稳稳幸福的人",在短短6年的时间里,就将养老事业从无人问津做到了火爆井喷,从艰难创业做到了为晋城赢得全国试点。李爱玲的成功缘于她执着、坚持、不断努力、大胆创新,缘于她对养老服务事业的热爱。

一、劳模的含义和分类

劳模是社会风尚的引领者,是时代的风向标,是一座城市的"主角"。中华民族是靠劳动书写的辉煌,改革开放也是靠劳动演绎的革新,在"辉煌"与"革新"中,劳模们无疑是"中国奇迹"最强有力的创造者,"中国震撼"交响乐最强有力的演奏者。

那么,劳模到底是一群什么样的人?

(一)劳模的含义

社会学家艾君在《劳模永远是时代的领跑者》一文中也指出,劳动模范是时代永远的领跑者。

劳模是劳动模范的简称,是在职工民主评选的基础上,经过有关部门审核和政府审批后,给予在社会主义建设事业中成绩卓著的劳动者的荣誉称号。他们的贡献、人品、态度和业绩都可以称得上典型,他们在革命和建设的伟大事业中给亿万人民树立了标杆和榜样。一代又一代先进模范人物,他们干一行,爱一行,专一行,精一行。在各自的岗位上弘扬正气,凝聚力量,树立典型,充分发挥先锋模范带头作用。他们的每一个故事,都彰显着力量;每一个事迹,都传递着能量,在各自的工作岗位上建功立业。

劳动模范评选时,一般遵循以下几项基本条件:一是热爱祖国,坚决贯彻党的基本路线和各项方针政策,带头遵守国家的法律法规,具有优良的思想素质和职业道德;二是坚持科学;三是在推进产业结构调整中能创新开拓、追求卓越、精益求精,为环境保护、安全文明生产、经济发展、农民增收做出贡献;四是勇于探索、勇攀高峰;五是为社会主义物质文明、政治文明、精神文明等方面建设做出重大贡献。

(二)劳模的类型

(1)全国劳动模范。中共中央、国务院授予的为社会主义建设事业做出重大贡献的劳动模范,是"全国劳动模范",是中国的最高荣誉称号。此外,中央军委授予的共和国卫队享有国家劳动模范待遇;自1980年起,中华人民共和国公安部先后授予一、二等英雄称号。

(2)省部级劳动模范。各省(自治区、直辖市)政府授予的省级(自治区、直辖市)劳动模范,全国模范军队复员干部,军队以上单位授予的民兵英雄,服兵役期间荣获一等功的军转干部,全国优秀人民警察,全国公安系统劳动模范,全国五一劳动奖章获得者,省农业劳动模范等。

(3)市、县、大型企业评选的劳动模范。

二、劳模精神的内涵、特征及本质

（一）劳模精神的内涵

劳模精神是劳模所体现的精神。在中国革命、建设、改革的各个历史时期,我国工人阶级勇挑重任。作为工人阶级的杰出代表,劳模在工作和生活中发挥了先锋作用。劳模所发挥的先锋队作用是工人阶级先进性的集中体现。

劳模精神,它折射出的是一个时代的人文精神,反映出的是一个民族在某一时期的人生价值和道德取向。它简洁而深刻地展示着一个时代的人之精神的演进与发展,它凝重而浪漫地体现着一个民族的时代思想。劳模们所折射出来的责任感、使命感,能引领大家抛弃私心杂念,向着共同的目标奋进。在劳模精神的感召下,大家就有了标尺,就能够形成良好的崇尚责任、牢记责任、时刻不忘履行自己职责的意识。

（二）劳模精神的特征

劳模是国家不断发展壮大的宝贵精神财富和精神力量,劳模的特质、劳模精神内核和时代意义是当今时代的宝贵财富,也具有鲜明的时代特色,每一个时期的劳模精神都具有不同的内容和特点,需要不断传承和弘扬。

劳动精神是职工品格的核心提炼,劳模是各个时代劳动精神的集中体现。在继承上一阶段劳模精神核心的基础上,新时代劳模精神不断注入新元素。因此,劳模精神可以说具有鲜明的时代特征,它是一个时代人文精神的具体体现。劳模所具有的勇敢、执著、坚韧、自强的品质,是亿万中华民族优秀儿女的缩影。

在新中国走过的几十年风风雨雨中,涌现出一批批时代英雄和劳动模范。随着时代的变迁,劳模精神的内涵也在充实中散发着时代的光彩。新中国成立后,工人阶级开始当家做主,面对着百废待兴、工业基础薄弱的新中国,中国人民以主人翁的身份积极投入各行各业的建设中去。"铁人"王进喜,以"宁可少活二十年,拼命也要拿下大油田"的顽强意志,率领 1205 钻井队,打出了大庆的第一口油井,并且创造出了年进尺 10 万米的世界钻井纪录。20 世纪七八十年代的中国是物资匮乏的年代,买什么都要排队,"一团火"精神的张秉贵,练就了"一抓准"技艺,成为"燕京第九景"。改革开放后,一批批科学精英涌现出来。中国"杂交水稻之父"袁隆平,几十年如一日,辛勤耕耘在农业科研的第一线。杂交水稻研究的成功,不仅解决了中国人的吃饭问题,还为世界反饥饿做出了卓越贡献。改革开放的脚步进一步加快,飞速发展的经济让世界重新认识中国。然而,传统与现代、落后与先进、国内与国外,光怪陆离的世界,风云变幻的社会,怎样才能把握正确的方向,保持社会正确的主导价值观,孔繁森、李素丽等一大批先进模范人物,用他们平凡又光辉伟岸的形象和感人至深的事迹回答了这一问题。

（三）劳模精神的本质

劳模精神是引领时代的精神。每一个时代的劳模都有其特点,但无论时代如何变迁,永远不变的是劳模精神的本质。

（1）爱岗敬业,脚踏实地。爱岗敬业是爱岗和敬业的总称。热爱岗位,就是热爱自己的工作。热爱自己的工作,这是职业道德的基础。爱岗是敬业的前提,两者相辅相成。即使面临的工作枯燥乏味,你仍然可以用一颗真诚的心孜孜不倦地工作。在工作岗位上一定要做到脚踏实地,兢兢业业,让你的每一步都踏实有力。

(2)艰苦奋斗,勇于拼搏。邓小平曾指出:"我们的国家越发展,越要抓艰苦创业。""在艰难困苦的时候需要艰苦奋斗,在物质条件优越的时候也需要艰苦奋斗。"艰苦奋斗的精神是中华民族的传统。勤劳勇敢的中国人民正是凭借这种精神,让饱经沧桑的中华民族屹立于世界的东方。

【案例10-1】

以匠心成就事业

全国人大代表李承霞是来自安徽的外来务工人员,近20年来一直奋斗在纺织服装的一线,以匠心不断锤炼自我,成就他人,为中国纺织服装行业的发展壮大和制造强国的建设默默奉献着自己的力量。

李承霞2003年从安徽老家来到常州老三集团打工。为能成为一名优秀的缝纫工,李承霞起早贪黑,不怕苦,不怕累,虚心求教。每天清晨,她总是第一个进车间;每次下班,她也是最后一个离开车间。日复一日,李承霞的缝纫技术越来越熟练了,缝纫的针脚也越来越平。

李承霞不仅勤奋,还喜欢钻研,在老三集团是出了名的爱动脑子。工作中,她敏锐地发现缝纫机不论工作还是不工作,电机始终处于工作状态。她意识到这完全可以改进,于是便向公司提了建议。集团对此非常重视,让电工们到车间进行试验,设备改造大获成功。全公司5000多台缝纫机如今都安装了"衣车宝",每年为集团节电363万千瓦时,用电量下降了30%。靠着勤奋和用心,她让自己的照片每月都能张贴在集团墙上的"光荣榜"里,保持了10年,成长为一名名副其实的优秀缝纫工。

【点评】李承霞从辅助工干起,一步一个脚印,一路干到了服装高级技师、全国劳动模范、集团工会主席和全国人大代表,这缘于她爱岗敬业、脚踏实地的工作精神。李承霞干一行,爱一行,把普通的事情做到了极致,在平凡的工作岗位上绘就了出彩的人生,用实际行动诠释了三百六十行行行出状元的真理。

(3)甘于奉献、不逐名利。甘于奉献的意思就是说心甘情愿地奉献自己的一些东西,比如奉献自己的力量,奉献自己的时间甚至生命。甘于奉献,是崇高的精神境界,是美好的人生追求,也是成就事业的前提。没有甘于奉献的精神,就没有人类社会的今天。不逐名利,就是超脱世俗的诱惑和困扰,实实在在地对待一切,豁达客观地看待一切。这种豁达并不是力不能及的无奈,也不是心满意足的自赏,更不是碌碌无为的哀叹。

人类从蛮荒时代走来,进入现代文明,没有一步离开过奋斗,离开过奉献。诸葛亮有"鞠躬尽瘁,死而后已"的名句,鲁迅更是把"埋头苦干的""拼命硬干的"劳动人民称赞为"中国的脊梁"。正是有了这样一代又一代奉献者留下的足迹,中华民族才能在艰辛跋涉中日益强大。

【案例10-2】

淡泊名利　打造品质神龙

全国劳模杨祉刚出身于随州市的一个普通农村家庭。

"在厂里做工人和在老家做匠人一样，要站稳脚跟，必须靠手艺。"

2003年底，进入公司不到一年的杨祉刚主动提出在继续干悬点焊的同时，业余时间去学习MAG焊。MAG焊作业时的高温让气体与钢板产生化学反应，会产生刺鼻的烟尘、飞溅和弧光，弄不好还会对人体造成灼伤，大多数人都不愿意干这个岗位。而且相较于悬点焊，MAG焊对焊缝、速度、角度等指标都有严格的标准，要干好，绝对需要下真功夫。

靠着苦练技术，杨祉刚在2005年正式转岗到MAG焊。尽管目标达成了，但杨祉刚没有松懈，反而对做好这份工作更加充满热情。每天下班后，他都会把自己和同事操作时遇到的MAG焊问题收集起来，并把解决问题的方法也记录下来。日积月累，杨祉刚进步得越来越快——2005年和2006年两届焊装分厂的技能比武，杨祉刚都取得了很好的成绩；2007年和2008年，杨祉刚更是连续两届摘得公司MAG焊比武冠军。钣金返修是武汉一厂焊装分厂PF2调整线最后一道工序。优秀的钣金工通常必须具备三样素质——"会摸""会看""会修"，当一台白车身随着流水线来到面前，你能不能带着厚实的帆布手套马上摸出凹坑、包块、毛刺或者变形？能不能借着头顶上的日光灯第一时间找准需要返修的缺陷点位置？2009年，熟练掌握了悬点焊和MAG焊的杨祉刚再次转岗，正式成为一名钣金返修工。这个曾经整日拿着大焊钳的中年汉子，干起了这份类似"穿针绣花"般的精细活儿。通过自己的刻苦钻研、孜孜求索的努力，杨祉刚从对现代化大工厂一无所知的农民工成长为一名知识型的产业工人。在繁忙工作之余，杨祉刚还自编教材，亲任教师，做好身边员工的传帮带工作，先后为神龙公司白车身质量提升和新项目投产培养了56名技术过硬的MAG焊工。杨祉刚说，把工作干好就是我最大的满足。

【点评】人世间的美好梦想，只有通过诚实劳动才能实现。盘点我们的劳模，我们就能发现他们身上具有的甘于奉献、不逐名利的特质，不论眼前的事务多么纷繁，他们总是能穿越迷雾，坚定地向他们心中设定的目标前进、奋斗。

（4）勇于创新、争创一流。创新是一个民族进步的灵魂，是一个国家兴旺发达的不竭动力，也是一个政党永葆生机的源泉。在当前国际发展竞争日趋激烈的形势下，我们必然会在工作中遇到更多新情况、新问题，这就要求我们必须提高创新能力。要善于用时代的眼光和发展的观点分析、思考问题，勇于创新，融入自己的创新智慧，不断提高创新水平。争创一流，就是要做得比其他人强，敢于争当标兵，敢于做他人的榜样；勇当源头，就是要进行大胆的尝试，有勇气，有决心，排除万难，勇于开创。劳模们就是凭借这样一种精神，在自己的工作岗位上刻苦钻研，让平凡的工作成为自己崇高的事业，为国家、为民族创造出了巨大的财富。

【案例 10-3】

锻造工业重器"创新大脑"

"我要把创新驱动发展战略和制造强国战略落实到每一个工作项目中。"从北京回到兰州新区,珍藏起金色的奖章、换上朴实的工装,2020 年全国劳动模范、兰州兰石能源装备工程研究院的高级工程师何琪功快步走进自己的工作室。

何琪功非常忙碌,作为从事机电液一体化锻压装备设计研发 30 余年的专家,如今他正瞄准数字化设计与制造技术,带领团队在科技自立自强的道路上奋力奔跑。他说:"装备制造必须与互联网、大数据、人工智能深度融合,推动先进制造业集群发展及众创发展。"

兰石研究院是兰石集团的技术核心。始建于 1953 年的兰州兰石集团,是我国第一个五年计划期间国家 156 个重点建设项目之一,是我国建厂时间最早,规模最大的集石油钻采、炼化,通用机械研发、设计、制造为一体的高端能源装备大型龙头企业集团。

2016 年 9 月,历经 5 年的探索,随着"300 MN(兆牛,约为 3 万吨)多缸薄板成型液压机组"项目验收通过,何琪功带领的团队又在自主创新上向前迈出一大步。这个迄今为止世界上最大吨位、最大压印投影面积达 5.4 平方米的多缸薄板成型液压机组,填补了国内薄板成型领域大型装备的空白,迈入国际领先行列,提升了中国装备制造业的国际竞争力。

这之后,何琪功又主持完成了高精密特钢锻造生产线 EPC(总承包)项目,实现了我国在锻压设备领域的国产化和成套精密锻造装备的出口销售,1.6MN 径锻机作为生产线的核心设备性能达到了同类国际先进水平,引领了行业技术进步,为提高中国锻压设备实力和提升行业国际竞争做出了重大贡献。

"科技自立自强不等人,用劳模精神为工业重器锻造'智慧大脑'。"最近一段时间,何琪功"火力全开",同时主持着 20 多个创新项目:国内首台"半潜式平台 15000 米钻井包研发"项目已进入技术验证阶段,"12000 米钻井包关键设备试制"正在全力推进,"低阶粉煤循环流化床加压煤气化示范工程"已完成建设……

【点评】何琪功工作 33 年里,始终努力工作,从科技创新、攻坚克难、技能传承、人才培养等方面为兰石集团科技创新做出了贡献。在主持科技创新工作期间,兰石研究院承担完成甘肃省科技重大专项项目 5 项,开展集团科技创新项目 271 项,项目计划完成率达 95%;一大批项目取得重大突破,填补了国内空白。何琪功就是凭借这样一种勇于创新、争创一流的劳模精神,在自己的工作岗位上刻苦钻研,不断地进行技术革新、技术攻关,一步一个脚印地向前迈进,取得了一个又一个骄人的成绩。

(5)自省自律、追求极致。有句名言:"能自制的人,就是最强有力的人。"丁尼生也说:"自重、自觉、自制,此三者可以引至生命的崇高境域。"自省、自律这样一种精神看似平凡、渺小,它却能成就不平凡的业绩,代表着一种平凡务本的人文精神。

三、劳模精神的价值与时代意义

(一)劳模精神的价值

劳模精神是一个人生存的灵魂,是幸福的基础。为实现"两个一百年"的"中国梦",在全面建设小康社会的过程中,每一个社会主义工人和建设者都是劳动的主人,必须努力奋斗,顽强拼搏。如果没有先辈们的辛勤劳动,五千年的文明历史是无法创造的;如果没有当今人们的辛勤劳动,幸福生活可能只是纸上谈兵。

(二)劳模精神的时代意义

(1)劳模精神推动新时代产业工人队伍建设。党的十九大报告指出,要"建设知识型、技能型、创新型劳动者大军,弘扬劳模精神和工匠精神,营造劳动光荣的社会风尚和精益求精的敬业风气""注重从产业工人、青年农民、高知识群体中和在非公有制经济组织、社会组织中发展党员"。加快推进产业工人队伍建设改革,提升产业工人队伍整体素质,直接关系到巩固党的执政基础,经济社会持续健康发展,关系到实现中华民族伟大复兴的中国梦。

一代又一代的中国劳模,是中国优秀企业的代表,他们为中国的经济发展与繁荣做出了巨大的贡献,在中国的不同发展时期都发挥了举足轻重的作用。铁人精神、孟泰精神等主人翁精神深深影响着当代的产业职工,他们以主人翁的精神投入企业的生产建设中去,他们在拼搏中淡泊名利,在自力更生、务实进取的精神推动下建设完善着一支优秀的工人队伍。

在全国抗击新冠肺炎疫情中,一大批产业工人和劳模积极投身防疫工作。在武汉、湖北乃至全国,遏制疫情的"中国速度"引起了世界的关注。罗马不是一天建成的,但中国可以在短时间内建成雷神山和火神山两所医院。世界卫生组织总干事谭德塞在北京表示:"面对疫情,中国政府表现出坚定的政治决心,及时采取有力措施,令世人钦佩。"

(2)劳模精神是一个时代价值取向的体现。习近平总书记在全国教育工作会议上强调:"要在学生中弘扬工作精神,教育引导学生崇尚工作,尊重工作,认识最光荣、最高尚、最伟大、最美好的工作。"这种告诫充满了对未来劳动者的殷切期盼。

不同的时代,劳模精神有着不同的诠释。战争年代,人们敬仰英雄;和平时代,社会需要劳模。随着时代的变迁,各个时期的模范人物都烙上了鲜明的时代烙印,谱写着时代的光辉篇章。

无论是风雨苍茫的战争年代,还是飞速发展的建设时期,劳模所体现出来的崇高精神,都代表着一个时代的价值观,展示了中国工人阶级顽强拼搏、自强不息的崇高品格,体现了与时俱进、开拓创新的精神风貌。

劳模精神是一种时代的符号,是一种指引方向、催人奋进的精神符号;劳模精神是一道光亮,是一种能照亮黑夜并温暖人心的希望之光;劳模精神是一种取向,是一种人生价值取向。

活动与训练

访谈身边劳模

一、活动目标

访谈身边的劳动模范,学习劳模精神,让劳模精神成为我们学习、生活的榜样和旗帜。

二、活动时间

建议1周。

三、活动流程

（1）确定访谈小组人员及分工。

（2）做好访谈前的准备：确定访谈的目的；确定采访对象，收集采访对象相关的背景信息；联系采访对象，说明采访目的，确定采访时间及地点，并明确回答采访对象关心的问题。

（3）确定访谈工具，设计好访谈的问题。

（4）按照约定的时间、地点进行访谈，做好访谈记录。

（5）每个小组形成一份采访报告。

（6）每小组推选一人陈述本组采访报告，其他小组可以对其提问，小组内其他成员也可以回答提出的问题；通过问题交流。

（7）教师进行归纳、分析、总结，引导学生学习劳模精神，努力提高自己。

（8）教师结合采访报告和整个活动过程中各小组表现，对每个小组赋分。

探索与思考

1．什么是劳模精神？劳模精神具有怎样的特点？

2．结合实际，谈谈劳模精神对自己的影响是什么。

单元二　劳模精神与榜样引领

名人名言

青年的思想越被范例的力量所激励，就越会发出强烈的光辉。

——[苏联]法捷耶夫

学习目标

1．全面了解劳模精神的榜样引领作用。

2．在劳模精神的榜样引领下不断成长、进步。

案例导入

榜样的力量——全国劳模董宏杰

安瑞科（蚌埠）压缩机有限公司的董宏杰在蚌埠压缩机行业里，被称为"大师"、"专家"。他在数控机床加工操作方面取得过诸多的"第一"，是一位从压缩机行业的"门外汉"到这一领域享受国务院特殊津贴的人才。

1997年刚进公司时，会计专业出身的董宏杰对于机械行业一无所知，既不了解生产工艺，更看不懂图纸。董宏杰从学徒工做起，每天跟在老师傅后面苦练基本功，利用业余时间自学了机械加工、维修、编程等知识，并在实践应用中不断总结经验，苦心摸索。

董宏杰带领团队攻克了一道又一道技术难关。董宏杰根据多年经验设计了一种特殊刀具——将刀座、刀盘、刀头根据自己的需要进行铣削、钻削等各种处理加工，再巧妙地组合起来——只需600元成本，加工同样的产品2个小时，工作效率提高28倍。

【分析】从压缩机行业的"门外汉"到这一领域享受国务院特殊津贴的人才,董宏杰靠的是坚定的信念、执着的匠心和勇于拼搏的精神。2017 年,"董宏杰技能大师工作室"正式成立,通过传、帮、带,先后培养了十余位数控操作工,为企业发展储备人才,2019 年 8 月被评为"国家级技能大师工作室"。劳动模范是全社会学习的榜样,通过从榜样身上汲取力量,我们能够走得更稳,能够走得更远。

劳动模范是民族的精英、人民的楷模,是共和国的功臣。只有充分发扬劳模精神,向劳模学习,才能真正地成就属于我们自己的事业,收获人生价值的真正成功,激励人民群众在各个平凡岗位上创造不平凡的业绩。在社会主义建设中,劳模精神引领着我们团结协作、共同奋进。

一、劳模精神在每个时代都起着榜样引领作用

新中国走过的几十年风雨历程中,涌现出一批又一批的时代英雄、劳动模范。劳模精神在不同的时期唱响了特有的时代精神,成为一个时代的风采与时尚。

(一)劳模精神引领人们积极投身社会主义各行各业建设中去

新中国成立后,中国进入了一个新的历史阶段。红色中国的"突然出现"震惊了全世界,工人阶级开始当家做主,中国人民开始谱写新的历史篇章,觉醒的巨狮开始让世界震惊。面对着百废待兴,工业基础薄弱的新中国,中国人民以主人翁的身份积极投入各行各业的建设中去。

【案例 10-4】

一辈子当好"火车头"的田桂英

田桂英 1930 年 3 月生于旅大,也就是现在的大连。1945 年大连解放,田桂英成为第一批接触到解放军战士的大连人。1948 年 5 月 13 日,田桂英光荣加入了中国共产党,由于大连刚刚解放,百废待兴,需要各方面的人才,于是,1949 年 6 月 18 日,一个由 9 人组成的女子包车组成立了, 19 岁的田桂英被选为组长。只有小学文化的田桂英开始学习机械原理、技术规程等理论知识。1950 年 2 月,苏联专家和中国工程师组织她们进行了考试,结果田桂英考了第一名。在田桂英担任司机长的整整 3 年时间里,"三八号"机车行程 20 多万公里, 未发生一起事故。1950 年 9 月,田桂英当选全国劳动模范,进京参加全国工农兵劳动模范代表大会。9 月 25 日,来自全国各地的劳模代表聚集在中南海怀仁堂,田桂英被安排向毛主席献旗。

【点评】20 世纪 50 年代初,20 岁的田桂英冲破传统观念的束缚,成为新中国第一位女火车司机,在全国成为妇女的"火车头"。她的行动,带动了成千上万的女青年,开辟了新中国第一代妇女参加工作的新途径,谱写了中国妇女运动史上的新精神。她的精神影响了很多人,大家都鼓足干劲,在自己平凡的工作岗位上脚踏实地地干,心平气和地做,为共产主义事业做出自己应有的贡献。

(二)劳模精神让困难时期的中国社会凝聚力大大增强

20 世纪 60 年代我国出现了三年自然灾害,使得中国的经济发展面临较大的困难。全国人民要克服发展中的重重困难,就需要增强社会的凝聚力和向心力。怎样增强社会的凝聚力、向心力?

当时的社会强调无私、关爱、理解、奉献的"雷锋精神"。雷锋同志是一名普通战士，他没有身居高位，也没有轰轰烈烈的业绩，而只是用自己极为平凡的言行，努力做好自己的本职工作，关爱国家、集体和他人，把有限的生命投入无限的为人民服务中去。毛泽东同志作出"向雷锋同志学习"的光辉题词，让无私、关爱、理解、奉献的"雷锋精神"深入人心。

征服自然，改造自然，需要艰苦奋斗、自我奉献的焦裕禄式的干部，涌现了一大批像陈永贵、董加耕、侯隽那样在艰苦的农业战线上顽强拼搏并取得巨大成绩的劳模，极大地鼓舞了人们艰苦创业的精神、忘我的劳动热情和无私的奉献精神。

【案例 10-5】

创造大寨精神的陈永贵

陈永贵（1915—1986 年），山西省昔阳县乐平镇石山村人，出身贫农。中华人民共和国成立初期，他先后担任大寨村生产委员、党支部书记、农业社主任、大寨公社党委副书记，带领大寨人艰苦奋斗，创造了令人惊叹的大寨精神。

尤其在 1963 年，大寨经历了难以想象的磨难：一次雹灾、一次霜冻、两次风灾，洪灾前一段干旱，春播时遭受涝灾。当时的大寨面目全非，惨不忍睹。在陈永贵带领下，大寨人自力更生，发展生产，重建家园。一个崭新的大寨诞生了，人们全部搬进了石窑新房，粮食生产也取得了巨大的丰收。大灾之年，大寨人不但不向国家要救济，还向国家缴了 12 万公斤商品粮。

陈永贵 1975—1980 年任国务院副总理期间，仍然不改农民本色，坚持不迁户口，坚持在地里劳动，坚持在大寨拿工分，可以说是一位最穷的副总理。

【点评】 正是有像陈永贵这样一大批活生生的英雄劳动模范人物，在他们精神的激励、带动下，中国社会的经济复苏了，中国人的物质生活和精神面貌得到了进一步改善。

（三）劳模精神唤起了中国人的科学梦和强国梦

20 世纪 80 年代，中国从计划经济体制转向市场经济体制，劳动模范身上的时代精神也有了相应的"调整"。

"科学技术是第一生产力"。一批批科学精英涌现出来，比如，摘下数学皇冠上那一颗闪亮明珠的陈景润，靠的仅仅是一张简陋的床，一支再普通不过的笔和那满满的六麻袋草稿纸。取得这样的成就，需要怎样的一种精神和毅力啊！

中国的科技界涌现出了一大批以陈景润、蒋筑英、罗健夫、彭加木等为代表的知识精英，正是由于这批震撼中外科学界的优秀人物的事迹，唤起了几代人的科学梦和强国梦，激励了数以千万计的知识分子，在科学技术界迅速形成了一个为国争光、攀登科学高峰的热潮，中国的科学事业为此而获得了飞速的发展。

在这期间，国家召开了 6 次全国劳动模范会议：1977 年的全国工业学大庆会议；1978 年的全国科学大会；1978 年的全国财贸学大庆学大寨会议；1979 年的国务院表彰工业交通、基本建设战线全国先进企业和全国劳动模范大会；1979 年的国务院表彰农业、财贸、教育、卫生、科研战线全国先进单位和全国劳动模范大会和 1989 年全国劳动模范和全国先进工作者表彰大会。

【案例 10-6】

当代神农氏——袁隆平

中国"杂交水稻之父"袁隆平（1930—2021 年），是中国杂交水稻研究创始人，被誉为"当代神农氏""米神"。袁隆平从 1964 年开始研究杂交水稻，1975 年研制成功杂交水稻制种技术。几十年如一日，他辛勤耕耘在农业科研的第一线。他的杂交水稻解决了中国人的吃饭问题，还为世界反饥饿做出了卓越的贡献，用科学的手段帮助人类战胜饥饿。

【点评】科学的春天来了，中国的科学技术得到了迅猛发展。一批批优秀的科研工作者先进事迹，激励着几代人勇攀科学高峰。

（四）劳模精神指引人们在纷繁的世界中不迷失方向

20 世纪 90 年代的中国，改革开放的脚步进一步加快，飞速发展的经济让世界重新认识中国。然而，经济的迅猛发展也带来了社会价值观的变化。传统与现代、落后与先进、国内与国外，光怪陆离的世界，风云变幻的社会，怎样才能把握正确的方向，保持正确价值观？

孔繁森、李素丽等一大批先进模范人物用他们平凡又光辉的形象及感人至深的事迹回答了这一问题。

【案例 10-7】

以身殉职的孔繁森

"青山处处埋忠骨，一腔热血洒高原"的孔繁森（1944—1994 年），为了西藏的发展以身殉职。"是七尺男儿生能舍己，作千秋鬼雄死不还乡。"1979 年，孔繁森主动响应国家号召，第一次赴西藏工作，担任岗巴县委副书记。他向群众宣讲国家的政策，走访贫苦的百姓，并且和群众一起收割、打场、挖泥塘……1988 年，孔繁森第二次赴西藏工作。4 个月的时间，他跑遍拉萨所有公办学校和一半以上的村办小学，带着高烧和伤情病痛，依然赶到学校处理问题。1993 年 4 月，孔繁森到阿里工作。一年多时间，106 个乡村，孔繁森跑了 98 个。1994 年 11 月 29 日，在去新疆塔城考察边贸的途中，年仅 50 岁的孔繁森因车祸不幸殉职。身上仅有的 8.6 元钱和去世前 4 天写的关于发展阿里经济的 12 条建议是他仅有的遗物。

【点评】孔繁森精神集中体现的爱别人、爱人民、爱集体、爱祖国的价值观，他用真挚的爱民之情，赤诚的为民之心，强烈的富民之愿，谱写了具有最朴素的普世价值和人文情怀，闪烁着不朽的文明之光，指引着人们在纷繁的世界中不迷失方向，保持正确的价值观。

（五）劳模是民族志气和当代文明的彰显者

21 世纪，社会进入了一个新的历史时期。各行各业的先进典型和劳动模范纷纷涌现，其中，有党的基层和高级干部，有高级知识分子，有互联网经济的领头人，有体育明星，更有众多的普通劳动者……这群星灿烂、目不暇接的人员，他们是"共和国的脊梁"，他们是民族志气和当代文明的彰显者。

劳模可以说是对当下杰出人物的一种褒奖。很长时间以来，他们的努力工作、不计报酬、不计得失的"铁人"形象已经成为一个时代的象征。

随着社会进程的加快,中国正在以日新月异的变化崛起,一个现代化国家已然屹立在世界的东方,一个丰富多彩的大时代正在向我们走来,劳模们也渐渐地由中华人民共和国成立初期的苦干、实干型转向了今天的多种成分并重发展型,他们除了具有较高的思想素质和良好的觉悟,还有着现代化的知识技能。他们用科技知识武装自己,成为新时期知识型、科技型的新型劳模。

一些新的评价标准也潜移默化地进入人们的头脑中:无私奉献、艰苦奋斗;爱岗敬业,在本职岗位上做出重大贡献;具有实干精神,品格高尚、完美;具有强烈的开拓创新和锐意进取精神;为社会创造的物质财富和精神财富巨大;是中国先进生产力、先进文化的前进方向以及中国最广大人民根本利益的忠实代表。

人间万事出艰辛。越是美好的未来,越需要我们付出艰苦努力。一代代优秀的中国人,为实现中华民族伟大复兴的"中国梦",正在用劳动与奋斗、科技与创新谱写着民族发展的新篇章。

【拓展阅读】

上海市总工会:姚明正式当选全国劳模

2005年3月,上海市2005年全国劳动模范和先进工作者候选人情况进行公示之后,经国务院正式批复,姚明等上海135人正式当选为全国劳动模范。他们都是近5年来上海涌现的先进典型,分别来自上海的工业、农林、交通、电信、科技、教育、卫生等行业。

在这135人中,有5名私营业主今年首次当选为全国劳模,进城务工人员也出现在全国劳模榜上。企业一线工人和专业技术人员占此次全国劳模总数的60%以上。本届上海的全国劳模中,文化程度为历年最高,平均年龄为历年最低。

对姚明的入选,在接受新华社采访时,复旦大学社会学系教授于海也力挺姚明当选,他说:姚明在NBA效力并非个人行为。他有了NBA的经历之后,可以更直接地服务于国家队的比赛。他还指出,雅典奥运会上姚明的表现就是明证。

关于姚明的入选,全国劳动模范和先进工作者表彰大会筹委会办公室负责人对新华社记者说:"这次劳模评选包括了在体育文艺战线的社会知名人士,只要在各自的行业里做出突出贡献,被社会广泛认可的人,都有候选资格。"

姚明的经纪人章明基表示,姚明对这件事看得很重,他认为全国劳模的荣誉非常重要。他认为这是对自己在海外打球、积极工作的一种认可。

二、劳模精神引导人们改变"金钱崇拜"的错误思想

在市场经济大潮的冲击下,"有钱能使鬼推磨"这样的话在一些人的心中成了至理名言。有些人头脑中的拜金主义、享乐主义思想开始蔓延,金钱的多少成了一些人衡量成功与否的标准。多少人为了金钱铤而走险,多少人为了金钱丧尽天良,多少人为了金钱反目成仇,多少人为了金钱众叛亲离……

无论是工作还是生活,劳模精神永远是一面旗帜。"见贤思齐",劳动模范的榜样示范作用,能使我们的社会形成一种崇尚劳动奉献光荣的氛围。我们应传承劳模精神,淡泊名利,甘于奉献,立足岗位,扎实工作,以饱满的热情投入工作中,用劳动与奋斗为中华民族的伟大复兴贡献力量。

【案例10-8】

让雷锋精神绽放新时代光芒

孟广彬,男,汉族,1964年3月生,中共党员,黑龙江省哈尔滨市南岗区和兴路街道文兴社区居民。2017年7月24日,孟广彬被评为德耀中华第六届全国道德模范候选人。2017年11月,荣获第六届全国道德模范提名奖。

"走雷锋的路,做雷锋的事,是党给了我幸福生活,我要加倍回报社会。""雷锋精神就是一粒向善的种子,每个人心里本来就有,良好的做人准则,都是雷锋精神的体现。我的文化水平不高,但我要尽心尽力回报社会,干好活,做好事,用实际行动带动更多的人学习雷锋,让雷锋精神绽放新时代光芒。"孟广彬是这么说的,也是这么做的。孟广彬就像一颗闪亮的鞋钉,牢牢钉在平凡的岗位上,传递着正能量。

孟广彬出身贫寒,因小时候得到过很多乡亲的帮助,便立志用自己的双手回报社会。孟广彬把雷锋当作自己的榜样,1988年起,他开始在哈尔滨师范大学校园外摆摊修鞋。他的鞋摊旁有块小黑板,上面写着:"鞋子穿坏请别愁,广彬为您解忧愁;生活之中互帮助,雷锋精神记心头。"他还制作2000多张优惠卡分发到学生手中,凡是贫困学生、老人和残疾人来修鞋,一概分文不取。几十年来,他义务修鞋十余万双。无论刮风还是下雪,他都要等到学生们放学把鞋取走再收摊,他认为这是人与人之间最基本的信任。1995年8月24日,家人发来电报,在山东的母亲病重,要他速回。但看到鞋摊上还有五双修好的鞋没人来取,他就一直等到傍晚学生们把鞋取走,才匆忙赶到火车站。

"孟广彬共产党员服务总队"的成立,更是不断扩大了志愿服务的社会影响力,进一步激发广大志愿者投身志愿服务的热情,一支支作风过硬、品德高尚、服务优质、甘于奉献的服务团队在孟广彬思想的影响下不断成立。

【点评】孟广彬的事迹让雷锋精神变得可触可感,可学可做,并被注入新的时代元素,"孟广彬共产党员服务总队"的成立彰显了其社会影响力。在劳模精神的影响下,在劳模的带动下,全国人民艰苦奋斗,团结一心,"到21世纪中叶,把我国建成富强民主文明和谐美丽的社会主义现代化强国"的宏伟蓝图一定会早日实现。

三、劳模精神指导企业规范生产创新发展

一个企业要想在激烈的竞争中生存、发展,提高企业的核心竞争力,必须脚踏实地,求真务实。让劳模精神在企业的每一名员工心中立足、扎根,让劳模精神成为企业永远不会褪色的骄傲让企业在劳模精神的指引下健康发展、创新发展。

【拓展阅读】

弘扬劳模精神　助推企业发展

甘州新乐集团董事长李玲荣获"2020年全国劳动模范"光荣称号以后,新乐集团每个员工无不为此感到骄傲和自豪,大家迅速掀起了向董事长李玲同志学习的热潮,不论在哪个岗位上,新乐超市全体员工比学赶超的劲头更足了,干活更有力了!

新乐超市由一家小超市逐渐成为张掖市商业零售第一品牌,在全国商品零售行业和甘肃省非公经济领域具有一定的影响力,劳模精神在企业的成长中发挥了巨大的作用。

大家纷纷表示,要深入学习董事长一丝不苟、脚踏实地、艰苦创业、团结奋斗、勇往直前的优良品质,爱岗敬业,任劳任怨,提质增效,担当有为,在本职岗位上再立新功,服务好百姓,为集团发展积极贡献智慧和力量。

活动与训练

阅读分析与理解

一、活动目标

引导学生深刻认识劳模精神的榜样引领作用,学习劳模榜样。

二、活动时间

建议 15 分钟。

三、活动流程

(1)阅读资料。

湖北开新商贸有限公司董事长罗开凤在接受采访时表示,要在全社会进一步形成崇尚劳模、学习劳模、争当劳模、关爱劳模的良好氛围。

罗开凤说,劳模是劳动群众的杰出代表,始终走在时代前列。他们尽管工作岗位不同,但都以无私奉献的精神扎实工作,创造了不平凡的业绩。"劳模是珍宝,蕴藏着丰富的智慧资源,应该充分宣传他们的事迹,发挥他们的榜样作用!"

罗开凤说,各级政府应该关怀老劳模,把老劳模视为"宝贵财富",在全社会营造关注、关心老劳模的氛围,让劳模的优秀品质引领社会风尚,为推进社会发展传播正能量。

提问:你认为要形成关心、关注、学习劳模的氛围,我们应该怎样做?

(2)学生小组内部讨论形成小组观点。

(3)每组推选一名代表陈述本组观点,其他小组可以对其进行提问,小组内其他成员也可以回答提出的问题;通过问题交流,将每一个需要研讨的问题弄清楚。

(4)教师进行归纳、分析和总结。

(5)教师根据各组在活动过程中的表现予以赋分。

探索与思考

1.劳模精神的榜样引领作用是什么?

2.新时代需要什么样的劳模精神?

单元三　学习和弘扬劳模精神

名人名言

劳模精神,是我们伟大民族精神的重要体现,是激励我们奋勇前进的重要精神动力。要在全社会广泛宣传劳动模范和先进工作者的先进事迹、优秀品质、高尚精神,推动全社会进一步尊重劳模,关心劳模,学习劳模,使劳模精神不断发扬光大。

——胡锦涛

学习目标

1. 全面了解劳模精神培养的途径。
2. 认识劳模精神是民族精神的重要组成部分,是我们宝贵的精神财富。
3. 培养学生爱岗、敬业、乐业、勤业的作风,努力实现自我价值和人生价值。

案例导入

新时代需要怎样的劳模精神

劳动模范是优秀劳动者的典型代表。劳模精神激励了千千万万普通劳动者坚守信念,立足岗位,开拓创新,建功立业。步入新时代,劳模精神的内涵更加丰富。

2018年,全国五一劳动奖章获得者胡克涛潜心钻研,独创电烙水持温修补轴瓦;节约资金,购置两台二手汽轮机改造;变废为宝,37种更换下来的阀门维修后再用……工作30多年来,他兢兢业业,从一名普通工人,一步步成长为汽轮机维修专家。胡克涛不仅自己践行精益求精的工作态度,还将这种精神传递给身边每一个人。

2018全国工人先锋号获奖集体中建八局四公司青岛新机场项目总指挥江宏友身先士卒,与年轻的管理人员们共同为项目完美履约奋斗。他冲锋在前,每天早上7时就到施工现场指挥各分部分项工程的施工作业……他用40年的执着与坚守,缔造了一个个建筑精品。

【分析】在当今这样一个利益多元、思想交织的时代,劳模精神始终是与时俱进的。在新的历史时期,劳模精神是要"变"的,要注入善于学习、敢于创新、勇于开拓等时代精神,劳模精神也要"不变",甘于奉献、热爱劳动的核心价值永远不能变。

劳动模范是时代的标杆,劳模精神是宝贵的财富。王进喜、蒋筑英、袁隆平……每个时期的劳模,都是时代的精神符号和力量化身。随着时代的发展,劳模还将被赋予更多的内涵和元素,但无论是讲精神作用还是讲经济效益,劳模的核心价值是始终不变的。在新时期、新的形势下,大力弘扬劳模精神,积极探索劳模精神培养的途径,其意义也就更加凸显。

一、让劳模精神深入人心

(一)弘扬劳模精神就是树立起一面旗帜,标示出一种导向

中国特色社会主义是人民当家做主的社会。工人阶级和劳动人民是国家的主人,是建设中国特色社会主义的主力军。在经济社会发展各条战线、各阶层人民中涌现出的众多劳动模范,是我国广大劳动群众的杰出代表。他们以热爱劳动、吃苦耐劳的模范行为,为创造社会财富及促进社会发展做出了突出贡献,为全国创造了新的精神财富,塑造了新的英雄形象。

大力倡导劳模精神,说明在我国和社会,劳动最光荣,工人最伟大,劳模精神最崇高。这是我们国家和社会本质上的必然要求。中国特色社会主义紧紧依靠人民,大力弘扬深入人心的劳模精神,充分彰显了中国特色社会主义的本质内涵。

（二）弘扬劳模精神，是全面实现社会主义现代化宏伟目标的需要

要实现全面建成小康社会、进而实现现代化的宏伟目标，必须依靠全体人民热爱劳动、勤于劳动，必须依靠全社会尊重劳动、崇尚劳动，为此，要大力弘扬劳模精神，用劳模的优秀品质引领社会风尚，在全社会进一步形成崇尚劳模，学习劳模，争当劳模，关爱劳模的良好氛围，把劳模的先进事迹传播到各行各业和社会的各个方面。劳模精神越是普及深入，劳模越是层出不穷，中国特色社会主义就越是兴旺发达。

【拓展阅读】

习近平总书记对弘扬劳模精神的指示

2013年4月28日，习近平总书记亲临全总机关，同全国劳动模范代表座谈时指出："榜样的力量是无穷的。劳动模范是民族的精英、人民的楷模。长期以来，广大劳模以平凡的劳动创造了不平凡的业绩，铸就了'爱岗敬业、争创一流，艰苦奋斗、勇于创新，淡泊名利、甘于奉献'的劳模精神，丰富了民族精神和时代精神的内涵，是我们极为宝贵的精神财富。"

2016年4月26日，习近平总书记在安徽主持召开知识分子、劳动模范、青年代表座谈会，他强调："劳动模范是劳动群众的杰出代表，是最美的劳动者。劳动模范身上体现的'爱岗敬业、争创一流，艰苦奋斗、勇于创新，淡泊名利、甘于奉献'的劳模精神，是伟大时代精神的生动体现。"

2018年4月30日，习近平总书记给中国劳动关系学院劳模本科班学员回信，指出"劳动最光荣、劳动最崇高、劳动最伟大、劳动最美丽。全社会都应该尊敬劳动模范、弘扬劳模精神，让诚实劳动、勤勉工作蔚然成风"。

二、培养劳模精神必须坚持社会主义核心价值观

党的十八大强调，倡导富强、民主、文明、和谐，倡导自由、平等、公正、法治，倡导爱国、敬业、诚信、友善，积极培育和践行社会主义核心价值观。

十八大报告关于社会主义核心价值观的表述，是对社会主义核心价值体系基本内容的高度凝练。将劳动的价值与社会主义核心价值观教育结合起来，培育学生的使命感和责任感，使之自觉自愿地辛勤劳动，诚实劳动，进而创造性劳动，在不懈的奋斗中展现新时代青年的精、气、神，在不懈的奋斗中创造美好的未来，做一名劳模精神的忠诚实践者和传播者。

【案例10-9】

唯有奋斗　才能证明热爱

宋玺，女，北京大学心理与认知科学学院2018级硕士生，中共党员，现任学院团委副书记、兼职辅导员、学硕党支部宣传委员、"向心学习"小组导师及军事理论课等课程助教。她于2016—2017年在海军陆战队服役并作为唯一女兵赴亚丁湾索马里海域护航。退伍返校后，她积极讲述海军励志故事、弘扬社会主义核心价值观，特别是报国强军正能量。

2018 年 5 月 2 日，宋玺作为唯一学生代表在北大师生座谈会上发言，向习总书记等中央领导汇报在军营锻造及校园学习中的成长感悟，受到习总书记的亲切勉励。她的优秀事迹被新华社、人民日报、中央广播电视总台、解放军报等各大新闻媒体报道，全网阅读量逾亿人次，获得"国系 90 后"美誉。

她在部队期间曾获优秀义务兵奖章、重大任务勋章等表彰；退伍返校后，获评首批最美退役军人、全国三八红旗手、时代楷模及北京榜样、北京市优秀大学生士兵、北京市征兵工作形象大使、北京大学学生年度人物、北京大学共青团标兵、北京大学学生五四奖章提名奖等。她还曾获第八届世界合唱比赛金奖、全国大学生艺术展演一等奖、北京大学艺术红楼奖等。

2017 年 9 月以来，宋玺先后赴多省市参加事迹宣讲活动，应邀到多地大中小学分享成长故事。她还积极运用临床心理学专业所学，参与"鸿雁传心"等志愿服务项目，为社会心理服务体系建设贡献力量。

【点评】"文能当北大学霸，艺能拿合唱冠军，武能维和打海盗"，这是对被习近平总书记点赞的"90后"宋玺的评价。宋玺曾说："每一个人都是一份力量，既然现在国家给我们提供了一个好的平台，我们生活在这样一个好的时代，只要你的梦想是有利于人民的、社会的，就应该勇敢地为之奋斗，不留遗憾。"宋玺不甘平淡，敢于挑战，是众多优秀的当代青年的代表。靓丽的青春，除了有诗和远方，更多的还是劳动奉献，是一种责任，一种品质，一种报效国家的时代精神。

三、培养劳模精神重在与时俱进学习

毛泽东曾经说过，"情况是在不断地变化，要使自己的思想适应新的情况，就得学习。"现代社会，科技发展的速度是惊人的，只有学习，才能紧跟社会发展的脚步。

加强学习，要在不断进行的理论学习中，提高自己的思想政治觉悟。"不登高山，不知天之高也；不临深溪，不知地之厚也。"不断参悟，深刻领会，倾注精力，坚持深耕深植，才能从理论学习中获得知识、智慧、力量。

加强学习，要加强历史的学习。习近平总书记指出："历史是最好的老师。"加强党史、新中国史、改革开放史、社会主义发展史的学习，对于落实好立德树人根本任务，解决好"培养什么人、怎样培养人、为谁培养人"这个根本问题具有重要指导意义。

加强学习，要加强业务知识的学习，不断地拓展创新，增强实际工作的能力，学习新科技、新技术加强对工作的理解与认识，在劳模精神的指引下，争做本职工作的先锋。

【案例 10-10】

始终站在国家最需要的地方

中国科学院院士陈俊武 1949 年 12 月参加工作，1956 年 4 月加入中国共产党，1991 年当选为中国科学院院士，是我国著名的炼油工程技术专家、煤化工技术专家、催化裂化工程技术奠基人，曾荣获"全国劳动模范""全国工程勘察设计大师""全国优秀科技工作者""全国五一劳动奖章""全国优秀共产党员"等荣誉称号。

陈俊武不忘初心、对党忠诚。从大学毕业后主动要求奔赴条件艰苦的抚顺工作，到引领我国炼油技术不断追赶世界先进水平；从主动为国家煤制油和煤化工产业发展建言献策、把关定向,到鲐背之年依然为国家能源替代战略殚精竭虑,陈俊武以舍我其谁的使命担当,始终把个人前途命运与国家民族命运紧密相连,将个人奋斗融入党的事业和时代洪流。在他心中,党的需要就是最高需要,服务国家就是最大价值。

陈俊武勇攀高峰、成就卓著。他直面制约国家发展的技术难题,自我加压,持续探索,推动了技术的不断创新。他主持设计过多个炼油厂和上百套炼油装置,多次荣获全国优秀设计金奖、国家科技进步一等奖等,为中国炼油工业技术进步做出了突出贡献,实现了我国石油石化行业在多个技术领域的"弯道超车",使我国国家能源战略安全、经济发展、民族尊严有了坚实的保障。

【点评】陈俊武院士把个人理想自觉融入新中国建设,融入党的事业,融入中华民族伟大复兴的中国梦,为祖国无私奉献70年。在他身上,我们看到了不断创新、加强学习、理想信念坚定、以身许国70载、为国无私奉献的楷模,是广大科技工作者的杰出代表。

四、培养劳模精神要立足岗位奉献

立足岗位奉献,就是要有"乐业"之心,"勤业"之态,"精业"之行。

"乐业"就是要愉快地从事本业。也许工作很乏味,但枯燥之中也要找出其中的趣味。

"勤业"就是对事业要勤奋,勤勤恳恳,不怕困难,愿意付出。歌德曾经说过:"你要欣赏自己的价值,就得给世界增加价值。"这一价值从何而来?答案只能从"勤业"中去寻求。

"精业"就是精通自己的专业。对待自己所从事的工作和事业,精益求精、勤奋进取。要做到"精业",就要通过不断学习,把精业变成一种习惯。从而让我们的事业在普通中变得卓越,在平凡中变得伟大,全力以赴地去创造事业上的辉煌。

【拓展阅读】

洛克菲勒给儿子的信《是天堂,也是地狱》

亲爱的约翰:

......

工作是一种态度,它决定了我们快乐与否。同样都是石匠,同样在雕塑石像,如果你问他们:"你在这里做什么?"他们中的一个人可能就会说:"你看到了吗?我正在凿石头,凿完这个我就可以回家了。"这种人永远视工作为惩罚,在他嘴里最常吐出的一个字就是"累"。另一个人可能会说:"你看到了吗?我正在做雕像。这是一份很辛苦的工作,但是酬劳很高。毕竟我有太太和四个孩子,他们需要温饱。"这种人永远视工作为负担,在他嘴里经常吐出的一句话就是"养家糊口"。第三个人可能会放下锤子,骄傲地指着石雕说:"你看到了吗?我正在做一件艺术品。"这种人永远以工作为荣,以工作为乐,在他嘴里最常吐出的一句话是"很有意思"。

天堂与地狱都由自己建造。如果你赋予工作意义,不论工作大小,你都会感到快乐,自我设定的成绩不论高低,都会使人对工作产生乐趣。如果你不喜欢做,任何简单的事都会变得困难、无趣。当你叫喊着这个工作很累人时,即使你不卖力气,你也会感到精疲力竭,反之就大不相同。事情就是这样。

......

约翰,如果你视工作为一种乐趣,人生就是天堂;如果你视工作为一种义务,人生就是地狱。

爱你的父亲

活动与训练

名言警句谈理解

一、活动目标

引导学生深刻理解劳模精神,提高对劳模精神的认识,让劳模精神指导自己的学习、工作。

二、活动时间

建议 15 分钟。

三、活动流程

(1) 教师出示名言。雷锋日记:"如果你是一滴水,你是否滋润了一寸土地?如果你是一线阳光,你是否照亮了一处黑暗?如果你是一粒粮食,你是否哺育了有用的生命?如果你是最小的一颗螺丝钉,你是否永远坚守在生活的岗位?"

提问:结合劳模精神谈一谈你对这句话的理解。你认为怎样才能成为那一滴滋润土地的水,一线照亮黑暗的阳光,一粒哺育生命的粮食?

(2) 小组内部讨论,形成小组观点。

(3) 每小组推选一名代表陈述本组观点,其他小组可以对其进行提问,小组内其他成员也可以回答提出的问题。通过问题交流,将每一个需要研讨的问题都弄清楚。

(4) 教师进行归纳、分析和总结。

(5) 教师根据各组在活动过程中的表现予以赋分。

探索与思考

1. 你认为劳模精神培养的途径有哪些?

2. 谈一谈对你影响最大的劳动模范是谁,他 / 她是怎样影响你的。

实

践

篇

模块十一　家庭劳动实践

模块导读

家庭是社会的基本细胞,是人生的第一所学校,每个人在享受家庭的幸福快乐之余,也应该分担家庭劳动,承担家庭责任。本模块主要讲授家庭烹饪、家务整理、家庭养老与照顾等内容,通过适当的家庭劳动,提升自己的生活技能和独立生活能力,培养家庭意识和家庭责任,锤炼吃苦耐劳、自强不屈的意志品质。

单元一　家 庭 烹 饪

名人名言

劳动教养了身体,学习教养了心灵。

——［英］威廉·史密斯

家务整理

学习目标

1. 了解中华饮食文化,掌握烹饪的相关知识和技能。
2. 养成健康的生活态度,强化家庭责任感。
3. 增强劳动意识,提高独立生活能力。

家庭烹饪

案例导入

周恩来下厨做红烧狮子头

周恩来 10 岁时,生母和嗣母相继去世后,他便挑起了"当家"的担子,而且能"佐理家务",学会了炒菜做饭,并把家里打理得井然有序。后来周恩来东渡日本,西旅欧洲,开始一个人独立生活,其间品尝并学做日本菜、法国餐等,后来不仅成了美食家,还是做菜高手。

两次亲手下厨房。1941 年冬季,为了犒劳重庆文艺界朋友,周恩来请大家到周公馆玩,简单招呼客人后,他便系上围裙,亲自下厨为客人们做了家乡菜——红烧狮子头。看到周恩来亲手下厨做的这道色、味、形俱佳的菜肴时,所有筷子便一齐指向"狮子头",很快便被一扫而光。几十年后,曾参加当日宴会的徐冰还回忆说:"周总理在重庆做的那道红烧狮子头的美味确实令朋友们回味了很久很久,有的人终生都不会忘掉。"

1952 年 7 月 9 日是周总理的六伯父周嵩尧先生的八十寿诞,周恩来请来在北京的周家亲属,为老人举行祝寿家宴,周恩来、邓颖超带头举杯向伯父敬酒,交代在京亲属有空时多陪六老爷子说说话,以打消老人晚年的寂寞。席间,周总理更是亲自下厨为六伯父制作红烧狮子头,当年参加家宴的周国镇在半个世纪后他还清楚地回忆说:"七爷爷

（指周恩来）做的那道红烧狮子头真是好吃。几十年过去了,我再也未吃过味道那么鲜美的菜了。"

【分析】周总理是热爱人民、勤政为民的杰出楷模,他在百忙之中组织家宴,并亲自下厨,体现了对朋友、对亲人的关怀与尊重。作为青年大学生,学会烧菜做饭,既是一种生活技能,也是营造温馨和谐氛围,增强家庭凝聚力的重要途径。

一、中国饮食文化

注重饮食,讲究"吃",在中国是一件很自然的事。中国有丰富的"吃文化",中国人常说"自古开门七件事,柴米油盐酱醋茶",吃的文化体现在具体的饮食活动中,就是中国人的饮食习惯和饮食方式。中国人对饮食的态度不单纯是营养摄取,还包含着对生命的热爱,对万物的尊重,对身心调和的认知,以及附加在饮食层面上人际情感的把握等。由此看来,饮食已经脱离了"单纯摄食"层面的活动,构成了丰富的饮食文化,推动着中国人丰富多彩的食饮生活。

（一）中国饮食文化的内涵

中国人不仅把"吃"当成简单的营养摄取,而且注重从饮食角度看待生活和人生,把饮食视作丰富生命体验的途径和方式。美食带给人们美好的生活体验,中国人也善于创造各式各样的美食,使生活缤纷多彩。一块豆腐的做法就五花八门,可以将其做成红烧豆腐、青菜煮豆腐,还可以做麻婆豆腐、臭豆腐等。丰富多彩的中华美食反映了中华民族热爱生活,热爱生命,乐享生活的人生态度。

汉唐以来,国力强盛,国际交流增多,食材引进较丰富,加上经济发展,人民有更多的时间和食材去改善饮食。在中国,逢年过节,亲友聚会,喜庆吊唁,迎来送往,都有饮食的讲究。古往今来,人们常借宴会之名,以协调情感或人际关系,达到欢乐和睦的目的。

独乐乐不如众乐乐,中国人讲究家庭和谐、国家昌盛,注重人与人之间的情感交流,喜欢围坐在一起吃饭闲聊,其目的是增进人与人之间、家人之间的交流和沟通,表现相互关心、关怀的情感。所以,同食同乐是中华食饮文明中的一个重要特征。

（二）中国饮食的风味流派

中国人很注重饮食。古人讲"国以民为本,民以食为天",不仅要吃饱,还要吃好,渐渐地形成了种类丰富、制作方法多样的特色饮食,结合地域文化、饮食风俗的不同,形成了各具地方特色的风味流派,以鲁、川、粤、闽、苏、浙、湘、徽八大菜系最为著名。

（1）鲁菜。即山东菜系,以济南菜、青岛菜、孔府菜为主。鲁菜可追溯至春秋战国时期,明清时成为宫廷御膳支柱,对北京、天津、华北、东北地区烹调技术的发展影响很大。

烹饪技艺:突出为爆、扒、拔丝。爆的技法充分体现了鲁菜在用火上的功夫。有道是:"烹饪之道,如火中取宝。不及则生,稍过则老,争之于俄顷,失之于须臾。"因此,世人称为"食在中国,火在山东"。

风味特点:讲究原料质优,以盐提鲜,以汤壮鲜,调味讲求咸鲜纯正,突出本味。

鲁菜还讲究排场和饮食礼仪,正规筵席有所谓的"十全十美席""大件席""鱼翅席""翅鲍席""海参席""燕翅席""四四席"等。

代表菜式:灌汤包、酱猪蹄、拔丝地瓜、糖醋鲤鱼、九转大肠、德州扒鸡、油爆双脆、葱烧海参、燕窝四大件等。

(2)川菜。即四川菜系,起源于古代蜀国,以成都和重庆两地菜系为主。

烹饪技艺:善用小炒、干煸、干烧和泡、烩等烹调法。

风味特点:谈起川菜人们就会想起辣、火锅。其实不然,川菜以酸、辣、麻著称,民间有传:"食在中国,味在四川。"麻辣、酸辣、椒麻、麻酱、蒜泥、芥末、红油、糖醋、鱼香、怪味等各种味型,具有"一菜一格""百菜百味"的特殊风味。

代表菜式:回锅肉、夫妻肺片、麻婆豆腐、宫保鸡丁、鱼香肉丝等。

回锅肉

麻婆豆腐

(3)粤菜。即广东地方风味菜,西汉时期就存在,由广府菜、东江菜(客家菜)、潮汕菜组成。后融入西餐,对我国香港、澳门乃至世界各地的中餐都有极大影响。

烹饪技艺:以煎、炸、烩、炖为主,也擅长小炒,要求掌握火候且油温恰到好处。还兼容许多西餐做法,讲究菜的气势、档次。

风味特点:选料广博奇杂,味别丰富,讲究清而不淡、嫩而不生、油而不腻,有"五滋"(香、松、软、肥、浓)、"六味"(酸、甜、苦、辣、咸、鲜)之别。时令性强,夏秋讲清淡,冬春讲浓郁。广东清人竹枝词曰:响螺脆不及蚝鲜,最好嘉于二月天,冬至鱼生夏至狗,一年佳味几登筵。

代表菜式:广式茶点、龙虎斗、烤乳猪、太爷鸡、香芋扣肉、五彩炒蛇丝、东江盐焗鸡、爽口牛丸等。

(4)闽菜。发源于福建福州,以福州菜为基础,后又融合闽东、闽南、闽西、闽北、莆仙五地风味菜形成的菜系。

烹饪技艺:闽菜讲究刀工、火候,重视煲汤。闽菜鲜明的特征是采用细致入微的片、切、剞等刀法,使不同质地的原料,达到入味透彻的效果,故有"剞花如荔,切丝如发,片薄如纸"的美誉。

风味特色:一善于用红糟调味,二善于制汤,三善于使用糖醋。以"香""味"见长,味偏酸、甜、淡,这与地理环境有关,因临近大海,菜多以海鲜为主,酸甜可以去腥,淡可以保证海鲜的原汁原味。

代表菜式:佛跳墙、太极明虾、闽生果、烧生糟鸭、梅开二度、雪花鸡鱼丸、馄饨、炸五香、面线糊等。

(5) 苏菜。即江苏菜，起于南北朝时期，主要由金陵菜、淮扬菜、苏锡菜、徐海菜等地方菜组成。

烹饪技艺：擅炖、焖、蒸、炒。

风味特色：用料以水鲜为主，重视调汤，保持菜的原汁，风味清鲜，浓而不腻，淡而不薄，酥松脱骨而不失其形，滑嫩爽脆而不失其味。

代表菜式：糖醋排骨、狮子头、松鼠鳜鱼、鸡汁煮干丝、软兜长鱼、盐水鸭、羊方藏鱼、水晶肴肉、叫花鸡等。

(6) 浙菜。即浙江菜，极富江南特色，"有佳肴美点三千种"之盛誉。

烹饪技艺：突出炒、炸、烩、熘、蒸、烧。

风味特色：浙菜选料讲究鲜活，用料讲究部位，遵循"四时之序"的选料原则。口味注重清鲜脆嫩，保持原料的本色和真味。其菜品形态讲究，注重装盘，精巧细腻，清秀雅丽，深受国内外美食家的赞赏。

代表菜式：蟹酿橙、龙井虾仁、东坡肉、干炸响铃、西湖醋鱼、宋嫂鱼羹等。

(7) 湘菜。即湖南菜系，由湘江流域、洞庭湖区和湘西山区为基调的三种地方风味组成。

烹饪技艺：煨、炖、腊、熏、蒸、炒，其中又以腊、熏居多。

风味特点：擅长香、酸、辣，具有浓郁的山乡风味。色泽上油重色浓，品味上注重香辣、香鲜、软嫩。此外，长沙的民间小吃闻名遐迩，是中国四大小吃之一。

代表菜式：东安仔鸡、剁椒鱼头、长沙小吃（臭豆腐）、红烧寒菌、腊味合蒸、换心蛋等。

(8) 徽菜。即安徽菜系。南宋时期就存在，由皖南菜、皖江菜、合肥菜、淮南菜、皖北菜五大风味组成。

烹饪技艺：擅长烧、炖、蒸，爆、炒菜少，重油、重色，重火功。不同菜肴使用不同的控火技术，形成酥、嫩、香、鲜独特风味，其中最能体现徽式特色的是滑烧、清炖和生熏法。

风味特色：徽菜继承了祖国医食同源的传统，讲究食补，以食养身。

代表菜式：徽州臭鳜鱼、徽州刀板香、徽州毛豆腐、清炖马蹄鳖、徽州一品锅、黄山炖鸽、问政山笋、鱼咬羊、无为板鸭等。

【案例 11-1】

美食家苏轼

苏轼一生坎坷，虽历经宦海沉浮、颠沛流离，但也吃遍天下美食，留下许多关于美食的佳句与趣闻，自创的"东坡肉""东坡豆腐""烤羊蝎子""东坡饼"等家喻户晓。

苏轼 62 岁时被贬海南，年老多病的他虽然不敢奢望还能活着回到家乡与家人团聚，但是依然对生活保持乐观，依然能够充满热情地与恶劣的生活环境做斗争。没有房子住，他就在当地老百姓的帮助下搭建起栖身之所"桄榔庵"；没有粮食吃，他就和当地人一起开垦荒地，还教他们改良农具。

在海南最令他惊喜的是发现了美味的生蚝，这是他之前没有吃过的。他在《食蚝》一文写道："己卯冬至前二日，海蛮献蚝。剖之，得数升。肉与浆入与酒并煮，食之甚美，未始有也。又取其大者，炙熟，正尔啖嚼……每戒过子慎勿说，恐北方君子闻之，争欲为东坡所为，求谪海南，分我此美也。"当地老百姓送给他一些生蚝，他用两种方法来烹饪，一种是把蚝肉和蚝汁取出，和酒一起煮着吃，另一种是挑出一些大个的生蚝直接烤着吃。最后他还幽默地对小儿子苏过说："千万别对其他人说生蚝如此美味，以免朝中那些当官的纷纷效仿我，争着都要被贬海南，来和我们抢生蚝吃。"

【点评】苏轼的人生起伏跌宕，但他始终乐观面对生活，积极解决生活困难，尽情享受生活馈赠给他的美食。"人间烟火气，最抚凡人心"，我们要像苏轼这样，在顺境、逆境下都能够好好做饭、好好吃、好好享受生活。

（三）中国饮食文化的特点

做饭这样的"生活自理"小事，对于一日三餐吃食堂的大学生，常常也是考验独立生活能力的"大事"。学做饭就需要了解我国源远流长的饮食文化。我国地大物博、物产丰富，在饮食上总体呈现历史悠久、丰味多样、注重情趣、讲究美感等特点。

（1）历史悠久。中华民族很早就开始探索饮食，其历史可以追溯到传说中的炎黄时期，有制耒耜、种五谷的说法。后来陶器被发明后，人们拥有了烹煮的炊具和容器，从而丰富了饮食的制作方法，开始制作发酵食品，如酿制酒、醋等调味品。人们不仅懂得了煮熟食物，还懂得了调味，使食物不仅具有良好的口感，还有益于健康。

（2）风味多样。我国幅员辽阔，物产丰富，各地区由于气候、物产、习俗、生活环境等的不同，发展出了各式各样、具有地方风味和特色的菜系，各个菜系在原料选用、烹调技艺、口味等方面特点鲜明，风味多样，且按照季节调配饮食，冬多炖焖煨，具有味醇浓厚的特色；夏多凉拌冷冻，具有清淡凉爽的特色。各种菜蔬更是四时更替，适时而食。

（3）注重情趣。我国菜系众多，菜品多样，但无论哪种菜系，都追求色、香、味俱全。"色"即是菜的色彩、卖相，食物不再仅仅是饱腹之物，而且运用各种食材、料和烹调方法体现出菜肴的色彩，这是一种让食物令人赏心悦目的艺术。中国烹饪自古以来就注重品味情趣，不仅对饭菜点心的色、香、味、形、器和质量、营养有严格的要求，而且在菜肴的命名、品味的方式、时间的选择、进餐的节奏、娱乐的穿插等方面都有一定的要求。

（4）关注营养。烹饪不仅应关注美味，还应该做到营养均衡。均衡的膳食、合理的营养搭配，不仅可以保证人体正常生理功能的需要，还可以提高机体的抵抗力和免疫力，有利于预防和控制某些疾病的发生与发展。

根据中国营养学会编制的《中国居民膳食指南（2016）》，一般人群的膳食可遵循以下六个原则：①食物多样，谷类为主；②吃动平衡，健康体重；③多吃蔬果、奶类、大豆；④适量吃鱼、禽、蛋、瘦肉；⑤少盐少油，控糖限酒；⑥杜绝浪费，兴新食尚。

盐	小于6克
油	25~30克
奶及奶制品	300克
大豆及坚果类	25~35克
畜禽肉	40~75克
水产品	40~75克
蛋类	40~50克
蔬菜类	300~500克
水果类	200~350克
谷薯类	250~400克
全谷物和杂豆	50~150克
薯类	50~100克
水	1500~1700毫升

中国居民平衡膳食宝塔（2016）

二、烹饪基础

（一）原料篇

烹饪的原材料可分为蔬菜、水产品、畜禽、粮食作物和果品五类。

（1）蔬菜是人体维生素、矿物质和膳食纤维的主要来源。

（2）水产品富含蛋白质、脂肪、矿物质和维生素。

（3）畜禽是人体优质蛋白、脂类、脂溶性维生素和 B 族维生素的主要来源。

（4）粮食作物是谷类作物、薯类作物和豆类作物的总称。谷类作物主要为人体提供淀粉、植物蛋白、维生素等；薯类作物主要为人体提供淀粉、维生素等；豆类作物为人体提供蛋白质、脂肪等。

（5）果品主要为人体提供维生素、矿物质和人体所需的微量元素。

（二）调料篇

烹饪常用的调料有油、盐、酱油、醋、料酒等。

（1）油具有导热及增加菜肴色泽的作用，常见的有花生油、菜籽油、大豆油、橄榄油。

（2）盐可调节菜肴的咸淡，不宜多吃。

（3）酱油分为生抽和老抽两种，生抽一般用来调味，味道鲜、咸；老抽一般用来上色，颜色重，味道咸。

（4）醋较酸，可使菜的味道变得丰富，吃起来更加爽口。

（5）料酒能够去除菜的膻味和腥味，还具有解油腻的作用。

（三）火候篇

烹饪时的火候一般根据两种方式确定。

（1）根据原料的质地确定。原料质地较软、嫩、脆的，多用旺火速成；原料质地较硬、老、韧的,多用小火长时间烹调。

(2)根据烹饪的技法确定。炒、爆、烹、炸等技法多用旺火速成,烧、炖、煮、焖等技法多用小火长时间烹调。

【拓展阅读】

煎 馄 饨

梁实秋

馄饨这个名称好古怪。宋程大昌《演繁露》记有:"世言馄饨,是虏中浑沌氏为之。"有此一说,未必可信。不过我们知道馄饨历史相当悠久,无分南北到处有之。

儿时,里巷中到了午后常听见有担贩大声吆喝:"馄饨——开锅!"这种馄饨挑子上的馄饨,别有风味,物美价廉。那一锅汤是骨头煮的,煮得久,所以是浑浑的、浓浓的。馄饨的皮子薄,馅极少,勉强可以吃出其中有一点点肉。但是佐料不少,葱花、芫荽、虾皮、冬菜、酱油、醋、麻油,最后洒上竹节筒里装着的黑胡椒粉。这样的馄饨在别处是吃不到的,谁有工夫去熬那么一大锅骨头汤?

北平的山东馆子差不多都卖馄饨。我家胡同口有一个同和馆,从前在当场还有一点小名,早晨就卖馄饨和羊肉馅和卤馅的小包子。馄饨做得不错,汤清味厚,还加上几小块鸡血几根豆苗。凡是饭馆没有不备一锅高汤的(英语为 stock,即原汤),一碗馄饨舀上一勺高汤,就味道十足。后来"味之素"大行其道,谁还预备原汤?不过善品味的人,一尝便知道是不是正味。

馆子里卖的馄饨,以致美斋的为最出名。好多年前,《同治都门纪略》就有赞美致美斋的馄饨的打油诗:

包得馄饨味胜常,馅融春韭嚼来香,汤清润吻休嫌淡,咽来方知滋味长。

这是同治年间的事,虽然已过了五十年左右,饭馆的状况变化很多,但是他的馄饨仍是不同凡响,主要的原因是汤好。

可是我最激赏的是致美斋的煎馄饨,每个馄饨都包得非常俏式,薄薄的皮子挺拔舒翘,像是天主教修女的白布帽子。入油锅慢火生炸,炸黄之后再上小型蒸屉猛蒸片刻,立即带屉上桌。馄饨皮软而微韧,有异趣。

活动与训练

学做一种小吃

中国饮食文化博大精深、历史悠久。小吃以其独有的地方特色和习俗,深受人们喜爱。做小吃既是一种基本生活需求,又是一门学问、一种艺术。请你根据家人或朋友的爱好学做一种小吃,并简要介绍其做法、特色、原材料、制作工艺等。

一、活动目标

(1)宣传各地小吃,了解各地习俗;

(2)加强实践动手能力培养,提高生活自理能力;

(3)增强表达交流及团队协作能力。

二、活动时间

建议 15 分钟。

三、活动流程

（1）简要介绍所选小吃所关联的地域文化、饮食文化；

（2）分步介绍所选小吃做法、特色、原材料、制作工艺；

（3）展示所选小吃制作过程的图片、视频等。

探索与思考

1. 你最喜欢的是哪道菜肴？简单说说它的做法及你喜欢它的理由。

2. 烹饪需要注意安全，简单谈谈在菜肴烹饪时应注意哪些方面的安全。

单元二　家务整理

名人名言

希望诸君至少要做一个人，至多也只做一个人，一个整个的人。要有健康的身体，做八十岁的青年，别做十八岁的老翁。滴自己的汗，吃自己的饭，自己的事自己干，靠人，靠天，靠祖上，不算是好汉。

——陶行知

学习目标

1. 学会保持家庭设施整洁、物品井然有序的方法。

2. 学会自己整理衣物，收纳物品。

3. 懂得感恩，理解父母的艰辛，体会父母长辈平时的辛劳。

案例导入

克洛克擦桌子

克洛克的家境并不富裕，下课的时候在一家快餐店打工。起初老板安排他专门擦桌子，他毫无干劲儿，当天就溜回了家。

克洛克向父亲诉苦："我的理想是做老板，不是擦桌子。"父亲没有反驳他，而是叫他先把自家的餐桌擦干净。克洛克拿来毛巾，在桌子上随意擦了一遍，然后看着父亲，等他验收。父亲拿来一块崭新的白毛巾，在桌面上轻轻擦拭了一下，洁白的毛巾立即脏了，分外刺眼。父亲指着桌子说："孩子，擦桌子是很简单的活儿。可是你连桌子都擦不干净，还能做好什么，凭什么做老板？"克洛克羞愧难当。

克洛克回到了快餐店，他谨记父亲的教诲，每次擦桌子都要准备5条毛巾，依次擦若干遍，而且每次都顺着同一个方向擦，为的是不让毛巾重复污染桌面。

最终，克洛克得到老板赏识，留了下来，并接管了那家快餐店，做了老板。10年后，他创立了自己的餐饮公司——麦当劳。

有人向克洛克讨教成功秘诀，他总是自豪地说：因为我有一个伟大的父亲，他教会了我怎样才能把桌子擦得最干净。

【分析】老子曰："天下难事，必作于易；天下大事，必作于细。"克洛克谨遵父亲教诲，踏踏实实、认认真真地从擦桌子干起，最终创建了神奇的商业帝国。参加家务劳动能够养成我们良好的生活习惯，锻炼我们积极进取、精益求精的品质，为今后的学习、生活、工作打下坚实的基础。

在日常生活中养成做家务的习惯,保持房屋干净整洁,过一种"有序"的生活,能让我们容光焕发、心情舒畅,对我们的学习和工作有很大的促进作用。

一、整理设施

(一)扫地拖地

(1)扫地小技巧,包括以下方面。

第一,清扫室内地面宜用按扫的方式,即扫地时扫帚尽量不离地面;挥动扫把时,可稍用力向下压,这样既能把灰尘、垃圾扫净,又能防止灰尘扬起;清扫时一般采用从狭窄处扫向宽广处,从边角处扫向中央处,从屋里扫向门口的清扫顺序。

第二,地上头发多时,可将废弃的旧丝袜套在扫把上扫地。由于丝袜会和地面产生静电效应,很容易就能吸附起地上的毛发和灰尘。如果没有丝袜,塑料袋也可以起到同样的效果。

第三,清扫楼梯时,可以站在下一阶,将垃圾从左右两端扫至中央后再往下扫,这样能有效防止垃圾、灰尘从楼梯旁掉下去。

第四,清扫室外区域时,应顺着风向扫,以免扫好的区域被再次刮脏。

(2)拖地小技巧,包括以下方面。

第一,巧用食盐。用温水加上食盐拖地,不仅能加快地上水分的蒸发速度,还不留水渍,另外,用盐水拖地还能杀菌、抑菌。

第二,巧用洗洁精、醋和小苏打。在擦洗地板的水中加入少量洗洁精、醋或小苏打,擦洗地板时不仅能轻松除尘,还能有效去油污。

第三,巧用柠檬汁。柠檬汁中的烟酸和有机酸具有杀菌作用。拖地的时候,在水里加少量柠檬汁或柠檬精油,既能有效杀菌,还能保持空气清新。

【案例11-2】

一屋不扫,何以扫天下?

东汉时期,有个叫陈藩的少年,自命不凡,一心只想干大事。一天其父好友薛勤来访,见其院内杂草丛生,秽物满地,便对他说:"孺子何不洒扫以待宾客?"陈藩答道:"大丈夫处世,当扫除天下,安事一室乎!"薛勤当即反问道:"一屋不扫,何以扫天下?"陈藩无言以对。

【点评】陈蕃少有壮志,立志扫除天下,而不扫一屋,幸得高人指点,最终成长为"言为士则,行为世范"。青年大学生要学会从小事做起,夯实成长之基,培养良好的生活习惯,做家务劳动的践行者,积极为家人分担家务。

(二)门窗除垢

首先清洗门窗边框。清洁时,应先用废旧牙刷做成专用的小刷子清理缝隙里的污渍,再整体擦拭门窗边框。然后清洁玻璃。清洁玻璃时,第一遍用湿布擦拭,第二遍用干报纸擦拭。用干报纸擦拭不仅可以擦干玻璃上的水分,还能避免在玻璃上留下痕迹,让玻璃更加干净明亮。对于有纱窗的窗户,可不定时用湿布擦拭纱窗,避免纱窗上堆积灰尘。

提示:玻璃清洁技巧。

(1)有些玻璃用久了会有发黑的现象,对于这种玻璃,可用细布蘸取适量的牙膏擦拭。

(2)沾染了油漆的玻璃可用绒布取适量食醋擦拭。

(3)玻璃上的陈迹可用湿布蘸取适量白酒擦去。

(4)鲜蛋壳用水洗刷后得到的蛋白与水的混合溶液,可有效增加玻璃的光泽。

(5)沾染了石灰水的玻璃,可用湿布蘸取适量细沙擦拭。

(三)卫生间保洁消毒

(1)保持卫生间的通风良好。家庭卫生间每日开窗通风2~3次,每次至少30分钟;没有窗户的卫生间,应安装性能良好的排换气扇,并坚持每天打开排换气扇3个小时以上。公共卫生间要始终保持良好的通风状态。

(2)加强卫生间的清洁卫生。要及时清理卫生间垃圾,保持卫生间的清洁,并做到地面无积水。

(3)加强卫生间表面消毒。可用500~1000mg/L的含氯消毒液,擦拭、喷洒卫生间地面或墙面进行消毒,消毒顺序由外向内,作用时间不少于30分钟。

(4)加强卫生间的物体表面消毒。应以手经常接触的物体表面为主,如门把手、水龙头等,可用500mg/L的含氯消毒液、75%酒精或其他可用于表面消毒的消毒剂擦拭消毒,等30分钟后再用清水擦拭干净。

(5)加强拖布和抹布等洁具消毒。应专区专用,专物专用,避免交叉感染。使用后以1000mg/L的含氯消毒液进行浸泡消毒,作用30分钟后用清水冲洗干净,晾干存放。

(6)加强排泄物及分泌物等污染物的消毒。污染物可用一次性吸水材料(如纱布、抹布等)蘸取5000~10000mg/L的含氯消毒液小心移除。被污染地面、墙壁及其周围可能被污染的其他表面可用1000mg/L的含氯消毒液擦拭或喷洒消毒,作用30分钟后,清水擦净。

(7)加强卫生间蹲坑、坐便器等设施的消毒。有明显污染物时,需先清理污染物,之后可用500~1000mg/L的含氯消毒液擦拭或喷洒消毒,作用30分钟后,坐便器需用清水擦拭干净。

提示:卫生间消毒时要注意以下关键环节。

（1）消毒剂具有一定的毒性刺激性，配制和使用时应注意个人防护，包括口罩、帽子、手套和工作服等，配制消毒剂时为防止溅到眼、鼻、口，建议佩戴防护镜。

（2）消毒剂具有一定的腐蚀性，注意达到消毒时间后用清水擦拭，防止对消毒的物品造成损坏。

（3）使用消毒剂前要认真阅读消毒产品说明书，严格按照说明书规定的使用范围、使用方法、作用浓度、作用时间正确使用。

（4）所使用消毒剂应在有效期内，消毒剂须现配现用。

【案例 11-3】

"将军农民"甘祖昌

甘祖昌，男，1905 年出生于一个农民家庭，1928 年 8 月参加中国工农红军，参加过井冈山斗争、二万五千里长征、抗日战争、保卫陕甘宁边区和解放大西北数等战役，1955 年被授予少将军衔，成为开国将军之一。

1957 年 8 月，时任新疆军区后勤部部长的甘祖昌将军做出了一个惊人之举——解甲归田，率全家人回家乡，做一名从井冈山出山又回山的"将军农民"！返乡时，从新疆到江西，全家 11 口人的行装只有 3 个箱子，甘祖昌却带了 8 只木笼子，里面装着新疆的家禽家畜良种，打算回去带领乡亲们发展养殖业。

甘祖昌一到家乡，就投入了建设家乡的劳动。从那以后，他几十年如一日，除了生病、外出开会以外，几乎天天和农民们一起参加生产劳动。乡亲们关切地说："老部长，过去你为革命吃了那么多苦，现在身体又不好，就不要和我们一样干了，指点指点就行啦。"甘祖昌笑着说："我是回来种田的，不是当官做老爷，怎能不劳动？"

为了改变家乡农村的落后面貌，甘祖昌像当年打仗一样地豁出命来干。沿背村是个山穷土瘦的地方，全村三分之一的土地是冷浆田，产量低。甘祖昌带领农民详细察看了冷浆田，开了几十次的调查会，终于找到了改造冷浆田的途径。在甘祖昌的带领下，村民们连续奋战 5 个冬春，改造了冷浆田，使亩产量提高两倍以上。

回乡 29 年，甘祖昌和乡亲们一起，自力更生，艰苦奋斗，修建了 3 座水库、25 公里长的渠道、4 座水电站、3 条公路、12 座桥梁，为促进家乡的经济发展做出了很大贡献。

【点评】甘祖昌从农民到将军，又从将军到农民，在他身上展现了一种吃得苦、受得累、艰苦奋斗、热爱劳动的崇高精神。青年大学生们要养成吃苦耐劳的习惯，扎根一线，勇担家庭和时代责任，改掉好高骛远及庸、懒、散的坏毛病，去赢得精彩的人生。

二、物品整理

（一）家庭小物件收纳

对于居家生活来说，房间里总会有收拾不干净的小件杂物。棉被、衣物、鞋子等常见物品收纳起来相对不难，然而像袜子、摆件等小物品收纳起来就比较困难，小件物品收纳的关键在于分门别类地整理，善于利用收纳工具。

（1）小件衣物。常见物品有内裤、袜子、内衣等，可选择实用收纳神器，如格子收纳盒、网格收纳袋等。收纳技巧如下。

① 分类独立存放。把家人的内衣、裤、袜一个一个地叠好，然后全部整齐地装进

收纳袋里,这样还能防止交叉感染。

② 悬挂摆放。一般衣柜和抽屉的空间比较小,利用网格收纳袋可以把一大堆内衣、裤、袜全都挂在衣柜上,让衣柜看起来更加整洁有序。

(2)首饰配件。常见物品有戒指、耳环、项链、丝巾、腰带等,可选择首饰盒、洞洞板等收纳神器。收纳技巧如下。

① 戒指、项链等没有挂钩的首饰,可以有序地摆放在首饰盒里,每个类型归置到一起,用起来比较方便。

② 耳环、丝巾等可以直接放置在洞洞板上,想怎么挂就怎么挂,精美的首饰不戴时,挂在那里可以当作房间装饰,既干净整洁,也令人赏心悦目。

(3)客厅摆件。常见物品有书籍、瓷器、绿植、摆件等,可选择格子书架等进行收纳。大排的格子书架是零碎小摆件的福音,整齐地摆放在格子间,多而不乱,既解决收纳问题,又展示家居美感。格子多的书架清理起来比较麻烦,每周定时打扫,会轻松很多。

(4)零碎物品。常见物品有笔、笔记本、美工刀、剪刀、手机充电线等,零碎的放置在桌面上影响工作效率。可选择桌面格子收纳盒、桌面小收纳筒等进行收纳。

(二)物品收纳技巧

(1)按照使用频率分类收纳物品。常用的物品放在显眼处,不常用的物品收纳在柜子内。例如,厨房内台面上放置油、盐、酱、醋等常用物品,备用油、盐等放在橱柜中;将每天使用的拖鞋置于易拿取处,换季的鞋子放在不易拿取处;将每天出门需要换的衣服、帽子等挂在随手可拿的地方,换季的衣服放在柜子里或收纳箱中。

(2)借助收纳盒。厨房的抽屉内,可配置大小合适的分餐盒,将筷子、勺子等分别置于其中;书桌的抽屉内,可以借助不同的小盒子划分区域,使小物件井然有序。

(3)垂直收纳。可利用家或寝室内空着的墙面收纳物品。例如,在书桌上放置两层或者三层的隔板架,在厨房墙面悬挂收纳篮等。

(4)利用好角落空间。沙发、餐厅、卧室等地的角落是很好的收纳空间,好好利用这些角落空间(如放置移动的收纳架),不仅不会使我们的住处显得拥挤,还会营造出一种特别的美感。

三、其他清洁常识

(一)冰箱清洁

在使用冰箱的过程中,应定期对冰箱进行清洁(每年至少两次)。清洁冰箱时要先切断电源,然后再用软布蘸上清水或洗洁精沿着冰箱内壁轻轻擦拭。为防止损坏冰箱涂层和型料零件,请勿使用洗衣粉、去污粉、开水、刷子等清洁冰箱。

对于冰箱内可拆卸的部件,应拆下后用清水或洗洁精清洗。

清洗完冰箱主体和各种部件后,不要着急关闭冰箱门,应待冰箱内彻底干燥后再关闭冰箱门,并插上电源。

(二)床上用品清洁

床上用品会与皮肤直接接触,平时要注意床上用品的清洁。一般来说,床上用品的清洗间隔应根据季节来判断。夏季建议一周清洗一次,冬季建议两周清洗一次。清洗时,最好挑选一个晴朗的天气,以便清洗完的床上用品能够接受紫外线的照射,从而有效地清除细菌和螨虫。

【拓展阅读】

劳模曾广福

　　曾广福1914年出生于山东莘县董杜庄一个贫困农民家庭,9岁随母亲外出逃荒要饭,12岁开始给富人扛活,13岁当学徒学习木工技术。1942年,他积极参加了贫农会,担任了村农会会长,带头开展增资增佃、减租减息斗争。1943年面对特大旱灾,带领农民团结自救、战胜灾荒,后带领村民挖土井14眼,获得抗旱成功;1956年起带领群众铲除沙丘,平整土地,打井开渠,植树造林,先后将千亩碱洼地改造成良田,将500亩沙荒地改造成果园;1961年,面对严重的洪涝灾害,他带头组织生产自救并无私援助兄弟单位,成为全省抗灾夺丰产的一面红旗;1964年全大队在耕、播、运输、加工等方面基本实现了机械化。1968年,曾广福担任聊城地革委副主任,制止了冠县武斗。几十年来,曾广福带领全村的群众战胜无数的困难,带领当地群众走出了一条具有中国特色的发展农业的路子,创造了一个个的生产奇迹,走上了富裕之路,被周总理誉为"社会榜样",曾18次受到毛主席的接见,1979年获全国劳动模范称号。

活动与训练

　　寒假将至,年终岁末,同学们也将回到久别的家中与亲人团圆,做家务也就是必然。请你结合自己家庭实际,制订家务劳动计划,并用PPT、短视频的方式记录参加家务劳动的过程,在班级内进行展示和评比。

一、活动目标

(1)培养学生做事的条理性、计划性、规范性。

(2)加强学生做家务实践能力培养和训练,提升生活自理能力。

(3)提高学生的语言表达能力、PPT制作能力。

二、活动时间

建议30分钟。

三、活动流程

(1)根据自身家庭实际,制订寒假家务劳动计划,包括目标、措施、步骤等内容。

(2)参加家务劳动,并选取某一个劳动场面拍摄照片,录制视频。

(3)遴选一些制作比较好的PPT、短视频等作品进行展示,制作人对家务劳动过程进行讲述。

(4)根据同学们展示的成果进行班级劳动能手评选。

探索与思考

1.将你知道的其他家务整理小技巧与同学们分享。

2.有人说爱做家务的人对生活更有激情,请谈谈你的认识。

单元三　家庭养老与照顾

名人名言

惟顺于父母,可以解忧。

——［春秋战国］孟子

学习目标

1. 增强孝老爱亲的意识,提升赡养老人的生活能力。

2. 懂得父母养育子女的艰辛,承担养育幼小的责任。

3. 掌握一些家庭保健必备常识,预防和处置一些常见突发疾病。

案例导入

感动中国人物中孝老爱亲模范故事

孟佩杰,1991年11月出生于山西省临汾市,大专文化,中共党员。现任山西省临汾市隰县文物旅游局干部。

孟佩杰生长于农村,5岁时生父因车祸去世。生母因生活所迫,将她送给隰县老干部局职工刘芳英收养。1998年,养母刘芳英患上了椎管狭窄症瘫痪在床。养父无法忍受困境悄然离家出走。

从那时起,年仅8岁的孟佩杰便开始承担起照顾瘫痪养母的重担,用孝心和毅力支撑起了这个风雨飘摇的家。

2007年,孟佩杰初中毕业,养母的病情却开始恶化,完全丧失了自理能力。为就近照顾养母,孟佩杰主动选择在临汾学院隰县基础部学习。2009年,按照学校的安排,在隰县基础部上完两年后孟佩杰要去临汾上学。

她毅然决定:带上养母去上学!她在离学校最近的地方租了房屋,并向学校申请了走读,利用一切课余时间,克服了同龄人难以想象的困难,不离不弃地悉心照料养母。

孟佩杰十几年来,4000多个日日夜夜,知孝感恩、无怨无悔照顾养母的事迹感动了无数人。

她曾获得"2011感动中国人物""全国孝老爱亲道德模范""全国三八红旗手""中国青年五四奖章"等荣誉称号。

【分析】孝顺是中华民族美德,孟佩杰小小年纪撑起几经飘摇的家,她的存在是养母生存的勇气,她用自己感人的故事、乐观的生活态度、朴实的行动、无私的奉献,传递着道德的力量,她的行为是当代大学生的榜样。

一、孝老爱亲

(一)赡养老人

(1)赡养老人是子女的责任与义务。赡养老人是中华民族的传统美德。我国婚姻法规定,子女对父母有赡养扶助的义务,子女不履行赡养义务时,无劳动能力或生活困难的父母,有要求子女给付赡养费的权利。但赡养问题绝不仅仅局限于赡养费的给付,老年人更需要得到的是精神上的慰藉。赡养人应当履行的赡养义务包括对老年人经济上的供养、生活上的照料和精神上的慰藉,并照顾老年人的特殊需要。由此可知,赡养义务不仅是指经济上供养,还包括精神赡养义务。

如何更好地赡养老人,提高老年人精神及物质层面的生活质量,实现老有所养、老有所乐,是整个国家及社会的责任,更是子女的道德义务和法律责任。家庭成员应当尊重、关心老年人的精神需求,不得忽视、冷落老年人。与老年人分开居住的家庭成员,应当经常看望或者问候老年人。

每个老人都年轻过,每个年轻人也都会老,我们要关心关爱老人,更要多关心、关爱留守老人,多帮助失独老人,让世界充满着爱和温暖。

(2)赡养老人需要技巧。俗话说:"百善孝为先。"长者的健康长寿,与日常护理的优劣有很大的关系,孝行主要表现在日常陪伴照料方面。据悉,很多长者最终夺去他们生命的不是原发病,而是缺乏护理知识或护理不当所导致的并发症,可见日常护理在长者的健康中占有相当重要的地位。

第一,经常保持微笑。俗话说:笑一笑十年少,愁一愁白了头。微笑洋溢着快乐与自信,让人身心健康,要尽可能多抽时间陪伴老人,引导他们多交流、多说话,与老人接触的时候也应该保持微笑,多关注老人眼神,让他们真正感受到尊重与关怀,感受到平等相待。

第二,关注生活与健康。日常生活中要掌握老人的性格特点,适时嘘寒问暖,关心并关注他们的日常饮食、生活禁忌、身心健康等,有条件时要还帮助老人清洗身体、修剪指甲、打理头发。洗脸及洗脚时要先试水温,以免烫伤。外出活动宜多征求老人意见,搀扶老人要掌握正确的姿势,宜慢步多停。日常要多注意老人的冷热、口渴、生病等情况,及时增减衣物,喂水送药。

了解和掌握老年人易患的老年病,了解这些疾病的发病原因、基本病症、常备药品、注意事项及应急处理办法等,便于日常沟通交流和照顾照料时妥善处置。

第三,营造安全舒适环境。安全舒适的环境主要是指良好的居住条件,家庭成员要勤学上进,努力工作,为老人营造良好的居住条件,给老人一个有安全感的家庭环境以及能够让老人建立"朋友圈"的社会环境。基本的物质环境能够保证老人必要的物质生活,让老人不为生活忙碌担忧;安全舒适的家庭环境主要是指家庭成员间的和谐相处,尽量减少吵闹,避免大声喧哗,给老人一个安静的养老环境;建立"朋友圈"的社会环境,让子女在没有时间和精力照顾老人的情况下,让老人能够在"朋友圈"社区中得到安慰不再产生孤独感。

老人的护理特别是生活不能自理老人的护理是一项长期、细致而又艰辛的工作,但只要多多学习照顾老人的护理技巧,护理措施得当,就能减轻老人的痛苦,提高他们的生活质量。

(二)抚育幼小

孟子曰:"不孝有三,无后为大。"人类社会要发展就需要繁衍,因此也就有了结婚、生育、养育。养育孩子,抚育幼小孩子的成长,在他们成人之前呵护他们平安,守护他们健康,是为人父母的责任和义务。

抚育孩子重点在于习惯养成教育。刚出生的孩子犹如一张白纸，父母作为孩子的第一任老师，帮助孩子养成良好的学习、生活习惯尤为重要。

生活上，要教育和引导孩子注意以下几点：一要讲究卫生，勤换衣物，勤剪指甲，勤洗手；二要注意文明礼貌，遵守秩序，爱护公物；三要勤俭节约，珍惜粮食，节约水电，爱护个人学习及生活用品；四要收拾、整理好个人物件，保持房间干净整洁；五要坚持锻炼，懂得吃苦耐劳，养成坚强刚毅的意志和品质，培养健康的生活情趣；六要知错能改，犯错要主动承认错误，勇于承担责任，并吸取教训，做到知错改过。

学习上，要教育和引导孩子注意以下几点：一要培养孩子勤学善思的习惯，培养孩子独立思考的能力，学会反思，善于提问，懂得总结；二要大声说话，大声朗读，大胆表达，展示勇敢、坚定、自信的风尚；三要不怕苦，不怕累，克服畏难情绪，把学习看成责任，坚持不懈；四要管理好时间，正确分配学习、运动等时间，注重劳逸结合。

二、家庭保健

（一）家庭常备药品

家庭药箱主要覆盖内服药、外用药、特殊人群用药和辅助用品四大类别。所有家庭常备药品均应适合自身体质，按照医生嘱咐配备，不能私自使用，以防引起身体不适，发生意外。

（1）内服药常见的有感冒药、解热镇痛药、止咳化痰药、止泻药、通便药、抗过敏药、助消化药七大类，一般不推荐储备抗菌类药物。

① 感冒药：可备酚麻美敏片、维 C 银翘片。感冒是自限性疾病，一般不用药物治疗，应多喝水，但服药可缓解症状。需要留意的是，很多感冒药都含有相同成分。为避免重复用药，应严格遵循医生推荐的剂量和用法。

② 解热痛药：常见的有布洛芬混悬液、对乙酰氨基芬片。该类药物主要用于缓解感冒后发热、头痛、关节痛等症状。

③ 止咳化痰药：可备氢溴酸右美沙芬片、蛇胆川贝枇杷膏；化痰药物可以选择盐酸氨溴索片、乙酰半胱氨酸颗粒等。

④ 止泻药：可备口服补液盐散、蒙脱石散。前者能预防和纠正腹泻导致的脱水；后者是高效消化道黏膜保护剂，具有改善肠道吸收和分泌的功能。

⑤ 通便药：可选乳果糖。它不被人体吸收，通过刺激结肠运动，缓解便秘。

⑥ 抗过敏药：如氯雷他定，属于抗组胺类抗过敏药，适用于皮肤过敏、食物及药物过敏等。氯雷他定除了有片剂外，还有儿童使用的糖浆剂和滴剂。

⑦ 消化药：如多酶片、健胃消食片等。

（2）外用药主要有外用消毒药，如 75% 乙醇（酒精）、碘伏等；其他外用药如云南白药、风油精。另外，创口贴、灭菌医用棉签、纱布、绷带等卫生材料也应配备。

（3）特殊人群用药：根据家庭成员实际需求准备。

（4）轴助用品：主要包括小药箱、方便小药盒、定时药盒、切药器、研磨器等。

【案例 11-4】

免疫学之父——琴纳

18 世纪欧洲大陆流行着一种死亡率极高的传染病——"天花",在当时几乎是一种不治之症。有人估计,18 世纪内有 1.5 亿人死于天花,即使是侥幸活下来的人,满身满脸也会布满由天花的水泡留下的难看疤痕,变成令人可憎的丑八怪。

在牛痘接种发明之前,爱德华·琴纳已是一名训练有素的人痘接种师。但是传统的人痘接种法并不安全,轻的留下大块疤痕,重的还有死亡的危险。"为了杜绝可怕的天花,有没有更有效、更安全的办法呢?"琴纳经常冥思苦想,以致经常夜不能寐。

偶然之中琴纳注意到,挤牛奶的姑娘在天花猖獗期间往往安然无恙,极少受感染。为此琴纳还搬进了牛奶厂区近距离地观察和研究,终于发现,这些挤牛奶的姑娘,都得过一种叫牛痘的疾病。牛痘的症状和天花十分相似,但牛痘不会在人的脸上留痕,更不会致人死命。因此琴纳决定用牛痘代替轻度天花病毒给受种者接种。

1796 年 5 月 4 日,琴纳从一个正患牛痘病的挤奶女工的身上取下一些水疱里的痘液,接着把这些痘液注射到一个名叫菲普士的 8 岁小男孩身上,这个男孩以前从未患过牛痘或天花。过了两天,男孩感到有些不舒服,但很快就好了。

一个月之后,琴纳确信,小菲普士身上的抵抗力已建立起来,现在的任务是:用实验证明小菲普士对天花有抵抗力。琴纳从正患天花的病人的痘痂上取出一些脓液,注射到小菲普士的身上。

一星期过去了,小菲普士没染上天花。

一个月过去了,小菲普士仍旧安然无恙。

经过一系列的试验,琴纳终于找到了预防天花的方法——种牛痘。经琴纳公布后,很快传遍全球,琴纳的发明使人类从此免遭天花的灾难,并发现了对付传染病的新武器——免疫,奠定了免疫学的基础。这个过程并非一帆风顺,也曾遭遇质疑、反对、拒绝,但琴纳从未放弃,无数次实践的面前,一切怀疑、反对都被无情的事实所粉碎。

为了纪念这位平凡、伟大的乡村医生,人们给他树立了一座雕像——一位聚精会神的医生,正在为他抱着的婴儿接种牛痘。雕像下面写着这样一句话:"向母亲、孩子、人民的英雄致敬!"

【点评】 从某种意义上讲,一部人类发展史就是一部人类与疾病进行艰苦卓绝斗争的历史。无数的医学家、医务人员为此付出艰辛的劳动,并通过努力战胜了一个又一个病魔。疾病无情,人间有爱;虽然病魔可怕,但人类很坚强。只要我们学会一些必备的疾病预防、急救知识,就可以减轻病痛,减少伤亡。

(二)家庭常见疾病急救方法

家庭生活中,不可避免地会出现一些常见病痛、伤情,为了防患于未然或减轻病痛,可了解一些常见的急救方法,具体以实际情况和医嘱而定,切莫随意乱用。

(1)鼻子出血。

立即做:身体稍微前倾,捏住鼻子 5 ~ 15 分钟,或在鼻梁上压冰袋。

不要做:头部后仰,出血容易下咽,可能呛入肺中,造成危险。

何时求医:20 分钟还止不住鼻血;同时伴有头痛、眩晕、耳鸣或视觉问题。

（2）眼中有异物。

立即做：多眨几次眼，将异物挤出。如果不行，可捏住眼皮，用干净的水冲洗眼睛。

不要做：揉眼睛（哪怕是很小的异物也会划伤角膜，导致感染）。

何时求医：漂白粉等化学品溅入眼中；冲洗后，眼睛仍刺痛、肿胀或视物不清。

（3）扭伤。

立即做：每隔20分钟换冰袋冷敷。用弹性绷带包裹受伤关节，抬高受伤部位，至少24小时不要动。之后，热敷以促进患部血液循环。

不要做：带伤工作（会导致更严重的损伤，如韧带撕裂等）。

何时求医：如果几天后伤势仍未好转，有可能是发生了骨折、肌肉或韧带撕裂，应立即就医。

（4）烧伤烫伤。

立即做：用凉水冲洗烧伤处，或用湿毛巾冷敷。一级伤（皮肤发红）或二级伤（起水泡）可宽松包扎。

不要做：将冰袋放在烧伤处（冰会损伤皮肤，加重伤情）；刺破水泡或在烧伤处抹抗生素（易造成感染）。

何时求医：二度烧伤面积超过手掌大小；三度烧伤（皮肤烧破烧焦）、电烧伤、化学物烧伤，以及患者咳嗽多泪或呼吸困难。

（5）头部受重击。

立即做：如果受伤者不省人事，立即拨打急救电话；如果受伤部位出血，应做临时止血处理，但应听从医生指导，因为可能有脑内伤；头部小肿块可用冰袋冷敷。

不要做：将受伤者独自留下，特别是伤者睡着的时候。正确做法是：每隔3～4小时叫醒他一次，让其回答一些简单的问题，确信没有伤及大脑。

何时求医：伤者出现痉挛、头昏、恶心、呕吐。

（6）窒息。

立即做：立即拨打急救电话。患者大于1岁，可让他前倾，用手掌在其肩胛骨之间拍击5次。如无效让患者平躺，将一只拳头置于肚脐上方，另一只手握住拳头，上下按压5次。

不要做：患者咳嗽时，不要让其喝水或吃东西。

（7）中毒。

立即做：患者无意识或呼吸困难，立即拨打急救电话。务必说清是何物中毒、中毒时间及用量、患者年龄及体重等。

不要做：轻易使用催吐药；随便给患者吃东西及喝水。

（8）外伤。

立即做：在伤口处用纱布压迫止血。较小的割伤或划伤，用肥皂水清洗后，抹一层凡士林或抗生素药膏，再用创口贴包好。

不要做：对大而深、出血多的伤口清洗抹药；轻易拔出伤口上的刺入物。

何时求医：伤口有钉子等异物；伤口较深，伴有发烧、红肿。

【拓展阅读】

健康养生顺口溜

寒从脚上起,病从口中入。萝卜出了地,郎中没注意。人说苦瓜苦,我说苦瓜甜。
吃了十月茄,饿死郎中爷。大蒜是个宝,常吃身体好。一日俩苹果,毛病绕道过。
吃药不忌嘴,跑断医生腿。多喝凉白开,健康自然来。白水沏茶喝,能活一百多。
饮了空腹茶,疾病身外爬。喝茶不洗杯,阎王把命催。尽量少喝酒,病魔绕道走。
饭后一支烟,害处大无边。若要不失眠,煮粥加白莲。

活动与训练

秋季气温多变,天气时冷时热,是疾病的高发季节。为了更好地宣传秋季养生知识,我班决定模拟开展一次"秋季养生知识宣讲",以引导同学们树立健康科学的生活方式。请你收集一些有关秋季健康饮食知识,秋季居家锻炼保健,秋季常见病状及日常防治与治疗等方面的材料,并在班级进行展示介绍。

一、活动目标

(1) 宣传秋季养生知识,提升自身养生保健方面的素养。

(2) 培养学生资料收集及加工的能力。

(3) 锻炼学生的语言表达和沟通能力。

二、活动时间

建议 20 分钟。

三、活动流程

(1) 收集一些关于秋季健康饮食、居家锻炼保健、常见病状及日常防治与治疗等方面的材料。

(2) 对收集到的材料进行整理,加工、制作成会演展示 PPT 或文档。

(3) 遴选一些制作比较好的 PPT 进行现场展示、讲解。

探索与思考

1. 你还知道哪些养生方面的常识,请与大家分享。

2. 举例说明,自身在家庭保健方面还存在哪些不足,以及下一步努力的方向。

模块十二 学校劳动实践

模块导读

本模块主要围绕学校这个场景,构建学生可参与的劳动实践。涵盖了勤工助学、专业服务、班级文化建设、校园志愿服务活动、校园清洁、垃圾分类六个方面,旨在通过以校园空间、教学场所以及学生宿舍等为场所开展的劳动实践,增强学生的劳动技能,培养学生热爱劳动,珍惜劳动成果的优良品质和良好卫生习惯,提高学生的集体荣誉感和责任感,增强学生生存、生活、学习的实际本领。

单元一 勤工助学与专业服务

大学生志愿
服务行动

名人名言

劳动是一种极为复杂的现象,可以揭示人的思想、情感、智力、美感、心理状态、创造精神,揭示教育和自我教育的意义。

——[苏联]苏霍姆林斯基

学习目标

1. 了解勤工助学的内涵和意义。
2. 明确勤工助学的工作要求,做好必要的上岗准备。
3. 了解专业服务的概念,熟悉专业服务的类型和特征。
4. 了解学校科技活动的类型,熟悉"挑战杯"竞赛的参赛流程。

案例导入

国家资助政策助力寒门学子求学路

天津医科大学公共卫生学院预防医学专业2002级学生邹小莉,来自四川一个偏僻的农村,自小和姑姑生活在一起,没有固定的经济来源,家庭生活很艰难。

2002年邹小莉考取了天津医科大学,还没来得及欣喜,就不得不面对随之而来的经济压力,在亲戚朋友的帮助下,她好不容易才凑足第一学年的学费,但以后的学费怎么办?邹小莉心中很茫然。报到当天,学校很快了解到她的情况,依据学校完善的"奖、贷、勤、补、免"资助体系,为她提供了勤工助学的岗位,解决了她生活上的困难,使她能安心学习专业知识。

经过一年的刻苦努力,邹小莉取得了全年级第二名的好成绩,并获得了校级一等奖学金。这项奖学金可以支付她两年的学费。初听到这个巨额数字时她根本不敢相信,当她用发抖的双手接过这笔奖学金,不禁感动地流下了眼泪。它不仅解决了邹小莉生活上的困难,也给予了她极大的精神激励。

【分析】国家大学生资助政策,让越来越多的寒门学子得到资助,他们再也不会徘徊在大学的校门之外。在奋斗的过程中,他们应该感恩党和国家,感恩社会,感恩学校,因为正是国家的助学政策,为这些贫困学生插上了逐梦飞翔的翅膀。

一、勤工助学的内涵和意义

(一)勤工助学的内涵

勤工助学源于"济困",通过俭学来达到完成学业的目的。随着社会进步和对人才需求标准的提升,我国中高职学校和大学的勤工助学工作已由"济困"为主的阶段过渡到"济困与成才相结合的"社会实践阶段,越来越多的学生把勤工助学作为主动适应社会,参与社会实践,提升自身综合素质和能力的有效手段。勤工助学的内涵也越来越丰富、充实,完成了从纯粹"经济功能"到"人的全面发展教育功能"的转化。

(二)勤工助学的意义

(1)勤工助学实现了"济困"功能。大学中很大一部分时间是由学生自由支配的,勤工助学能够让贫困学生在课余时间通过自己的劳动获取报酬,缓解经济压力,因此成为学校实现"济困"的重要手段。

(2)勤工助学锻炼了大学生的思想品格。勤工助学能够让大学生感受到生活的艰辛,懂得什么是责任和担当,明白什么是感恩和奉献,有利于学生树立自信心,形成劳动光荣的观念。同时,在长期的勤工助学实践中,能够培养学生的自我约束力、劳动意识和职业道德,这些都将成为同学们以后人生路上的宝贵财富。

(3)勤工助学提高了大学生综合能力和素质。通过勤工助学实践活动,大学生可以提前接触社会,了解社会规则,调整自己的预期,其学习能力、实践能力,以及独立分析问题和解决问题的能力等明显提升,社会适应能力也会随之提高。此外,通过勤工助学,学生可以把学到的专业知识很好地运用到实践中去,其学习能力和专业素质也得到了增强。

【案例 12-1】

交大标兵:勤工助学,自己交学费,成绩第一被保研

他的专业成绩年级第一,连续两年获国家奖学金,获全国大学生数学建模国家一等奖,获美国大学生数学建模二等奖。此外,他还是乐于助人的公益之星,是体测成绩"101 分"的运动达人。他最骄傲的,是高考结束后通过勤工助学,独立承担了自己所有的学费。他就是西安交通大学优秀学生标兵、能动学院学生吴思远。

(1)学优才赡。他说,主修学科是"智"的基础。他 15 个单科成绩 95+,90+ 的科目有 27 个,以能动专业第一的成绩保研至西安交通大学制冷与低温工程系,继续自己的追梦之旅。

(2)英才卓荦。他说,学术竞赛是"智"的提升,科研训练是"智"的实践。在全国大学生数学建模竞赛中,作为队长,他负责从写作、建模到编程的绝大部分工作。寒暑假,他留校培训三个月,共完成 7 篇建模论文,包括 2 篇英文论文,最终斩获国家一等奖。同时,先后获得美国大学生数学建模竞赛二等奖,又在本科生项目设计、横向课题、

大学生创新创业项目中大放异彩。

（3）厚德弘毅。他说，付出即是"德"，奉献即意义。吴思远热爱公益，参与各项公益服务活动，大学三年累计志愿工时超 400 小时。

（4）磨炼意志。他说，身"体"力行，磨炼意志。他坚持跑步三年，总路程超过 1000 公里。他参与勤工助学三年，负责校园绿化管理工作，工作总时长超过 400 小时。

【点评】吴思远通过勤工助学，不仅承担了自己高中后的所有学费，还取得了优异成绩。随着国家资助政策的完善和素质教育的深入实施，勤工助学成为大学生实践活动的重要环节。每位同学都可以在学有余力的情况下积极参与勤工助学活动，将学习与实践相结合，为自己未来走向社会奠定基础。

二、校内勤工助学岗位的设置及管理

根据《高等学校学生勤工助学管理办法》，学校学生资助工作领导小组全面领导勤工助学工作，负责协调学校的宣传、学工、研工、财务、人事、教务、科研、后勤、团委等部门配合学生资助管理机构开展相关工作。学校应积极开发校内资源，满足学生参与勤工助学的需要。

校内勤工助学岗位分固定岗位和临时岗位。固定岗位是指持续一个学期以上的长期性岗位和寒暑假期间的连续性岗位，临时岗位是指不具有长期性，通过一次或几次勤工助学活动即完成任务的工作岗位。

具体的岗位设置应以校内教学助理、科研助理、行政管理助理和学校公共服务等为主。按照每个家庭经济困难学生月平均上岗工时原则上不低于 20 小时为标准，测算出学期内全校每月需要的勤工助学总工时数（20 工时 × 家庭经济困难学生总数），统筹安排、设置校内勤工助学岗位。

同时，勤工助学岗位既要满足学生需求，又要保证学生不因参加勤工助学而影响学习。学生参加勤工助学的时间原则上每周不超过 8 小时，每月不超过 40 小时。寒暑假勤工助学时间可根据学校的具体情况适当延长。

【拓展阅读】

勤工助学的相关政策要求及权益保护

一、活动管理

学生在学有余力的前提下，向学校提出勤工助学的申请，接受必要的勤工助学岗前培训和安全教育，再由学校统一安排到校内或校外的岗位上进行勤工助学活动。学校不得安排学生参加有毒、有害和危险的生产作业以及超过身体承受能力、有碍健康的劳动。任何单位和个人未经学校同意，不得聘用在校学生打工。

二、时间安排

学生参加勤工助学不应当影响学业，原则上每周不超过 8 小时，每月不超过 40 小时。

三、劳动报酬

学生参加校内固定岗位的勤工助学，其劳动报酬由学校按月计算。每月 40 个工时的酬金原则上不低于当地政府或有关部门制定的最低工资标准或居民最低生活保障标准，可以适当上下浮动。学生参加校内临时岗位的勤工助学，其劳动报酬由学校按小时计算。每小时酬金原则上不低于 8 元人民币。学生参加校外勤工助学的酬金标准不低于学校所在地政府或有关部门规定的最低工资标准,具体数额由用人单位、学校与学生协商确定,并写进聘用协议。

四、权益保护

学生在开始勤工助学活动前应当与有关单位签订协议,保护自身的合法权益。在进行校内勤工助学前,应当与学校的学生勤工助学管理服务组织签订具有法律效力的协议书。在进行校外勤工助学前,应当与代表学校的学生勤工助学管理服务组织、用人单位签订具有法律效力的三方协议书。协议书应当明确学校、用人单位和学生三方的权利和义务、意外伤害事故的处理办法以及争议解决方法。

三、专业服务

专业服务是指某个组织或个人,应用某些方面的专业知识和专门知识,按照客户的需要和要求,为客户在某一领域内提供专业服务,其知识含量和科技含量都很高,是已经获得和将要继续获得巨大发展的行业。

(一)专业服务的类型

专业服务一般可以分为生产者专业服务和消费者专业服务。具体包括:法律服务;会计、审计和簿记服务;税收服务;咨询服务;管理服务;与计算机相关联的服务;生产技术服务;工程设计服务;集中工程服务;风景建筑服务;城市规划服务;旅游机构服务;公共关系服务;广告设计和媒体代理服务;人才猎头服务;市场调查服务、美容美发服务和其他。

根据世界贸易组织的分类,专业服务归纳在职业服务的范畴内,包括以下内容:法律服务;会计、审计和簿记服务;税收服务;建筑服务;工程服务;集中工程服务;城市规划和风景建筑服务;医疗和牙医服务;兽医服务;助产士、护士、理疗家和护理员提供的服务;其他。

(二)专业服务的特征

(1)专业服务由组织或个人应用某些专业知识和专门知识或者大量的实践经验为客户或消费者提供某一领域的特殊服务。

(2)专业服务是知识和科技含量很高的服务,是少数专业人士提供的特殊服务。专业服务来自组织和组织之间、个体和个体之间的直接接触。专业服务所提供的服务是与消费同时进行的,供方和收方同时在供应和消费中得到新的利益。许多专业服务提供者与专业服务消费者需要在同时同地完成服务交易。

(3)专业服务具有技术化、知识化的特征,高素质的人士成为国际竞争的核心。专业服务在提供服务方和接受服务方之间都会形成一种委托代理关系。这种委托代理关系以契约或签订服务协议的方式固定下来。因此,专业服务是以契约为纽带提供的服务,对法律的依赖程度相当高。

四、学校的科技活动

科技活动是科技教育的一种重要形式,是每一个大学生都应该体验和经历的学习方式,是打通学科界限,给大学生运用所学知识解决问题的最好实践机会,是我们的知识存储方式得以发生变化的最好方式。它面向全体大学生,让所有大学生都能参与到科技活动中,动手动口又动脑,能够更好地激发和培养大学生的科技创新意识。

大学的科技活动主要分为三个层面:国家级的竞赛项目;省、市、县一级的竞赛项目;大学的科技活动。大学的科技活动应该是内容最丰富,形式最多样、最具有个性化的活动,可以为同学们提供更多展示才能的机会。

【拓展阅读】

"挑战杯"全国大学生课外学术科技作品竞赛和中国大学生创业计划竞赛

"挑战杯"是"挑战杯"全国大学生系列科技学术竞赛的简称,是由共青团中央、中国科协、教育部和全国学联共同主办的全国性的大学生课外学术实践竞赛。"挑战杯"竞赛在中国共有两个并列项目,一个是"挑战杯"中国大学生创业计划竞赛,另一个则是"挑战杯"全国大学生课外学术科技作品竞赛。这两个项目的全国竞赛交叉轮流开展,每个项目每两年举办一届。

"挑战杯"全国大学生课外学术科技作品竞赛是一项具有导向性、示范性和群众性的全国竞赛活动。自1989年首届竞赛举办以来,"挑战杯"竞赛始终坚持"崇尚科学、追求真知、勤奋学习、锐意创新、迎接挑战"的宗旨,在促进青年创新人才成长、深化高校素质教育、推动经济社会发展等方面发挥了积极作用,在广大高校乃至社会上产生了广泛而良好的影响,被誉为当代大学生科技创新的"奥林匹克"盛会。

"挑战杯"中国大学生创业计划竞赛起源于美国,又称商业计划竞赛,是风靡全球高校的重要赛事。它借用风险投资的运作模式,要求参赛者组成优势互补的竞赛小组,提出一项具有市场前景的技术、产品或者服务,并围绕这一技术、产品或服务,以获得风险投资为目的,完成一份完整、具体、深入的创业计划。

五、"挑战杯"大学生课外学术科技作品竞赛

(一)赛前准备

"挑战杯"竞赛的参赛方式包括个人报名和团队报名两种,同学们可根据选题的备赛难易程度选择个人参赛或组团参赛。若是组团参赛,则应充分考虑团队成员间的能力配比,以期组合资源效应的最大化发挥。

在组建参赛团队的同时,还应尽快确定指导老师。指导老师一般由选题所属专业大类的任课教师或对选题涉及的领域有所专长的教师担任,在参赛作品创作过程中负责对作品的构思、设计与制作(撰写)进行技术指导。

(二)作品创作

(1)选择作品类别与作品形式。"挑战杯"竞赛的作品类别分为自然科学、哲学与社会科学、科技发明三类。其中,自然科学类的作品形式可为学术论文或科技建议;哲学与社会科学类的作品形式可为调查报告或学术论文,且作品内容仅限哲学、经济、社会、法律、教育、管理6个学科;科技发明类的作品细分为两类——A类:即科技含量较高,制作投入较大的作品;B类:即投入较少,为生产技术或社会生活

带来便利的小发明或小制作。科技发明类作品形式可分为学术论文、调查报告、实物成品。

（2）确定选题。参赛者应结合自身所掌握和所能利用的资源，根据专业所学和能力所长确定参赛作品的选题，并充分考虑作品的实际应用价值与现实意义。

自然科学类的作品选题主要来自机械与控制（包括机械、仪器仪表、自动化控制、工程、交通、建筑等）、信息技术（包括计算机、电信、通信、电子等）、数理（包括数学、物理、地球与空间科学等）、生命科学（包括生物、农学、药学、医学、健康、卫生、食品等）和能源化工（包括能源、材料、石油、化学、化工、生态、环保等）。

哲学与社会科学类的作品，应坚持"走进实践深处，观照人民生活"，从中国实践中来、到中国实践中去，把论文写在祖国大地上，准确把握新发展阶段的新要求，围绕"十四五"时期经济社会发展主要目标，从发展成就、文明文化、美丽中国、民生福祉、中国之治等方面进行创作。

科技发明类的作品，可以从当前社会发展需要或者当前社会热点的角度选题，也可以从自身专业角度出发去应用于实际情况来进行选题，或者从交叉/前沿学科领域、社会经济发展重点领域或是有较多应用渠道的领域进行选题。

（3）创作准备。参赛选题确定后，为确保作品在创作过程中理论依据充分，数据信息精准，应在作品创作前收集有助于作品创作的资料和信息，主要包括文献资料、理论学说、市场数据、学科前沿信息等，可采用的方法一般包括查阅文献，走访调研，问卷调查，数据测试等。

（4）作品创作。从创意到成果，每一个参赛作品的设计与打磨都需要经过一个精雕细琢的创作过程。想要作品从众多参赛项目中脱颖而出，就必须发扬匠人精神，勤思索，苦钻研，精打磨，把青年大学生的智慧与才能发挥到极致。

"挑战杯"参赛作品的创作，首先应根据作品创作意图设定实物成品类作品的预期效果或拟定论文、报告类作品的撰写提纲，在此基础之上，进行团队成员间的分工，并相应地确定任务完成的时间节点，以提高工作效率，保证团队的整体工作进度。

待作品初型（初稿）完成后，应首先由指导老师提出修改建议，在团队内部进行讨论修改，必要时团队成员间也可交叉评审、修改，群策群力，保证参赛作品成为团队智慧的结晶。

此外，科技发明类作品最终成型后，还应进行必要的赛前测试，以保证作品各项功能的正常运转以及作品功效的全面发挥。

（三）作品申报

近年来，"挑战杯"竞赛拟参赛作品的推报较多采用网络申报的方式进行，申报流程依托"挑战杯"竞赛官方网络平台完成。

作品申报时，除填写作品申报者、团队成员、指导老师的基本信息外，还需要着重介绍作品的撰写/制作目的与基本思路、作品的科学性、先进性与独特之处，以及作品的实际应用价值与现实意义。

此外，根据比赛章程规定，每一个参赛作品必须由两名具有高级专业技术职称的指导教师（或教研组）推荐，并经本校学籍管理、教务、科研管理部门审核确认，才能完成作品的参赛申报。

【案例12-2】

"挑战杯"大学生课外学术科技作品竞赛优秀作品——多功能安防清洁机器人

现代家庭追求越来越高的生活品质,出现了各种各样的家庭安防控制和清洁机器,但是目前的系统还不成熟而且费用昂贵,并且安防系统在房屋建造初期就需要内嵌布线安装。针对已有房屋的户主来说,安装内嵌式安防系统显得尤为麻烦。

本作品可根据需要的不同,增加功能模块以及编写程序来实现以下不同的功能。

(1) 添加涡轮吸尘装置,以及编写自动清洁安防程序,使小车成为家庭中集安防与清洁为一体的智能装置。

(2) 更换轮胎及供电系统,添加各种采集测量装置,实现野外危险区域作业勘探功能。

以上技术特点同比目前出现的清洁机器装置和野外勘探小车而言,优势体现在以下几个方面:首先,户主在远离房屋的情况下,可连接互联网,观察屋内门窗是否紧闭,电器是否断电,屋内是否有危险气体泄漏等,从而控制机器人报警或关闭电器等。如将作品改良投入生产,在发达国家以及一些发展中国家的豪宅与博物馆中安放,以保证其建筑安全,无疑有着巨大的市场潜力。其次,在户主回到房屋之前,能通过计算机或者手机以发送短信的方式,控制机器人预先将房屋中各种电器预约进行工作,如打开空调,打开热水器,使室内温度达到预先设定值,这样户主在繁忙工作后,能回到房屋得到身心的放松和享受,该设计对追求高质量生活的都市白领人士来说,有着无比巨大的吸引力。最后,安防系统需整天工作,则利用外在能源减少自身能耗,在提倡低能耗经济的今天,也成了博得市场的重要手段。作品采用白昼现成的太阳光能,将微弱能量存储进电池,以供夜间使用,符合发达国家的节能理念。

【点评】"挑战杯"竞赛是吸引广大高校学生共同参与的科技盛会,是促进优秀青年人才脱颖而出的创新摇篮,也是深化高校素质教育的实践课堂,更是展示全体中华学子创新风采的亮丽舞台。竞赛对增强大学生科技创新能力具有重要的意义和作用,它在提升大学生专业知识和技能水平及推进素质教育的同时,还能增强大学生的实践能力,培养和提高大学生分析、研究和解决问题的能力。

活动与训练

生活用品大改造

一、活动目标

(1) 养成关注和观察生活用品的习惯。

(2) 提高对生活用品的创新改造能力。

(3) 激发主动探究知识的欲望,激活创意思维。

二、活动时间

建议 1 周。

三、活动流程

（1）教师展示 3～5 种常见的生活用品，并与学生共同分享用品的用途。

（2）学生以小组为单位，采用头脑风暴法讨论相关生活用品如何被改造，以便实现再利用。

（3）各小组在课后自行收集生活用品改造所需要的材料和工具，并完成用品改造。

（4）各小组以改造前后对比展示的方式在课堂上呈现改造成果，每小组派一名队员对改造成果的创意来源、设计理念和物品用途进行说明。

（5）教师对各小组的改造成果进行点评。

探索与思考

1．你会在学习之余适当参加一些勤工助学工作吗？为什么？谈谈自己对勤工助学意义的理解。

2．你认为科技创新的关键点在于什么？科技创新思维应当如何培养？

单元二　班级文化建设与校园志愿服务

名人名言

人是文化的创造者，也是文化的宗旨。

——［苏联］高尔基

学习目标

1．了解班级文化建设的内涵。

2．掌握班级文化建设的两种途径。

3．明确文明寝室的建立标准。

4．掌握寝室文明行为规范。

5．掌握校园志愿服务活动开展的基本步骤。

案例导入

教室美化——环境育人作用大

为加强校园文化建设，发挥环境育人的熏陶作用，积极营造向上、好学的文化氛围，展现班级风采，响应学校责任教室美化活动的号召，某大学临床医学班的师生对教室布置提出以下设计方案。

一、环境卫生

（1）教室底板无污迹、现本色，墙角、天花板无蜘蛛网，门、窗干净，无明显污迹灰尘；

（2）日光灯、电风扇、电气设备等清洁无尘，讲台工具摆放整齐；

（3）课桌板凳干净无尘，桌面无"牛皮癣"；

（4）卫生角工具摆放整齐，垃圾桶处无垃圾散落情况，贴上的标语为"捡起一片垃圾，美化一片心灵"。

二、布置内容

（1）黑板报：主题鲜明，图文并茂，具有较强的可观性。黑板报主题响应时事政治，积极向上，宣扬校纪校规；

（2）教室墙柱：粘贴名言警句；

（3）公示栏：张贴通告、公告、班费支出、考研新动态等；

（4）班级风采角：展示班级风采，增强班级凝聚力，粘贴班级活动照片、获奖证书等。

【分析】教室是学生每天学习的地方，创造一个良好的、富有教育意义的环境，不仅会让学生舒心地学习，提高学习效率，而且能让学生在这种文化氛围中得到潜移默化的感染，从而培养学生良好的行为习惯，使教育得到事半功倍的效果。

一、班级文化建设

班级文化是"班级群体文化"的简称，是作为社会群体的班级所有或部分成员共有的信念、价值观、态度的复合体。班级成员的言行倾向、班级人际环境、班级风气等为其主体标识，班级的墙报、黑板报、活动角及教室内外环境布置等则为其物化反映。

（一）"硬文化"建设

所谓硬文化，是一种"显性文化"，可以摸得着、看得见的环境文化，也就是物质文化，比如教室墙壁上的名言警句，英雄人物或世界名人的画像；摆成马蹄形、矩形、椭圆形的桌椅；展示书画艺术的书画长廊；激发探索未知世界的科普长廊；表露爱心的"小小地球村"；悬挂在教室前面的班训、班风等醒目图案和标语等。而班级"硬文化"环境建设的法则是：力求朴素、大方，适合班级学生，突出班级特点。具体来说，主要做好以下两点。

（1）注重教室的卫生。干净的教室不是打扫出来的，而是保持出来的。当我们看到地上有纸屑时就主动捡起来，课桌椅摆放整齐，将小黑板、扫帚、水桶整理整齐等。我们每个人都需树立主人翁的责任感，即充分意识到"教室就是我的家"。

（2）重视教室的布置。两侧的墙壁可以贴一些字画、人物等（由班级学生自己选出）；教室的四角，可以把它安排成自然角、科技角、书法角等；后面的黑板报应经常更换，由学生自己排版、策划；教室前面黑板的上方可以挑选一句名人名言作为班级的座右铭。教室的布置不能凌乱，应使各个部分都和谐统一起来。

（二）"软文化"建设

软文化则是一种"隐性文化"，包括制度文化、观念文化和行为文化。制度文化包括各种班级规约，构成一个制度化的文化环境。观念文化则是关于班级、学生、社会、人生、世界、价值的种种观念，这些观念弥漫在班级的各个角落，潜移默化地影响着班级学生。因制度和观念等引发出来，从学生身上表现出来的言谈举止和精神面貌，则是行为文化。

班级"软文化"是班级文化环境的核心，最能体现班级个性。对于班级软文化的打造,可以从以下两个方面着手进行。

(1) 设计班歌、班徽、班旗等项目,作为班级的特色性标志,增强大家对班级的认同感和自豪感。

(2) 班风建设,这是班级"软文化"环境建设的重头戏,也是整个文化环境建设的核心部分。良好的班风是无声的命令,是不成规章的准则,它能使班级学生自觉地约束自己的思想言行,抵制和排除不符合班级利益的各种行为。班风巨大的激励作用,还能使班级中的每个人精神振作,身心愉悦,人与人之间紧密团结,高度信任,人际关系和谐,班集体由此焕发出无穷的力量和生机。

【案例12-3】
夯实基础,彰显特色,班级文化助力学生成长

为着力打造优秀班级文化,营造浓厚的班级文化氛围,努力创建符合素质教育要求的、既能体现时代精神,又能培育新人的班级文化体系,建设富有特色的和谐班级,某高校一班级在班级"软文化"建设方面实施了以下举措。

一、班级基础文明建设

(1) 深入开展思想道德教育,努力营造健康向上的德育环境;

(2) 扎实推进校规校纪教育,努力形成人人讲规则,个个守纪律的制度环境;

(3) 全面启动环保教育,努力把学生培养成环境保护的"践行者"和"播绿人",增强学生的环保意识及节约意识;

(4) 认真抓好日常行为规范教育,积极培养健康的生活方式和文明的行为习惯,努力营造文明和谐的人文环境;

(5) 高度重视安全教育,切实加强以学生人身安全、财产安全、就业安全和心理健康为重点的安全教育,全面提高学生的安全意识和防范能力,努力建设稳定有序的安全环境。

二、班级学风建设

(1) 经常性的学风教育 (以班会活动为载体);

(2) 加强课堂管理,严格执行各项课堂教学制度(落实"无手机课堂"制度);

(3) 加强考风建设,严肃考试纪律,加强对学生的纪律教育和诚信教育;

(4) 加强学生创新实践教育,鼓励学生积极参加各类科技学术竞赛活动以及各种形式的社会实践活动,培养班级学生的科研创新意识和社会实践能力。

三、班级特色活动建设

班级特色活动要求各班级结合本班学生性格特点,从观念意识、行为活动、学习习惯、能力培养、才艺特长等方面确定一个特色主题,通过独特的管理和活动方式,在自我设计的活动中,要充分发挥学生的爱好,特长和各种能力,形成班级特色。

(1) 组织有益于学生德、智、体、美、劳和谐发展的有益活动,如羽毛球比赛、乒乓球比赛、拔河比赛、篮球比赛等;

(2) 召开"学雷锋""感恩""珍爱生命""社会实践课"等班级活动,引导班级学生树立正确的人生观;

(3) 举办英语角、演讲、辩论、学习经验交流、课外调查 (报告) 等特色活动,鼓励

班级学生献身科学事业,树立危机意识和竞争意识,营造积极向上的学习氛围。

【点评】班级作为所有学生学习和生活的共有载体,对于每一位同学来说都富有深刻的意义。班级文化是一个班级在长期存在和发展中逐渐形成的,它影响并展现着班级风气的好坏以及学生群体素质的高低。优秀班级文化的打造,既能促进班集体向着健康、和谐、向上的方向发展,也能让每一个同学形成在班级团队中的主人翁意识,让班级成为每一个学生温暖的家。

二、寝室美化

寝室是学生学习、生活、休息的重要场所,寝室环境直接体现学生的精神面貌和个人素质,直接关系学生的身心健康。全体学生应努力维护整洁文明的寝室环境,自觉做到以下几个方面。

(一)"六净""六无""六整齐"

"六净":地面干净,墙面干净,门窗干净,玻璃干净,桌椅橱干净,其他物品整洁干净。

"六无":无杂物,无烟蒂,无乱挂现象,无蛛网,无酒瓶,无异味。

"六整齐":桌椅摆放整齐,被褥折叠整齐,毛巾挂放整齐,书籍叠放整齐,鞋子摆放整齐,用具置放整齐。

(二)自觉做到"六个一"、自觉遵守"六个不"

"六个一":叠一下被子,扫一下地面,擦一下台面,整一下柜子,理一下书架,倒一下垃圾。

"六个不":异性寝室不进出,外人来访不留宿,危险物品不能留,违规电器不使用,公共设施不损坏,果皮、纸屑不乱扔。

(三)杜绝寝室不文明行为

不养宠物,不在寝室楼内抽烟,不在门口丢放垃圾,不乱用公用洗衣机等。

【案例12-4】

宿舍变形记

如图所示,蓝白条纹具备浓重的地中海装修风格,白色的干净纯洁,蓝色的清新淡雅,让整个空间看起来大了一倍不止。将布兜错落有致地安放在墙上的挂钩上,既节省了空间,又装点了墙壁。星星点点的小灯装点在纱帘之上仿佛将银河引入屋中,中和了整体偏清冷的色调,看起来温馨又不失空灵。整个宿舍的构思简洁干净,但绝不简单,处处透露着想法与思考。看来每个少女心里都有一个"梦之屋"。

如图所示,放眼望去,全是绿色,这个寝室左边的床是绿的,右边的床还是绿的。不仅床是绿的,地毯是绿的,墙壁是绿的,窗帘是绿的,植物是绿的,架子是绿的……颜色统一却不单调,错落有致的排列让整个寝室充满了勃勃的生机,而不仅仅是简单的填充,黄色的灯装点着绿色的屏障,正如装点着少女的梦。原木色的桌椅增加了身处森林的可信度,好像随时都会有精灵跳跃而出,即便有再大压力也会被这原真的情景吸收殆尽。

【点评】一千个读者就有一千个哈姆雷特。在大学,各色各样的人和各种脑洞大开的宿舍改造案例,将寝室打造成了一个个充满了创意与趣味的"家",一个个有归属感的"家"!

三、校园志愿服务

(一)"议"——确定志愿服务项目

根据服务对象的实际需求,结合自身所学专业的技能优势,确定志愿服务项目,完成志愿服务活动的前期准备工作。

前期准备主要包括:通过走访和调研,确定活动地点(场所),初步确定团队成员、服务主题。

(二)"谋"——撰写志愿服务策划书

在明确了志愿服务活动内容以后,接下来就要完成活动策划书的撰写。一份完整的策划书,应该由以下几部分内容组成:活动背景、活动目的与意义、活动主题、活动时间、活动地点、指导老师、活动内容、活动实施计划表、预期成果、经费预算、所需物资、团队分工、团队纪律及安全要求(安全承诺书),具体如表 12-1 所示。

表 12-1 志愿服务策划书的撰写要求

撰写板块	撰 写 要 求
活动背景	介绍活动由来
活动的目的与意义	重点介绍活动对服务对象做出的贡献和对学生成长及成才的帮助
活动主题	与志愿服务活动内容相匹配的主题名称
活动时间	活动起止时间
活动地点	明确志愿服务活动开展地点(场所)
指导老师	明确由谁完成对活动开展过程的指导
活动内容	明确需要完成的全部志愿服务活动

撰写板块	撰写要求
活动实施计划表	以表格的形式罗列具体的活动时间和活动内容安排
预期成果	包括报告、论文、总结、视频等显性成果和服务质量、活动评价等隐性成果
经费预算	列出经费活动明细及其预算金额
所需物资	包括活动开展所需的工作物资和生活物资
团队分工	明确全体成员所负责的任务
团队纪律及安全要求	明确纪律要求,团队成员签写安全承诺书

（三）"聚"——组建志愿服务队伍

指组建一支志愿服务活动团队。活动负责人要以志愿服务活动的有效开展为目的,本着"能力多元、人事匹配"的原则,以"自愿参与"为前提,择优选取不同专业、不同特长的学生作为志愿者加入活动团队。一般而言,在团队成员选拔的过程中,应重点考虑表 12-2 中的内容。

表 12-2　志愿服务活动成员的选拔

团队身份		工作职责	选拔要求	
指导老师		全程参与志愿服务活动,指导活动的具体开展,负责活动过程中的联系与协调	能协调好日常工作与志愿服务活动指导的时间	
学生成员	宣传干事	负责对志愿服务活动的开展进行报道,在活动结束后完成影像资料的剪辑	能熟练使用多媒体器材和影音软件对活动过程进行拍摄与记录,文字功底扎实,擅长新闻采编	团队全体成员均应具备吃苦耐劳、奉献担当的良好品质,在志愿服务活动开展过程中能发扬"奉献、友爱、互助、进步"的精神,自觉做到分工协作、团结友爱
	财务管理	负责团队工作经费的收支与管理	具备财务管理的基本知识,能对团队工作经费进行妥善的管理,并对各项收支进行规范的记录	
	后勤保障	负责团队所有生活物资的采买与安排	行动力和洞察力强,做事思路清晰,条理性强	

（四）"动"——实施志愿服务项目

指具体开展计划中的志愿服务活动。志愿服务活动的开展应以活动策划内容为蓝本,严格按照活动实施计划表的安排推进各项志愿服务活动的开展,并按表 12-3 的工作方式确保活动各环节无差错,无遗漏。

表 12-3　志愿服务活动推进表

进程	环节	注意事项
活动前	确认当日全部待办事项,明确各事项的具体内容、所需物资、预期成效以及实施负责人	准备并熟悉必要的活动预案
活动中	根据志愿服务活动策划,开展具体的志愿服务活动	注意活动过程性图文资料的收集
活动结束当天	以团队会议的形式开展志愿服务活动总结,团队成员就活动开展和活动参与分享个人心得体会,并完成个人的活动日记	由专人做好团队会议记录便于后续整理活动总结

【案例 12-5】

创建美好校园,我们在行动

阳光明媚,温暖人心,春风和煦,掀起书页,也掀起了校区"青春志愿行,建功新时代"学雷锋志愿服务主题活动的新热潮。近日,合肥工业大学 500 余名志愿者在该校青年志愿者联合会以及各系青年志愿者协会共同组织下,立足校园开展了"创建美好校园,我们在行动"志愿服务活动。

活动当天,志愿者们身穿红马甲,头戴小红帽,热情高涨,斗志昂扬。他们分别深入教室对"课桌文化"进行了彻底的清理,深入实验室对卫生死角进行了仔细的清扫,深入图书馆对书架进行了彻底的擦洗,深入校园各自行车停放点对校园爱心车进行了清洗,对搁置凌乱的自行车进行了整齐有序的摆放,并劝导同学们文明停放自行车。志愿者们的身影遍布校园各地,一起为创建美好校园共同努力。他们不怕脏、不怕累,俨然成了校园中一道最亮丽的风景线。历经 3 个小时的辛勤劳动,志愿者们所到之处面貌焕然一新,共清洁教室 150 余间,实验室 10 余间,擦洗书架 50 余个,擦洗爱心车 40 辆,整理摆放车辆 2000 余辆。

【点评】新时代开启新征程,新青年勇担新使命。创建美好校园的志愿服务活动进一步推动了校园学雷锋志愿服务活动深入持续开展,激发了广大学子爱校荣校的热情和主人翁意识,彰显了新时代青年大学生的精神面貌,营造了倡导志愿服务的良好文化氛围。

活动与训练

发挥专业特长开展校园志愿服务

一、活动目标

志愿者根据所学专业,面向师生开展知识普及、理论宣讲或便捷式生活服务。

二、活动时间

建议 1 ~ 2 周。

三、活动流程

(1) 以班级为单位,成立校园志愿服务小分队。

(2) 根据专业特点,确定志愿服务开展的地点和主题。

(3) 各小分队撰写志愿服务活动策划书。

(4) 开展志愿服务活动。

(5) 在班级内开展志愿服务活动的成果分享与交流。

探索与思考

1．请你用 8 ~ 12 字为自己所在的班级提炼出班级文化。

2．你参加过哪些校园志愿服务？请列举,并谈一下参加每项志愿服务的感受与收获。

单元三　校园劳动——校园清洁与垃圾分类

名人名言

人生欲求安全,当有五要:一是清洁空气,二是澄清饮水,三是流通沟渠,四是扫洒屋宇,五是日光充足。

——[英]南丁格尔

学习目标

1．了解校园清洁的含义。

2．掌握校园清洁的操作流程和操作规范。

3．正确认识垃圾分类的意义,进一步树立环保意识。

4．熟悉垃圾的分类标准,掌握校园垃圾分类收集流程。

案例导入

一起动手扮靓校园

2020 年初,一场突如其来的疫情打乱了全国各地学校的开学节奏,经过全国人民的努力,疫情逐渐被控制,各地开学在即。某大学的学生小明返校领取技能竞赛材料,却被一股腐烂的气味熏得掩鼻屏息并一路小跑。原来保洁人员还未返校,昔日整洁的校园好像蒙上了一层灰,各个角落飘落着废弃物。这让他分外着急,因为接下来的 2 周,他要和 9 位同学一起备战全国创新创业大赛。这样的环境怎么能安放下一张书桌?于是,小明就跟辅导员商量,能不能号召班内已返校同学一起动手美化校园。在辅导员和小明的动员下,同学们都动起来了,通过全天劳动大扫除,往日干净整洁的校园又回来了!

【分析】一屋不扫,何以扫天下?大学生采取积极行动,用双手改变环境。学校是全体师生的家园,保持校园清洁卫生是校园内每名大学生的义务。一个干净的校园,会给求知的学生们营造出舒心惬意的学习氛围,也能起到净化心灵的作用。

一、校园清洁

在一个优美、整洁、干净、卫生的环境中学习和生活,可以让我们养成良好的卫生习惯,培养劳动观念,增强我们的公德意识,提高文明水准。然而,"清洁、整齐、文明、有序"的校园环境需要广大师生的共同努力。

(一)做公共区域环境维护者

(1)公共场所的保洁规范。校园的公共场所卫生一般由学校的专职卫生保洁员负责,除此之外,还需要我们每个人的努力。具体来说,校园公共场所的卫生我们可以按照以下规范去做。

第一,楼道、楼梯,做到地面清洁,无痰迹、无垃圾、无污水。

第二,洗手间、厕所,做到地面清洁,无积污水,墙面干净,上下水畅通,无跑冒滴漏,水池内外干净无污物,大小便池干净无便迹,无异味,水房厕所门干净。

第三,公共门窗玻璃、窗台窗框,做到干净、完好、无积尘。

第四,楼内墙壁顶棚,做到无积尘、无蛛网。

第五,爱护公物,节约水电,卫生工具等要妥善保管,尽可能修旧利废。

第六,垃圾要倒入垃圾桶(箱)内,不能随处乱倒,杜绝焚烧垃圾、树叶等污染环境现象发生。

第七,爱护环卫设施,养成良好的卫生习惯,不在各种建筑物、设施及树木上刻画、张贴。

(2)共建无烟校园。研究表明,吸烟有害人体健康。可采取以下措施达到共建无烟校园目的。

第一,约束自己,不抽烟。

第二,多了解有关吸烟危害的知识,增强自制力,自觉抵制诱惑。

第三,积极参加控烟健康宣传活动,增强控烟意识,约束吸烟行为。

(二)争做文明就餐者

食堂是校园环境的重要组成部分,文明就餐需要我们从自身做起,从点滴做起,从身边做起,努力做到以下几点。

(1)爱惜粮食,杜绝浪费。

(2)保持良好的就餐秩序,排队就餐。

(3)自觉回收餐具。

(4)不要随地吐痰、乱扔餐巾纸和食物残渣,注意就餐过程中的仪表、穿着和行为。

(5)爱护餐厅的设施,维护公共卫生安全。

（6）尊重餐厅工作人员，发现问题，妥善解决。

（三）校园清洁的基本操作流程

（1）一般室内场所保洁的基本操作流程。包括以下几个方面。

第一，进行检查处理。进入室内，先查看是否有异常现象、有无损坏的物品。如发现异常，应先向学校有关部门或老师报告后再开始保洁工作。

第二，进行除尘处理。除尘要按照先里后外、先上后下、先窗后门、先桌面后地面的顺序，先清扫天花板、墙角上的蜘蛛网和灰尘，接着抹窗户玻璃门面的灰尘，实验器材等设备挪动后要原位摆好。

第三，进行擦抹处理。擦抹应从门口开始，依次擦抹室内桌椅、柜子、讲台和墙壁等。抹布应拧干，擦拭每一件物品时，应由高到低、先里后外。擦墙壁时，重点擦拭门窗、窗台等。操作时，先将湿润的涂水毛头（干净的）装在伸缩杆顶部，沿顶部平行湿润玻璃，然后湿润其他部分的玻璃。再用干净的抹布擦干净窗框及窗台，最后用干燥的无毛棉布擦干净玻璃四周和中间的水珠。大幅墙面、天花板等的清洁为定期清除（如每周清洁一次）。

第四，进行整理归置。讲台、桌面、实验台上的主要用品，如粉笔盒、粉笔擦、实验器具等抹净后，按照原位摆放整齐。

第五，垃圾清倒处理。按照垃圾分类方法，收集垃圾，并清倒室内的纸篓、垃圾桶，及时更换垃圾袋。

第六，清洁结束后的处理，参与保洁的人员退至门口，环视室内，确认清扫质量，然后关窗，关电，锁门。

（2）公共卫生间保洁操作流程。包括以下几个方面。

第一，天花板的清理。用长柄扫把清扫天花板、墙面、墙角等的蜘蛛网和灰尘。

第二，门窗玻璃门面及墙面的清理。用湿抹布配合便池刷清洁玻璃、镜面和墙面上的污迹。

第三，蹲便池和小便池的清理。先用夹子夹出大、小便器里的烟头、纸屑等杂物，然后冲水，再倒入洁厕剂，泡一会儿，再用便池刷刷洗。蹲便池、小便池内四周表面及外部表面均要清洗，检查冲水是否正常，有没有堵塞。

第四，洗手盆的清理。用清洁剂和百洁布擦洗洗手盆。从左到右抹干净台面，用不掉毛的毛巾从上到下擦拭干净镜子；水龙头也要清洗干净，保持光亮。

第五，更换垃圾袋。按照垃圾分类方法收集垃圾并及时更换垃圾袋。

【案例 12-6】

维护校园环境卫生，我们一直在行动

为给师生营造一个干净、舒适的学习和生活环境，某大学组织全体师生进行了卫生大扫除活动。

淅淅沥沥的雨点不断从空中落下，但丝毫没有影响同学们的高涨热情。在老师们的带领下，同学们全面打扫了教室及包干各个角落卫生死角，清理地面上的污渍，扫除教室墙面上小纸片和杂物，清除整理图书角、讲台上的粉尘杂物，擦洗黑板、玻璃窗台和墙脚的污渍。

我劳动,我快乐,人人参与,人人动手,挥洒汗水,体会劳动的快乐。

那些可亲可敬的辅导员也在教室内外忙碌着,不怕苦、不怕累,仔细地清理每一个角落。

老师们的言传身教,同学们看在眼里,记在心里,教育无处不在、无时不在。校园的每个角落都能看到师生们劳动的身影,到处都是热火朝天的劳动景象。在大家的努力下,一个小时后整个校园焕然一新。

效率这么高?有什么秘诀?没有秘诀,唯有平时坚持!

【点评】校园环境是学校的窗口,是师生精神风貌的集中体现。一所大学在不断提高教育教学水平的过程中,应充分认识到校园环境建设的重要性,运用多种形式,大力宣传卫生整洁的重要性和养成良好卫生习惯的相关知识,并启动卫生监督机制,相互监督、相互提醒,发现问题及时纠正,激励学生养成良好的卫生习惯,努力营造干净、整洁、文明的育人环境,为"美化环境、美好生活"贡献自己的一份力量。

二、绿色校园的卫生维护和能源节约

《全国环境宣传教育行动纲要》在 1996 年首次提出"绿色校园"概念,它将环保意识和行动贯穿于学校的管理、教育、教学和建设的各项活动中,引导教师、学生关注环境问题,让青少年在受教育、学知识、长身体的同时,树立热爱大自然,保护地球家园的高尚情操和对环境负责任的精神;掌握基本的环境科学知识,懂得人与自然和谐相处的基本理念;学会如何从自己开始,从身边的小事做起,积极参与保护环境的行动,孕育可持续发展思想;所有的师生从关心学校环境到关心周围,关心社会,关心国家,关心世界,并在教育和学习中学会创新和积极实践。绿色校园不仅成为学校实施素质教育的重要载体,也逐渐成为新形势下环境教育的一种有效方式。

"空气清新,环境整洁,楼房林立,绿树环抱",良好的校园环境是实现环境育人的关键。为了创造一个优美整洁的学习生活环境,需要通过我们多方面的共同努力,不仅要每个人养成讲究卫生的好习惯,还要不断增强校园的环境保护意识,树立"校园是我家,卫生靠大家"的思想意识,从养成良好的卫生习惯做起;并且加强各项卫生制度落实,做好卫生保持工作,并不断激发自己和同学的爱校荣誉感,促进大家能自觉维护校园环境卫生,爱护校园公共设施,能自觉做到不乱扔、乱倒、乱吐、乱画、乱张贴。营造人人爱绿化、讲卫生,人人爱校园的良好氛围,创造宜人环境,为创建一个真正卫生、绿色的校园需要我们每个人从身边的小事做起。勤俭节约,不浪费水、电和食物,不过度浪费能源,不追求过冷的空调、过高的供暖温度等。

【案例 12-7】

北京大学推进"绿色校园"建设成效明显

北京大学加强规划设计、环境建设和宣传教育,推进"绿色校园"建设,取得积极成效。

加强规划,整体推进校园建设。将"绿色校园"建设作为加快创建世界一流大学的重要组成部分,列入学校整体发展规划。在学校"十二五"改革和发展规划纲要、党代会报告、2018 行动计划中明确提出"绿色校园"建设目标,并勾画了建设蓝图。先后设立校园规划与可持续发展办公室、绿色校园建设委员会和工作小组等机构,统筹校园建设工作。相继出台用电、用水和水电费管理办法等制度文件,为"绿色校园"建设提供制度保障。

加强建设,不断优化校园环境。加强绿地水系、生物多样性保护,有效维护次生林——湿地体系。对未名湖后湖区进行改造,使干涸近20年的湖区重现美丽风景。2014年学校基础设施建设总建筑规模达20万平方米,新太阳学生中心、行政中心建成并投入使用,在空间上形成新的集群,优化校园功能分区。结合海淀区全国文明城区创建活动,推动快递进校园,加强南门环境治理。在教学楼、办公楼、公寓等使用节水及节电的技术、产品、工艺。实施煤改气等工程,开发地热、太阳能等能源,鼓励清洁环保的校园交通方式。建设节能监管平台,通过在线监测、考核、管理,倡导低碳生活。

加强教育,积极涵育绿色文化。注重将生态文明理念融入校园文化生活。依托环保类和长期从事环保活动的20多个综合社团,开展绿色寝室、循环回收、林木培植等活动。每年举办节能、节水宣传周,定期开展光盘行动、校园环境治理等主题活动,推进"绿色校园"教育常态化。制作宣传册、光盘等资料,利用网络媒体,传播"绿色"文化。积极参与文明城区建设,与海淀区相关部门联合举办倡导绿色、低碳生活公益活动,营造全校共建"绿色校园"、全员参与绿色行动的浓厚氛围。

【点评】绿色校园是当下各学校对学生进行全方位素质教育的重要载体,也是环境保护的实践方式。构建绿色校园,既能提升学校的环境质量和环境品味,也是学校参与全社会环境保护与可持续发展的行动标志。

三、垃圾分类

垃圾分类(garbage classification)一般指按一定规定或标准将垃圾分类储存、分类投放和分类搬运,从而转变成公共资源的一系列活动的总称。垃圾分类的目的是提高垃圾的资源价值和经济价值,力争物尽其用。

(一)垃圾分类的背景

十九大报告指出:"建设生态文明是中华民族永续发展的千年大计,必须树立和践行绿水青山就是金山银山的理念。""要坚定走生产发展、生活富裕、生态良好的文明发展道路,建设美丽中国,为人民创造良好生产生活环境,为全球生态安全做出贡献。"

随着社会经济发展和物质消费水平的大幅度提高,我国每年垃圾产生量迅速增长,这些垃圾不仅造成了环境安全隐患,也造成资源浪费,成为人民群众反映强烈的突出问题,成为经济社会持续健康发展的制约因素。实行垃圾分类,关系广大人民群众生活环境,关系节约使用资源,也是社会文明水平的重要体现。

【拓展阅读】

垃圾分类的意义

在我国城市和广大农村实行垃圾分类,对改善人们的生活环境,推动绿色生态发展,建设美丽中国,有重要意义;而高校推行垃圾分类,对于培养高素质的社会人才,创建文明、和谐、生态、美丽校园等具有十分重要的意义。

(1)思想革命。由于改革开放和科学技术的进步,工农业生产的高速发展,产生了大面积堆放的"垃圾山""垃圾海"。它们难以处理而且会影响人们的生产生活,甚至危及人们的健康与安全,可是民众对垃圾分类认识还不到位,要真正实行好垃圾分类,难度很大,是一次思想革命和观念转变。

(2)减少占地。丢弃的垃圾越多,侵占的土地也越多。目前我国生活垃圾堆放地侵占土地面积高达 5 亿多平方米,相当于 5 万公顷耕地,而我国的耕地面积仅为 1.3 亿公顷,相当于全国约万分之四的耕地面积用来堆放垃圾。

(3)减少污染。我们随手丢弃的垃圾露天堆放时,垃圾中的有机物被微生物分解,释放出大量的氨、硫化物、甲烷等气体;产生恶臭和刺鼻气味;垃圾中的塑料膜、纸屑、粉尘和细小颗粒物会随风飘扬,污染大气。而有效的垃圾分类回收利用,则可以减少污染危害。

(4)变废为宝。1 吨废塑料可回炼 600 公斤的柴油,回收 1500 吨废纸,可免于砍伐用于生产 1200 吨纸的林木;一吨易拉罐熔化后能结成一吨品质很好的铝块,可少采 20 吨铝矿。生活垃圾中有 30%～40%可以回收利用,我们都应珍惜这些小本大利的资源。

(二)垃圾种类

从国内外各城市对生活垃圾分类的方法来看,大致都是根据垃圾的成分构成、产生量,结合本地垃圾的资源利用和处理方式来进行分类的。如下图所示为垃圾分类目录。

垃圾分类目录

(1)可回收物。主要包括废纸、塑料、玻璃、金属和布料五大类。

废纸:主要包括报纸、期刊、图书、各种包装纸等。但是,纸巾和厕所用纸由于水溶性太强而不可回收。

塑料:各种塑料袋、塑料泡沫、塑料包装、一次性塑料餐盒餐具、硬塑料、塑料牙刷、塑料杯子、矿泉水瓶等。

玻璃：主要包括各种玻璃瓶、碎玻璃片、镜子、暖瓶等。

金属物：主要包括易拉罐、罐头盒等。

布料：主要包括废弃衣服、桌布、洗脸巾、书包、鞋等。

这些垃圾通过综合处理回收利用，可以减少污染，节省资源。

（2）厨余垃圾。厨余垃圾是有机垃圾的一种，包括剩菜、剩饭、菜叶、果皮、蛋壳、茶渣、骨、贝壳等，泛指家庭生活饮食中所需用的来源生料及成品（熟食）或残留物。

（3）有害垃圾。有害垃圾指含有对人体健康有害的重金属、有毒的物质或者对环境造成现实危害或者潜在危害的废弃物，包括电池、荧光灯管、灯泡、水银温度计、油漆桶、部分家电、过期药品、过期化妆品等。这些垃圾一般使用单独回收或填埋处理。

（4）其他垃圾。其他垃圾主要包括砖瓦陶瓷、渣土、卫生间废纸、瓷器碎片等难以回收的废弃物。这类垃圾危害较小，但无再次利用价值，是可回收垃圾、厨余垃圾、有害垃圾剩余下来的一种垃圾。一般采取填埋、焚烧、卫生分解等方法，部分还可以使用生物降解。

（三）学校的垃圾分类

作为学校，垃圾分类既是培养高素质人才的需要，也是创建文明、生态校园的需要，是利在当代、功在千秋的事业。

（1）分类模式。根据学校实际情况，按照当地所在省市规定的可回收物、厨余垃圾、有害垃圾、其他垃圾四种类别进行生活垃圾分类。校园施工产生的建筑垃圾、绿化垃圾以及实验室危险废弃物垃圾等按照相关规定进行处置，严禁混入生活垃圾投放。

（2）分类与收集流程。学校和个人应当按照规定的时间、地点，用符合要求的垃圾袋或者容器分类投放生活垃圾，不得随意抛弃、倾倒、堆放生活垃圾。

第一，学生公寓宿舍分类收集流程。将宿舍的厨余垃圾滤出水分后，装袋投放至室外厨余垃圾桶，不得混入贝壳类、木竹类、废餐具等不利于后期处理的杂质；其他类别垃圾分类装入相应垃圾袋中，并就近投放到室外相对应的分类桶内。

后勤部门负责将厨余垃圾桶内的垃圾在规定时间运至固定的垃圾集中装运点，对接市政厨余垃圾收运车进行清运。其他类别的垃圾由后勤部门安排车辆分类收集清运。

第二，教学楼分类收集流程。自备符合当地标准的垃圾分类桶，在劳动周安排学生清扫，按类分别投放到固定的垃圾桶中。

第三，校园公共区域垃圾分类收集流程。公共区域按片区划分，各片区产生的生活垃圾通过分类收集车进行分类统一收集并运送到固定垃圾堆放点进行分类投放，后勤部门安排车辆分类清运，分类收集车辆上需张贴相应分类标识。

【案例 12-8】

助推绿色发展　学校升级厨余垃圾智能系统

为落实《教育部办公厅等六部门关于在学校推进生活垃圾分类管理工作的通知》

要求,深入推进四川省教育系统生活垃圾分类工作,切实加强生态文明和绿色生态校园建设,提高师生垃圾分类、资源节约、环境保护意识,四川工商职业技术学院与成都易顺通环保科技有限公司深度开展校企合作,签订共建"垃圾分类与智能收集处理合作示范项目"协议,并按期投入运行。

该项目通过管道负压方式,快速收集厨余垃圾于集中处理中心,通过系列处理过程,实现油、水、渣快速分离。油直接进入生物科技公司二次循环利用;渣进入微生物降解消灭机进行减量、分解、消灭、稳定、无害化处理,降解后产物通过国家生态环境部直属的国家环境分析测试中心的安全检测,无异味、无残渣、无腐蚀,不对环境造成二次污染,降解后液体可作为植物菌肥,排入管网可降解管道内的有机物质,抑制管内异味,并对下水管网起到净化作用,最终产物为水和二氧化碳。

该项目的顺利实施,较好地解决了厨余垃圾收集处理难题,实现了资源循环再利用。

【点评】积极引进先进科技与设备,提高学校垃圾分类处理的工作水平,为广大师生着力营造优美、健康的学习、工作和生活环境,能有力推进绿色校园的创建和维护。

活动与训练

校园垃圾分类我先行

一、活动目标

践行垃圾分类新风尚,为校园垃圾箱制作醒目垃圾分类小标识,主动将校园垃圾分类投放,引导校园内师生投放垃圾时主动将垃圾进行分类;培养垃圾分类好习惯,提高团队合作意识。

二、活动时间

建议 4 ～ 6 个小时。

三、活动流程

(1)教师先给学生集中展示垃圾分类方法,让学生熟悉日常生活垃圾的分类方法,动员学生参与校园垃圾分类实践行动。

(2)教师将学生按 6 ～ 8 人划分为一个小组,每组选出 1 名组长,教师引导学生制订垃圾分类的达到目标及确定垃圾分类行动的区域。

（3）以组为单位制订校园垃圾分类行动计划,制作垃圾分类小标识。

（4）学生分组行动,分配到校园内各个垃圾投放点,组长带领组员将制作的垃圾分类标识张贴到各垃圾投放点的垃圾桶,主动将校园内垃圾进行分类投放,并引导校园内的师生在投放垃圾分类时主动进行分类。

（5）各小组汇报展示活动成果,总结分享劳动收获。

（6）每小组选派一名代表与教师一起对劳动成果进行评比,教师根据评审结果进行点评。

探索与思考

1．你认为自身所在的学校在环境清洁方面还有哪些地方需要加强?

2．有人认为,垃圾分类没有什么难的,无非是从一个桶分成了四个桶。你认同这种观点吗? 请结合你的体会谈谈垃圾分类最重要的是什么。

模块十三　社会劳动实践

模块导读

社会劳动教育是实践性的思想政治教育,是一种在实践中贴近实际、贴近生活、贴近学生的教育。本模块以问题为导向,通过参与社会劳动实践,组织社会劳动及问卷调查,引导大学生从被动劳动变为主动劳动,不断增强劳动的主动性,在劳动实践中塑造正确的劳动观,培育积极的劳动精神和必备的劳动技能,切实感受到劳动的快乐。

单元一　参与社会实践

名人名言

知之愈明,则行之愈笃;行之愈笃,则知之益明。

——[宋] 朱熹

大学生社会实践

学习目标

1. 培养自主参与劳动及热爱劳动的良好习惯。
2. 在劳动实践中形成良好品质,培养吃苦耐劳与团队协作精神。
3. 塑造正确的人生观、价值观、世界观。

案例导入

小包裹　大爱心

"小包裹,大爱心"是中国扶贫基金会爱心包裹项目主题宣传。中国扶贫基金会爱心包裹项目自 2009 年启动,通过动员社会力量捐购爱心包裹的形式,关爱灾区及贫困地区小学生。"小包裹、大爱心"的公益理念迅速在全国掀起了捐购爱心包裹,关爱灾区学生的公益热潮,国内多所高校的青年学子和社团组织都参与了这个公益项目。爱心包裹礼物本身并不能在物质上给灾区或贫困地区带来多大改变,但它架构了人与人之间,传递爱,感受爱的桥梁,带给远方孩子的是捐赠人暖暖的爱心和我们心里的牵挂,这对于孩子的健康快乐成长有着不可估量的意义,对于促进城乡沟通,缩小贫富差距,构建和谐社会,都具有一定帮助。

【分析】社会劳动实践以了解社会及服务社会为主要内容。本案例以爱心包裹为载体,以高校青年学子与社团组织为依托,立足于形式多样的公益爱心活动,通过爱心包裹捐赠,以暖心服务社会的劳动方式,懂得了社会需要爱的传承者的道理。虽然能力有限,对于小朋友的关心与帮助,只是尽了些绵薄之力,但爱心就如那星星之火,可以燎原,让我们有更多的思考与教育,社会的进步与发展需我们每个人拥有一颗爱心……

一、社会劳动实践的重要意义

社会劳动实践是劳动活动的表现方式,核心是马克思主义劳动观的培育,包括社会劳动精神面貌、社会劳动价值取向和社会劳动技能水平。

教育与生产劳动和社会实践相结合是党的教育方针的重要内容,理论教育和实践教育相结合是大学生思想政治教育的根本原则。通过社会劳动实践,可以促进学生将理论联系实际,更好地了解社会,认识国情,增长才干,奉献社会,锻炼毅力,培养品格,增强历史使命感和社会责任感,增强学生成长成才的责任感、使命感和紧迫感,同时也加强学生自身的独立性。

二、社会劳动实践的分类

广义的社会劳动是人类认识世界、改造世界的各种活动的总和,狭义的社会劳动指各种志愿者活动、假期实习、校外实习。我们这里讲的是狭义的社会劳动。

社会劳动实践不仅有助于培养参与者良好的思想品德与行为习惯,也体现了全方位的育人意义。通过社会劳动实践,参与者的体魄得到锻炼,劳动观念和劳动技能得到了增长,审美情趣得到了提升。这些成长与所学运用到科学文化学习中,更有利于参与者全身心的发展。

(一)大学生志愿服务西部计划项目

2003年,团中央、教育部、财政部、人力资源和社会保障部根据国务院常务会议和全国高校毕业生就业工作会议精神,联合实施大学生志愿服务西部计划,招募一定数量的普通高等学校应届毕业生或在读研究生,到西部基层开展为期1～3年的志愿服务工作,鼓励志愿者服务期满后扎根当地就业创业。

西部计划项目按照服务内容分为基础教育、服务"三农"、医疗卫生、基层青年工作、基层社会管理、服务新疆、服务西藏7个专项。实施以来,已累计选派30多万余名大学生志愿者到中西部22个省区市及新疆生产建设兵团的2100多个县市区旗基层服务。作为实践育人工程,引导具有理想主义情怀的青年人,通过火热的西部基层实践进一步坚定理想信念,锤炼意志品格,升华志愿情怀。作为就业促进工程,引导和帮助高校毕业生树立正确的就业观,并为他们搭建到西部去,到基层去,到祖国和人民最需要的地方去干事创业的通道和平台。作为人才流动工程,鼓励和引导东、中部大学生到西部基层工作生活,促进优秀人才的区域流动。作为助力扶贫工程,以西部计划志愿者为载体推动校地共建,引导高校资源参与到当地的脱贫攻坚工作中。

国家肯定志愿者们在西部地区辛勤耕耘、默默奉献,为当地经济社会发展、民族团结进步做出了贡献,同时勉励越来越多的青年人以志愿者为榜样,到基层和人民中去建功立业,让青春之花绽放在祖国最需要的地方,在实现中国梦的伟大实践中书写别样精彩的人生。

(二)青年干部下基层

近年来,不少年轻干部与党员走出机关大楼,扎根基层一线。在抗击新冠肺炎疫情的斗争中,在脱贫攻坚的战场上,在"十四五"规划的新征程上,都活跃着他们忙碌的身影。这些干部深入基层,服务百姓,经受了锻炼,增长了本领,激扬了干事创业的精气神。"德莫高于爱民,行莫贱于害民。"干部来自人民,为了人民,必须始终把人民放在心中最高位置。坚持把党的群众路线延伸到田间地头,俯下身来,常走乡村小路,常睡农家土炕,常吃农家饭菜,真正与群众与基层党组织打成一片,设身处地为群众着想,动真情,办实事,解难题,跟老百姓成为知心朋友。

青春之路,始于足下。积极下沉到基层一线,始终保持奋发昂扬的精神状态,听到真言,学到真知,领悟真谛,广大年轻干部就能在实践的磨砺中更好守初心,担使命,想干事,能干事,干成事,让成长的每一步都走得更稳健、更扎实。

在基层去实践锻炼,年轻干部放到攻坚克难第一线,放到处置急难险重问题最前沿,既"身入"又"心入"。沉到基层听民声,集民智,在实践中老老实实向群众学习,才能收获真知灼见,启发工作思路,拿出破解难题的实招硬招。只有到基层去,扎根泥土中,用脚步丈量大地,用奋斗诠释青春,才能体味不一样的人生,收获不一样的成长。

(三)社区志愿服务

(1)社区服务是指以社区为基本单元,以各类社区服务设施为依托,以社区全体居民、驻社区单位为对象,以公共服务、志愿服务、便民利民服务为主要内容,以满足社区居民生活需求及提高社区居民生活质量为目标,形成党委统一领导,政府主导支持,社会多元参与的服务网络及运行机制。具有以下特征。

第一,社区服务是有指导,有组织,有系统的服务体系。

第二,社区服务与经营性的社会服务业是有区别的。

第三,社区服务以社区全体居民的参与为基础,是一种自助与互助相结合的社会公益活动。

(2)社区服务内容包括医疗志愿服务、免费维修、免费心理辅导、计算机教育、文体教育、辅导未成年人等活动。可以分为以下类别。

第一,扶弱济困类。为孤寡空巢老人、困难学生、困难群众和残疾人等弱势群体提供力所能及的帮扶。

第二,便民利民类。提供法律咨询,法律援助,代办手续,家电维修等服务。

第三,就业指导服务类。为下岗失业职工提供技能培训、岗位联络职业介绍、维权协调等。

第四,治安维稳类。开展义务巡逻、矛盾调解、青少年帮教、防火防盗、预防疫情、抵制非法活动等服务。

第五,环境保洁服务类。开展环境保洁、绿化维护、家庭养花指导等服务。

第六,医疗保健服务类。在病人、残疾人、老年人、育龄妇女中开展健康检查、康复保健、卫生防疫、计划生育、心理咨询等活动。

第七,宣传教育服务类。开展政策法律、科普知识、安全常识、健康知识宣传等活动。

第八,文体娱乐服务类。为群众提供文艺宣传、健身活动、棋牌娱术、书画爱好等方面的服务。

第九，其他社会公益性服务类。

社区服务有助于营造社区和谐氛围，建设和谐社会，提高居民广泛参与程度，促进民主自治，打通居民诉求途径，维护社会稳定，并促进服务向专业化发展，加快改善民生的步伐。

【案例13-1】

豹 变 车 队

"若有战，召必回"……

有这样一群人，他们是父亲、母亲、儿子，他们是退伍军人、上班族、开店老板、国企员工，组成了一只走在前线的疫情志愿者车队——豹变车队。

这个车队是大家自发组建的一个志愿者车队，在疫情期间，大家都害怕病毒，你要说这些志愿者、医护人员不怕病毒吗？不可能，大家都害怕，但是总有人会站出来为我们守护这座城市，保护这座城，善待这里的人民，只为了让大家可以更加安心地相信我们会挺过去，会战胜过去。

车队中，唯一的一位女性是来自国企的一名员工，她今年已经50岁了，叫万彬。刚开始，因为大家的防护服都包裹得很严实，所以对于彼此还不够熟悉，平时也是通过听声音来辨别，偶然的一次机会在看到大家的驾驶证时才发现原来不是一位年轻人了。

在队伍中，她从来不会因为自己是位女性而去选择做轻松的活，不管是在什么时候，她总能第一个去抢着领任务，就算是危险系数较高的医院，也是争着抢先去，有人问她难道不害怕吗？她说："害怕啊，但是心中的大爱让我会更加勇往直前。"

在这次疫情中，她一次又一次地用女性的人格魅力，为抗疫阶段的车队增添了一份力量和温暖。她也是南京救援队的一名成员，后来恩施的抗洪抢险也是走在了第一线。

【点评】社区志愿者没有性别之分，从穿上防护服出门的那一刻开始，豹变车队的志愿者们就选择了不再柔弱，成为一群既可爱又勇敢的"热血青年"。因为心中有大爱，肩负着更加重要的责任，必须前行。

（四）个人劳动实践

个人劳动实践主要是指志愿服务活动是一种无须报酬，自愿奉献自己的时间和精力让别人从中得益的行为，同时也允许志愿者从志愿服务活动中受益。

（1）个人社会劳动的类型。主要为免费、无偿、普惠、公益性的服务活动，其类型可分为以下几种。

第一，帮助残疾人、老人、小孩、孕妇等特殊群体的个人社会劳动。

第二，为大自然和人类福祉而保护自然环境的个人社会劳动。

第三，在应对突发事件，如地震、疫情、洪水、车祸等，进行紧急救助的个人社会劳动。

第四，在党和政府的领导下，依靠社会力量，利用社会资源，强化社区功能，完善社区服务，促进社区政治、经济、文化、环境协调和健康发展，不断提高社区成员的生活水平和生活质量的个人社会劳动。

第五，在诸如奥运会、足球世界杯、世界乒乓球锦标赛等规模盛大的赛会中进行个人志愿服务的社会劳动。

（2）个人社会劳动的意义如下。

第一，提升自我价值。个人参与社会劳动的主要形式是志愿服务，志愿活动能帮助青年进一步了解社会并适应社会发展。此外，在活动中也会接触到不同的人和事，这些人和事给志愿者工作带来了挑战，同时也能提高青年志愿者的适应能力、应变能力及心理素质等。

第二，实现社会价值。我国青年志愿者在重大自然灾害或重大活动中提供了高水平、高标准的志愿服务，大幅增强了我国在国际志愿者服务界的影响。不仅如此，青年志愿者们还开展了宣传环保知识、清扫垃圾、植树造林等活动，起到了良好的模范带头作用，调动了群众保护环境的积极性。

【案例13-2】

您的美丽，我来"做主"

2020年2月24日，是农历传统的"二月二"，东城区团区委组织"金板寸"学雷锋志愿服务队的理发师志愿者来到北京和平里医院，为奋战在一线的医护人员免费"上门"服务。在严格按照防疫规定的指定场所内，理发师志愿者挥舞着手中的剪刀，细心为医务人员修剪头发。自疫情防控初期开始，医务人员日夜奋战，坚守一线，没时间理发，而理发师志愿者"上门"服务，让连日来无暇打理头发的医务人员瞬间精神了不少。

3月6日，东城团区委、东城区国资委组织北京天街集团旗下的四联美发开展"美丽天使抗疫情，义务理发暖人心"活动，理发师志愿者登门为北京中医医院准备驰援北京小汤山医院的50余名医护人员志愿理发。

本次志愿理发采取预约报名，分批、分时段进行，现场秩序井然，没有排队等候的情况出现。为做好此次志愿服务，四联美发选派了6位党员先锋志愿者，志愿者在工作前已做好个人防护，戴口罩、护目镜是工作标配，在有限的条件下，依然坚持对理发工具、毛巾等"一客一消毒"。

在理发师郝娜看来，医护人员一直奋战在防疫一线，能发挥所长帮她们做好后勤保障，也是为抗"疫"出一份力。郝娜在剪发时，特别注意帮医护人员剪得短一些、薄一些，方便他们穿防护服、戴护士帽。医护人员杨大夫在理完发后，戴上手术帽照了照镜子，说"头帘终于不挡眼睛了"，点赞理发师志愿者的"上门服务"很贴心。

【点评】"国家有你，你还有我"，在这场没有硝烟的战争中，志愿者们投身到专业保障、爱心捐赠等各类防疫抗疫志愿服务工作中。也许他们的工作微不足道，却依然坚守，有序参战，守好每一个"阵地"，为打赢疫情阻击战而奋斗！

三、不断提高个人社会实践的能力

（一）熟练使用相关工具的能力

这里的相关工具指的是如在帮助残疾人时，要学会使用轮椅、拐杖、助行器、手杖、助听器等。轮椅使用方法：把折叠的轮椅打开，拉住手刹；人坐上去后再把脚踏板放下来，切忌先放踏板，以免摔倒；系上安全带，放开手刹，即可开始行走；乘坐者下轮椅时，须先扳下手刹，然后收起脚踏板，待乘坐者双脚踩稳地面后松开安全带，乘坐者手握扶手或由护理人员搀扶站离轮椅；下坡时，轮椅要倒行；上坡时，正常推行；行驶中，越过低矮障碍物时，护理人员须先告知，让乘坐者双手抓握扶手，后背紧贴轮椅靠背，护理者双手握住把手套，同时用脚踩大架后面的脚踏板，使前轮抬起越过障碍物。

（二）突发事件处理的能力

在志愿服务中，难免有时会出现一些突发状况，如中暑，遇到休克者，突然停电，电梯遇险，遇到火灾，地铁遇险等。不论遇到哪种意外，作为志愿者，都应做到临危不乱，泰然处之。比如中暑，立即将患者转至阴凉通风处，平躺，松解衣扣；患者可饮用清凉降温饮料，如茶水、绿豆汤、冷盐开水等。症状严重者，切忌狂饮，采用少量多饮的方法，每次以不超过 300 毫升为宜；尽快进行物理降温，用凉水加少量酒精擦洗全身，头部可放置冰袋或湿毛巾，也可用电风扇向其吹风以加速散热；经过上述处理，如症状仍无改善时，须立即请医生或送医院治疗，以免延误病情。

（三）社会劳动的其他能力

在社会实践中，所需的能力是根据你服务的项目决定的。如参加海外服务，需要很强的外语能力；参加应急求助，需要具有相应的急救知识；参加社区建设，需要对整个社区有全面、客观的认识，具备较强的规划能力。社会实践类别很多，这就要求我们在日常生活中，不断学习，不断丰富自己。

【拓展阅读】

中国青年志愿者服务日，是每年的 3 月 5 日。共青团中央、中国青年志愿者协会下发通知，自 2000 年开始，把每年 3 月 5 日作为"中国青年志愿者服务日"，组织青年集中开展内容丰富、形式多样的志愿服务活动。中国青年志愿者服务的口号是爱心献社会，真情暖人间，倡导的精神是奉献、友爱、互助、进步。

中国青年志愿者标志

开展青年志愿者行动，就是要立足社会需求，在社会上倡导团结友爱、助人为乐、见义勇为、无私奉献的新风和正气，弘扬爱国主义、集体主义和社会主义精神，同时也使青年在服务社会、帮助他人的过程中树立适应社会主义市场经济发展要求的社会公德意识和责任、义务观念，提高自己的思想道德和科学文化素质。

目前中国志愿者约有 8000 万人，其中青年尤其是大学生占了大多数。十年来，中国各行各业的青年志愿者参加扶贫、教育、环保等社会公益活动已达 1 亿多人次，累计服务 45 亿多小时。每年暑假有近百万大中学生深入贫困、受灾地区进行短期服务。

越来越多的中老年人加入志愿者的行列。一些老教授、老学者成立老科技工作者协会，进行科普等志愿活动。很多志愿者长期在红十字会、特殊教育学校、公益基金会、公益热线、图书馆等不以营利为目的的社会服务机构任职。

【案例 13-3】

博物馆志愿者：赠人玫瑰，手有余香

志愿者并不是人们所认为的"工作人员短缺时的后备军"，而是"帮助博物馆进行文化推广的合作伙伴"。

2005 年，任丽琴成为首都博物馆的第一批志愿者，负责的是首都博物馆的民俗展厅，这非常适合她这位土生土长的老北京人。

任丽琴对讲解工作有自己的思考。她认为，既然是讲解老北京的民俗，就"不能像播音员那样发音"，而要用北京话来讲解展陈内容，但也要保证吐字清晰。此外，任丽琴还会将儿时的所见所闻和自己收集整理的各种老北京民俗故事分享给观众。"每次讲解的时候，观众都会围着我，一轮下来鞋子都踩脏了。"

和任丽琴不同，2013 年，65 岁的刘家琪是在自己大学老师的推荐下来到北京自然博物馆当志愿者的。生物专业毕业的她负责了"走近人体"和"人之由来"两个展厅，为观众提供专业性较强的讲解，随时答疑解惑。

在刘家琪看来，做志愿者是一种"互相学习"的过程，不仅观众通过志愿者的讲解获得了知识，志愿者也可以在工作中不断进步。

任丽琴说："热爱是最好的老师。正因为热爱，才让志愿者坚持不求回报地工作，也让志愿者对自己有更高的要求，不断提高自我。"

刘家琪将志愿者工作形容为："赠人玫瑰，手有余香。""观众允许我给他讲解，提供了我帮助他的可能，我在帮助他时，感到了快乐，感到了社会对自己的需求，也满足了自己的精神需求。"

【点评】作为一名志愿者，在助人的同时，也是自助。在使其他生命活出精彩的同时，志愿者也可以从中得到思想上的升华，学会与人沟通，学会关爱他人，也更深刻地领会到生命的意义。"因为爱，所以坚持"——他们都是平凡的人，来自各行各业，奉献和爱让他们成为志愿者。从完全不懂到如数家珍，哪怕距离再远也能风雨无阻地坚持下来，热爱是最好的老师。正是因为热爱，才让志愿者坚持不求回报地工作，也让志愿者对自己有更高的要求。一个人的价值，应是看他贡献了什么，而不是看他取得了什么。帮助别人，自己也快乐，这是志愿者的最高境界。

活动与训练

小小志愿者

利用周末组织社区内的中小学生参加公益活动，如发放社区的宣传资料，节约用水，无偿献血，参与爱绿护绿等活动。收集附近社区的情况资料，确定好活动的时间、地点、费用、主要内容，提前做好安排。实践结束后，可在校内进行相关宣传活动。

（1）活动目标：和谐社会需要我们共同努力。

（2）活动时间：提前做好方案设计，建议半天。

（3）活动流程：根据每组设计方案决定，活动结束提交过程性资料，教师点评。

探索与思考

查阅资料并整理你所在学校(系)近年来开展了哪些志愿服务活动，请列出清单。针对以上活动，你认为学校志愿服务活动还可以在哪些方面进行拓展？以小组为单位进行讨论，并提出你们的建议。

单元二　组织社会实践

名人名言

真正的领导力（组织者）有四个构成要素：智慧、灵魂、真心以及良好的心理状态。

——世界经济论坛创始人及执行主席克劳斯·施瓦布

学习目标

1. 在社会实践中培养组织管理能力。

2. 在社会实践中身心参与、手脑并用，不断激发创新创造能力。

3. 进一步强化劳动观念，弘扬劳动精神。

案例导入

以柔克刚　事半功倍

《明史》记载，有一次明武宗朱厚照南巡，提督江彬随行护驾。江彬素有谋反之心，他率领的将士，都是西北地区的壮汉，身材魁伟，虎背熊腰，力大如牛。兵部尚书乔宇看出他图谋不轨，从江南挑选了一百多个矮小精悍的武林高手随行。乔宇和江彬相约，让这批江南拳师与西北籍壮汉比武。江彬从京都南下，原本骄横跋扈，不可一世。但因手下与江南拳师较量，屡战屡败，气焰顿时消减，样子十分沮丧，蓄谋篡位的企图也打了折扣。乔宇所用的是"以柔克刚"的策略。

在管理中，这一招也是非常有用的。人的性格千奇百怪，这个世界上什么人都有，如果你是一个管理者，而你的团队里恰好就有一些不好管理的人，软硬不吃，你该怎么办呢？其实，以柔克刚就是一个很好的方法。任何人的不合作态度都是有原因的，或者是因为待遇太低，或者不公平，或者是工作量的分配不均，或者是在对成员的各项政策上有所误解，而这些都是与你这个做决策的管理者有关。也许你不是决策者，而只是个执行者，那你又应该怎么面对成员的这种不满情绪呢？也许有的人会说，不听指挥的我就辞掉他！这真的是最好的办法吗？

【分析】柔能制刚，弱能制强。在历史上有很多是以"柔道处世"治理国家，并且取得成功。如东汉光武帝刘秀，以柔克刚，以柔道处世，为最终统一天下起到了关键性的作用。所以组织（领导）者，应根据成员不同的性格，采取不同的处理方式及合理的分工与协作，营造舒适的劳动环境，而非一味地强制命令，这样更能激发成员的工作积极性与创造性，从而提高劳动生产率。

一、组织社会实践的重要意义

任何社会实践，是离不开组织领导者的。通过实践组织工作，对劳动过程进行合理的分工和安排资源，以及严密的协作，才能充分发挥每个劳动者的能力，完成个人和少数人难以完成的工作。合理地分工与协作，不仅能促进社会生产力水平的提高，而且也能调整生产关系使之适应生产力的发展。它对于提高劳动生产率，加快整个社会发展有很大的作用。

二、做称职高效的社会实践组织者

（一）调动劳动者的积极性

一个好的组织者，决定了整个劳动过程的成败，决定了团队的风气。虽然每个人都想成为一个好的组织者，但往往事与愿违。那么作为组织者，怎么做才能带动成员的积极性呢？

（1）劳动者的积极性。劳动者的积极性是指劳动者在生产劳动过程中发挥主观能动性的程度，包括劳动态度、劳动行为和劳动效果。劳动态度是劳动积极性的核心，决定着劳动行为的发生、发展及变化；劳动行为是劳动积极性的实体，能直接反映劳动者的内在动力以及这种动力的大小；劳动效果是衡量劳动积极性的宏观标志，如劳动（工作）效率的高低、产品（劳务）质量的好坏、劳动耗费的多少等。

（2）调动劳动者积极性的方法。要提高劳动者的积极性，必须实行精神鼓励和物质鼓励相结合的方针，以精神鼓励为主，物质鼓励为辅。精神鼓励的作用和物质鼓励的作用是相互补充、相辅相成的。

【案例13-4】

四块糖的故事

著名教育家陶行知在任校长时，有一次在校园里偶然看到王友同学用小石块砸别人，便当即制止了他，并令他放学后，到校长室谈话。

放学后，王友来到校长室准备挨骂。

可一见面，陶行知却掏出一块糖给他说："这奖给你，因为你按时到这里来，而我却迟到了。"王友犹豫着接过糖，陶行知又掏出一块糖放到他手里说："这块糖又是奖给你的，因为我教训你不要砸人时，你马上不砸了。"王友吃惊地瞪大眼睛，陶行知又掏出第三块糖给王友："我调查过了，你用小石块砸那个同学，是因为他不守游戏规则，欺负女同学。"王友立即感动地流着泪说自己不该砸同学。陶行知满意地笑了，掏出第四块糖，递过去说："为你正确认识自己错误，再奖励你一块！我的糖发完了。"

【点评】我们过去都说"管理出效益"。这两年，它被另一个更时髦的词代替，那就是"领导力"。领导力等同于影响力。陶先生这一经典故事，则向我们展示了领导力的精要是诱导。无论是管理还是领导，前提是承认我们针对的对象是"人"。因此，管理与领导就必须基于人性，正是这种基于人性需求而被诱导出来的、发自内心的认知，对他人的影响力才是十分巨大、持久、深远的。

（二）创造良好的劳动环境

（1）劳动环境。劳动环境指劳动者所在的劳动场所的外部环境条件，主要是指对劳动者身心健康产生影响的各种因素。劳动环境与劳动消耗量紧密相关。劳动环境不同,在相同时间内其他劳动因素不变,所需付出的劳动消耗量是不同的。简单地说,在较差的劳动环境条件下,就要付出更多的劳动。

(2)创造良好劳动环境的途径。为劳动者创造一个舒适安全且有效率的劳动环境,是劳动组织者的一项重要工作内容,主要途径包括以下几个方面。

第一,调整照明与色彩。工作环境中的采光一般有自然采光和人工照明两种形式。在设计照明时,应尽量利用自然光。通常照明亮度越高,看得越清楚。但如果亮度过高,又会造成眩目,一般以人眼观察物体舒适度为标准。

第二,降低噪声。噪声对人的听觉和其他器官都有严重危害。在劳动环境中控制噪声一般可采取如下办法:消除或减弱噪声源;用吸声或消声设备控制和防止噪声传播,如隔声罩、消声器、隔音墙等;采取个人防护措施,如佩带防噪耳塞等。

第三,控制温度和湿度。根据不同的作业性质和不同的季节气候,采取必要的措施。如夏季应采取降温措施,冬季应采取防寒保温措施。目前,我国常用的调节环境温度和湿度的设备有蒸汽和热水管空气加热器、电加热器、窗式和柜式空调机、蒸汽喷管、电加湿器、冷冻除湿机等。

(三)建立科学的劳动制度

(1)劳动制度。一般是指劳动合同制度。我国法律规定,用人单位与劳动者依法建立劳动关系,应该书面订立有固定期限、无固定期限或以完成规定工作为期限的劳动合同。在订立劳动合同过程中,劳动关系双方必须遵循平等自愿、协商一致的原则,明确劳动者与用人单位双方的权利和义务,保障劳动者择业自主权和用人单位的用人自主权。

(2)建立科学劳动制度的意义。建立科学的劳动合同制度可以促进劳动力资源的合理配置,增加劳动者的竞争意识和促进劳动者自身素质的提高,更有利于调动劳动者的积极性和创造性。因为用人单位在劳动者订立劳动合同时,便将有关劳动者利益的内容(如劳动报酬、劳动保护、劳动条件、其他福利待遇等),与本单位的经营状况紧密挂钩,使职工在上岗前就明确地知道企业与职工的关系,这也就增加了劳动者的主人翁意识和责任感。同时,劳动合同是有能力的劳动者实现劳动权利和履行劳动义务的一种重要的法律形式。劳动者与用人单位签订劳动合同后,就意味着劳动者自身应该享有的劳动权利和应该履行的劳动义务都被纳入了国家法律管理和保护的体系中,使得劳动者在尽职尽责履行义务的前提下,其合法权益能得到切实的保护。

三、参与社会组织劳动实践的必备技能

(一)领导能力

每一位组织者都必须具备领导能力,没有领导能力的组织者对于团队来说毫无意义。有领导能力的组织者能够得到成员的信任,能够激励成员努力投入劳动实践中,也能够带领团队解决各种各样的困难,发现问题,解决问题。

(二)管理能力

管理能力其实是指系统组织和管理技能、领导能力等的总称。如果两个专业能力

相当的人需要竞争某个岗位,那么管理能力强的人一定会被优先考虑。作为管理者,必须具备较强的管理能力。所谓的管理能力,并不是整天严肃地监督大家工作,也不是每天哄着员工工作,而是要讲究方式、方法的。

(三) 协调能力

在劳动实践中,一个人协调能力的大小会影响工作的进展程度。如果一个人不知道如何去协调工作,不懂得变通,则你的工作难以顺利开展,那么本人也不会得到认可。一个人有能力协调好大家的工作,懂得承上启下的作用,犹如一座桥梁,这样大家才愿意配合。

(四) 沟通能力

沟通是桥梁,是个人素质的重要体现,沟通能力跟个人的知识、能力和品德有很大的关系。要成为一名优秀的组织者,最基本的沟通是要尊重大家的想法,并做出正确的判断。

活动与训练

组建志愿者团队

一、活动目的

在课堂中以小组为单位组建设 8 人左右的志愿者团队,以小组成员推荐或个人自荐方式产生组织者 (队长),同时完成规定的内容。

二、活动时间

建议 40 分钟。

三、活动流程

(1) 自由组合划分小组,并推选出组长。

(2) 小组在规定的活动时间完成:志愿小组命名、组织成员分工及组织机构 (队员的分工)、将来发展的方向 (宏观规划)、口号、组织章程制度完善、支持组织发展的因素等内容。

(3) 以小组为单位进行陈述、展示。小组间可以相互提问。

(4) 教师进行分析、归纳与点评,并推选出最优秀小组。

探索与思考

1. 若你是一个团队的组织者 (领导人),谈谈你从哪几个方面入手进行团队建设与管理,结果以思维导图的形式呈现。

2. 结合班级实际情况,列出如何打造良好的班级环境。

单元三　参与问卷调查

名人名言

不明察,不能烛私。

——［春秋战国］ 韩非

学习目标

1. 问卷调查在社会实践中的意义。

2. 了解问卷调查表格式。

3. 能规范地开展问卷调查。

案例导入

产品质量问题维权调查问卷结果分析

2018 年 9 月 7 日至 10 月 31 日，我们在桂阳县政府门户网站开展了 2018 年我县对产品质量问题维权调查，此次问卷调查是为了了解我县居民对于产品的质量问题维权的关注度，产品的质量安全知识的普及以及对产品的质量问题维权相关工作的意见。

调查基本情况：调查问卷有 7 道单选题目。问题主要调查对产品的质量问题维权关注点、产品购买途径、关注途径及对产品的质量问题维权相关工作意见。本次调查活动有效投票次数 20 次。

调查结果与分析：绝大部分市民经常遇到产品质量问题，50% 以上市民认为主要出现质量问题的产品类型为食品类和电子产品类，商店超市出现质量问题的案例极少，但个体商户和网上购物出现质量问题的概率大，绝大部分市民是无法直观地甄别产品的瑕疵和问题的，遇到质量问题，大部分市民会选择与商家协商解决，也有小部分市民自认倒霉。

【分析】没有调查就没有发言权。通过本案例不难看出，做任何工作前都需要进行详细的调查，问卷调查是一种数据收集的手段，可通过调查了解不同人的想法，从而得到大而全的数据，便于后续统计处理与分析，得出问卷的具体数据，这对后续工作的开展具有较强的指导意义。

一、什么是问卷调查

问卷调查是以书面形式系统地记载调查内容的一种调查活动。问卷（也称调查表或询问表）可以是表格式、卡片式或笔记式。设计问卷，是进行调查的关键。理想的问卷必须具备两个功能：能将问题传达给被问的人；使被问者乐于回答。要完成这两个功能，进行问卷设计时应当遵循一定的原则和程序。问卷调查是一种标准化、书面性、间接性的问询方式，它需要有一套完整的运行程序作为实施规范。问卷调查包括设计调查问卷、选择调查对象、分发调查问卷、回收整理问卷等步骤。

（一）问卷的结构

问卷包括标题、卷首语、指导材料、问卷主体、致谢语等内容。

（1）标题。研究者应开宗明义确定一个题目，反映一个研究主题，以便增强填答者的兴趣和责任感。如"中国互联网发展状况及趋势调查"这个标题，把调查对象和调查的中心内容明确提出，十分鲜明。

（2）卷首语。卷首语是对问卷的一个简单介绍，是为了提高调查对象参与调查的积极性，使他们愿意如实填写问卷。卷首语应包括以下内容：

① 调查者的身份；

② 介绍调查的内容；

③ 介绍调查的目的；

④ 如果需要,请调查对象填写一些自身的背景资料,如性别、年龄等;

⑤ 说明调查对象是如何被选中的,即对象的选取方式;

⑥ 问卷将以何种方式、在什么时间被回收;

⑦ 向调查对象表示感谢。如果附赠礼物,应当加以说明。

举例如下。

同学们:

你们好！广播、电影、电视、书籍、报纸、杂志、网络等是我们获取信息的重要来源,我们通常把它们称作大众传播媒介。为了全面客观地了解同学们平时接触媒介的状况,听取大家对一些问题的看法和意见,更充分地发挥这些传播媒介的作用,我们组织了本次调查。你是从山东650多万中学生中用科学抽样的方法选出来的代表,你的认真填答,将有助于我们进一步开展中学生媒介接触状况的研究。

（3）指导材料。在卷首语之后,应当由一段材料来指导调查对象如何填写问卷。指导语应该简捷明了,用语明确而无歧义。

举例如下。

调查问卷中所列的每个备选答案都无所谓对和错,请在你认为合适的选项对应的方框中填上"√",或者在"其他"项后面的横线上填写你自己的想法。本次调查不记姓名,只作为我们研究的参考,我们会把所有问卷带走,并对您的回答进行严格保密。请您一定按要求回答每一个问题。感谢您对本次调查所给予的合作与支持。

（4）问卷主体。问题和答案是问卷的主体。这是研究主题的具体化,是问卷的核心内容。从回答形式上分,问题可以分为闭合式和开放式两种。从内容上看,可以分为事实性问题、意见性问题、断定性问题、假设性问题和敏感性问题等。闭合式问题由问卷提供答案选项,调查对象只能从中选择一个或几个作为答案。

开放式问题不提供答案选项,调查对象可以自由回答问题而没有任何限制。

开放式问题的答案往往能够出现出人意料的、更丰富的材料。但对其答案进行归类和统计比较麻烦,而且对调查对象的要求较高。另外,这种问题的回答费时费力,因而其有效性也会有所降低。

（5）致谢语。向调查对象表示感谢。

（二）问卷设计的原则

（1）有明确的主题。根据调查主题,从实际出发拟题。主题要目的明确,重点突出。

（2）结构合理、逻辑性强。问题的排列应有一定的逻辑顺序,符合填答者的思维程序。一般是先易后难,先简后繁,先具体后抽象,尽可能把调查对象容易拒绝回答的问题放在问卷的后面。

（3）通俗易懂。问卷中语气要亲切,符合填答者的理解能力和认识能力。应使问卷具有合理性和可答性,避免主观性和暗示性,以免答案失真。

（4）问题不脱离现实。不要做虚构想象式的提问;不要做主观诱导式的提问,不带倾向性;问题要简捷明了,不会引起调查对象的反感;不要使用调查对象记忆模糊的问题;在一个问项中不要出现询问性质相同的两个问题,也就是要避免双重提问。

（5）控制问卷的长度。回答问卷的时间控制在20分钟左右,问卷中既不浪费一个问句,也不遗漏一个问句。

（6）便于资料的校验、整理和统计。

（三）问题答案的设计

（1）填空式。如：您的年龄是＿＿＿岁。

（2）选择式。如：你的专业课平均成绩在班上属于：（在合适的答案号码上打√）

①上等 ②中上水平 ③中等水平 ④中下水平 ⑤下等

（3）矩阵式。如：您觉得您所在地的个体商店，下列现象情况如何？（请在每一行相应的方框内打√）

	很严重	比较严重	不太严重	不严重	不知道
①销售假货	□	□	□	□	□
②短斤少两	□	□	□	□	□
③以次充好	□	□	□	□	□
④偷税漏税	□	□	□	□	□

（4）表格式。如：您觉得您所在地的个体商店，下列现象情况如何？（请在相应方格中打√）

类别	程度				
	很严重	比较严重	不太严重	不严重	不知道
销售假货					
短斤少两					
以次充好					
偷税漏税					

（5）相倚式。如：您参加过医疗保险没有？

① 参加过。请问第一次投保是在＿＿＿年。

② 没有参加过。

（四）问卷的类型

（1）按问题答案分。可分为结构式、开放式、半结构式。

结构式：也称封闭式或闭口式。问卷的答案在问卷上早已确定，由答卷者认真选择一个答案并画上圈或打上打钩就可以了。

开放式：也称为开口式。这种问卷不设置固定的答案，让答卷者自由发挥。

半结构式：这种问卷介于结构式和开放式之间，问题的答案既有固定的、标准的，也有让答卷者自由发挥的。这类问卷在实际调查中运用广泛。

（2）按调查方式分。可分为自填式问卷和访问问卷。自填式问卷是由被访者自己填写的问卷；访问问卷是访问员通过拜访被采访者，由访问员填答的问卷。

（3）按问卷用途分。可分为甄别问卷、调查问卷和回访问卷（复核问卷）。

（五）问卷设计的技巧

（1）事实性问题。指代表客观事实的问题。

（2）意见性问题。指代表答卷者个人意见的问题。

（3）困窘性问题。指填答者不愿在调查员面前作答的某些问题，比如关于私人的问题，或不为一般社会道德所接纳的行为、态度，或有碍个人声誉的问题。

（六）问卷的要求

（1）能够为研究者提供决策所需要信息。任何问卷都要为管理决策者提供所需的信息，用这种工具收集到决策所需的数据。

（2）充分考虑填答者。问卷应该简洁、有趣，具有逻辑性，并且方式明确。

（3）能服务于许多管理者。必须完成所有的调研目标，以满足收集信息的需要；应以可以理解的语言和适当的智力水平与应答者沟通，并获得应答者的合作；对访问员来讲，它必须易于管理，方便地记录下应答者的回答；同时，还必须有利于方便快捷地编辑和检查完成的问卷，并容易进行编码和数据输入。

二、问卷调查的执行

执行问卷的时候也不是把问卷投放到线上或者到户外发散并收回就行，需要选定投放的样本、途径，还要考虑降低投放期间出现的一些偏差。

（一）确定调查样本和数量

根据调查的目标和前期的定性调查，确定调查样本的范围。

（二）尽量避免偏差

问卷里的偏差在所难免，以下偏差需要考虑在内。

抽样偏差：样本与目标受众偏差，例如，回答问卷的 90% 是女性用户。

不回复偏差：有一部分人总是忽视您的邀请。

时间偏差：邀请的人参与调研的时间会影响回答方式。例如，有人想知道是否可以送礼物给他/她父母，如果在父亲节或母亲节前，答案可能不一样。

持续性偏差：有些用户持续一周都在加班，没时间进行调查，可能会错过这一部分人。

自主选择偏差：有些人不想做问卷，或者随便填写问卷。

呈现性偏差：问卷的外观、长度、问题设置可能会让部分用户拒绝填写。

期望性偏差：用户填写问卷时发现与自身情况有一定偏差，因此拒绝填写问卷。

（三）选择适合的邀请方式

日常问卷的活动中可以考虑采取以下邀请用户的方式。

邀请链接（问卷星、微信公众号等）：优点是成本低，便于后期数据分析统计；缺点是可能存在较严重的自主选择性偏差。

电话、面对面和标准信函调查：优点是面对面可以了解调研对象更多的方面，更真实；缺点是数据分析花费时间更多。

三、问卷调查的特点

问卷调查能使研究者直接从答卷者那里获得资料,以统计个人的所知所闻、喜好、价值观等,也可以发现一些事实或经验等。问卷调查具有以下特点。

(1) 可以进行大规模的调查。

(2) 无论研究者是否参与了调查,都可以从问卷上了解被访者的基本态度与行为。这种方式是其他方法不易做到的。问卷调查还可以周期性地进行,而不受答卷者变更的影响。

(3) 问卷调查中问题的表达形式、提问的顺序、答案的方式都是固定的,而且是一种文字交流方式,因此,无论是研究者还是调查员,都不可能把主观想法加入调查研究结果之中,调查结果一般都能被量化统计出来。

(4) 问卷调查结果便于统计处理与分析。

(5) 问卷调查可以节省时间、经费和人力。

(6) 适当采用线上调查方式。线上问卷调查成本更低,能及时调整问卷设计上的不足,方便实施与调整。它能突破时空限制,在广大范围内对众多对象同时进行调查。现在越来越多的问卷采用电子版的形式,可以通过公众号、网站、E-mail 进行发布与回收。数据也可以直接使用数据库记录,方便筛选与分析。

(7) 借助统计分析软件进行数据分析。

【案例 13-5】

从一个案例说明如何做好市场开发的问卷调查

以下是一个案例的样本。

尊敬的先生/女士:

健身房为了开拓更好的课程并做好相应服务,特别设计了这份问卷,用于调查客户对健身房各种健身课程的需求和喜好,您只需在对应选项上打钩,并留下您的联系方式。本次调研采取不记名方式,您填写的所有信息我们都将保密。为了答谢您的参与,我们会给您一个小小的惊喜。

1. 您所在公司的规模(单选):

A. 10 人以下　　B. 10～50 人　　C. 50～100 人　　D. 100 人以上

2. 你公司所属行业:

A. 互联网　　　B. 教育　　　C. 金融　　　　D. 服务类　　E. 其他

3. 您在公司的职位(单选):

A. 一般职员　　B. 基层干部　　C. 中层　　　　D. 高层

4. 您用于健身的时间(单选):

A. 没空　　　　B. 每天 30 分钟　C. 每天 1 小时左右　D. 每周 4 小时左右

E. 每周 5 小时以上

5. 您最希望健身方式是:

A. 一对一私教　　B. 健身单车　　C. 跑步　　　D. 跳操　　　E. 游泳

6. 您希望的授课方式(单选):

A. 面对面大班　　　B. 线上打卡授课　　　C. 一对一小班

7．您对课程的安排希望在（单选）：

A．下班后　　　B．周六或者周日　　　　C．下班或者周末都可以　　　D．中午

8．您的性别（单选）：

A．男　　　　　B．女

9．您的年龄（单选）：

A．20 岁以下　B．20 ～ 30 岁　C．1 ～ 40 岁　D．41 ～ 50 岁　E．.50 岁以上

10．您的月收入：

A．3000 元以下　B．3000 ～ 5000 元　C．5000 ～ 8000 元　D．8000 元以上

11．您的联系方式：

非常感谢您的参与！

【点评】这份问卷看似简单，但遵循了心理学和统计学的一些原则。当我们在确定好调查问卷后，可以开始进行线下或者线上调研了。但一定要注意以下方面：选择合适的时间段，比如下班以后；调研者穿着要得体，真诚与被调研者交流，并准备一些适合的小礼物，鼓励被调研者认真填写问卷。问卷收集完后，完成所有问卷的数据分析与统计。

活动与训练

大学生问卷调查报告

一、活动目的

大学生是一个朝气蓬勃的群体。他们是具有劳动力的成年人，他们在精神和物质生活上都有各自的需求，有自己的想法，也有担当，很执着但也会很迷茫，不同的家庭背景决定了大学生不同的生活方式与生活态度，同时也带来了很多感情、心理方面的问题。

为了能更深入地了解本校大学生的生活状况，促进大一新生尽快适应大学生活，拟对本系（学院）大一学生进行问卷调查，并撰写调查报告。

二、活动时间

建议 1 周。

三、活动流程

（1）前期准备：以小组为单位，分工合作，了解新生基本情况，根据要求完成对问卷调查表的编写、问题设置，确定线上或线下方式进行问卷调查。

（2）实践过程：做好人员分工和时间安排。

（3）完成问卷收集。

（4）总结反思：调查员审核问卷内容，然后进行录入和整理，最后进行数据分析并撰写调查报告。

探索与思考

1．网上问卷调查平台有哪些？

2．问卷调查实施中应注意哪些问题？

模块十四　职场劳动实践

模块导读

本模块主要包括职业素养修炼、岗位适应、职业发展三个部分，引导学生认识职场劳动的重要意义，明确职业素养的内涵和基本要素，重视职业素养的培养与塑造，积极参加职场劳动实践，做好从学生到员工的角色转换，快速适应职场劳动与职场管理，尽职尽责做好本职工作；培育和提升职场发展力，为职业发展打好坚实基础。

单元一　职业素养修炼

角色转换与
职场适应

名人名言

热爱劳动吧，没有一种力量能像劳动，即集体、友爱、自由的劳动的力量那样使人成为伟大和聪明的人。

——[苏联]高尔基

学习目标

1. 掌握职业素养的内涵和要素。
2. 明确职场劳动实践和职业素养修炼对自身发展的重要意义。
3. 养成做好本职工作的敬业精神。

案例导入

工作不到三个月被辞退

某公司招聘了20名大学生。令人惊讶的是，不到3个月，该公司陆续辞退了其中19名本科生，仅留下1名高职生。

第一批被公司辞退的是2名来自某重点大学机械专业的"高才生"。他们在第一次与客户谈完生意后，将3万多元的设备遗忘在出租车上。面对经理的批评，他们说："对不起，我们刚毕业，不懂事，你多包涵。"两人因责任心不够及办事不到位而被辞退。

第三个被公司辞退的是一名本科毕业的女学生，喜欢睡懒觉，上班经常迟到，还在工作时间上网聊天、购物，经多次警告仍未改，被公司"开回家"。

另有3名大学生在与客户吃工作餐时大声喧闹、夸夸其谈，弄得客户连与公司领导交谈的时间都没有。席间，更有一名男生张嘴吐痰，惊得客户一下子从座位上站了起来。结果3人被要求"卷铺盖走人"。

……

最后被开除的是1名男生，他没有与对方谈妥业务就飞到南京，让公司白白花了几千元机票钱。

3个月下来,有19人因责任心不强,缺乏敬业意识,自身素质较差和道德修养不够等被公司陆续辞退。而唯一没有被辞退的"幸运儿"是一位高职生,她说:"我虽然没有很高的文凭,但细微之处见匠心。"她懂得作为公司的一员,自己的言行举止必须符合公司的正当利益,踏实勤奋,虚心好学,尽职尽责地工作,最终成为幸运儿。

【分析】职场问题对每一位职场人而言始终如影随形,刚毕业踏入社会的大学生,从学生向职业人转变的过程中,在身份、心态、角色、仪态、交往等方面都可能存在一些问题。此案例给大学生提了一下醒:在注重调整自己知识结构同时,也应该注重培养自己的道德情操与修养,学会为人、学会处事,努力提升自己的综合素质。

一、职场劳动实践的含义与意义

(一)职场劳动

(1)职场劳动的相关概念。要区别以下三个概念。

① 职业。职业是个人在社会中所从事的有稳定收入的工作,既是人们实现人生价值、为社会做贡献的舞台,也是人们谋生的手段,具有社会性、多样性、技术性和时代性等特征。社会分工是职业分类的依据,如工人、农民、警察、教师等。

② 职场。职场是指一切可以就职的场所,包括所有机关、企事业单位。根据职场主体提供的场所不同,职场可以分为机关、企业、事业、社团、个体等单位。

③ 职场劳动。职场劳动是指在职场进行的劳动,具体来说,是指职业人与用人单位通过签订劳动合同,而以用人单位的员工身份在用人单位提供的场所为用人单位工作,以获取劳动报酬的劳动。

(2)职场劳动的类别。

① 根据职场类型不同,可以分为机关工作、企业工作、事业单位工作、社会团体单位、中介单位工作和其他工作。

② 根据劳动的正式与否,可分为正式工作与非正式工作。

③ 根据是否有报酬,可分为义务劳动与非义务劳动。

④ 根据劳动的性质不同,可分为脑力劳动与体力劳动。

⑤ 根据劳动的岗位不同,可分为普通岗、技术岗、管理岗。

(二)职场劳动实践

(1)职场劳动实践的概念。职场劳动实践是学生以用人单位员工的身份参加用人单位工作的一定时期的实习或体验的一种劳动学习。一般是指学生毕业前的顶岗实习或顶岗劳动,此时的学生可称为准员工或实习员工,代替企业员工工作,有一定的劳动报酬,单位可以是企业、个体工商户、协会、中介机构、事业单位、政府机关等,一般以企业为主。

(2)职场劳动与其他劳动的区别。职场劳动与家庭劳动、学校劳动、社会劳动等劳动形式都是劳动,但有着本质的不同,突出体现在以下四个方面。

① 劳动的性质不同。职场劳动是就业性质的劳动,即从事生产经营、文秘办公等工作,具有一定正规性和约束性;家庭劳动、学校劳动、社会劳动一般都是义务性质的劳动,具有倡导性和自律性,而非正规性和非约束性。

② 组织管理的不同：职场劳动是有组织性的,主要从事生产、服务等,服务于用人单位和社会,要接受单位的管理与考核;家庭劳动服务于家庭或个人,属于个人管理;学校劳动服务于个人或学校,应将自我管理和学校管理相结合;社会劳动往往是临时的,主要服务于社会。

③ 劳动的结果不同。职场劳动是有劳动报酬的;家庭劳动、学校劳动是没有报酬的,是有责任的劳动;社会劳动一般是义务劳动,一般没有报酬。

④ 劳动的责任不同。职场劳动的责任很大,必须保质保量准时完成;家庭劳动、学校劳动、社会劳动一般是义务劳动,有责任,但责任要求并不严,主要是倡导性的,靠自觉完成。

【案例 14-1】

职场新人新鲜感后的烦恼

戴某等 6 名同学是同一学校同一班的学生,选择了一家要求加班、工资待遇较高的企业实习。工作前几天,他们对岗位、生产流程、产品工艺等充满兴趣,但他们的热情持续时间很短。一周过后,他们中间出现了很多不适和抱怨声,普遍认为工作单调,部分岗位劳动强度大,工作时间长,加班频率高,产线(车间)的管理太"霸道"等,要求换岗,甚至个别学生辞职不干,严重影响了学校和企业的管理秩序。

【点评】学校生活和职场生活是完全不同的。在学校,学生有大量的业余时间,有很多社团、比赛等丰富多彩的生活,没有劳动约束。在企业,员工大都从事基层劳动,劳动强度大,劳动时间长,其管理相比学校要严格得多。

(三)职场劳动实践的意义

职场劳动实践对学生的就业有着很大的促进作用,是他们正式就业前的演练,是成功就业的重要基础和条件,具有以下几个方面的意义。

(1)能使学生提前了解社会,增加社会阅历,积累工作经验。提前参加职场劳动实践能缩短毕业后适应社会的时间,在实践中学习体验,积累工作感觉和经验。

(2)能培养学生吃苦耐劳的精神,拓展学生的综合素质,成为"适应型"人才。学生可通过实践劳动磨炼意志,发展个性,锻炼能力,提高综合素养,勇于承担社会责任,以便更快地适应社会及融入社会。

(3)引导学生感受社会竞争,帮助学生树立市场意识,端正就业态度。通过实践劳动可真正了解社会,培养竞争意识和正确的工作态度,避免好高骛远、不切实际,真正做到量能定位和量力就业。

(4)能提高学生的认知能力,帮助学生树立正确的择业观,从而顺利就业。实践劳动可帮助学生认知自我、准确定位,在就业过程中适应就业市场要求,在短时间内找到适合自己的岗位,迈出走向社会的第一步。

(5)能锻炼学生的动手能力,培养学生的工作能力,这样学生步入社会正式就业,就能很快适应新的工作,逐步做到得心应手。

二、职业素养的基本要素

职业素养是人们在职业活动中长期形成的、比较稳定的道德、观念、行为和能力等内在综合品质的总称。个体行为的总和构成了自身的职业素养,职业素养是内涵,个体行为是外在表象。职业素养的基本要素包括职业道德、职业能力和职业意识。

(一)职业道德

道德是人们共同生活及其行为的准则和规范,参加职场劳动实践和工作,必须具备职业道德。职业道德是人在职业活动中应遵循的、体现一定职业特征的、调整一定职业关系的行为准则和规范的总称。职业道德是道德在职业中的具体体现,是一种内在的、非强制性的、依靠自觉遵守和舆论约束的行为规范,用来调整职业个人之间、个人与用人单位之间、职业与职业之间、职业与其他主体之间的关系。它通过公约、守则、舆论等加以规范,其基本要求是:爱岗敬业、诚实守信、公道正派、热情友善、敬业奉献。

(二)职业能力

能力是完成一项目标或者任务所体现出来的综合素质。职业能力是人们从事职业的多种能力的综合,是人将其所学的知识、技能和态度在特定的职业活动或情境中进行类化迁移与整合所形成的能完成一定职业任务的能力。职业能力分为一般职业能力、专业能力和综合能力。

(1)一般职业能力。指一般的学习能力、文字和语言运用能力、数学运用能力、空间判断能力、形体知觉能力、颜色分辨能力、手的灵巧度、手眼协调能力等。

(2)专业能力。指具备一定的专业知识和专业技能及其应用能力。因专业不同,有不同的内容和要求。职业院校学生应当具备适当的技能,这是学生的专业能力,也是参加职场劳动实践的基本条件。技能属于人的行为范畴,是运用自己已有的知识和能力去完成某一活动的行为方式,常体现为实际操作技术和技巧。

(3)综合能力。指组织活动、协调关系、分析与处理问题、干好工作等多种能力的综合体现,包括组织协调能力、分析能力、办事能力、方法能力、团队协调能力、人际关系能力、跨职业的能力等。

(三)职业意识

职业意识是人对特定职业的综合情感、理性认识和工作态度。它是最深层的制约职业人思考能力的思维,是支配和调控全部职业行为和职业活动的调节器,包括工作意识、行为意识、责任意识、竞争意识、安全意识、团队意识、规矩意识、奉献意识等。在职场劳动实践中,特别要做好心理准备,树立安全意识。

(1)心理准备。职场劳动实践与学校学习生活是完全不同的,学生参加职场劳动实践,首要的是做好充分的心理准备,否则,工作几天后可能就会打"退堂鼓",很难坚持到底。特别要从心理上克服以下一些消极因素,清除负能量的心理因素。

① 迷惘心理。心理上无所适从。

② 逃避心理。没有参加劳动的信心和勇气,从而尽量逃避。

③ 消极心理。不能正确认识和分析社会存在的不合理现象和消极因素，深感失望而消极抵触。

④ 经不起挫折的心理。遇到挫折就容易主观臆断，并走极端。

⑤ 自卑心理。家庭条件差、学习不好等产生的自卑和恐惧心理。

⑥ 自负心理。个别学生天生存在一种优势心理，如家庭条件好等，从而在心理上比较自负，处处看不惯，唯我独尊。

⑦ 攀比虚荣心理。个别学生在职场中，特别是就业之初，不根据自身实际盲目与他人比较，而产生的好面子、爱嫉妒、讲虚荣等心态。

（2）职业安全。职场劳动中充斥着各种安全问题，这些安全问题有的可以直接感受到，有的却是潜在的。安全无小事，需要提高劳动安全意识，做好劳动保护。

职业安全又称劳动安全，是劳动者在职业劳动中涉及人身安全、身体健康免受威胁与伤害的保障。广义的劳动安全包括人身安全、身体健康和财产损失，狭义的劳动安全主要是指劳动者的人身安全和身体健康问题。国家为了保障劳动者生命安全和身体健康，通过制定相应的法律和行政法规、规章规定进行劳动保护，要求生产者结合实际制定具体的劳动保护制度，采取有效措施保证劳动者的安全和健康。

劳动者在劳动中一定要掌握正确的方法，严格遵守操作规程和劳动纪律，文明劳动，安全劳动，时刻将安全记在心中。劳动之前，要认真听清劳动要求，掌握劳动要领，不懂就多问、多请教。劳动过程中，不要蛮干，应量力而行，否则身体会受到伤害；要合理操作，注意安全，懂得保护自己。同时，选择职场劳动实践方式，学生可以自己选择，也可以由学校统一组织。

【案例14-2】

违规操作酿悲剧

某合金公司精整车间副主任张某在经过清洗机时，发现挤水辊前面从清洗箱出来的一块板片倾斜卡住，张某在没有通知主操纵手停机的情况下，将戴手套的左手伸入挤水辊与清洗箱间的空隙（约350mm）调整倾斜的板片，由于挤水辊在高速旋转，将张某的左手带入旋转的挤水辊内，造成张某左手无名指、小指近关节粉碎性骨折，手掌大部分肌肉挤碎，最后将无名指、小指切掉。

【点评】这是一起由于违反安全操作规程而引起的事故，教训深刻。在工作中，一些人经常会因安全意识淡薄而出现习惯性违章操作，最终酿成悲剧。安全意识是时刻高悬在生产、生活中的一把利剑，必须牢记：安全第一。

三、职业追求与职业选择

（一）职业目标

人生需要有目标。有目标，生活才不盲目；有追求，生活才有动力。目标是对活动预期结果的主观设想，是在头脑中形成的一种主观意识形态，为活动指明方向。职业目标是指人在未来职业生涯过程中所要实现的预期价值，一般是在进行个人评估、环境评估和社会评估的基础上为自己设定，包括短期目标、中期目标、长期目标、人生目标。一般而言,首先根据个人的专业、性格、气质、价值观和社会发展趋势确定自己的人生目标和长期目标。然后把长期目标进行分化,根据个人的经历和所处的组织环境制订相应的中期目标和短期目标。

(二)职业需求

这里的职业需求主要是指职场中用人单位对招聘学生的基本条件和要求。在职场中,一些单位非常看重员工的职业素养与职业能力,需要学生在进入职场前就有所了解,进入职场后不断提高。

(1)用人单位非常注重员工的综合素质。特别关心员工的工作热情与责任感、职业道德与行为习惯、团队合作精神、沟通表达与人际关系、是否服从单位安排与执行力、压力情绪管理等。单位一般希望员工能够从基层做起,工作务实,肯吃苦,肯动脑筋,业绩突出。

(2)用人单位普遍看重员工的工作能力。主要包括快速适应与掌握新事物的能力,技能熟练程度,重复操作的准确度与耐心,独立工作与解决问题的能力,专业基础知识等。在同等条件下,用人单位更愿意招聘持有相应职业资格证书、职业等级证书的学生,更青睐"宽基础、一专多能、复合型应用型"的高技能人才。

(三)职业选择

职业选择是个人根据自己的职业目标结合社会需求对于自己期望从事职业的方向、种类所做的挑选和确定。一个人为了实现自己的职业理想,就要认真做好职业选择。职业选择至少需要做好三个方面的基础工作。

(1)了解自己。确定自己是谁,清楚自己喜欢干什么(兴趣),适合干什么(性格),能干什么(能力)。求职时,要充分考虑自己的兴趣、爱好、能力等与职位和用人单位的匹配度,瞄准适合自己的岗位去不懈努力。青年学生容易把自己放在很高的起点去观察周围环境,思考职业未来,甚至还想将来所从事的工作条件要比别人好一些,付出的劳动比别人少一些,拿的工资却要比别人高一些的。显然,这种失去"自我"的职业憧憬是"空中楼阁",是"水中月",是可望而不可即的。

(2)了解职业。弄清要你干什么。并非所有的职业都适合你,也并非你能胜任所有的职业岗位。每种职业都有与之相适应的职业能力要求。

(3)了解社会。主要是要了解社会需求量、竞争系数和职业发展趋势,了解社会的需求是成功择业就业的关键。

【案例 14-3】

千锤百炼　铸就成功

世界技能大赛是最高层级的世界性职业技能赛事,被誉为"世界技能奥林匹克"。2019 年 8 月第 45 届世界技能大赛在俄罗斯喀山举行,中国代表团在本次大赛中获得了 16 枚金牌、14 枚银牌、5 枚铜牌和 17 个优胜奖,再次荣登金牌榜、奖牌榜、团体总分第一。其中,黄山职业技术学院选手郑权斩获建筑石雕项目金牌,也是我国在这个项目上的第一块奖牌。

郑权生长于安徽农村普通家庭，因为喜爱雕刻与美术，2017年高中毕业时他选择了黄山职业技术学院雕刻艺术设计专业学习。入学之前，他没有任何雕刻经历。他学习刻苦认真，尤其是在专业实训中表现突出，从握刀、用锤、打坯基础学起，精雕细琢、千锤百炼，常常一天下来，郑权的手上就磨出了水泡，很快掌心也生出了老茧，手套记不清磨破了多少双……在9平方米大小的操作间里，每天跟两百斤左右的石块较劲，凭着不服输的劲头，郑权不断过关斩将，一路稳扎稳打，终于在世界技能大赛的舞台上脱颖而出，摘得桂冠。郑权说："如果不想被别人否定，就自己要更加努力。"

【点评】郑权同学在操作间日复一日地苦练，最终斩获世界技能大赛最高奖……无数年轻人，以不懈奋斗成就了出彩人生。在他们的人生中，"吃苦""拼搏""坚持"都是必不可少的关键词。年轻人只有目标明确，努力拼搏，坚定奉献，以行求知，以知促行，真正做到脚踏实地，知行合一，才能创造美好人生，实现伟大梦想。

活动与训练

职场角色和职业形象模拟

一、活动目标

通过模拟活动让学生理解体会角色转换、角色适应能力和职场形象的实际应用，加强对职场的认识和职业素养的培养，为适应职场劳动做好铺垫。

二、活动时间

建议30分钟。

三、活动流程

（1）教师提前准备好职业情景模拟的PPT或视频。例如，办公室面试，公司会见客户，职场新人的烦恼，商场售货员与顾客了发生矛盾找经理解决等情景。

（2）教师将所有参与者分成4个小组，以小组为单位进行角色扮演和展示。

（3）每个小组推选1人作为评委，组成学生评审团。

（4）每组选择一个主题场景，进行情景模拟展示，要求参与者扮演某一角色并进入角色情景，去处理各种事物和问题。

（5）表演完成后，评审团依据着装、礼仪、语言表达、行为举止、角色扮演度等给予打分和评价，并谈谈自己对问题的感悟。

（6）教师分析、点评、归纳和总结。引导学生提前做好进入职场的心理、素养等准备，准确进行职业选择和定位，增强抗挫折能力。并根据各小组在活动中的表现予以评分，评出最佳角色和形象扮演者。

探索与思考

1．简述职业素养的内涵及其基本要素。

2．学生参加职场劳动实践过程中,应克服哪些消极心理?

单元二 角色转换与岗位适应

名人名言

幸福存在于生活之中,而生活存在于劳动之中。

——[苏联]列夫·托尔斯泰

学习目标

1．了解如何加快角色转换并融入团队,熟知用人单位的规章制度。

2．学会如何适应新的工作。

3．建立良好的职业价值观,做好本职工作。

案例导入

频繁跳槽是否能达到目的

小宁是一个刚毕业的女大学生,她也像其他同学一样,在找工作的路上奔波。历经几次失败以后,迫于生计压力,不管自己是否喜欢或适合,一家私营企业同意招聘她,小宁知道找工作的不易,也就没再挑拣。干了几个月,小宁和同学联系,有的工资高、待遇好,有的在大企业,小宁感到自惭形秽,"跳槽"的想法由此而生。一次,企业老板找她谈一项工作,可能态度有点硬,小宁心里很不是滋味。那之后,小宁在工作中有意无意懈怠,老板几次找她谈,她答应着,回头仍是原样。于是老板开始不再重用她,没事的时候就不再分配给她工作,待遇自然也下降。小宁感到受了排挤,一气之下辞了工作,又踏上了重新找工作的历程,开启了频繁地换工作,换岗位,换行业的模式。先是到一个超市做销售工作,后来又嫌这个工作成天在外面奔波太辛苦,于是跳槽到某公司做办公室职员;在办公室又发现同事关系不好处理,她又想换工作。小宁感到很困惑,为什么跳槽总如水底捞月一样,好工作为什么总是可望而不可及呢?

【分析】面对越来越大的就业压力和择业难度,作为职场新人,最重要的是快速调整心态,转换角色,尽快适应职场生活,熟悉职场中的工作流程,不能盲目与他人比较,也不要因为一点点困难就想着换工作。频繁"跳槽"后,可能会发现工作并不如你当初设想的那么美好,甚至导致失业。

一、角色转换

学生进入职场劳动实践,必然面临着从学生角色到职业角色的转变。角色转换是否成功,对今后的职业生涯影响非常大,应该从一开始就做好充分准备。

(一)角色的差别

社会角色是个体在社会群体中被赋予的身份及该身份应发挥的功能。处于不同环境的时候,每个人的角色也是不同的。

（1）职业角色。它是指在某种职业上以特定的身份,依靠自身的知识和能力,按照一定的规范开展具体工作,行使一定职权,履行规定职责,完成本职工作任务,同时获取相应报酬的特定角色。职业角色的个性表现非常具体,在职场中千差万别。

（2）学生角色。学生是人生当中增长知识、发展智力、求学成才的关键阶段,经济上主要依靠家庭,根本任务是接受教育,储备知识,培养能力,努力使自己成长为社会的合格人才。

（3）两者区别。由于在校学习与职场工作的重大差别,职业角色与学生角色也就有着本质的不同。

① 承担任务不同。学生的任务是学习,在老师的帮助下完成学业;职业人的任务是工作,靠自己的能力去完成单位分配的任务,任务完成得好坏会影响自己以及单位的声誉、利益。

② 经济来源不同。学生主要是接受来自家庭的经济资助,经济上依赖性强;职业人主要依靠自己的劳动所得,经济独立。

③ 社会责任不同。学生的任务是学习好,一般不需要履行家庭责任和社会责任;职业人的任务不仅是工作好,还要履行家庭责任和一定的社会责任。

④ 角色规范不同。学校和职场都有一定的规章制度,在学校学生犯了错,比如迟到、旷课、挂科等,还可以通过自己的努力来补救;在职场,强调的是对工作结果的负责,一时疏忽便可能引起不可估量的损失,一个你认为很小的失误有可能导致你失去工作。

⑤ 身处环境不同。学校的环境单一,比如寝室、教室、食堂等;步入职场之后,面对的是紧张的生活节奏、忙碌的工作,有时还要加班加点,不同地域的工作还要承受不同的习俗,各方面的差异容易造成心理上的压力。

⑥ 人际关系不同。学生的人际关系比较单纯,无论是同学还是师生之间都不需要过多防备;职场当中,人们承担着比较复杂且微妙的人际关系,若处理不好,就可能陷入困境,成为职业生涯的绊脚石。

⑦ 生活方式不同。学生生活非常简单,大多住在寝室,在食堂用餐,有统一的作息规范,学生只需要按照规定执行;职业人必须按时上班,不能迟到早退,工作任务可能又急又重。

（二）角色转换技巧

角色转变几乎是每个职场新人都会面临的难题,许多学生不适应,容易出现对职场的恐惧、浮躁、过于天真或过于悲观等问题。为此,职场新人要尽快调适自我,做好职业角色转换的"五个转变"。

（1）从"情感导向"转向"职业导向"。学生进入职场后要按照职业操守行事,服从用人单位的安排;做好自己职责内的事,具有敬业精神;无论是升迁还是辞职都应善始善终。

（2）从"思维导向"转向"行为导向"。刚走出校园的大学生一般思维敏锐,但很多想法和说法都不太切合实际,到了岗位上眼高手低,不能真正帮助企业解决问题,但是企业最需要的是具有解决实际问题能力的人。所以,在工作中少说多干,变思想为行动,拿出解决问题的方案,想透,做到,才能做久。

（3）从"成长导向"转向"绩效导向"。学生时期的主要职责和任务是积累知识，而工作后从领到第一份工资的那一刻起，就要告诉自己精打细算，因为经济独立和承担家庭责任的时候到了。而更重要的是，企业需要能创造利润并帮助企业共同成长壮大的人。只有这样，自己才能和企业一起成长。

（4）从"个体导向"转向"团队导向"。一旦进入职场，就意味着'单打独斗'的日子基本结束，团结合作成为第一要义。学生时代，可能会为了保持好的成绩而不愿意和别人分享一个好的学习方法；进入企业后，只有学会与团队分享和合作，才能获得事半功倍的回报。

（5）从"兴趣导向"转向"责任导向"。这是进入社会后非常重要的角色转变，大多数学生比较明显的特点是凭兴趣做事，比较注重自我的感受；进入社会后，就必须学会承担责任，为家庭，为公司，为社会，也为国家。

【案例14-4】

直面"动力缺乏症"

吴某是刚毕业的女大学生，形象气质不错，成功应聘到一家待遇不错的公司。开始上班时，大家对她的印象都很好，但是没几天，她就开始迟到、早退，且下班时间一到，立即放下手中的工作，头也不回地离去，立刻消失，就算工作任务紧急没做完，也不例外。办公室领导曾几次向她指出问题，她总是找这样或那样的借口解释。她工作30多天，公司不得不把她辞退了。

【点评】 吴某被辞退是自己酿成的苦果，她组织纪律观念淡漠，对工作没热情，不专心做事，上班迟到，下班按时走人，懈怠工作，缺乏动力，角色转换不到位，最终只能被辞退。

二、岗位适应

任何人对新的环境都有一个适应过程，学生进入职场怎样尽快适应新环境呢？

（一）心理适应

俗话说，"良好的开端是成功的一半"。一般新人刚跨上职场总是从基层做起。首先要学会心理适应，学会适应艰苦、紧张而又有节奏的基层生活。不要用自己的习惯去改变环境，而要学会适应新的环境，努力克服对学生角色的依恋、观望、等待的依赖心理、消极退缩的自卑心理、苦闷压抑的孤独心理、见异思迁的浮躁心理等。

（二）生理适应

步入职场，原来的许多生活习惯需要改变。在学校的时候，上课迟到等行为也许不会带来什么严重的后果，但在工作期间，如果迟到旷工，耽误的是整个团队的业绩，随时有被开除的可能。如果工作失误，会造成重大的经济损失，没有挽回的机会。为了自己的职业前途、单位利益、社会发展，需要及时调整生活规律，加强自我管理，遵守职场的规则，快速适应职场生活。

（三）熟悉环境

工作开始，需要对单位的环境尽快了解与熟悉，做到心中有数。一是了解单位基本情况，通过各种途径收集用人单位信息，全面了解就业单位情况，包括发展现状、组织架构、岗位要求、薪资福利等，做到"知己知彼、百战不殆"。二是熟悉单位规章制度，如员工的礼仪规范、上下班时间、操作规程、请假制度、晋升制度等。三是清楚单位文化，迅速理解单位存在的价值和发展前景，适应单位发展的步伐，使自己尽快融入单位大家庭。

（四）熟悉岗位

入职后，需要尽快了解自己的岗位，干什么工作，有什么要求与规定等，要一一了然于胸。一是了解岗位，熟悉岗位的性质、要求、规定和具体工作的操作流程、规程、要点等，明确自己该扮演什么角色，该怎样去强化自己的工作。二是主动学习知识技能，在工作中，养成主动的、不断探索的、自我更新的、学以致用的和优化知识的良好习惯，同事、上级、客户、竞争对手都是老师。三是提高挫折耐受能力，要经得起打击和压力，有摆脱和排解困境的心理准备和能力。

【案例 14-5】

潜 心 技 能

小聂大学毕业进入一家公司，负责做部门每周业务汇报的文档制作。刚进公司时，都是做些打杂的活，老同事做好方案后，交给他做成PPT。但小聂勤奋好学，把自己置于学徒的心态，经过努力，PPT制作精美，自己掌握了分析数据及策划方案的技能。

他的进步越来越大，自己可以独立做一些策划方案了，但做出来的方案，他的部门经理都在总经理面前说是自己做的，小聂不免觉得很委屈，自己的功劳全被抢了，一切都是为他人作嫁衣裳。不过，后来他想明白了，自己的策划技能还不是很优秀，磨炼才是最重要的。于是，他不抱怨，沉下心来，不论上班时间还是下班后，主动请教他人和学习，打磨自己的策划技能，他更看重的是自己策划技能的不断提升。

【点评】职场新人初次踏入职场，是一个新的环境，要从心理、生理等方面做好调适，端正心态，勤奋好学，掌握岗位技能，尽快融入职场。

（五）适应管理

用人单位具体管理一般都通过班组对员工和现场进行管理，要加强对班组的理解和认识。班组属于团队的一种形式，是单位的基层组织，单位的文化、规章制度和精神风貌最终是通过班组这种团队贯彻到每个员工。员工要适应班组管理，特别要适应现场管理。5S现场管理是应用比较广泛的现场管理，也被称为"五常法则"或"五常法"。

5S是整理（seiri）、整顿（seiton）、清扫（seiso）、清洁（seiketsu）和素养（shitsuke）五个项目，简称为5S管理。后来，扩充了"安全（safety）"和"速度/节约（speed/saving）"两项，演变为"7S现场管理"。

1S（整理）：区分要与不要的物品，现场只保留必需的物品。

2S（整顿）：必需品依规定定位、定方法摆放整齐有序，明确标示。

3S（清扫）：清除现场内的脏污、清除作业区域的物料垃圾。

4S（清洁）：将整理、整顿、清扫实施的做法制度化、规范化，维持其成果。

5S（素养）：人人按章操作，依规行事，养成良好的习惯，使每个人都成为有教养的人。

6S（安全）：强调员工在前面 5S 活动的基础上，实现文明作业、安全作业的目标。

7S（速度／节约）：对时间、空间、能源等方面合理利用，发挥它们的最大效能，从而创造一个高效率的、物尽其用的工作场所。

【拓展阅读】

顶岗实习注意事项

顶岗实习是指学校按照专业培养目标要求和教学计划安排，组织在校学生到企（事）业等用人单位的实际工作岗位进行的实习。为圆满完成实习，应注意以下几个方面：

（1）树立乐观积极的心态。顶岗实习生有时候只看到企业光鲜亮丽的一面，往往对自己和实习企业期望过高，对基层工作的艰苦以及严格的企业规章制度缺乏充足的心理准备，在企业从事具体的一线工作，与自己的理想状态可能存在差距，所以，这时就更应该树立乐观积极的心态，从心理上适应顶岗实习才能更好地让自己从行动上去适应实习的环境。

（2）学会处理好人际关系。学生在企业实习的过程中，人际交往范围扩大，人际关系发生了一些变化，原来在学校很纯洁的师生和同学关系会增添一层同事关系、上下级关系、客我关系等，人际关系处理得当，会在工作中轻松并拥有好的心情。

（3）提升自己的能力和素质。现代企业比较注重员工的沟通能力，处理突发事件的能力，独立完成工作的能力。在实习期间，学生们应该有意识地锻炼这些能力，训练和提升服务技能，这也是在顶岗实习中比较重要的。

三、工作到位

（一）心态到位——用心做好每一件事

心态到位是指无论做什么工作，心态都要端正，要有做这个工作的思想准备。一个人的心态对他的行为具有指导性的或动力性的影响，拥有良好心态的员工工作效率会远远高于没有良好心态的员工。确保工作到位的 5 种心态

（1）责任心态：改"自己为重"为"工作为重"，工作绝不推诿抱怨，心中有了责任，"分外事"也是"分内事"，将工作"负责到底"。

（2）称职心态：改"一定努力"为"一定得力"，"努力"不够，"得力"才行。只有一流的挑战，才有一流的称职。

（3）主动心态：改"要我到位"为"我要到位"，充分认识到"主动到位"对自己发展的重要性，主动以"到位"的最高标准要求自己，绝不因他人不到位而降低自我的要求。

（4）专业心态：改"差不多"为"零缺陷"。要想工作"零缺陷"，多用"找错"放大镜；要想圆满，多想"万一"，向海尔的"绝不放过"精神学习。

（5）空杯心态：改"自大自满"为"时刻归零"。止步者难以胜利，胜利者决

不止步,只有彻底放得下,才会完全拿得起,把抱怨当作提升工具,把批评当作成长"补品"。

(二)行动到位——保证工作及时完成

行动到位即执行力到位。执行力,顾名思义就是指工作的落实程度,全力而迅速地执行任务。执行力到位就是指职场员工全心全意去执行上司的决定,对单位及领导布置的工作积极行动、不打折扣并完成得非常出色。一个人能否获得成功,关键看他的执行力。

三毛曾说:"等待和犹豫是这个世界上最无情的杀手。" 提高执行力,增添与别人抗衡的筹码,应做到以下几点。

(1)先计划再行动,多考虑应该做什么,少考虑能够做什么。真正的执行力,不是冲动的决定、草率行动,而是要求在做某件事之前,一定要计划好,考虑到做这件事的方法,用有限的时间考虑应该做什么事,而不是两眼一抹黑地乱做。

(2)做好时间管理,做自己的主人。工作要主动,及时行动,认真执行,切忌慵懒随性,确保工作及时完成,坚决抛弃拖延的恶习。

(3)想获得成功,就要把小事做细做透。生活中有很多人对小事不屑一顾,殊不知有时候一件小事可能会影响大局,所有的大事都是由无数件小事组成的,当你把小事做透的时候,大事自然也会做好。

(4)长久地坚持,确保最终成功。无论怎样,如果打算做一件事,就要付诸行动后努力去坚持。在遇到困难与挫折时不抱怨、不退缩,努力坚持下来,终究会取得想要的成功。

(三)责任到位——履职的基本要求

责任心是一种对工作认真负责的态度,责任到位就是每个人在职业岗位上应认真负责地履行好自己的职责和任务。工作就意味着责任,选择一个岗位就拥有了一份责任与使命,责任意识是衡量员工是否称职的核心内容。

(1)改"得过且过"为"尽职尽责"。"做一天和尚撞一天钟"是不少员工持有的一种工作态度,一旦哪个员工有了得过且过的心态,责任心将会离他而去。用不同的态度和责任对待工作,就会产生不同的结果,要想把工作做好,最重要的一点就是要具备责任心,对工作尽职尽责。

(2)改"缺乏工作激情"为"充满工作激情"。对工作充满激情的员工总是积极、认真、竭尽全力去完成任务,履行自身的职责。反之,缺乏工作激情的员工却会千方百计地逃避责任,将原本属于自身的事务推脱给他人。没有激情的员工是无法创造出良好绩效的。

(3)改"失败恐惧"为"勇敢面对"。许多人在面对一项任务时,首先想到的不是寻找完成任务、解决问题的方案和途径,而是想到一旦失败或出现问题之后造成的难堪和遭受的责罚,因此,他们想方设法将责任推给他人。对失败的恐惧使他们失去了敢于承担责任的勇气。记住:"工作就是责任、责任重于泰山!"责任能让一个人战胜懦弱,使人变得勇敢和坚强。责任到位是做一名合格职场人士的准则。

（四）方法到位——学会聪明地工作

方法一般是指为获得某种东西或达到某种目的而采取的手段与行为方式。方法到位是指一定要根据问题认真思考，主动找到解决问题的合适的方法和手段。正确的方法才能提高解决问题的效率，才能保证成功！

爱因斯坦曾经提出过一个公式：$W=X+Y+Z$。这里，W 代表成功；X 代表勤奋；Z 代表不浪费时间，少说废话；Y 代表方法。

（1）勇敢面对，不找借口，多找方法。在工作中遇到难题和障碍时，能直面问题，不抱怨，不逃避，不退缩，不推卸，不找理由和借口，下定决心找方法。

（2）乐于学习，勤于思考，积极进取。"人学始知道，不学非自然"，意思是人只有通过学习，才能掌握知识；如果不学习，知识不会从天上掉下来。在工作中要勤奋学习，加强知识储备，才能为解决问题提供依据和思路。

（3）转换角度，改变思维，开拓创新。当遇到困难和问题的时候，不要画地为牢，让困难锁住你的思考，而是要试着换一个角度或换一种思维去思考，发挥创造力，这样就可以化逆境为顺境，化问题为机遇，从而寻找到成功的钥匙。

（五）细节到位——细节决定成败

细节是指细小的环节、情节，或是与大局相关不大，但又不能忽视的、起关键作用的小事。细节到位是指工作中要把每一个细节执行到位。细节决定成败，执行是基础，细节是关键，是制胜的法宝。

（1）培养细节意识，养成注重细节的好习惯，提高善抓细节的能力。无论是初入职场的新人，还是工作多年的老员工，都要把重视细节、认真到位培养成一种习惯，一段时间之后一定会发现这种细节意识会让人受益匪浅，把工作推向极致。

（2）把每一个细节都做到位。认认真真、踏踏实实地做事，把每一个细节都落实到位，这是人生中既简单又深奥的哲理，也是每一个渴望事业辉煌的职场人所应该追求的品质。

（六）效果到位——最基本的工作标准

效果到位是指以高度负责、精益求精、倾心专注的工作态度，在规定的时间内把工作按照标准做完，并且达到预期的效果。职场定律：要想发展快，工作先到位，成效越好，发展机会越大。

（1）工作要落实。要做到有计划，有过程，有反馈，使上级能随时了解工作进度，避免工作失控。做好这些是工作能否到位的前提。

（2）用心去工作。用心，才会催生责任感。一个人是否用心，体现在工作的效果上，其结果完全两样。

（3）提升工作技能。熟练使用各种现代工具，工作中遇到困难时，千方百计想办法用智慧和技术、技能去解决问题和困难。良好的工作技能，不仅可以提升工作效率，而且可以改善工作品质。

（4）追求一流业绩。用心用情用力去工作，保质保量完成工作任务，创新良好业绩。

【案例 14-6】

<h3 style="text-align:center">从裁员名单中删除的小曾</h3>

某物流公司要裁员，名单公布了，有刚大学毕业到公司上班不到两年的行政部小王和小曾，规定一个月后离岗。那天，大伙看她俩都小心翼翼的，更不敢多说一句话。小王心里憋气，情绪很激动，什么也干不下去，一会儿找同事哭诉，一会儿找主任申冤，订盒饭，传送文件，收发信件等她应该干的活，全扔到一边，别人只好替她干。而小曾呢？她也哭了一个晚上，但难过归难过，离走还有一个月呢，工作总不能不做，于是她默默地打开计算机，拉开键盘，继续打印文稿或通知。同事们知道她要下岗，不好意思再找她打字了。她特地和大家打招呼，主动揽活。她说："是福不是祸，是祸躲不过，反正也就这样了，不如好好干完这一个月，以后想给你们干都没机会了。"于是，同事们又像从前一样，小曾还是随叫随到，坚守着她的岗位，坚守着她的职责。

一个月后，小王如期下岗，而小曾却被从裁员的名单中删除，留了下来。主任当众宣布了老总的话："小曾对待工作很有责任心，像小曾这样的员工公司永远也不会嫌多！"

【点评】小曾理性看待愤怒情绪，能有效控制好自己的不良情绪，特别是小曾的工作责任感让她保住了这份工作。单位最需要对工作认真负责，把工作做到位的员工。

活动与训练

<h3 style="text-align:center">体验企业的 7S 现场管理</h3>

一、活动目标

利用学校现有的教学实习实训车间，让学生体验企业的 7S 现场管理，熟悉企业的现场管理方法，充分领会职场劳动的意义和价值，养成良好的职业行为习惯。

二、活动时间

建议 50 分钟。

三、活动流程

（1）教师根据学生所学专业说明体验活动的具体场所（数控车间、汽修实训室、化学实验室等均可）和要求。

（2）将所有参与学生分成 7 个活动小组。正式体验前要求学生熟知企业 7S 现场管理的具体内容和要求。

（3）每个小组推选 1 人作为检查评委，并记录检查结果。

（4）每个小组开始正式体验。

（5）体验结束后，每个小组推选一人陈述本组的感悟感想，小组其他成员可以补充。学生检查评委点评，通过小组交流，将企业的 7S 现场管理弄清楚。

（6）教师进行归纳、分析、点评、总结，引导学生认真对待顶岗实习等职场劳动实践，养成良好的职业行为习惯，为顺利就业做好准备。

（7）教师根据各小组在活动中的表现，与组成的学生检查评委一起对每个小组评分。

探索与思考

1. 谈谈你所了解的学生角色与职业角色的差异在哪里。

2．工作到位是最基本的工作标准,工作到位具体体现在哪几个方面?

单元三　职业发展

名人名言

伟大的成绩和辛勤劳动是成正比例的,有一分劳动就有一分收获,日积月累,从少到多,奇迹就可以创造出来。

——鲁迅

学习目标

1．了解什么是职业发展。

2．明白影响职业发展的因素有哪些。

3．培养和提升自己的职业发展力。

案例导入

职场比拼力

小高和阿文是同一高职学校同专业的两名毕业生,阿文比小高先毕业三年,两人先后选择了同一家公司上班,干的都是销售工作。小高平时工作很努力,业绩连连创优,随着时间的推移,小高被破格提拔为销售部的副部长,阿文却原地踏步。

有一天,阿文实在想不通,向领导反映:觉得自己没有哪些地方比小高差,为什么小高可以升职加薪,而自己却不能升职。

总经理对阿文说:"我现在有件重要的事,有客户要来咱们公司考察,你联系一下。

阿文答应下来。

第二天,阿文给总经理汇报工作,只说客户下周来,设问哪天来、有几个人、乘坐什么交通工具。

接着总经理拿起电话,通知小高有一个客户要来公司考察,让他联系一下。

半个小时之后,小高走进了办公室,跟总经理进行汇报:"总经理,我已经跟客户联系好了,他们是乘坐下周三下午2点的飞机,大约4点到达。他们一行6人,由采购部的赵经理带队。我跟他们说了,我们公司会派人去机场接机。他们计划考察2天,具体行程等到了以后双方再作商定,为了方便工作,我建议把他们安排在公司附近的国际酒店,如果您同意,我明天提前预订房间。另外,下周天气预报有雨,我会随时跟他们保持联系,一旦情况有变,我会及时向您汇报。"

听到这里,阿文自愧不如地默默低下了头,总经理起身拍着阿文的肩膀,语重心长地送给了他几句话,阿文非常惭愧地走出了总经理的办公室,回到自己的工作岗位继续工作,总结自己的不足。两年后,阿文也被提拔重用。

【分析】 职业素养是职业发展的基本素质,良好的职业素养是职场新人快速成长的筹码。小高作为一个职场新人,因为具备了良好的职业素养,提升了他做事的能力,增强了职场发展力。职场发展力决定着一个人的职业发展和职业价值的实现。职场有时候比拼的不仅仅是做好专业技术,而会面对更多专业技术之外的挑战,应对这些挑战的综合能力越强,职业发展就越好。

一、职业发展的内涵及核心要素

(一)职业发展

职业发展是个人在职场中运用知识、技能、技术、能力和各种活动工具使自己职业向前推进,实现自己职业目标的过程。影响职业发展的因素很多,有内因,也有外因,两者相互作用,决定了一个人的职业发展成效。内因是主导,包括个体自身的心态、知识、技能、技术、能力、机遇、人品、勤奋、社会关系等,其中,机遇、能力、勤奋、人品是最重要的。从外因来说,家庭背景、社会环境、人际关系、单位前景等都是重要的影响因素。影响职业发展最核心的因素是职业发展力。

(二)职业发展力

职业发展力是个人在职场中或职业生涯过程中争取职业发展、实现社会价值和个人价值的能力。从重要程度与作用的大小不同,职业发展力可分为一般能力、特殊能力和核心能力。一般能力,通常是指在不同类型活动中都能表现出来的、顺利完成活动所必不可少的常见的共同能力,如记忆力、观察力、想象力、注意力、表达力、认知力、操作力等。特殊能力是指顺利完成专业活动所必备的专门能力,如汽车修造能力、驾驶能力、歌唱能力、绘画能力、模仿能力等。核心能力是指一个人所具有的、超越他人的、占有优势的核心竞争实力,在国外称为"关键能力",如创造力、组织力、管理力、领导力、执行力、系统思维能力、人际交往能力、团队合作能力、解决问题能力、信息处理能力、创新创业能力等。核心能力是每个人获取成功的有效能力,在激烈的社会竞争条件下,每个人都应该培养自己的核心能力,以取得职业发展的成功。

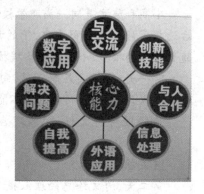

(三)职业发展力的影响因素

影响一个人职场发展力的因素很多,主要有先天素质、教育和培训、知识和技能、社会实践、勤奋等内在因素。

(1)先天素质。先天素质是一个人与生俱来的,不仅指遗传的因素,还包括在遗传素质的基础上发展起来的、已经打上胎内环境烙印的生理因素。它是能力发展的自然基础,离开这个物质基础就谈不上能力的发展,但它不是能力本身,不能成为决定性因素。

(2)教育和培训。教育和培训对于提高一个人的素质修养和职业发展力至关重要,是后天弥补先天不足的必然选择和关键渠道。教育是掌握知识和技能的具体途径和方法,不仅可以让学生掌握知识,学会技能,而且可以通过知识和技能的掌握达到能力的培养和提升。一个人离开学校,走上工作岗位后,在学校学习的知识和技能已经不够用,这就需要自学和培训。在现代社会,知识日新月异,培训非常必要。

(3)知识和技能。知识是人类从各个途径中获得的经过提升总结与凝练的系统认识。技能是通过学习、反复练习而获得的运用知识和经验执行一定活动及完成一定任务的能力。掌握一门专业技能是就业的根本,也是顺利就业的途径之一。能力的形成和提升是在掌握和运用知识与技能的过程中实现的。

(4)社会实践。广义的社会实践是人类认识世界及改造世界的各种活动的总和。狭义的社会实践是指学生假期实习或在校外实习。职场劳动实践就是社会实践的一种重要形式。没有社会实践就不可能有能力的提升,没有职场劳动就不可能有职业发展力的提升。不同的职场劳动,制约着职业发展的方向。

(5)勤奋。勤奋是成功的唯一途径。文学家说勤奋是打开文学殿堂之门的一把钥匙;科学家说勤奋能使人聪明;政治家说勤奋是实现理想的基石。要使职业发展力得到较快和较大增长,没有勤奋努力是根本不可能实现的。世界上最宝贵的除了良好的心理素质,还有一个东西,就是勤奋。必须长期坚持不懈、刻苦努力、顽强拼搏,才能培养和提升发展力,实现好的职业发展。

【案例 14-7】

增加职场通关筹码

周某大学期间成绩优良,性格外向,担任过校学生会副主席,寒暑假期间有过两次到企业劳动实践锻炼,毕业后成功应聘到一家知名企业从事销售工作。他勤奋好学,吃苦耐劳,积极上进,进入职场后坚持每天学习不少于 2 小时,还参加营销技能及与人沟通交流等方面的培训。因业绩优秀,他晋升很快。当上部门经理后,他开始加强领导力、企业管理等方面的学习与培训。无论是学习培训还是工作,他每天都会进行自我评估和反思,比如自己还有哪些不足和差距,如何缩小这些差距;在学习培训中学到了哪些知识,哪些内容可在自己的工作中使用。因有效学习和勤奋工作的相互融合与促进,提升了他的职场核心竞争力和发展力,他现已成为一家公司的总经理。

【点评】周经理刚开始参加工作时是一位普通销售人员,他勤奋好学,积极追求上进,加强学习积累,不断总结反思,注重把知识和方法有效转化应用,从而提高综合能力,最终促进自身职业发展。

二、职业发展力的自我检视

要提升职业发展力,首先要定期全面认真检视自己,明白自己有哪些优点,有哪些缺点和不足,然后再有的放矢地努力提升自己的发展力。

(一)兴趣爱好

兴趣是最好的老师。兴趣和爱好都和人的积极情感相联系,培养良好的兴趣爱好是推动人努力学习、积极工作的有效途径。兴趣爱好在很大程度决定着一个人对职业的态度,拥有兴趣爱好将增加人的工作满意度、职业稳定性和职业成就感。

(二)性格特点

性格表现了一个人对现实和周围世界的态度,主要体现在对自己、对别人、对事物的态度和所采取的言行上。不同的性格特点对未来选择学习的专业和从事的职业有一定的影响。好的性格特点,需要坚持并发扬光大;不好的性格特点,需要努力改变,如太沉闷的人不容易受到重用,这就需要逐渐改变沉闷性格。

【案例 14-8】

冷淡拒人于千里之外

高凌刚进公司时,大家都觉得她性格高傲,因为她平时不主动与人搭话,也不喜欢和同事们交流,即便有些同事主动和她搭讪,她也显得很冷淡。于是,大家对她的印象很不好,甚至有人说:"哼,不就是一个菜鸟吗,大学毕业有什么了不起,那么清高,摆什么臭架子呀!"大家都不喜欢和她交往。其实,高凌不是故意摆架子,只是不知道该如何去和同事相处。再加上她本来就很矜持,刚进入一个陌生环境,她处处小心,生怕一不小心得罪了别人。谁知,她的小心反而拉开了她和同事们之间的距离,让她不知如何是好。

【点评】 矜持点儿固然没什么不好,但如果矜持得过了头,会让别人觉得你难以接近,你就会轻易被排除在交际之外。进入职场,你需要保持谦虚、乐观、开朗的性格,经常主动与人打招呼,主动与人沟通交流,你的朋友就会很多。

(三)天赋与特长

天赋即天分,是成长之前就已经具备的成长特性,是在某些事物或领域具备天生擅长的能力,而且有它的独一性、特殊性和不可逆性。特长,即特别的长处,是指特别擅长的专门的技艺或兴趣、研究领域。如某人嗓音很好,这不是特长,而是自然能力或天赋。但如果他或她唱歌字正腔圆,除了职业歌手,一般人比不上,这就是特长。你需要了解自己有没有天赋和特长。在今后的职场中如何应用、发挥好自己的天赋和特长?若没有特长,应如何培养自己的特长?

(四)自身实力

自身实力包括掌握的知识、技能、能力和执行力等。可从以下方面考虑。自己掌握了哪些知识,还有哪些不足?掌握了什么样的技能,适合什么工作?自己有什么能力,能够干成什么事?自己的核心竞争力在哪里,哪些方面比别人强?如果知识缺乏,就要努力刻苦学习。如果技能掌握还不熟练、牢靠,就要想办法去学习、去巩固。如果还没有能力,就要努力去参加活动与实践,多锻炼自己,努力培养和提升能力。同时,你的执行力也是一种重要的能力。行动力、执行力是决定你在职场中发展的关键所在,如果你的行动力很强,你的执行力很强,领导交代你什么任务都能快速完成,你在职场中就会慢慢得到领导的赏识,就会有很好的职业发展。

(五)价值取向

价值取向是指一个人基于自己的价值观在面对或处理各种矛盾、冲突、关系时所持的基本价值立场、价值态度以及所表现出来的基本信念。诺贝尔经济学奖获得者、著名心理学家西蒙认为:决策判断有两种前提,即价值前提和事实前提。这说明价值取向的重要性。你的价值取向是什么,需要明确和完善。正确的价值取向,在实践中坚持、完善、发扬;不正确的价值取向,需要改变,逐渐回归到正确的价值取向上来。正确的价值取向将决定你的职业成功与一生的幸福。

（六）工作态度

态度决定了一个人的努力程度,能力决定其上升空间。态度积极,工作就更主动、充满激情;态度好,说明人谦虚,有一定修养,会与同事相处融洽;态度表现出来就是进取心与责任心。进取心是事业成功的心理基石,能使个体具有的目标性更强,更能使人认真持久地工作。责任心强的人容易事业成功,因为他经常能够审时度势的选择适度的目标,并且持久、自信地追求目标。

三、职业发展力的提升路径

个人在职场劳动的重要价值就是职场发展力的提升和职业价值的实现。如何提升职业发展力,需要结合职场劳动,积极主动从学习力、沟通力、技能、远见和口碑等方面努力提升自己的发展力,为未来发展和价值实现打下良好基础。

（一）准确定位

准确定位是一个人提升发展力的前提。职业定位就是清晰地明确一个人在职业上的发展方向,这是人在整个职业生涯发展历程中的战略性问题,也是根本性问题。从长远上看,是一个人找准自己的职业目标和职业类别;就阶段而言,是明确在职场中自己应该处于什么样的位置,实现什么样的目的。

（二）实践劳动

实践出真知,劳动磨炼意志。理论联系实际是中国共产党的优良传统和作风,教育与生产劳动、社会实践相结合是我国教育的基本方针和重要内容,理论教育和实践教育相结合是学校教育的重要原则和基本方法。实践劳动的方式很多,如社会劳动、学校劳动、家庭劳动、职场劳动等。实践劳动是学生体验现实生活,锻炼自己的社交和自主能力,激发自己潜力的重要途径。如打工有利于锻炼忍耐力,训练自立性,锤炼体力;志愿服务有利于激发爱心与奉献社会的热情等。

（三）高效学习

竞争力本质就是学习力。学习力是把知识资源转化为知识资本的能力,是一个人或一个企业、一个组织学习的动力、毅力和能力的综合体现。人与人之间的竞争,实际上就是学习力的竞争,不是比谁跑得快,而是看谁学习得快,学习得好。一要有学习的意志力,二要善于学习,三要广泛学习,四要重点学习,五要学以致用。学习是职业发展力的动力源泉,学习力是提升职业发展力的根本保证。俗话说,是金子到哪里都会发光,但首先你必须得把自己打磨成金子。

（四）对外交流

积极友善的对外交流是建立良好人际关系,拓展优质人脉关系的重要途径,良好的人脉关系是走向成功的重要条件,是提升职业发展力的有效渠道。进入职场以后,要积极主动地去与同事、领导、客户、同学、朋友等沟通与交流,建立良好的职场人际关系。同时,必须做到"五点不能要":一是切忌多疑,二是切忌虚伪,三是对人不能冷淡,四是不能封闭自己,五是不能以自我为中心。只有这样,才能获得好的人际关系。从主观上,良好人脉关系的互用,可以成就一个人的事业,使其步步高升;客观上,良好人脉关系的互用能使一个人有更为健康的职业心态。

(五)提升技能

技能是无止境的,高水平技能是职业院校学生的核心发展力和竞争优势。一是要根据自己的职业方向、职业目标和当前工作、社会需求等,确定自己需要发展什么技能;二是在工作中,要下决心用心去抓住机会、创造机会,持续磨炼技能,要有当学徒的态度和毅力,虚心学习,多在实践中应用、打磨、训练、提升,磨炼出自己独当一面的技能;三是要有韧劲和意志力,培育高水平的技能,努力培养工匠精神、成为高水平的"工匠"。

(六)突出优势

除了技能外,还要努力培育自己的优势和特长。一个人没有优势和特长,很难出人头地,很难得到别人的欣赏和领导的青睐。首先,要发现自己的优势和特长,每个人身上都有一个闪光点,我们需要做的就是发现自己的优势之处、自己的特长在哪里。其次,用心培育优势与特长,爱迪生说过:"天才是百分之九十九的汗水加上百分之一的灵感。"优势与特长不一定是天生的,而是可以后天培养的,绝大多数人是因为对喜欢的工作投入了大量的精力,而勤奋、坚持不懈的精神就可看作他的优势之处。最后,要突出发挥优势与特长,优势与特长发挥得越好,越能表现自己的能力,越能增强自信,同时也能进一步提升自己的优势和特长。

(七)树立形象

职业形象是社会公众对职业人的感受和评价,职业人从事职业活动时的形象就是职业形象。一个职业人的职业形象是公众对他的着装、气质、言谈、举止能力、敬业精神、乐观自信等外在形象和内在涵养的综合印象。口碑是别人对你的职业形象的外在评价。职场个人口碑,不仅需要平时谦虚好学,还需要多实践,保持谦虚谨慎、诚恳待人、乐于助人、工作务实、兢兢业业、任劳任怨。良好的形象和口碑使你容易得到别人的支持和帮助,有助于你事业的成功。

(八)眼光独到

有一些人在用人单位工作了较长时间,工作能力也不错,领导也比较认可,但是,为什么他们的发展非常一般,甚至好多年都没有得到晋升?主要是因为他们没有长远性,平时将主要时间和想法都放在一些鸡毛蒜皮的小事上面,没有真正站在单位长远发展的角度看,没有去了解到底自己未来应该朝着哪个方向走,应该怎么做才能跟单位未来发展方向处于同步状态,格局太小。无论做一件什么事,哪怕是非常简单的事,都要讲究眼光和策略,因为它是通向成功的捷径,并能取得事半功倍的效果,只有这样,才能"运筹帷幄之间,决胜于千里之外"。

【案例14-9】

董明珠的成功人生

董明珠,现任格力电器董事长兼总裁,世界十大最具影响力的华人女企业家,全球商界女强人 50 强,全球 100 位最佳 CEO。

董明珠 36 岁从基层业务员做起,用 15 年时间,升任格力集团 CEO。她用自己的坚韧和执着走出了让人无不佩服的职场传奇。

一场意外改变了她的人生轨迹。董明珠 30 岁那年,丈夫生了一场大病,很快去世了,留下一个 2 岁的孩子。她既要养家,又要还欠的医药费,负担沉重。1990 年,在她 36 岁、孩子 8 岁那年,董明珠做了人生中最重要一个决定:辞掉了在南京一家化工研究所的行政管理工作,把儿子托付给家人,去南方打工。她的这个决定,开启了她的战斗人生。

董明珠来到了深圳,但这座城市并没有给她带来希望。她又去了珠海,应聘到海利电器做推销员。这时候海利还是一个小厂品牌,在市面没什么知名度;空调也是奢侈品,一般家庭还用不起。厂里安排一个老手带她熟悉业务,人家下车间,她就下车间;人家见客户,她也见客户。人家走到哪,她就跟到哪。用她自己的话说就是"管不了他烦不烦"。

1991 年她跟"师傅"学艺,两人做了 300 万元销售额;1992 年,她一个人做了 800 万元销售额,占公司总销售额的 1/8;1993 年她一个人做了近 5000 万元销售额,在冬天热卖空调。

业绩取得的背后是她忍受的酸楚努力攻关和辛勤付出,出差时把骨头摔裂了,而且总是被经销商拒绝,终于成交一单时就感动得两眼潮湿,不停地说谢谢。

之后,董明珠被调到安徽,前一任销售留下了 42 万元的烂账,但她不气馁,不断总结摸索和开创了许多独具魅力的营销策略,一年的销售额达到 1600 万元;而同事负责相邻的江苏省,一年才完成 300 多万元。公司老总特意过来视察,又把江苏的业务给她,从此董明珠出名了。再后来,董明珠被调任为经营部长。从此开始,董明珠告别了平民身份,在通往 CEO 的升职路上一路狂奔。

【点评】一个人的职业发展受内外多种因素影响。从董明珠身上可以看出,一个人对职场要有非常清晰的认知,有良好的心态和品德,应努力提升沟通交流、解决问题、自我学习、勇于创新等核心能力。在职场打拼要学会做人,尽职尽力在自己的岗位上做得最好,你就会受到别人的尊重,职业发展力就会提升,人生价值才能实现。

活动与训练

优秀毕业生访谈汇报会

一、活动目标

通过访谈,充分了解职业与职业的关系,学会分析一个职业及所需要的职业素养,能结合自身实际准确地进行职业定位,积极参加职场劳动实践,掌握职业素质提升的方向和方法,增强职场竞争力。

二、活动时间

访谈准备和访谈时间为两周,访谈成果汇报时间为 20 分钟。

三、活动流程

(1) 准备工作。

① 教师向学生说明访谈的目的和要求。

② 根据班级人数划分成 4 个小组,并选出小组长。

③ 以小组为单位,充分调动自身资源或联系学校推荐,确定 3 ~ 4 位本专业优秀毕业生作为访谈对象,做好访谈的前期准备,具体包括充分查阅受访人所在企业的行业、企业背景资料,以及受访人个人职业生涯发展资料;提前确定访谈的时间、地点和方式。

④ 访谈前自行拟定好访谈提纲给老师审阅,建议围绕受访人的职业发展、职场感悟以及对在校生的学习和素养培养等提出建议。

(2)实施访谈。按照事先约定好的时间、地点与受访人进行交谈(也可网上进行),参考拟定好的访谈提纲进行深入交流并做好记录。

(3)访谈结束后,每个小组整理访谈资料并进行总结,形成一份访谈报告并制作成 PPT。

(4)展示访谈成果。小组成员一起上台并推选一人陈述本组访谈报告,其他组同学可以对其提问。

(5)教师进行归纳、分析、总结,引导学生在校勤奋学习,积极参加实习实践,增强职业素养,提升综合能力,并根据各小组在活动中的表现予以评分,评出最佳访谈小组。

探索与思考

1. 简述职业发展力的内涵和影响因素。

2. 结合实际,谈谈你打算从哪些方面提升自己的职业发展力,并给出具体措施。

参 考 文 献

[1] 中共中央马克思恩格斯列宁斯大林著作编译局 . 马克思恩格斯选集 [M].4 卷 . 北京：人民出版社，1995.

[2] 中共中央马克思恩格斯列宁斯大林著作编译局 . 马克思恩格斯全集 [M].30 卷 . 北京：人民出版社，1995.

[3] 中共中央文献编辑委员会 . 邓小平文选 [M].3 卷 . 北京：人民出版社，1993.

[4] 徐祥华 . 综合职业素养教程 [M]. 北京：中国劳动社会保障出版社，2019.

[5] 李屹之 . 把工作做到位 [M]. 武汉：武汉出版社，2013.

[6] 陈斯毅 . 职业素质教育 [M]. 北京：北京师范大学出版社，2020.

[7] 张桂琴 . 传统文化中的创新精神与构建和谐社会的意义 [J]. 内蒙古煤炭经济，2010 (2).

[8] 查建友 . 中国传统文化观念与创新精神 [J]. 中共合肥市委党校学报，2019(3).

[9] 哈伯德 . 把信送给加西亚 [M]. 路大虎，译 . 杭州：浙江人民出版社，2015.

[10] 王霁 . 中华传统文化 [M].2 版 . 北京：清华大学出版社，2021.

[11] 习近平 . 在庆祝"五一"国际劳动节暨表彰全国劳动模范和先进工作者大会上的讲话 [N]. 人民日报，2015-04-29.

[12] 汪世清 . 对劳动的几点认识 [J]. 高校理论战线，2003（6）.

[13] 屈世尚 . 浅析劳动与人的本质 [J]. 内江科技，2008（2）.

[14] 曾国江 . 一种新型的社会主义劳动观 [J]. 湖北社会科学，2004（4）.

[15] 栾青 . 马克思主义劳动观的当代价值 [J]. 社会科学前沿，2018（7）.

[16] 陈满 . 马克思劳动概念及其当代视域研究 [J]. 郑州航空工业管理学院学报：社会科学版，2016（10）.

[17] 王亚茹 . 探析大学校园班级文化建设 [J]. 知识经济，2018（15）.

[18] 曾天山 . 我国劳动教育的前世今生 [N]. 人民政协报 .2019-05-08.

[19] 百度文库 .2020 抗疫十大人物 [EB/OL].[2021-05-30].https://wenku.baidu.com/view/1e5ac58524c52cc58bd63186bceb19e8b9f6ec45.html.

[20] 中国新闻网 . 逾三十载黎明出发，风雨坚守点亮万家 [EB/OL].[2018-05-23]. http://www.chinanews.com/sh/2018-05-23/8520952.shtml.

[21] 中国社会科学网 . 数字信息时代的数字劳动及其实质 [EB/OL].[2018-02-18].http://ex.cssn.cn/index/index_focus/201802/t20180218_3852492.shtml.

[22] 新华网 ."平语近人"——习近平的劳动观 [EB/OL].[2017-05-01].http://www.xinhuanet.com/politics/2017-05/01/c_1120892090.htm.

[23] 人民网 . 肉孜买买提·巴克——这个采油工，厉害 [EB/OL].[2016-11-29].http://dangjian.people.com.cn/n1/2016/1129/c117092-28905355.html.

[24] 中国政府网 . 就业结构性矛盾如何破解 [EB/OL].[2019-02-03].http://www.gov.cn/zhengce/2019-02/03/content_5363549.htm.

[25] 中外人民共和国教育部 .2020 届高校毕业生就业形势观察 [EB/OL].[2020-09-29].http://

www.moe.gov.cn/fbh/live/2020/52511/mtbd/202009/t20200929_492339.html.

[26] 人民网．深化劳动分工，推进科技创新 [EB/OL].[2016-11-10]. http://opinion.people.com.cn/n1/2016/1110/c1003-28848987.html?from=timeline&isappinstalled=0.

[27] 新华网．新形态的就业也是"正式就业" [EB/OL].[2018-04-24].http://www.xinhuanet.com/politics/2018-04-24/c_1122730266.htm.

[28] 新华网．新职业是时代发展的一面镜子 [EB/OL].[2020-07-07].http://www.xinhuanet.com/comments/2020-07/07/c_1126204518.htm.

[29] 中国政府网．切实实现好维护好发展好劳动者合法权益——论学习贯彻习近平总书记在全国劳动模范和先进工作者表彰大会上重要讲话 [EB/OL].[2020-11-29].http://www.gov.cn/xinwen/2020-11/29/content_5565769.htm.

[30] 新华网．江西省扩大失业保险保障范围 [EB/OL].[2020-07-05].http://www.jx.xinhuanet.com/2020/07/05/c_1126197559.htm.

[31] 新华网．"五一"国际劳动节的起源及其意义 [EB/OL].[2020-07-05].http://www.xinhuanet.com/world/2014-05/02/c_1110504639.htm.

[32] 江苏信息．江苏信息职业技术学院：陈诗蓉同学获 2019 年"江苏省大学生年度人物"奖 [EB/OL].[2020-11-17].http://www.wxjy.com.cn/Item/231092.aspx.

[33] 陈颖．2019 江苏省大学生年度人物提名人选——江苏信息职业技术学院陈诗蓉 [EB/OL].[2021-05-16].https://www.360kuai.com/pc/993967064e77f3956?cota=4 &kuai_so=1&tj_url=so_rec&sign=360_57c3bbd1&refer_scene=so_1.

[34] 尤炼．江苏南通"95 后"青年曹通：筑梦"盆"然心动 传承"景"上添花 [EB/OL].[2021-02-24].https://www.xuexi.cn/lgpage/detail/index.html?id=3648826307386083211&item_id=3648826307386083211.

[35] 严冰，柴雅欣，侯颗．"耶鲁"村干部秦玥飞 [EB/OL].[2018-07-12].http://edu.people.com.cn/GB/n1/2018/0712/c1053-30142941.html.

[36] 王佶敏．浙江选手勇夺第 45 届世界技能大赛美发项目金牌 [EB/OL].[2019-08-28].https://town.zjol.com.cn/gun/201908/t20190828_10899713.shtml?from=groupmessage.

[37] 胡晓军，孔爱民．做好稻田里的大学问 南昌大学有个"稻渔工程"团队 [EB/OL].[2020-06-08].https://www.xuexi.cn/lgpage/detail/index.html?id=13154208700305986167&item_id=13154208700305986167.

[38] 曹福俊．甘肃金塔王文：羊产业托起致富梦 [EB/OL].[2021-03-18].https://www.xuexi.cn/lgpage/detail/index.html?id=10009227728870207029&item_id=10009227728870207029.

[39] 邵祥理．援疆干部邵祥理写给 18 岁儿子的家书：聊聊男子汉的话题 [EB/OL]. [2020-11-20].https://www.xuexi.cn/lgpage/detail/index.html?id=12541101852111611405&item_id=12541101852111611405.

[40] 刘晓．努力学习知识改变命运 放飞梦想建设美丽祖国——全国劳模窦铁成做客我院"劳模大讲堂"[EB/OL].[2020-10-15].http://www.spvec.com.cn/info/1049/14612.htm.

[41] 马克思．青年在选择职业时的考虑 .[EB/OL].[2018-06-07].https://career.cup.edu.cn/news/view/aid/84242/tag/fdhd.

[42] 央广新闻微信公众号．"98 后"励志姑娘罗丽萍：从打工妹到教练的华丽蜕变 [EB/OL].[2020-09-29].https://www.xuexi.cn/lgpage/detail/index.html?id=14741286908382212911&it

em_id=147412869[08382212911.

[43] 佚名.关于世界技能大赛你知道有多少？ [EB/OL].[2019-07-19].https://www.sohu.com/a/327943525_100274854.

[44] 龚裴培,余东山.从火场"逆行者"到清华研究生,他是怎么做到的？ [EB/OL] .[2019-06-05]. https://www.sohu.com/a/318842050_699081.

[45] 百度文库.签订就业协议书中的案例分析 [EB/OL].[2019-10-11].http://wenku.baidu.com/view/790565403086bceb19e8b8f67c1cfad6185fe906.html.

[46] 崔海亮.我国传统劳动教育的现代启示 [J]. 中国社会科学报，2020(12).

[47] 史世海.中国古代崇尚劳动的家风 [J]. 民周刊，2020(11).

[48] 陈仁荣.中国古代立志思想考察及教育启示 [D]. 山东：曲阜师范大学，2010.

[49] 刘丽萍.在中华农耕文化中感悟劳动之美 [N]. 湖南日报，2020-12-22.

[50] 谭云.古诗词里的劳动之美 [N]. 江西日报，2017-4-26.

[51] 徐洁,楼幸琳.培育劳动素养：新时代劳动教育的核心指向 [J]. 教育科学论坛.

[52] 李雯.新时代青少年劳动教育的核心要义与实践价值 [J]. 北京青年研究，2020(4).

[53] 陈云龙,吴艳玲.新时代劳动教育的内涵、特征与价值 [J]. 人民教育，2020(7).

[54] 薛栋.中国工匠精神研究 [J]. 职业技术教育，2016(37).

[55] 袁国,徐颖,张功,等.新时代劳动教育教程 [M]. 北京：航空工业出版社，2020.

[56] 新华网 http://www.hb.xinhuanet.com/xhft/yangzhigang/index.html.

[57] 百度文库 问卷与量表 https://wenku.baidu.com/view/6c550268a5e9856a561260bc.html.

[58] 罗云霞.传统文化中的团结协作 [J]. 文化视窗，2012(7).

[59] 陈洪娟,王黎明.论中国传统文化中团结协作的理念 [J]. 历史文化研究，2019(2).

[60] 任俊华,王奕琳.中国传统文化中的创新元素 [J]. 南昌航空大学学报 (社会科学版)，2011 （4）.

[61] 杨静.非遗保护要在继承中创新发展 [N]. 陕西日报，2019-11-27.

[62] 王鸿生.论中华文化的创新精神 [J]. 中国人民大学学报，2009(3).

[63] 孙中伦.班墨工匠精神的深厚内涵及其当代价值 [J]. 山东干部函授大学学报，2018 （8）.

[64] 顾明远.劳动技术是培养创新能力的基础 [J]. 新教师，2016(11).

[65] 胡波.传统文化教育对培养大学生创新能力的作用 [J]. 佳木斯教育学院学报，2009 （4）.

[66] 张桂琴.传统文化中的创新精神与构建和谐社会的意义 [J]. 内蒙古煤炭经济，2010 （2）.

[67] 查建友.中国传统文化观念与创新精神 [J]. 中共合肥市委党校学报，2019(3).

[68] 张秀民.中国印刷术的发明及其影响 [M]. 北京：人民出版社，1958.

[69] 孙启康.活字印刷术的发明者——毕昇轶事考论 [J]. 出版科学，2018(4).

[70] 佚名.建设绿色校园,培养学生绿色人格 [J]. 建设科技，2019 （8）.

[71] 王鸿生.论中华文化的创新精神 [J]. 中国人民大学学报，2009(3).

[72] 孙中伦.班墨工匠精神的深厚内涵及其当代价值 [J]. 山东干部函授大学学报，2018 (8).

[73] 顾明远.劳动技术是培养创新能力的基础 [J]. 新教师，2016(11).

[74] 胡波.传统文化教育对培养大学生创新能力的作用 [J]. 佳木斯教育学院学报，2009 (4).

[75] 陈凌.用奋斗诠释劳动精神 [N]. 人民日报，2020-12-1.

[76] 朱熹.四书章句 [M]. 济南：齐鲁书社，1996.

[77] 郭庆藩 . 庄子集释 [M]. 北京：中华书局，1997.

[78] 杨任之 . 尚书今注今译 [M]. 北京：中国传媒大学出版社，1993.

[79] 姜书阁，姜逸波 . 汉魏六朝诗三百首 [M]. 长沙：岳麓书社，1996.

[80] 梁实秋 . 梁实秋散文 [M]. 北京：中国广播电视出版社，1993.

[81] 崔富章 . 诗骚合壁 [M]. 杭州：浙江古籍出版社，1998.

[82] 王贺，赵仁理 . 白居易诗 [M]. 北京：中华书局，2013.

[83] 朱用纯，等 . 朱子家训 · 严氏家训 · 孔子家语 [M]. 北京：天地出版社，2019.

[84] 左丘明 . 左传 [M]. 郭丹，译 . 北京：中华书局，2014.